Économie de l'Union européenne

Marie-Annick BARTHE

Économie de l'Union européenne

8e édition

ECONOMICA
49 rue Héricart, 75015 Paris

Introduction

« L'Europe se fera dans les crises et elle sera la somme des solutions apportées à ces crises », écrit Jean Monnet dans ses Mémoires. Ces propos raisonnent d'une manière singulière après l'épisode long, marqué par une récurrence de chocs majeurs qui ont jalonné les quinze dernières années : crise financière de 2008-2009, crise de la dette souveraine de 2011-2013, crise sanitaire de 2020-2022, invasion de l'Ukraine par la Russie, le 24 février 2022, génératrice de problèmes d'approvisionnement (énergie, denrées alimentaires) et de tensions inflationnistes. Dans la période de relative accalmie, il a fallu faire face aux portes de l'Europe – dans le bassin méditerranéen – au développement de conflits armés et à l'essor du terrorisme qui ont précipité, en 2015-2016, des vagues de réfugiés vers le continent et gérer la sortie complexe du Royaume-Uni de l'Union européenne (UE), effective au 31 janvier 2020. Tout cela dans un climat de dissensions commerciales avec les États-Unis, de tensions sur les investissements réalisés en Europe par la Chine, désormais présentée comme un rival systémique, et de menaces russes protéiformes y compris celle d'une extension du conflit ukrainien à des États membres de l'UE. Le triptyque – sécurité confiée aux États-Unis, commerce avec la Chine et énergie à faible coût en provenance de la Russie – qui était une assurance de prospérité pour un certain nombre de pays européens, au premier rang desquels l'Allemagne, est aujourd'hui interrogé de manière frontale.

Il est important de constater que la nature de toutes ces crises a profondément évolué. L'UE s'est révélée mieux armée pour gérer les dernières. Avec la pandémie de Covid-19, la crise énergétique et la guerre en Ukraine, l'UE est confrontée à des chocs communs et importés plutôt qu'à des chocs sur lesquels la responsabilité d'un État membre peut être engagée. Il ne s'agit plus de soutenir des pays en difficulté, en panne de réformes, mais de relever des défis propres à l'ensemble européen, ce qui permet d'aligner plus facilement les préférences politiques et la réponse de politique économique. La pandémie est un exemple type qui a contraint l'Europe à investir le domaine de la santé où elle se révélait plus efficace comme acheteur unique de millions de vaccins que les États membres pris isolément. C'est un élément important dans un contexte où d'autres objectifs communs de nature à mobiliser les finances publiques s'inscrivent à l'agenda européen : la défense et la transition climatique.

Si l'histoire de la construction européenne atteste qu'il y a toujours eu des crises graves, elle indique aussi qu'elles ont souvent été des moments refondateurs pour l'Europe qui n'est arrivée à franchir certains paliers que dans l'adversité. Les défauts de la construction originelle de la zone euro – au départ une simple union monétaire – ont été progressivement corrigés. L'achèvement de l'Union économique et monétaire s'opère grâce à la mise en place de ses contreforts : l'union bancaire, l'union des marchés des capitaux, le Mécanisme européen de stabilité et le renforcement du rôle international de l'euro. Mais l'UE ne se réduit pas à un marché et à une monnaie, le modèle social et environnemental est un marqueur fort de l'économie européenne par rapport au reste du monde. La proclamation du Socle européen des droits sociaux à Göteborg, en 2017, a relancé et réorienté l'Europe sociale après les crises qui ont affecté la zone euro. Le Pacte vert pour l'Europe de 2020 a fixé la nouvelle stratégie de croissance sociale-écologique de l'UE à l'horizon 2030, avec l'objectif d'atteindre la neutralité climatique pour le continent d'ici 2050.

L'UE a appris des crises. Lors de la pandémie, il y a eu le souci constant d'éviter de réitérer les erreurs de la crise financière avec la suspension, dès le début de la crise, des règles budgétaires, et la volonté, en sortie de crise, d'éviter une remise en ordre trop précoce des finances publiques propre à casser la reprise. La Banque centrale européenne a conduit d'emblée une politique monétaire ultra accommodante avec une flexibilité de ses interventions selon les pays inédite. Il y a eu surtout l'avancée significative constituée par la mise en place du plan de relance européen de 750 milliards d'euros – Next Generation EU – qui, sans aller jusqu'à constituer un *« moment hamiltonien »*[1], a transcendé le tabou de l'union de transferts en opérant une véritable redistribution entre les États membres selon leurs difficultés respectives. C'est aussi un plan utilisé comme un vecteur pour accélérer les changements en matière de transformations écologique et numérique de l'économie européenne. Mais il est limité dans le temps. D'autres outils de soutien lors de la pandémie et de gestion de la transition ont été inventés comme l'initiative SURE de soutien au financement du chômage partiel dans les États membres et le Fonds pour une transition juste destiné à accompagner les régions et les industries les plus touchées par la transition climatique.

Les crises ont su aussi parfois fédérer au-delà de ce qui pouvait être escompté. Elles ont été des évènements fondateurs à l'affirmation nouvelle d'une souveraineté européenne. En cela les propos prémonitoires

1. En référence au plan du secrétaire au Trésor américain, Alexander Hamilton, qui a consisté en la mise en commun, en 1790, des dettes accumulées pendant la guerre d'Indépendance par les 13 États au sein d'un budget fédéral avec la création d'un impôt fédéral.

de Jean Monnet sur la construction européenne qui *« sera la somme des solutions apportées à ces crises »* peuvent être utilement complétés par ceux d'Ernest Renan pour qui le ferment de l'unité – nationale chez lui – était d'*« avoir souffert ensemble »* et fait preuve *« d'une grande solidarité »*. Sans aller jusque-là, le Brexit n'a pas été un élément de discorde et aucun pays n'y a trouvé un modèle à suivre. La crise sanitaire a été gérée en essayant de se garder des tentations de repli et du chacun pour soi. L'agressivité commerciale américaine et chinoise ont été à l'origine d'une réorientation de la politique commerciale, plus uniquement orientée vers l'ouverture aux échanges, mais qui se fait de plus en plus stratégique, utilise les mesures de rétorsion, les clauses miroirs et filtre les investissements étrangers.

La question industrielle est réapparue lors de la pandémie comme un enjeu central de souveraineté alors que l'UE s'en était quasiment désengagée, hormis la réalisation de quelques grands projets (Agence spatiale européenne, Galileo et Airbus). La guerre en Ukraine a conforté son retour au premier plan. Elle a rappelé que la défense repose sur une base industrielle et technologique et que les services ne peuvent pas tout. L'organisation des secteurs d'avenir par l'intermédiaire des *« Projets importants d'intérêt européen commun »* (PIIEC), en dérogation aux règles de la concurrence, permet de renouer avec le modèle des consortiums, avec un soutien fort à l'innovation, dans des domaines aussi stratégiques que les batteries, l'hydrogène et la santé.

La politique industrielle était au cœur du projet originel des pères fondateurs qui liait industrie, solidarité et pragmatisme. La construction européenne a été lancée, le 9 mai 1950, lorsque Robert Schuman, alors ministre des Affaires étrangères, a proposé, à partir d'un projet préparé par Jean Monnet cinq ans après la capitulation allemande, la mise en commun des productions de charbon et d'acier de la France et de l'Allemagne : *« la solidarité de production qui sera ainsi nouée »* rendra toute guerre entre ces deux pays *« non seulement impensable, mais matériellement impossible »*. Le plan Schuman tirait sa force de sa simplicité et de son pragmatisme économique, *« l'Europe ne se fera pas d'un coup, ni dans une construction d'ensemble : elle se fera par des réalisations concrètes créant d'abord une solidarité de fait »*. Ce plan se projetait sur le très long terme puisque les bases communes de développement économique devaient constituer la *« première étape de la Fédération européenne »*. Il est concrétisé dès le 18 avril 1951, par la signature du traité de Paris qui institue la Communauté européenne du charbon et de l'acier (la CECA). Après l'échec de la Communauté européenne de défense (CED) en 1954, la relance du projet européen s'effectue sur le terrain économique avec la signature du traité de Rome, le 25 mars 1957, qui lance la réalisation du marché commun et crée une nouvelle solidarité de production dans le secteur de l'énergie atomique, stratégique dans l'économie de guerre, avec l'institution de la Communauté européenne de l'énergie atomique (CEEA ou EURATOM).

Le traité de Rome a enclenché un processus d'intégration régionale suffisamment attractif pour servir de référence un peu partout dans le monde sans aller toutefois aussi loin dans l'intégration. L'UE se présente comme le prototype même d'une *« union régionale »*. C'est une zone intégrée qui assure la continuité des infrastructures et facilite toutes les formes de mobilité grâce à une libéralisation en profondeur des échanges entre ses pays membres. Ces libertés de circulation sont au cœur même du processus d'intégration qui suppose le démantèlement des barrières intérieures aux échanges, mais appelle aussi à la construction, au niveau européen, de nouvelles régulations.

Cet ouvrage analyse la dimension économique et sociale du processus d'intégration européen et montre les bouleversements qu'il induit sur les systèmes de gouvernance. La souveraineté des États nations est aujourd'hui profondément entamée et il est peu de dimension de la vie économique nationale qui n'ait une dimension européenne. Ce livre est articulé autour de cinq chapitres :

1. L'Union européenne : entre mondialisation et régionalisation
2. Marché unique et politiques d'accompagnement
3. La zone euro
4. Le système budgétaire européen et son pilotage économique
5. La cohésion économique et sociale.

Encadré

Les institutions européennes dans le traité de Lisbonne

Le traité de Lisbonne crée « une union sans cesse plus étroite entre les peuples de l'Europe ». Il est fondé sur deux traités :

– le traité sur l'Union européenne (TUE) qui porte sur les institutions, les coopérations renforcées, la politique étrangère et de sécurité et la politique de défense ;

– le traité sur le fonctionnement de l'Union européenne (TFUE) qui précise les compétences et les domaines d'intervention de l'UE.

L'Union européenne se substitue à la Communauté européenne. Les institutions au sens du traité sont : le Parlement européen, le Conseil européen, le Conseil des ministres, la Commission européenne, la Cour de justice de l'UE, la Banque centrale européenne et la Cour des comptes. Le traité précise que le Parlement européen, le Conseil des ministres et la Commission sont assistés d'un Comité économique et social et d'un Comité des régions.

Le Parlement européen (art. 14 du TUE)

« Le Parlement européen exerce, conjointement avec le Conseil, les fonctions législatives et budgétaires » (co-législateur). « Il exerce des fonctions de contrôle politique et consultatives (...) Il élit le président de la Commission ».

Les 720 députés (depuis juin 2024) sont élus au suffrage universel direct pour un mandat de cinq ans renouvelable. Les 27 États membres disposent d'une quantité de sièges fonction de leur importance relative avec un minimum de six députés par État membre et un maximum de quatre-vingt-seize. Les députés siègent au sein de groupes politiques et non selon leur appartenance nationale.

Le Conseil européen (art. 15 du TUE)

« Le Conseil européen donne à l'Union les impulsions nécessaires à son développement et en définit les orientations et les priorités politiques générales. Il n'exerce pas de fonction législative ».

Le Conseil européen est composé par les chefs d'État ou de gouvernement des États membres, son président et le président de la Commission avec une participation du haut représentant de l'Union pour les affaires étrangères et de sécurité commune à ses travaux. Il se réunit deux fois par semestre.

Le traité de Lisbonne crée un poste de président du Conseil européen pour un mandat de deux ans et demi renouvelable une fois. Il anime notamment les travaux du Conseil, en assure la continuité et représente à l'extérieur l'Union pour la politique étrangère et de sécurité commune.

Le Conseil des ministres (art. 16 du TUE)

« Le Conseil exerce, conjointement avec le Parlement européen, les fonctions législatives et budgétaires » (co-législateur). « Il exerce des fonctions de définition des politiques et de coordination (...) ».

Le Conseil siège en différentes formations (économie et finances, agriculture, emploi, transport, etc.) où figure « un représentant de chaque État membre au niveau ministériel, habilité à engager le gouvernement de l'État membre qu'il représente et à exercer le droit de vote ». La présidence de ces formations est tournante tous les six mois.

« Le Conseil statue à la majorité qualifiée, sauf dans les cas où les traités en disposent autrement ». Une majorité qualifiée renvoie à une double majorité : une décision doit être prise par au moins 55 % des États membres représentant 65 % de la population de l'UE.

« Un comité des représentants permanents des gouvernements des États membres est responsable de la préparation des travaux du Conseil ».

« Le Conseil siège en public lorsqu'il délibère et vote sur un projet d'acte législatif ».

La Commission européenne (art. 17 du TUE)

La Commission « promeut l'intérêt général de l'Union (...), veille à l'application des traités (...), surveille l'application du droit de l'Union (...), exécute le budget et gère les programmes. Elle exerce des fonctions de coordination, d'exécution et de gestion (...) ». Elle supervise l'administration chargée de ces missions, soit 32 169 fonctionnaires au 1er janvier 2022. Ses services sont répartis en directions générales (DG agriculture et développement rural, budget, concurrence, marché intérieur et services, politique régionale, fiscalité et union douanière, élargissement, etc.).

La Commission a le quasi-monopole de proposition d'un acte législatif.

La Commission a un mandat de cinq ans. Elle compte un commissaire par État membre y compris son président et le haut représentant de l'Union pour les affaires étrangères et la sécurité.

Son président est élu par le Parlement européen, sur proposition du Conseil européen « en tenant compte des élections au Parlement européen ». Les autres commissaires sont également soumis à un vote d'approbation du Parlement européen.

« La Commission, en tant que collège, est responsable devant le Parlement européen ». Ce dernier peut la censurer auquel cas « les membres de la Commission doivent démissionner collectivement » ainsi que le haut représentant de l'Union pour les affaires étrangères et la sécurité.

Le haut représentant de l'Union pour les affaires étrangères et la politique de sécurité (art. 18 du TUE)

Le traité de Lisbonne a créé ce poste qui fusionne les anciennes fonctions de haut représentant de l'Union européenne pour la politique étrangère et de sécurité commune et celui de Commissaire européen chargé des relations extérieures. Le haut représentant est nommé par le Conseil européen, avec l'accord du président de la Commission. Il est investi par le Parlement européen. Il est vice-président de la Commission européenne et préside le Conseil des affaires étrangères du Conseil des ministres.

La Cour de justice de l'Union européenne (art. 19 du TUE)

La Cour de justice de l'Union européenne (CJUE) a la mission « d'assurer le respect du droit dans l'interprétation et l'application des traités ». Elle est composée d'un juge par État membre nommé par les gouvernements d'un commun accord pour six ans renouvelables. La Cour tranche les différends sur l'interprétation et l'application du droit de l'Union. Elle est secondée pour certains contentieux par un Tribunal de première instance et des tribunaux spécialisés.

CHAPITRE 1

L'Union européenne entre mondialisation et régionalisation

L'échange international s'effectue pour partie sous couvert d'accords de commerce. Leurs objectifs ont profondément évolué. Ils sont classiquement destinés à fluidifier, sécuriser et densifier les flux des biens, des services et les investissements, notamment à l'ère de la mondialisation des chaînes de production des entreprises multinationales. Mais ils peuvent aussi, pour les plus ambitieux d'entre eux, poursuivre des objectifs de rapprochement social-écologique ou d'adoption de normes communes en matière de protection des données. La mondialisation des échanges n'empêche pas une préférence pour la proximité et les circuits plus courts qui demeurent des facilitateurs importants au commerce. Une partie des accords épouse les contours des bassins géographiques d'échange. Chaque continent est regroupé autour d'un Accord de commerce régional (ACR) structurant et emblématique : en Amérique du Nord, centrale, du Sud, en Asie, en Asie-Pacifique, plus récemment en Afrique et bien sûr en Europe. Ce régionalisme ouvert ne s'est pas construit en opposition à la libéralisation multilatérale des échanges promue par l'Organisation mondiale du commerce (OMC). Mondialisation et régionalisation sont allées de pair. Mais la crise prolongée de l'OMC et la montée de la tentation protectionniste ont beaucoup contribué à la vitalité des accords commerciaux bilatéraux.

Peu d'ACR affichent une ambition d'intégration économique et institutionnelle poussée. C'est le cas en Europe, là où l'histoire a fragmenté le continent et laissé beaucoup de très petits pays, viables uniquement dans un environnement acquis au libre-échange. L'UE est l'ensemble qui a poussé le plus loin ce processus d'intégration afin de peser dans le nouvel ordre géopolitique entre des puissances économiques – États-Unis et Chine – à la taille de continents. Elle a aussi utilisé toute la panoplie des accords de commerce pour structurer autour d'elle les pays qui l'entourent et ses relations internationales. Ce chapitre examine comment l'organisation du commerce international (1) doit composer avec la dynamique complexe des ACR (2), avant d'analyser l'organisation par l'UE de son propre ensemble régional (3).

1. L'organisation du commerce international

L'Accord de Bretton Woods (juillet 1944) prévoyait la création, aux côtés du Fonds monétaire international et de la Banque mondiale, d'une troisième institution – l'Organisation internationale du commerce (OIC) – avec pour mission de promouvoir les échanges internationaux par le démantèlement des barrières tarifaires et non tarifaires. La Charte de La Havane, qui instituait l'OIC, est rejetée en 1948 par le Congrès des États-Unis, pays pourtant à l'origine du projet. En raison de cet échec, un accord provisoire, signé dès le 30 octobre 1947 entre 23 pays sur un chapitre de la Charte de La Havane, intitulé l'Accord général sur les tarifs douaniers et le commerce *(« General Agreement on Tariffs and Trade »*, ou GATT), est pérennisé. Il a régi le commerce international jusqu'au 1er janvier 1995, date de l'entrée en fonction de la nouvelle Organisation mondiale du commerce (OMC) qui reprend les règles du GATT avec un statut d'organisation internationale et un champ d'action beaucoup plus vaste.

1.1. De la théorie à la doctrine de l'échange international

La doctrine du GATT-OMC est *« un non-sens économique mais constitue un bon modèle de ce qui se passe en réalité »*[1]. L'approche traditionnelle qui supposait l'échange de biens différents à l'international a été bousculée par les échanges de biens parfois similaires et par l'organisation de chaîne de production entre de nombreux pays combinant la technologie des uns et le travail à bon marché des autres.

1.1.1. L'orthodoxie libre-échangiste

Les théories classiques et néoclassiques de l'échange international, dominantes jusqu'à la fin des années soixante-dix, ont imposé la supériorité du libre-échange. Ces théories analysent les fondements de la spécialisation internationale et démontrent que tous les pays obtiennent des gains de l'échange sous les hypothèses restrictives de stabilité dans le temps des structures de coût et de concurrence pure et parfaite. Elles raisonnent sur des entités nationales abstraites sans se préoccuper de l'incidence des coûts de transport et des dimensions des marchés, ce qui les a amenées à négliger les groupements régionaux.

La théorie classique du commerce international s'est construite en réaction aux thèses mercantilistes qui, rejoignant le sens commun, affirmaient qu'il fallait développer les exportations et freiner les importations. Pour réfuter ces thèses, Adam Smith (1723-1790) a tenté de généraliser son raisonnement sur les effets bénéfiques de la division du travail dans l'industrie aux nations. Chaque nation a intérêt à se

1. P. Krugman, « The Move Toward Free Trade Zones », *Economic review*, Revue de la Banque de réserve fédérale de Kansas City, novembre-décembre 1991.

spécialiser dans la production des biens pour lesquels elle possède un avantage absolu sur un autre pays, c'est-à-dire qu'elle peut produire avec des coûts plus faibles, et à l'échanger contre les biens produits à moindre coût ailleurs. L'échange est bénéfique pour tous les partenaires dans la mesure où il leur permet de disposer d'une combinaison de biens mieux adaptés à leurs préférences.

L'analyse de Smith aboutissait à une impasse lorsqu'un pays est plus efficace qu'un autre dans la production de tous les biens. David Ricardo (1772-1823) élargit la liste des candidats potentiels à l'échange international en raisonnant sur la base de leurs avantages relatifs. Un pays en situation de désavantage absolu, par rapport à un autre pays, dans la production de tous les produits, détient un avantage relatif dans la fabrication des biens pour lesquels il est le moins inefficace. Il a intérêt à se spécialiser dans les produits pour lesquels sa productivité est relativement meilleure. Symétriquement, le pays disposant des avantages absolus dans tous les domaines aura intérêt à abandonner la production du bien pour laquelle son avantage comparatif est le moins évident.

Dans le prolongement de ces théories classiques, Heckscher (1919), Ohlin (1933) et Samuelson (1948) développent l'idée selon laquelle les différences de dotations en facteurs de production (terre, ressources naturelles, main-d'œuvre, technologie, capital) sont à l'origine des avantages comparatifs (théorème HOS). Les pays sont supposés ne pas avoir les mêmes dotations relatives de facteurs et ne pas obtenir de la sorte les mêmes coûts relatifs de production pour les produits. Un pays a un avantage comparatif dans le produit qui utilise intensément le facteur pour lequel il a une abondance factorielle relative par rapport à son partenaire commercial. Plus les différences entre pays sont importantes, plus ils commercent entre eux et plus le bénéfice qu'ils tirent de l'échange est élevé. Les théories des coûts comparés prédisent en conséquence que l'échange se développe prioritairement entre des pays différents et qu'il concerne des produits eux-mêmes différents.

L'avantage comparatif et ses succédanés néoclassiques amènent à préconiser la généralisation mondiale du libre-échange avec deux implications en matière de politique commerciale.

- Les droits de douane doivent être dissociés des pratiques déloyales (subventions, dumping) parce qu'ils ont des conséquences de sens opposé sur le développement des échanges. Les droits de douane pénalisent le commerce. Imposer les importations, c'est aussi taxer les exportations qui consomment des biens intermédiaires en provenance de l'étranger alors que, au contraire, les pratiques déloyales favorisent les échanges, parce qu'elles font baisser les prix. L'idéal pour les consommateurs serait que tous les exportateurs vendent à perte leurs produits.

• L'intérêt unilatéral d'un pays est de pratiquer le libre-échange indépendamment des mesures prises par les autres pays à son encontre. La création d'une institution supranationale chargée de contractualiser le libre-échange ne s'impose pas puisque le libre jeu du marché et les intérêts bien compris des différentes nations doivent conduire à sa généralisation.

1.1.2. L'échange de produits similaires et la nouvelle économie internationale

Contrairement aux enseignements de la théorie classique et néoclassique du commerce international, l'échange entre les pays de l'UE n'est pas un échange de différences fondé sur les avantages comparatifs ou les dotations en facteurs. Au contraire, ils procèdent à des échanges intrabranches[2], c'est-à-dire à l'échange de biens qui répondent aux mêmes usages mais qui sont différenciés (BMW contre Renault). En revanche, les échanges avec les pays tiers sont de type interbranche (Airbus contre pétrole). Le marché commun, puis le marché unique, n'ont pas incité les pays européens à spécialiser leurs économies nationales selon une logique classique de division internationale du travail qui conduit chaque pays à être soit exportateur, soit importateur d'un produit donné. Si, aux États-Unis, la région de Détroit est la zone de fabrication des voitures pour l'ensemble du pays, les sites de production sont éparpillés dans l'UE en Allemagne, en France, en Italie, en Suède, etc. Le marché unique a longtemps conforté cette particularité : l'intensité des échanges croisés de produits similaires est la marque des pays européens, et notamment des pays de la zone euro, ce qui les rend moins vulnérables à un choc économique sectoriel que s'ils avaient une spécialisation industrielle étroite.

L'approche du commerce intrabranche au sein de l'UE peut être affinée à partir de la théorie de la concurrence monopolistique[3]. Les entreprises exportent des produits similaires mais qu'elles différencient sur le plan de la qualité, c'est-à-dire par niveau de gamme, et sur le plan de la variété (marketing, conditionnement, service après-vente, etc.). Les exportations de l'Allemagne vers ses partenaires de l'UE sont, par exemple, plutôt constituées de produits haut de gamme, alors que celles de l'Italie et de la Hongrie se concentrent sur le bas de gamme. Les pays du Sud et de l'Est ont un avantage comparatif sur les produits de plus

2. B. Balassa, *Trade Liberalisation among Industrial Countries*, McGraw-Hill Book, 1967.

3. L. Fontagné, M. Freudenberg, « Marché unique et développement des échanges », *Économie et Statistique* n° 326-327, 1999. L. Fontagné, M. Freudenberg, N. Péridy, « Intra-Industry Trade and the Single Market: Quality Matters », *CEPR, Discussion Paper 1959*, 1998.

faible qualité mais, en se développant, ils se spécialisent aussi sur quelques produits de milieu de gamme.

L'échange de produits proches n'est *a priori* pas explicable dans le cadre des analyses en termes d'avantages comparatifs. La nouvelle économie internationale, qui s'est structurée dans les années quatre-vingt à quatre-vingt-dix, permet de rendre compte, de façon plus satisfaisante, de cette réalité des économies européennes. À partir d'une analyse de la stratégie des firmes, elle propose trois éléments d'explication :

– les entreprises s'orientent naturellement vers des pays dont la structure de la demande est voisine de celle existant dans leur pays d'origine parce qu'elles peuvent bénéficier d'économies d'échelle. L'intensification des échanges intrabranches est imputable à la formation d'un marché plus vaste qui permet d'avoir des rendements d'échelle croissants ;

– les consommateurs sont demandeurs de produits aux caractéristiques légèrement différenciées sur les plans de la technique, du conditionnement, du marketing et des services associés. L'élargissement de la gamme des produits proposés, qui répondent à un même besoin, ne fait que prendre en compte cette demande de diversité, à l'origine de l'organisation des entreprises sur le modèle de la concurrence monopolistique ;

– les échanges internes aux entreprises multinationales favorisent le développement du commerce de produits similaires. Les produits qui font l'objet d'une transaction internationale, tout en restant à l'intérieur d'une même entreprise, représentent une fraction croissante du commerce entre les pays européens. La fiabilité des balances des paiements nationales en est affectée dans la mesure où les prix de transfert entre les entreprises d'un même groupe peuvent être relativement fictifs.

1.1.3. La fragmentation des chaînes de valeur aux niveaux international et européen

Historiquement, les pays échangeaient des produits finis sortis de leurs chaînes de production nationales. Au tournant du XXIe siècle, la mondialisation a pris des formes nouvelles, rendues possibles par une intégration plus poussée des économies. Tous les arbitrages en matière de localisation des activités productives sont devenus possibles avec l'effacement des barrières aux échanges, la libre circulation du travail, des investissements, le libre établissement des entreprises, les progrès des télécommunications et des transports, l'émergence d'une économie numérique et d'échanges de plus en plus immatériels (brevets, licences de marque).

Les entreprises multinationales ont réorganisé leur chaîne de production à l'international sur la base de nouveaux modèles extrêmement fragmentés qui permettent d'exploiter les avantages comparatifs des uns et des autres. Les biens intermédiaires franchissent de multiples frontières avant qu'il ne soit procédé à l'assemblage final d'un produit. L'OMC estimait qu'en 2018[4] plus des deux tiers du commerce mondial relève de ces chaînes de valeur, particulièrement prégnantes dans les secteurs de haute technologie. Un produit comme l'iPhone, par exemple, est conçu aux États-Unis (recherche-développement, conception, design, marketing), assemblé en Chine à partir d'intrants qui viennent du Japon (mémoire Flash, écran), de Corée du Sud (processeur, composants), d'Allemagne (caméra, système wifi, puces GPS), de France (gyroscope) – des sous-traitants qui eux-mêmes s'approvisionnent chez des fournisseurs originaires de pays en développement (métaux rares d'Afrique, verre de Mongolie, etc.). La Chine joue, selon l'OMC, un rôle de plaque tournante dans les réseaux simples de chaînes de valeur, tandis que les États-Unis et l'Allemagne sont plutôt impliqués dans des réseaux plus complexes.

La segmentation de la chaîne de valeur fonctionne dans une logique inverse à celle des échanges croisés de produits similaires. Elle n'en a pas moins parfois une dimension intra-régionale, plutôt qu'internationale. Les derniers élargissements de l'UE aux pays d'Europe centrale et orientale ont incité certaines firmes à se réorganiser à l'échelle européenne. Ces nouvelles formes d'organisation des entreprises multinationales ont des implications complexes sur les relations des territoires au commerce international :

– elles permettent de comprendre certaines formes de régionalisation de la production qui combinent le travail flexible et à bon marché des uns avec la technologie des autres. Le marché unique européen peut être ainsi perçu comme un modèle réduit de la mondialisation ;

– elles mettent les territoires en concurrence afin d'accueillir les implantations d'entreprises, la création et la déclaration fiscale de la valeur produite. Ces réseaux de filiales et de sous-traitants se jouent des États, des frontières, ils perturbent le calcul des balances commerciales et pensent leur organisation industrielle et leur optimisation fiscale de façon globale en manipulant les prix de transfert, c'est-à-dire les prix de cession des biens intermédiaires entre filiales d'une même entreprise ;

– elles questionnent sur ce qui est central dans l'activité de production, la création de biens et de services, dans une approche relativement classique, ou, de façon plus iconoclaste, les compétences organisationnelles, la gestion de l'innovation et l'immatériel (l'image, les logiciels, les brevets, les avancées technologiques) ;

– elles justifient la libéralisation du commerce mais aussi les accords commerciaux qui permettent de sécuriser l'approvisionnement en

4. WTO, *Global Value Chain Development Report 2019*.

biens intermédiaires importés et les investissements réalisés dans le reste du monde. Il n'y a plus de substituts nationaux à certains biens ;

– elles rendent difficile la mise en place de barrières douanières non différenciées qui taxent les intrants de produits locaux.

1.1.4. La doctrine du GATT-OMC

Le GATT et son successeur l'OMC ne sont pas l'incarnation institutionnelle des théories classiques et néoclassiques de l'échange international qui dénient tout pouvoir de régulation aux institutions pour ne le reconnaître qu'aux seuls marchés. Ils s'en démarquent nettement au profit d'une doctrine marquée par un profond réalisme politique. Certains économistes voient dans leurs modes d'intervention l'expression d'un *« mercantilisme éclairé »*, tandis que d'autres jugent qu'il s'agit là d'une *« conception keynésienne interventionniste »*.

- L'expression *« mercantilisme éclairé »* a été utilisée par Krugman[5] parce que, dans la pratique quotidienne du commerce international, les pays sont individuellement incités à être protectionnistes, dans la pure tradition mercantiliste, alors qu'ils gagnent collectivement à pratiquer le libre-échange, dans la mesure où une hausse égale de leurs importations et de leurs exportations est synonyme de croissance. Le GATT-OMC est amené à gérer ce dilemme. La politique commerciale d'un État n'est jamais l'expression de l'intérêt général, comme les concessions réciproques, que se font les nations, ne signifient pas le souci de tendre vers l'équilibre général. Elles traduisent les intérêts des producteurs les mieux organisés qui profitent de l'absence des consommateurs et de certains producteurs dans la négociation. L'exploitation des groupes inorganisés, en particulier les consommateurs, par des lobbies de producteurs explique, selon Krugman, qu'un mercantilisme négocié se soit imposé comme doctrine au sein de ces institutions. Il met en balance dans chaque pays les intérêts des exportateurs et ceux des secteurs concurrencés par les importations.

- Le GATT-OMC relève plutôt, pour des économistes comme Lafay et Siroën[6], d'une *« conception keynésienne interventionniste »* parce que ces organisations se défient des mécanismes de marché, condamnent les pratiques déloyales qui risquent de déstabiliser les échanges et d'engendrer une guerre commerciale. Elles tentent d'imposer une approche institutionnelle, légaliste et pragmatique de la libéralisation du commerce. Garantir la sécurité économique des échanges est favorable à la croissance mondiale. Le rythme de libéralisation est celui que souhaite l'ensemble de ses membres avec des possibilités de le moduler selon les secteurs. Le GATT-OMC ne tente pas d'imposer le libre-

5. P. Krugman, « The Move Toward Free Trade Zones », art. cité.

6. G. Lafay, J.-M. Siroën, *Maîtriser le libre-échange*, Economica, 1994.

échange *sine die* mais de placer les pays dans une dynamique qui les incite à aller dans cette direction. Les règles établies doivent être acceptables afin d'être pleinement respectées et que s'instaure un jeu coopératif entre les pays membres.

1.2. L'Accord général : principes et fonctionnement

Le GATT a suppléé à l'Organisation internationale du commerce avec des moyens réduits. Ce n'était pas une organisation internationale mais un accord signé entre *« des parties contractantes »*. Il était doté d'un secrétariat au pouvoir limité et d'une administration légère qui s'appuyaient sur le texte fondateur de 1947, régulièrement révisé par la suite, et sur les décisions prises lors des cycles de négociation organisés régulièrement et qui venaient approfondir les règles touchant à la libéralisation du commerce. L'un des résultats du dernier cycle qui s'est tenu dans le cadre du GATT, le cycle de l'Uruguay, a tenu à la création de l'Organisation mondiale du commerce (OMC). Elle a succédé au GATT le 1er janvier 1995 et administre l'Accord général ainsi que les Accords issus de ce cycle et de ses prolongements.

1.2.1. L'Accord général

Le texte fondateur du GATT est un traité de trente-huit articles qui exposent les principes directeurs de la libéralisation des échanges. Il crée, pour les pays qui y adhèrent, des droits et obligations qui leur permettent d'escompter que leurs partenaires commerciaux auront des pratiques conformes à ces dispositions et d'opposer aux pressions protectionnistes, auxquelles ils sont confrontés sur le plan intérieur, l'obligation de respecter cet engagement.

a) Les principes fondateurs

L'Accord général repose sur quatre principes fondamentaux.

- L'article I impose l'égalité de traitement entre partenaires commerciaux en généralisant uniformément à tous les partenaires les avantages consentis à un seul. Cette clause dite *« de la nation la plus favorisée »* (NPF) est le principe le plus important de l'accord. Elle permet de passer du bilatéralisme (deux nations se consentent des avantages mutuels, mais continuent à se protéger à l'égard des autres), au multilatéralisme (toutes les parties contractantes bénéficient des abaissements de tarifs établis lors de négociations bilatérales).

- L'article XXVIII stipule que les concessions octroyées doivent l'être sur une base de réciprocité et d'avantages mutuels dans le but d'éviter les comportements de *« passagers clandestins »* au sein du système commercial multilatéral, c'est-à-dire que des pays bénéficient de l'abaissement des tarifs, généré par la clause de la nation la plus favorisée, sans eux-mêmes concéder de réduction en retour.

• Le principe dit du « *traitement national* » (art. III) impose que les produits étrangers soient soumis au même traitement que les produits similaires d'origine nationale dès qu'ils se sont acquis des droits d'entrée sur le territoire.

• L'article XI de l'Accord vise à favoriser des pratiques commerciales transparentes. À cette fin, il impose l'usage de droits de douane en lieu et place de tout autre instrument de protection. Il interdit les prohibitions ou les restrictions quantitatives aux échanges (quotas) parce qu'elles sont plus insaisissables et par conséquent plus délicates à estimer et à démanteler.

b) Les exceptions aux principes fondateurs

Les principes ainsi posés tentent de codifier le libre-échange dans l'absolu. Les situations concrètes ont conduit les nations signataires de l'accord à l'aménager avec pragmatisme de façon à prendre en compte le contexte et les rapports de force politiques. Dans certains cas, définis par l'Accord, des mesures d'exception ou de rétorsion sont autorisées. Elles constituent autant d'exceptions aux principes généraux de libre-échange et conduisent le GATT-OMC à encadrer et à contrôler les mesures protectionnistes mises en place.

• L'exception la plus importante à la clause de la nation la plus favorisée concerne les zones de libre-échange, les unions douanières et les accords provisoires nécessaires à leur établissement (art. XXIV et clause d'habilitation). Lorsque des nations se regroupent ainsi, le principe de la nation la plus favorisée n'est plus respecté : les pays membres d'une zone ou d'une union font disparaître les droits de douane entre eux, mais n'étendent pas cette disposition à l'ensemble de leurs co-échangistes. Ils discriminent dans leurs échanges. Si les fondateurs du GATT ont intégré cette exception, c'est qu'il y avait des antécédents historiques pour prouver qu'un accord « *d'intégration économique entre plusieurs pays avait ou pouvait avoir la même raison d'être économique que le processus d'intégration à l'intérieur d'un seul État souverain* »[7].

Colbert n'avait-il pas élaboré dès 1664, en France, un projet d'union douanière qui prévoyait « *le laissez faire, laissez passer* » entre les différentes provinces du Royaume ? L'union douanière allemande au XIXe siècle, la Confédération Suisse en 1848, l'union douanière du Benelux entre la Belgique, les Pays-Bas et le Luxembourg en 1944 étaient là pour démontrer qu'il fallait que l'Accord général soit suffisamment souple pour intégrer ce type de processus (Encadré 1).

7. OMC, *Le régionalisme et le système commercial mondial*, 1er avril 1995, p. 8.

Encadré 1

Quelques-uns des premiers accords d'intégration régionale

Cela fait longtemps que les États s'efforcent de réduire ou d'éliminer, sur une base mutuelle, les obstacles qui entravent leur commerce, comme l'attestent les exemples suivants tirés de Machlup[1].

– Grande-Bretagne : projet d'union entre l'Angleterre et l'Écosse en 1547-1548, et Union des Couronnes en 1603 ; l'Acte d'Union de l'Angleterre et de l'Écosse a établi l'union politique ainsi qu'économique.

– France : échec du plan élaboré par Colbert en 1664 pour regrouper toutes les provinces du Royaume dans une union douanière prévoyant le libre-échange interne ; abolition de tous les obstacles intérieurs par le gouvernement révolutionnaire en 1789-1790.

– Canada : l'Ontario, le Québec, la Nouvelle-Écosse et le Nouveau-Brunswick ont passé un accord de libre-échange pour les produits alimentaires et les matières premières en 1850 ; l'union, en tant qu'entité unique, a conclu avec les États-Unis d'Amérique, en 1854, un traité de réciprocité supprimant tous les droits d'importation applicables aux produits naturels des deux nations. La Confédération canadienne de 1867 a instauré le libre-échange interne.

– États-Unis d'Amérique : à l'origine, les colonies américaines appliquaient des régimes tarifaires séparés comportant un nombre limité de droits ; la Constitution adoptée en 1789 a interdit aux différents États de percevoir des droits sur leur commerce mutuel.

– Union douanière allemande : projet de création d'une union douanière entre les États sécessionnistes allemands qui, à l'époque (1813-1815), appliquaient des droits de douane à 38 frontières ; la Prusse a aboli les droits intérieurs en 1818 et, par des traités bilatéraux et multilatéraux signés entre 1818 et 1828, a établi trois unions douanières : i) Wurtemberg-Bavière, ii) Prusse-Hesse-Darmstadt, et iii) Union allemande centrale ; un traité signé en 1833 a finalement établi une union douanière allemande unique qui a été en vigueur de 1834 à 1871.

Parmi les autres exemples d'unions douanières constituées en Europe, on peut citer cinq accords conclus entre l'Autriche et les pays voisins entre 1775 et 1879 ; la Confédération Suisse établie en 1848 et prévoyant une union économique ; l'union douanière regroupant les États italiens entre 1860 et 1866 ; une union douanière établie entre la Suède et la Norvège en 1874-1875 ; une union douanière constituée par la Belgique et le Luxembourg en 1921 ; et l'union douanière du Benelux créée par la Belgique, le Luxembourg et les Pays-Bas en 1944 (et entrée en vigueur en 1947).

---

1. F. Machlup, *A History of Thought on Economic Integration*, Macmillan, 1977. Repris et traduit dans OMC, *Le régionalisme et le système commercial mondial*, Genève, avril 1995.

De plus, les accords d'intégration régionale jouissaient d'un préjugé favorable car ils permettent de tendre vers le libre-échange grâce à l'élimination plus efficace en leur sein des obstacles au commerce. Ils constituent un *« second best »* en matière d'optimum économique tout simplement parce qu'il est plus évident de surveiller le démantèlement des obstacles mis aux échanges entre un petit nombre de partenaires commerciaux avec lesquels existent des relations de confiance.

• Les échanges entre les pays développés et les pays en voie de développement peuvent être exonérés de la règle de la réciprocité (art. XXXVI, XXXVII et XXXVIII). L'Accord général, compte tenu de l'importance des recettes d'exportation dans le développement économique, et de la dépendance des exportations des pays en développement vis-à-vis de quelques produits, permet aux pays développés de leur aménager un accès privilégié à leurs marchés par le démantèlement unilatéral des droits de douane et des obstacles non tarifaires. Cette non-réciprocité est également acceptée au nom d'une *« clause d'antériorité »* pour les pays qui ont appartenu à des empires coloniaux (Empire britannique, Union française et territoires des pays du Benelux), dans la mesure où des systèmes de préférences avaient déjà été établis pour les exportations en direction de la métropole (art. I).

• La principale exception au traitement national concerne l'imposition de contingents à l'écran pour les films d'origine nationale (art. IV).

• Les exceptions à l'usage exclusif de droits de douane comme moyen de protection sont nombreuses : l'agriculture et la pêche en sont exemptées (art. XI), de même que les pays qui seraient confrontés à de graves déséquilibres extérieurs (art. XII et XVIII).

c) Les mesures protectionnistes autorisées par l'Accord

L'Accord général a prévu l'instauration de mesures protectionnistes en cas de pratiques déloyales ou lors d'une situation de crise.

• Dans le cas où un partenaire pratiquerait le dumping, c'est-à-dire *« la vente à un prix inférieur à la valeur normale »*, l'article VI autorise la mise en place de droits antidumping. S'il s'agit *« de neutraliser toute prime ou subvention accordée, directement ou indirectement, à la fabrication, à la production ou à l'exportation d'un produit »*, la perception de droits compensateurs est autorisée par le même article. Ces mesures, régis par l'Accord, sont considérées comme non tarifaires par l'OMC. Il s'agit de discipliner les actions antidumping et antisubventions.

• Dans le cas où les importations menacent de porter un préjudice grave à la production locale, la mise en place de restrictions aux échanges sous la forme de contingents ou de droits de douane est autorisée (art. XIX). Ces *« mesures de sauvegarde »* sont relativement contraignantes puisqu'elles ne doivent pas, en principe, viser les exportations d'un pays particulier mais l'ensemble des exportateurs d'un produit donné, indépendamment de leur efficacité respective, des volumes qu'ils traitent et de leur attitude commerciale. L'Accord indique néanmoins comment les contingents peuvent être répartis entre les pays fournisseurs, y compris pour le cas où les importations en provenance de certains pays ont augmenté de façon excessivement rapide.

1.2.2. Les cycles de négociation du GATT

Pour faire progresser la libéralisation du commerce international, le GATT a mis en place des cycles de négociation où les problèmes rencontrés étaient débattus. Seule l'industrie a été concernée par les premières négociations. Le textile, l'agriculture et les services échappaient aux règles et aux disciplines communes. Ils ont été uniquement introduits dans les discussions en 1986, lors du cycle de l'Uruguay. Entre 1947 et 1994, huit cycles se sont au total succédé :

- *Les six premières négociations* (Genève, Annecy, Torquay, Genève, Dillon, Kennedy) se sont essentiellement attachées à abaisser les protections douanières entre les pays participants. Les tarifs moyens des droits de douane dans l'industrie sont passés de 40,0 % en 1947 à 9,9 % au début des années soixante-dix, soit une réduction de 75 %. Ces baisses se sont opérées davantage au sein des zones de libre-échange et des unions douanières qu'au niveau multilatéral. Le cycle Kennedy a également été marqué par la conclusion d'un accord sur les pratiques antidumping.

- *Le cycle de Tokyo* (1973-1979) s'est le premier attaqué à contrôler le protectionnisme non tarifaire, en pleine expansion au début des années soixante-dix, par l'adoption de plusieurs codes parmi lesquels le code sur les subventions et droits compensateurs, le code antidumping, le code sur les obstacles techniques au commerce et le code sur les marchés publics. Les tarifs moyens des droits de douane dans l'industrie sont passés de 9,9 à 6,3 %.

- *Le cycle de l'Uruguay* (1986-1994) est le dernier à s'être déroulé dans le cadre du GATT. Les résultats de ce cycle, qui s'est clôturé avec la signature, le 15 avril 1994, de l'accord de Marrakech par plus de 120 pays, se situent à trois niveaux :

– la poursuite, tout d'abord, du traditionnel démantèlement des droits de douane, soit qu'il s'agisse de leur élimination complète (les *« droits zéro »*), soit de la réduction des droits élevés concentrés sur les produits sensibles (les *« pics tarifaires »*), soit de la réduction du tarif douanier moyen pour le reste de l'industrie. Les pics tarifaires ont montré une forte inertie à la baisse, alors qu'ils constituaient l'objectif prioritaire compte tenu de la faiblesse des autres droits de douane. La baisse des droits de douane moyens dans l'industrie, de 6,3 à 3,9 %, dans les pays développés est imputable à la progression de la part des produits qui ne sont plus frappés de droits. Ils représentent 44 % des importations totales dans ces pays contre 20 % précédemment. À la sortie du cycle de l'Uruguay, le niveau de protection tarifaire est relativement similaire entre la Communauté et les États-Unis, et nettement plus faible au Japon qui privilégie traditionnellement un protectionnisme non tarifaire ;

– l'extension, ensuite, des règles du GATT à des secteurs qui n'en relevaient pas jusqu'alors, les services, le textile, régenté jusqu'à la fin 1994 par l'accord multifibres (AMF), l'agriculture qui dérogeait aux règles générales en matière de subventions et d'accès au marché ;

– le renforcement, enfin, des règles qui s'imposent aux parties contractantes du GATT et des procédures de règlement des différends afin de s'assurer que les échanges sont pratiqués de manière loyale (nouveaux accords antidumping, sur les subventions et sur les marchés publics qui remplacent les codes mis en place lors du cycle de Tokyo, adoption par le GATT des normes internationales de l'Organisation mondiale pour la protection intellectuelle).

Les négociations ont été particulièrement tendues entre les États-Unis et la Communauté. La formule des cycles de négociation est apparue inadaptée pour gérer la complexité des dossiers et beaucoup trop lente. La transformation du GATT, institution provisoire, en OMC, s'est imposée afin de donner un cadre institutionnel permanent aux négociations commerciales à venir.

1.3. Du GATT à l'OMC

L'OMC est le pendant, dans le domaine commercial, des deux organisations internationales créées par Bretton Woods : le Fonds monétaire international et la Banque mondiale. En 2024, elle compte 164 membres qui représentent 98 % du commerce mondial, soit sa quasi-totalité depuis notamment l'adhésion de la Chine, en 2001, suivie par celle de la Russie, en 2012.

1.3.1. Les compétences et le fonctionnement de l'OMC

Le champ d'action de l'OMC est élargi par rapport à celui du GATT puisqu'elle gère non seulement l'Accord général, modifié par de nouveaux Accords sur les mesures de sauvegarde, sur les subventions et mesures compensatoires et sur les pratiques antidumping, mais aussi l'Accord général sur le commerce des services *(« General Agreement on Trade in Services »*, ou GATS), l'Accord sur les aspects des droits de la propriété intellectuelle qui touchent au commerce (Accord ADPIC), l'Accord sur l'application des mesures sanitaires et phytosanitaires (Accord SPS), l'Accord sur les obstacles techniques au commerce (Accord OTC), l'Accord sur la facilitation des échanges (AFE), le mémorandum d'accord concernant le règlement des différends et des accords sectoriels plurilatéraux qui ne concernent qu'une partie des pays membres et se sont élargis à de nouveaux domaines au fil du temps. Aux secteurs concernés dès 1995 (construction aéronautique et marchés publics) se sont ajoutés, par la suite, trois nouveaux secteurs : les accords sur la libéralisation des télécommunications, entrés en vigueur le 1er janvier 1998, sur l'ouverture de services financiers (banques, assurances) le 1er janvier 1999, et sur l'abaissement des droits de douane à zéro pour les produits des technologies de l'information (ordinateurs, matériels de télécommunication, logiciels) le 1er janvier 2000. Tous ces accords ne sont pas statiques et font l'objet de réajustements permanents.

L'OMC fonctionne (Schéma 1) à partir d'une Conférence ministérielle qui se réunit au moins une fois tous les deux ans pour définir la politique générale de l'organisation. Un organe permanent – le Conseil général – exerce les pouvoirs de la Conférence ministérielle lorsque celle-ci n'est pas réunie. Le Conseil est composé des représentants des pays membres. Les décisions y sont prises à l'unanimité, selon le principe *« un État, une voix »*. Pour l'UE, c'est la Commission qui s'exprime au nom des États membres. Ces derniers peuvent assister aux réunions, mais sans droit de parole, et tous leurs votes doivent s'exprimer dans le même sens. Le Conseil général est organisé autour de six pôles : l'Organe de règlement des différends (ORD), l'Organe d'examen des politiques commerciales (OEPC), qui dresse le bilan des politiques suivies, tous les deux ans pour les États-Unis, l'UE, le Japon et le Canada, tous les quatre ans pour les autres États membres, le Comité des négociations commerciales, et trois conseils spécifiques (marchandises, services et propriété intellectuelle). L'OMC a tenté de tirer certaines leçons des faiblesses du GATT au niveau de sa procédure d'arbitrage des conflits commerciaux, avant de buter également sur des blocages.

1.3.2. Le système de règlement des différends

L'OMC a été dotée d'un organe de règlement des différends qui se voulait plus efficace et contraignant que celui du GATT afin d'être une véritable juridiction supranationale. Le GATT traitait les conflits commerciaux à partir de l'arbitrage d'un groupe de trois experts originaires de pays non impliqués dans le conflit, ou *« panel »*. Après l'étude du différend commercial, le panel émettait des recommandations au pays qu'il jugeait en tort. Le rapport du panel était adopté par consensus, ce qui donnait à la partie condamnée un droit de veto. Et il n'y avait aucune garantie sur l'exécution des décisions prises.

Si l'OMC recourt toujours à l'arbitrage d'experts, réunis désormais dans un *« groupe spécial »* destiné à résoudre un différend commercial, les décisions sont adoptées systématiquement au sein de l'ORD et de son organe d'appel, sauf s'il y a consensus pour les rejeter.

Schéma 1

Organigramme de l'OMC

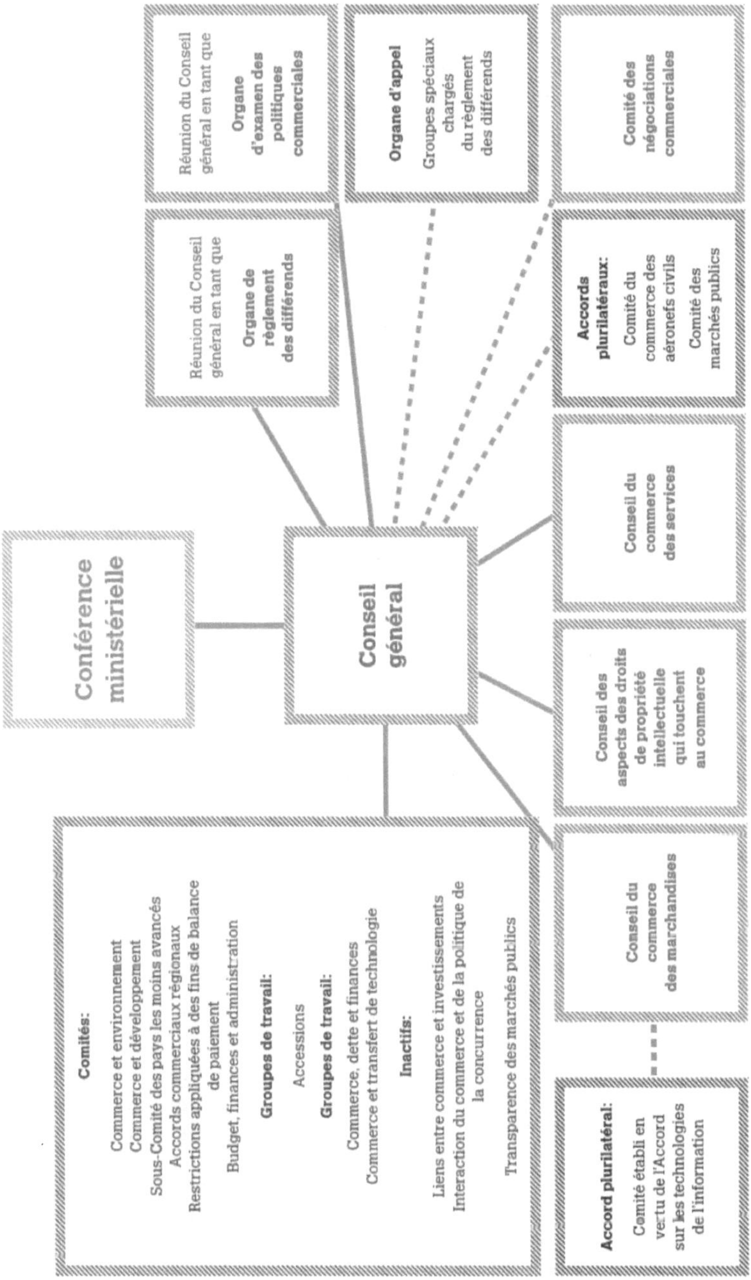

Source : OMC.

Passée la première étape de consultations et de médiation, toute la procédure a été mise en pilotage automatique avec un échéancier préfixé : la création du groupe spécial, son fonctionnement, ses recommandations, la possibilité de déposer un recours auprès de l'Organe d'appel, les sanctions prises en cas de non-respect des recommandations (Schéma 2). Les législations des pays signataires en matière de rétorsions commerciales sont dans l'obligation de se conformer aux procédures multilatérales de l'OMC. Avec du recul sur cette procédure, le calendrier pour statuer sur un litige commercial dépasse souvent celui défini dans les accords initiaux.

De 1995 au 31 décembre 2022, 615 différends ont été portés devant le mécanisme de règlement des différends de l'OMC. Parmi eux 367 ont donné lieu à la constitution d'un groupe spécial, tandis que les autres étaient réglés directement entre les parties concernées au stade des consultations. Les États-Unis, l'UE, la Chine, le Canada, l'Inde, le Brésil, le Japon, le Mexique et la Corée du Sud sont, par ordre décroissant, les pays qui ont participé le plus fréquemment à des différends commerciaux dans une position de plaignant ou de défendeur. Les pays émergents utilisaient également l'ORD. Sur la question du régime communautaire appliqué aux bananes (Tableau 1), les pays d'Amérique centrale, coalisés avec les États-Unis, ont obtenu la condamnation du système préférentiel d'importation de l'UE en provenance des pays d'Afrique, des Caraïbes et du Pacifique (ACP), car il introduisait une différence de traitement avec eux.

Tableau 1

Le contentieux commercial international : les résultats de quelques groupes spéciaux

Plaignants	Défendeur/Objet/Date d'établissement du Groupe spécial	Résultats/Date d'adoption
Équateur, Guatemala, Honduras, Mexique, États-Unis	CE – Régime applicable à l'importation, à la vente et à la distribution des bananes (8.5.1996)	UE condamnée (25.9.1997)
États-Unis	CE et certains États membres – Aéronefs civils gros porteurs (20.7.2005)	Autorisation de prendre des mesures de rétorsion (14.10.2019)
Chine	UE – Mesures relatives aux méthodes de comparaison des prix (10.7.2017)	La Chine a demandé la suspension du Groupe spécial (7.5.2019)

Source : À partir de l'OMC.

Schéma 2

Les principales étapes du mécanisme de règlement des différends

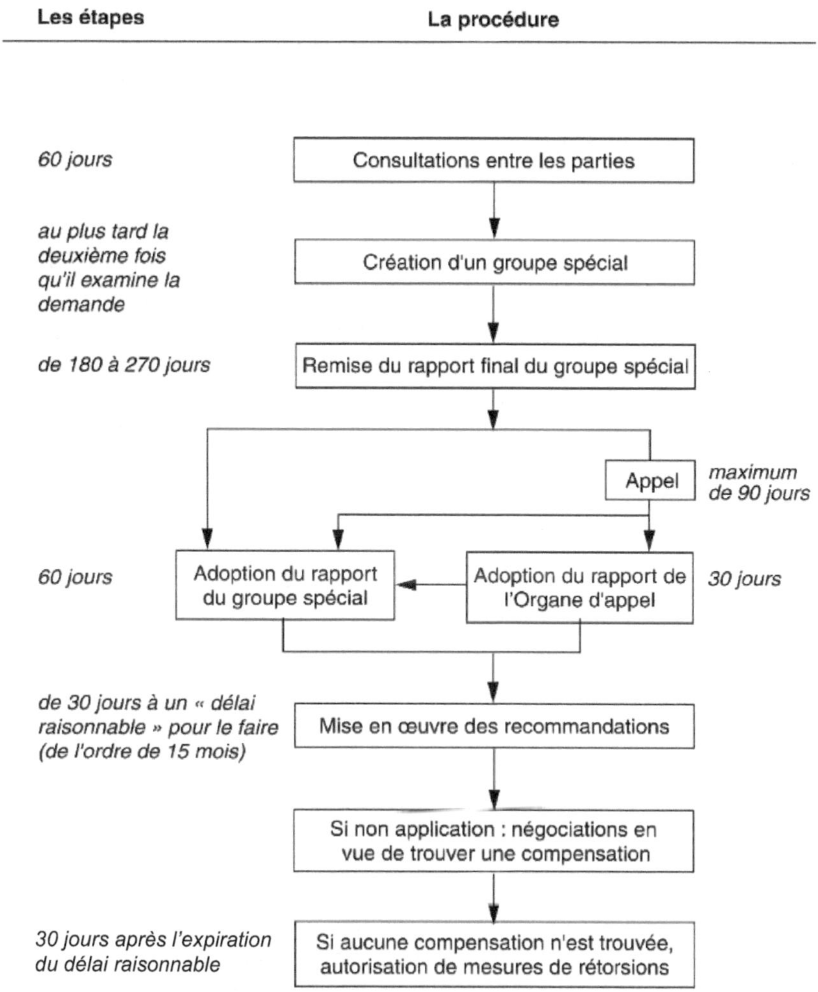

Source : d'après l'OMC.

Le secteur aéronautique fait l'objet de contentieux récurrents entre l'UE et les États-Unis, qui alternent dans les rôles de plaignant et de défendeur depuis 2004, à partir d'accusations mutuelles de soutiens publics à leurs constructeurs : Airbus et Boeing. Quant au contentieux qui opposait la Chine à l'UE sur les *« mesures relatives aux comparaisons de prix »*, il démontre que les résultats les plus importants ne sont pas toujours les plus visibles. La Chine a entériné le fait que les Européens ne la considèrent pas comme une économie de marché en s'abstenant de relancer sa plainte, mise en pause en 2019, après un premier verdict qui l'avait condamnée. Ses partenaires commerciaux sont, par conséquent, fondés à considérer ses prix comme biaisés et à leur appliquer des droits de douane plus élevés.

L'ORD et son organe d'appel gèrent ainsi les contentieux commerciaux sur le plan international. Ils sont les éléments centraux du dispositif de l'OMC car ils rendent crédibles l'application d'un système multilatéral fondé sur des règles de droit. Ce système juridique a été progressivement mis en échec jusqu'à être bloqué, à la fin 2019, par le refus des États-Unis de procéder à la nomination de juges au sein de l'organe d'appel en remplacement de ceux dont les mandats étaient arrivés à échéance. L'arrêt technique du mécanisme de règlement des différends, considéré comme le *« joyau »* de l'OMC, est la manifestation la plus tangible de la crise traversée par cette organisation. L'UE a tenté de suppléer à ce blocage par la mise en place d'un mécanisme de recours provisoire en accord avec quelques membres de l'OMC. Elle intègre également de plus en plus un mécanisme de règlement dans ses accords commerciaux les plus élaborés. L'OMC autorise, en effet, le recours à ce type de mécanisme.

1.3.3. L'OMC dans l'impasse

Parallèlement aux négociations conduites au sein de l'OMC, il est apparu nécessaire de réactiver la formule des cycles. Ils permettent des concessions d'un secteur à l'autre et évitent les blocages qui peuvent survenir lorsque la négociation ne porte que sur un seul secteur d'activité. La première tentative de lancement d'un nouveau cycle, à Seattle en 1999, a buté sur l'immixtion de la société civile, avec les organisations non gouvernementales, et des pays en développement. Cet échec faisait suite à celui subi par l'OCDE pour conclure, en 1998, un Accord multilatéral sur les investissements (AMI) entre ses pays membres, avec là aussi l'hostilité déclarée de mouvements antimondialisation, relayés par des pays comme la France, la Belgique, l'Espagne et le Portugal.

C'est à la Conférence ministérielle qui s'est réunie à Doha, au Qatar, en novembre 2001, que le nouveau cycle a finalement été lancé avec la volonté de lier commerce et développement, en particulier concernant l'accès aux marchés des pays riches pour les produits agricoles des pays du Sud. Mais les positions des uns et des autres sont apparues inconciliables et le cycle de Doha a été suspendu, en 2006. Par la suite, des progrès ponctuels ont été enregistrés avec la conclusion, à la Conférence de Bali de 2013, d'un Accord sur la facilitation des échanges (AFE) qui simplifie les formalités administratives d'exportation et d'importation. Il a fallu attendre quatre années pour qu'il recueille les ratifications nécessaires à son entrée en vigueur, le 22 février 2017. Puis avec la décision, actée à la Conférence de Nairobi de 2015, de supprimer les subventions aux exportations du secteur agricole dès 2016 pour les pays développés et à partir de 2018 pour les pays en développement. La Conférence de Genève de 2022 a également vu la conclusion d'un Accord sur les subventions à la pêche en attente d'adoption par les deux tiers des Membres. Elle a surtout été marquée par un engagement en faveur de la réforme de l'OMC et de son ORD d'ici à 2024 qui n'a pas abouti dans un contexte où les crises s'enchaînent sur le plan international. La Conférence d'Abu Dhabi de 2024 s'est soldée par un échec.

L'OMC est confrontée à une crise de légitimité avec des éléments qui sont communs à l'ensemble du système multilatéral (Nations Unies, UNESCO, Accords de Paris sur le climat, OMS, etc.) mais aussi avec des éléments qui lui sont propres[8]. Outre le blocage de l'ORD, trois difficultés majeures peuvent être identifiées :

– le GATT-OMC a été construit sur un vieux modèle commercial à base d'échanges de produits industriels, auxquels sont venus s'ajouter, beaucoup plus tard, les denrées agricoles et les services. L'OMC intègre mal des domaines stratégiques de l'économie actuelle liés au numérique, au transfert de technologies, à la propriété intellectuelle et à l'innovation. La dégradation de l'environnement, les questions de changement climatique et le travail décent n'y ont pas droit de citer ;

– il devient impossible pour l'OMC d'approfondir les questions dont elle s'est déjà saisie avec 164 États membres – dont les quatre cinquièmes sont aujourd'hui des pays du Sud qui imposent leur agenda et réclament tous un traitement spécial et différencié – et un principe de fonctionnement fondé sur le consensus ;

– l'adhésion de la Chine, en 2001, et sa montée en puissance sur le plan commercial, ont totalement perturbé son mode de fonctionnement. Dotée, à l'origine, du statut privilégié de pays en développement, la Chine a aujourd'hui des ambitions hégémoniques qui sont celles d'un pays développé dans tous les secteurs. Elle demeure une économie fermée, pas vraiment de marché, avec un État omniprésent qui multiplie les interventions intérieures, ce qui entraîne des distorsions de concurrence, mais aussi les acquisitions extérieures stratégiques génératrices de tensions.

Le commerce mondial s'est un peu repris après sa chute, en 2020, imputable à la pandémie. Mais les conflits, les tensions géopolitiques et les tentations protectionnistes pèsent sur ses perspectives à moyen terme. Sans ORD et avec une OMC en crise, le système multilatéral est en grande difficulté. Seuls les accords de libre-échange apparaissent en capacité de maintenir des règles entre partenaires à l'échange, y compris en matière de règlements des différends.

8. Cf. le diagnostic posé par l'UE sur l'OMC, Commission européenne, *Réexamen de la politique commerciale – Une politique commerciale ouverte, durable et ferme*, Annexe de la Communication, COM 66 final, 18 février 2021.

2. La tectonique des blocs économiques régionaux

La mise en place de frontières morcelle les territoires. Les économistes ont longtemps considéré les frontières comme des variables exogènes, imposées par le politique, et qui introduisaient une rupture dans la fluidité des échanges avec l'instauration de barrières tarifaires et de barrières non tarifaires. L'invention des frontières en Europe, après les traités de Westphalie de 1648, puis leur multiplication après 1945 et 1989 ont généré une réflexion sur la reconstruction d'une économie européenne plus intégrée. La politique commerciale commune gère, depuis 1968, les barrières aux échanges et les accords commerciaux à la frontière extérieure de l'UE avec le reste du monde.

2.1. La frontière douanière

Le GATT a longtemps privilégié le démantèlement de ce qui était l'instrument de base du protectionnisme – les droits de douane – même s'il accordait à cet instrument le mérite de la transparence. Les barrières tarifaires atteignaient des niveaux dérisoires, lors du choc pétrolier de 1974, dans un contexte où les changes devenaient très instables au niveau international avec la fin du système de Bretton Woods en 1971. Les nations ont dès lors exploité toutes les failles et possibilités d'interprétation de l'Accord général pour mettre en place des barrières non tarifaires. Le démantèlement de ce néoprotectionnisme a été l'un des objectifs du cycle de l'Uruguay.

2.1.1. Les barrières tarifaires ou droits de douane

L'analyse des conséquences économiques d'un droit de douane s'opère traditionnellement dans un cadre d'équilibre partiel sous les hypothèses *ad hoc* habituelles : le marché du bien est celui de la concurrence pure et parfaite, il n'y a pas de mobilité internationale des facteurs de production et le raisonnement se situe dans le court terme (les facteurs de production et la technologie sont donnés).

Supposons (Graphique 1) qu'en l'absence de droit de douane, l'UE importe des téléviseurs au prix mondial de 200 euros. La concurrence impose aux producteurs européens de s'aligner sur ce prix. Les consommateurs achètent O_0 téléviseurs aux producteurs européens et importent M_0 téléviseurs. L'ensemble de leurs achats s'élève à $D_0 = O_0 + M_0$ téléviseurs pour ce niveau de prix.

La mise en place d'un droit de douane de 20 euros augmente le prix des téléviseurs fabriqués dans le reste du monde. La quantité offerte par les producteurs européens devient O_1 auquel s'ajoutent les importations M_1 afin d'avoir l'ensemble des achats de téléviseurs D_1. Les effets de l'instauration d'un droit de douane sur les consommateurs, les producteurs et la recette publique sont les suivants :

Graphique 1

Les effets d'un droit de douane

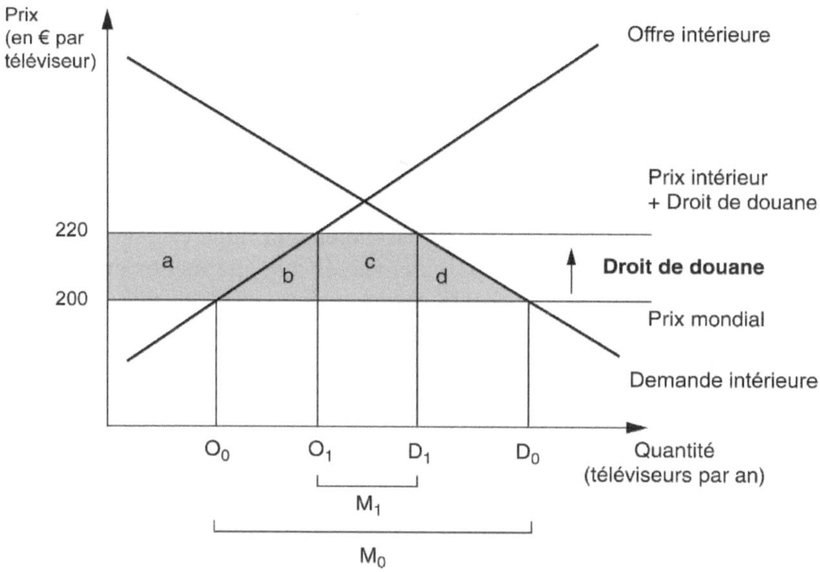

– les consommateurs européens payent leur téléviseur soit plus cher, soit en achètent moins. Le droit de douane diminue le surplus des consommateurs des surfaces a + b + c + d ;

– les producteurs européens voient au contraire leur situation s'améliorer puisqu'ils bénéficient simultanément d'une augmentation de leurs parts de marché et de prix plus élevés. Le surplus des producteurs représente les gains supplémentaires réalisés par tous les producteurs qui étaient disposés à vendre à un prix plus faible, soit la surface *« a »* ;

– le droit de douane procure des recettes au budget de l'UE, soit le produit du montant unitaire du droit de douane que multiplient les quantités importées. Les recettes publiques ainsi dégagées correspondent à la surface *« c »* sur le graphique.

La combinaison des effets du droit de douane sur les consommateurs, les producteurs et les recettes budgétaires permet de déterminer les effets nets du droit de douane pour l'économie européenne :

	Perte des consommateurs	Surfaces	a + b + c + d
–	Gains des producteurs	Surface	a
–	Recettes douanières de l'UE	Surface	c
=	Perte pour l'UE	Surfaces	b + d

Les surfaces a et c s'annulent parce qu'elles constituent des transferts du surplus des consommateurs aux producteurs et à l'UE. Les surfaces b et d représentent les gains associés à la spécialisation et au commerce international qui sont perdus du fait de l'instauration du droit de douane. La surface b est une perte qui résulte d'une distorsion de la production : les producteurs européens produisent trop d'un bien pour lequel ils sont relativement plus inefficaces que d'autres. La surface d renvoie à une distorsion de consommation : des consommateurs potentiels ne se portent pas comme demandeurs car le prix est trop élevé. Cette estimation de la perte pour l'UE par les surfaces b et d ne tient pas compte des coûts administratifs associés à la mise en place de barrières tarifaires sous forme de salaires versés aux agents des douanes et de mesures de contrôle aux frontières qui ralentissent les échanges. En pratique, une partie des recettes douanières sera affectée à l'administration du droit de douane.

2.1.2. Les barrières non tarifaires

Le protectionnisme non tarifaire s'est développé en réaction à l'abaissement des droits de douane. Les pays ont eu recours à différentes techniques qui composent à des degrés divers avec la philosophie multilatéraliste. Il n'existe pas de définition officielle de ces mesures non tarifaires mais une définition officieuse et pragmatique qui consiste à reprendre ce que les travaux de l'OMC classent derrière cet *item*. C'est à partir du cycle de Tokyo que le GATT, puis l'OMC, ont tenté de donner une certaine visibilité à ces mesures et, parfois, à les encadrer. Elles ont toutes pour commun dénominateur d'affecter les quantités échangées et (ou) leurs prix.

- *Les régimes de licence d'importation et les contingents* visent à limiter la quantité d'un produit qui peut être importée. La restriction est généralement mise en œuvre par l'octroi de licences réservées à certaines entreprises importatrices, à des usages particuliers (production pour l'exportation, projets d'investissement, etc.) ou est conditionnée à l'usage de produits locaux.

Les pouvoirs publics ont souvent préféré recourir à ces barrières plutôt qu'aux droits de douane parce qu'ils garantissent que les quantités importées seront strictement limitées même dans le cas d'une baisse du prix des produits étrangers. Le droit de douane n'est pas une barrière aussi sûre : si les exportateurs diminuent leurs prix au prorata de la taxe mise en place, leur part de marché se maintiendra toutes choses égales par ailleurs. C'est là toute la problématique du droit de douane optimal qui permet de maximiser les recettes de l'État en minimisant les prix pour le consommateur.

- *Les droits antidumping, les droits compensateurs et les mesures de sauvegarde*, prévus par l'Accord général, sont classés par l'OMC dans les mesures non tarifaires. Ils viennent lutter contre les distorsions des échanges dans les branches exposées à ces formes de concurrence déloyales et permettent de discipliner la réponse de politique commerciale apportée à ce type de pratique.

- *Les mesures sanitaires et phytosanitaires et les obstacles techniques au commerce* (mesures pour protéger la santé des animaux, la préservation des végétaux, pour surveiller l'innocuité des produits alimentaires, normes d'hygiène, de sécurité, antipollution, règles techniques d'emballage, d'étiquetage, etc.) constituent de puissants obstacles aux échanges qui protègent les consommateurs mais aussi, parfois, les producteurs nationaux dès lors que les spécifications retenues pour un produit lors de la procédure d'homologation correspondent aux seules caractéristiques des productions nationales.

Les Accords relatifs aux mesures sanitaires et phytosanitaires (Accord SPS) et aux obstacles techniques au commerce (Accord OTC encadrent ces pratiques et tentent d'éviter que la sécurité des consommateurs ne soit invoquée de façon abusive. Les mesures prises par les gouvernements doivent être nécessaires, transparentes, fondées sur des principes scientifiques et ne pas constituer une restriction déguisée au commerce international. Ces Accords mettent en place au niveau multilatéral un processus de rapprochement des normes et des procédures d'évaluation.

- *La préférence accordée lors de la passation des marchés publics aux producteurs nationaux* est une forme de protectionnisme significative compte tenu de l'importance de ces marchés dans le PIB, de la nécessité d'éviter les gaspillages dans l'allocation des fonds publics et de l'avantage conféré à l'entreprise attributaire sur les marchés tiers. Des préférences nationales jouent sur les marchés publics et passent par des procédures d'attribution peu transparentes, voire parfois frauduleuses.

L'Accord plurilatéral sur les marchés publics (l'AMP), entré en vigueur le 1er janvier 1996, concerne une quarantaine de pays dont la Chine, les États-Unis, le Japon et l'UE. Il vise à ouvrir à la concurrence internationale les marchés passés par une entité d'administration centrale ou locale, passés certains seuils. Le principe de *« traitement national »* constitue la pierre angulaire de l'accord : les fournisseurs, les biens et les services étrangers ne doivent pas être soumis à un traitement moins favorable que le traitement accordé aux nationaux. Aux États-Unis, seuls 37 États participent à l'AMP et respectent les seuils pour les contrats de fourniture, de services et pour les contrats de construction. Le *Buy American Act*, qui régit le cadre légal de la passation des marchés publics, repose sur le principe d'un traitement préférentiel accordé aux produits nationaux. Il existe, par exemple, un seuil de teneur en éléments nationaux pour les produits finis fixé à 55 % du coût et une marge de préférence acceptée en matière de prix qui est de 50 %. Ces seuils peuvent être relevés selon le type de produits.

2.2. *L'intégration économique*

En l'espace de soixante-quinze ans, le nombre de pays a connu une véritable explosion au niveau international : de 76, en 1945, on est passé à 195, en 2024. La décolonisation et l'éclatement de plusieurs d'entre eux en Europe – Union soviétique, Yougoslavie et Tchécoslovaquie – ont augmenté le nombre des États indépendants. Parmi les 27 pays membres de l'UE, sept n'existaient pas en tant qu'entités étatiques en 1989. C'est le cas également des six États balkaniques candidats à l'adhésion. L'UE a aussi été conçue pour réunifier un espace morcelé par près de 120 bordures interétatiques terrestres (Carte 1), avec un grand nombre de très petits pays, difficilement viables économiquement dans un monde qui serait totalement protectionniste.

2.2.1. L'approche économique de la taille d'un pays : les coûts et les avantages

Les économistes ont longtemps pris la taille des pays comme une caractéristique exogène alors qu'elle impacte la croissance économique et leur modèle d'insertion dans le commerce international. Cette notion de taille fait référence à des indicateurs très simples : la superficie du territoire, la population et le PIB. Ils doivent être appréciés relativement aux grands pays avec lesquels l'UE entre en compétition au sein de l'économie mondiale. Sur chacun de ces indicateurs, l'UE à 27 se positionne de la manière suivante en 2022 :

– Avec une superficie de 3,8 millions de km^2, l'UE se situe au 7e rang mondial, derrière l'Australie et devant l'Inde. Elle est fractionnée par trois fuseaux horaires, contre onze en Russie et cinq aux États-Unis. L'Europe est bien *« ce petit cap occidental de l'Eurasie »* pour reprendre l'expression de Paul Valéry (Carte 2).

– La population de l'UE de 446,7 millions d'habitants représente 5,7 % de la population mondiale, loin derrière l'Inde et son 1,4 milliard (18,2 %) et la Chine, sensiblement au même niveau (18,1 %), mais devant les États-Unis (4,3 %). Cette population est en déclin (25 % de la population mondiale en 1900, 6 % en 2015, 4 % projetée en 2060) et vieillissante. En 2030, les Européens auront la population la plus âgée du monde avec un âge médian de 45 ans contre 21 ans en Afrique, 40 ans en Amérique du Nord et 35 ans en Asie.

– Le PIB de l'UE, exprimé en parités de pouvoir d'achat, la place au troisième rang avec 14,9 % du PIB mondial, derrière la Chine (18,4 %) et les États-Unis (15,5 %). Cette part recule fortement (9 points en 15 ans), comme les États membres de l'UE, pris individuellement, reculent un peu plus chaque année dans les classements internationaux jusqu'à progressivement sortir du classement des 10 premières économies mondiales.

Carte 1

L'Union européenne : 27 pays pour réunifier un espace fragmenté

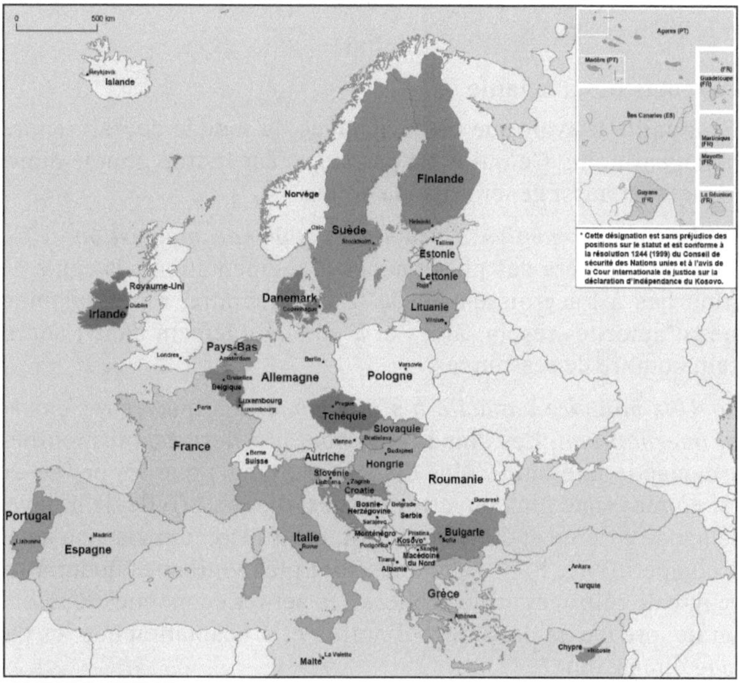

États membres de l'Union européenne (2019)

Pays candidats et pays candidats potentiels

Carte 2

« L'Europe, ce petit cap occidental de l'Eurasie » Paul Valéry

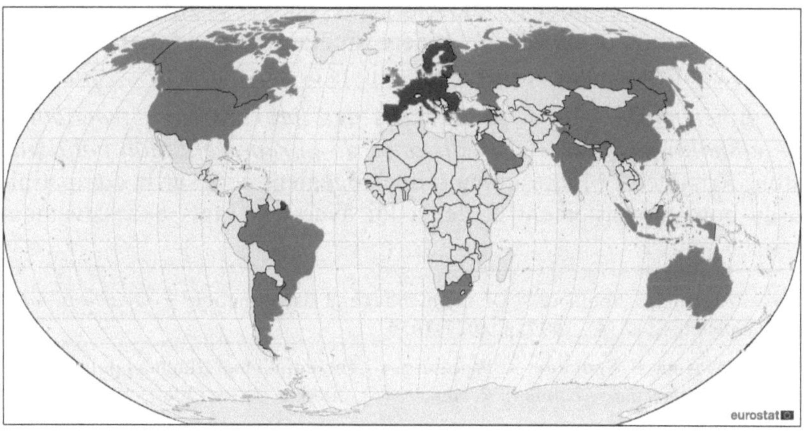

UE à 27 Les 16 membres du G20 non UE

Se regrouper a donc du sens sauf à tendre vers l'insignifiance. L'approche des coûts et des avantages attendus d'une taille plus importante est très tardive en économie. Ce sont les travaux d'Alesina, Spolaore[9] et Warcziar[10] qui vont poser les jalons de la réflexion dans ce domaine (1997, 2000 ct 2005).

a) Les coûts liés à la taille

Si la taille n'avait que des avantages, le monde devrait tendre vers davantage d'unité. Ce qui n'est pas le cas car la trop grande dimension d'un pays est aussi génératrice de coûts.

• Les *déséconomies d'échelle et coûts de congestion.* Une trop grande taille génère des phénomènes d'augmentation des coûts de production liés à l'accroissement de la bureaucratie, à l'empilement des strates d'autorités responsables et à un engorgement dans l'accès à un certain nombre de ressources.

• *Une moindre capacité à s'adapter et à s'ajuster à l'environnement international.* Les grands pays sont plus fermés, plus tournés vers leur demande intérieure, plus diversifiés, tandis que les petites économies, en moyenne plus ouvertes et spécialisées, privilégient davantage la demande externe et donc les politiques d'offre, qui visent à améliorer leur compétitivité. Pour cela, elles sont plus vigilantes quant à la mise en œuvre de réformes structurelles. Les petites économies font, en règle générale, preuve de davantage d'agilité et d'adaptation que les pays de grande dimension.

• *Une fragilité plus forte à l'absence de coordination fiscale internationale et à l'existence de paradis fiscaux.* Dans les grands pays, la baisse des taux d'imposition n'attire que relativement peu de nouveaux investisseurs par rapport à ceux déjà installés, pour lesquels elle constitue un *« effet d'aubaine »*, c'est-à-dire qu'elle entraîne une contraction des recettes fiscales pour l'État. Alors que, dans les petites économies, la baisse des taux d'imposition génère un élargissement de la base imposable, conformément aux préconisations de la courbe de Laffer.

• *L'hétérogénéité des préférences des individus ou « fractionnement ethnolinguistique » et la distance de la représentation politique.* Platon, Aristote et Montesquieu s'interrogeaient déjà sur la compatibilité du bon gouvernement et de la loi avec des États excessivement

9. A. Alesina, E. Spolaore, « On the number and size of nations », *Quarterly Journal of Economics* 112 (4), 1997, p. 1027-1056.

10. A. Alesina, E. Spolaore, R. Wacziarg, « Economic integration and political disintegration », *American Economic Review* 90 (5), 2000, p. 1276-1296.

A. Alesina, E. Spolaore, R. Wacziarg, « Trade, growth and the size of countries », in *Handbook of Economic Growth*, Volume 1B, Edited by Philippe Aghion and Steven N. Durlauf, 2005, p. 1499-1542.

grands. Faire partie d'un pays de grande taille implique le partage de biens publics et de politiques communes (une même langue, un système éducatif homogène, une seule monnaie, etc.) d'une manière qui ne satisfait pas les préférences de toute la population. Néanmoins, certaines prérogatives politiques peuvent être aussi décentralisées et permettre ainsi une meilleure proximité avec ces préférences (statut d'autonomie, fédéralisme), ce qui atténue ces coûts dans les ensembles de plus grande dimension. Certains Empires ont parfois été historiquement des combinaisons astucieuses entre la taille et l'hétérogénéité.

- *Des difficultés à mettre en place une redistribution des régions (pays) riches vers les régions (pays) pauvres.* L'Allemagne et les pays d'Europe du Nord ont ainsi longtemps refusé que la zone euro devienne une union de transferts budgétaires. Mais ce sont des problèmes que rencontrent également les nations constituées en tant que telles : la Catalogne rétive à une redistribution vers les autres régions d'Espagne et la Vénétie en direction de l'Italie du Sud.

b) Les bénéfices liés à la taille

Être une entité de grande taille génère un certain nombre d'avantages notamment dans un monde protectionniste et conflictuel. La taille est d'une manière générale associée à la *« puissance »* qui se révèle fondamentale face à une agression et dans les rapports de force internationaux. Plusieurs bénéfices peuvent être identifiés.

- *La viabilité dans un monde protectionniste.* Les petits pays peuvent prospérer dans un environnement international où règne le libre-échange – à l'image des cités-États d'Italie et des Pays-Bas pendant la Renaissance –. La taille du marché auquel ils avaient accès dépassait largement la taille de leur marché intérieur. En revanche, s'il y a des barrières aux échanges qui s'érigent, appartenir à un ensemble de grande dimension donne l'assurance d'accéder à un marché suffisamment important et rend le protectionnisme économiquement viable.

- *Des économies d'échelle et davantage de concurrence* sur le marché des produits et du travail. Être un grand pays densément peuplé, c'est l'assurance d'une taille de marché suffisamment importante pour que l'industrie et les services rentabilisent leur production sans difficulté dans la mesure où le coût unitaire diminue avec la taille de la série produite. C'est aussi l'assurance d'une concurrence plus active car un grand marché s'accommode mieux de l'existence de plusieurs opérateurs dans une branche donnée.

- *La fourniture de différents biens publics* (défense, monnaie, système de santé, recherche, diplomatie, etc.) *est moins coûteuse* rapportée à chaque habitant si de nombreux contribuables participent à leur financement. Il devient, par exemple, inutile de dupliquer les réseaux des ambassades dans les pays étrangers.

- *Une amélioration de la sécurité extérieure*. La défense est un bien public particulier qui s'améliore avec la taille du pays. Pour s'en affranchir, les petits pays peuvent certes entrer dans des alliances militaires, de type OTAN, jusqu'à adopter parfois des stratégies de *« passager clandestin »* à l'abri du parapluie fourni par un grand pays et investir dans leur défense un pourcentage de leur PIB bien inférieur à celui de leur protecteur. Mais cette stratégie qui leur confère un avantage économique important à court terme est risquée et, en général, la taille apporte davantage de sécurité.

- *Une meilleure efficacité des politiques à fortes externalités et qui nécessitent de peser sur le plan international*. La gestion des ressources rares est théoriquement mieux appréhendée dans les grands pays en situation pour appréhender les effets externes de leur activité (politique climatique, politique de la pêche, etc.). Leur poids est aussi plus fort dans les négociations commerciales et environnementales multilatérales et dans les relations avec les entreprises multinationales notamment sur la question de leur imposition, de leur mise en concurrence et de la régulation de leur activité. En 2022, la capitalisation de Microsoft, la 2e entreprise au monde sur ce critère, n'est guère éloignée du PIB de la France. Seuls de grands pays, de grands marchés peuvent peser vis-à-vis de ce type d'entreprises et constituer un enjeu qu'elles ne peuvent évacuer.

- *Une moindre vulnérabilité aux chocs économiques et une capacité de relance accrue*. Les grandes économies ont deux caractéristiques assez répandues. Elles ont, d'une part, un appareil de production plus diversifié (cf. Kenen et la théorie des zones monétaires optimales, Chapitre 3), ce qui permet une mobilité du travail plus facile des régions (pays) qui vont mal en raison d'une crise sectorielle vers celles (et ceux) qui vont bien. Ces économies sont, d'autre part, plus fermées que les petites économies. La relance budgétaire reste une option payante dans la mesure où la demande interne constitue le pôle prépondérant de l'activité : le multiplicateur budgétaire perd moins de sa vitalité sur les marchés extérieurs par le canal des biens importés que dans les petites économies.

- *Une meilleure capacité à fournir une assurance aux régions touchées par un choc asymétrique*. Les grands pays peuvent mettre en place des systèmes de redistribution des régions (pays) riches vers les régions (pays) pauvres. En général, les régions les plus pauvres préfèrent appartenir à un grand pays, tandis que les plus riches seront davantage tentées par l'indépendance. C'est là toute la différence entre la Corse qui revendique l'autonomie, tandis que la Catalogne aspire à l'indépendance, mais sous le couvert du *« bouclier économique »* de l'UE qui lui permettrait d'accéder au marché unique et d'appartenir à la zone euro.

2.2.2. Les différents stades du processus d'intégration économique

Les accords de commerce fonctionnent à partir d'une logique d'emboîtement qui va du moins au plus intégré et peut conduire *in fine* à la formation de nouvelles nations. L'évaluation de leurs effets économiques s'effectue à partir de la structure de base qu'est l'union douanière. Les barrières aux échanges, tarifaires et non tarifaires, séparent traditionnellement les économies nationales[11]. Ces obstacles ne frappent pas tous les pays de façon équitable : ils peuvent favoriser les biens en provenance de certains pays au détriment des mêmes biens en provenance d'autres pays. Ces *« préférences commerciales »* modifient les courants des échanges et introduisent des formes de discrimination dans les flux de biens et services. *In fine*, la disparition des barrières aux échanges entre deux nations fait glisser leurs échanges du statut de commerce international, avec ses importations et ses exportations, au statut de commerce intérieur avec ses acquisitions et ses livraisons. Le commerce intra-européen n'est ainsi plus comptabilisé dans le commerce mondial. L'intégration économique est au bout du processus discriminatoire initié par le système des préférences.

Balassa[12] a classé le premier, en 1961, les différentes étapes du processus d'intégration économique qui offre autant d'alternatives en cas de désintégration de type Brexit. Six niveaux peuvent être distingués, à partir des dispositions qui concernent le degré de réciprocité, les secteurs exclus des accords, les mouvements des facteurs de production, le statut de la monnaie et les politiques communes (Tableau 2).

- **L'accord commercial préférentiel** aménage des courants d'échange privilégiés entre des pays qui ne sont pas situés dans la même aire géographique et dont le niveau de vie peut être parfois différent. À travers cette formule, des avantages sont concédés par les pays développés aux pays en développement qui ne sont pas réciproques (art. XXXVI, XXXVII et XXXVIII de l'Accord général) : réduction ou disparition unilatérale des droits de douane et autres obstacles sur quelques produits de base dont dépendent leurs exportations. Lorsque ces groupements sont l'héritage des anciens empires coloniaux, la clause d'antériorité a permis la reconduction partielle du système de préférence qui était déjà en vigueur (art. I). L'accord de Samoa, signé entre l'UE et les membres de l'Organisation des États d'Afrique, des Caraïbes et du Pacifique (OEACP), le 15 novembre 2023, dans le prolongement de la convention de Lomé, puis de l'accord de Cotonou, est le prototype

11. Néanmoins, parfois, dans l'histoire, la disparition des obstacles aux échanges s'est effectuée à l'intérieur d'un pays politiquement uni comme par exemple, en France, l'abolition des douanes intérieures par Turgot, à la fin du XVIIIe siècle.

12. B. Balassa, *The Theory of Economic Integration*, R. D. Irwin Publisher, 1961.

même d'un traitement préférentiel (Tableau 3) doublé, pour certains pays de l'ancienne zone franc CFA, par un accord monétaire.

• **L'accord d'association** constitue, selon l'article XXIV de l'Accord général, une étape avant *« l'établissement, dans un délai raisonnable, de l'union douanière ou de la zone de libre-échange »* et doit comporter un plan et un programme de passage à ces autres phases. Il est partiellement fondé sur le principe de réciprocité. Ce type d'accord se rapproche de la zone de libre-échange mais comporte des dérogations sur des secteurs, des instruments de politique commerciale et sur les libertés de circulation. L'UE a passé des accords de ce type avec la plupart des pays du bassin méditerranéen dans la perspective de créer avec eux une zone de libre-échange euro-méditerranéenne (ZLEM) et avec les pays concernés par le processus d'élargissement. Dans ce cas, il s'agit d'accord d'association d'une autre nature puisqu'ils sont *« préalables à une éventuelle adhésion »*.

• **L'accord de libre-échange** (ALE) est un groupement de plusieurs territoires douaniers dans lequel les pays membres suppriment entre eux toutes les barrières commerciales de manière réciproque, mais conservent leurs barrières nationales particulières à l'encontre des échanges avec le reste du monde. Il n'y a pas d'abandon de la souveraineté nationale sur les tarifs et les organismes de contrôle de ces tarifs. Dans une telle zone, les contrôles de douane sont maintenus entre les pays membres afin d'éviter les trafics consistant à faire rentrer les marchandises dans les pays où les barrières sont relativement basses pour les orienter par la suite sur les pays où elles sont plus élevées. Les règles d'origine ont une importance cruciale. Pour que le système soit tolérable, les tarifs et les politiques commerciales doivent être relativement proches. Une simple zone de libre-échange exclut généralement les secteurs sensibles (acier, agriculture, textile).

L'Accord de libre-échange nord-américain (ALENA), mis en œuvre en 1994, devenu, après sa renégociation, en 2018, l'Accord Canada, États-Unis, Mexique (ACEUM) répond à ces critères. L'Association des nations de l'Asie du Sud-Est (ASEAN), créée en 1967, entre Brunei, le Cambodge, l'Indonésie, le Laos, la Malaisie, Myanmar, les Philippines, Singapour, la Thaïlande et le Vietnam, est devenue progressivement une zone de libre-échange. L'Accord global et progressif pour le partenariat transpacifique (CPTPP) qui rassemble onze pays d'Amérique, d'Asie et du Pacifique constitue un accord de libre-échange entré en vigueur fin 2018. Tous les pays d'Afrique – sauf l'Érythrée – sont parties prenantes de la Zone de libre-échange continentale africaine (ZLECAf) qui est entrée en vigueur le 1er janvier 2021. Elle se substitue aux accords régionaux qui existaient jusqu'alors sur un continent où le commerce intrarégional reste très limité (15 % du commerce total du continent, contre 58 % en Asie et 67 % en Europe).

Tableau 2

Les degrés d'intégration économique

Type d'accord	Suppression unilatérale des obstacles aux échanges	Libre-échange avec dérogations	Libre-échange	Tarif douanier commun	Libre circulation des facteurs de production	Politique économique commune
Accord commercial préférentiel						
Accord d'association						
Accord de libre-échange						
Union douanière						
Marché commun						
Union économique et monétaire						

• **L'union douanière** se caractérise par un abandon de souveraineté plus important que la zone de libre-échange. Si les pays membres suppriment entre eux toutes les barrières commerciales, ils adoptent un tarif douanier commun à l'égard du reste du monde. La politique commerciale devient commune et notamment la conclusion d'accords avec des pays tiers. L'union douanière suppose une contiguïté des pays membres et l'établissement d'une frontière extérieure commune. Ces contraintes supplémentaires expliquent qu'il y ait peu d'unions douanières au sein des accords commerciaux recensés par l'OMC – uniquement 8 % de l'ensemble. La Communauté économique européenne a constitué de 1968 à 1992 une simple union douanière. Le Marché commun d'Amérique centrale (MCAC), la Communauté andine et le Conseil de coopération du Golfe sont des unions douanières.

Tableau 3

Les principaux accords d'intégration régionale en vigueur

Continents	Accords	Pays membres
Europe	Union européenne (UE)	Allemagne, Autriche, Belgique, Bulgarie, Chypre, Croatie, Danemark, Espagne, Estonie, Finlande, France, Grèce, Hongrie, Irlande, Italie, Lettonie, Lituanie, Luxembourg, Malte, Pays-Bas, Pologne, Portugal, République slovaque, République tchèque, Roumanie, Slovénie, Suède
	UE – Groupement préférentiel	Organisation des États d'Afrique, des Caraïbes et du Pacifique (OEACP)
	UE – Accord de partenariat économique (APE)	Afrique orientale et australe (AOA), Cariforum, Cameroun, Communauté de développement d'Afrique australe (CDAA), Côte d'Ivoire, Ghana, Pacifique
	UE – Accords d'association	Algérie, Andorre, Autorité palestinienne, Égypte, Israël, Jordanie, Liban, Maroc, Tunisie
	UE – Accords d'association préalable à une éventuelle adhésion	Albanie, ARYM, Kosovo, Monténégro, Serbie, Turquie
	UE – Accords de libre-échange	Afrique du Sud, Canada, Chili, Colombie, Corée du Sud, Équateur, Géorgie, îles Féroé, Israël, Japon, Mexique, Marché commun d'Amérique centrale (MCAC), Moldavie, Nouvelle-Zélande, Pérou, Suisse, Ukraine
	UE – Union douanière	Turquie, Andorre, Saint-Marin
	UE – Marché unique (Espace économique européen EEE)	Islande, Liechtenstein, Norvège
	Association européenne de libre-échange (AELE)	Islande, Liechtenstein, Norvège, Suisse
Afrique	Zone de libre-échange continentale africaine (ZLECAf)	Les 55 pays du continent africain sauf l'Érythrée
	Union économique et monétaire de l'Afrique de l'Ouest (UEMOA)	Bénin, Burkina Faso, Côte d'Ivoire, Guinée-Bissau, Mali, Niger, Sénégal, Togo
	Communauté économique des États de l'Afrique de l'Ouest (CEDEAO)	Bénin, Burkina Faso, Cap Vert, Côte d'Ivoire, Gambie, Ghana, Guinée, Guinée-Bissau, Libéria, Mali, Niger, Nigeria, Sénégal, Sierra Leone, Togo
	Communauté économique et monétaire de l'Afrique centrale (CEMAC)	Cameroun, Congo, Gabon, Guinée équatoriale, République centrafricaine, Tchad
	Communauté économique des États d'Afrique centrale (CEEAC)	Angola, Burundi, Cameroun, Congo, Gabon, Guinée équatoriale, République centrafricaine, Rwanda, Sao Tomé et Principe, Tchad
Amérique	Accord Canada, États-Unis, Mexique (ACEUM)	Canada, États-Unis, Mexique
	Marché commun d'Amérique centrale (MCAC)	Costa Rica, Salvador, Guatemala, Honduras, Nicaragua, Panama
	Marché commun du Sud (MERCOSUR)	Argentine, Brésil, Paraguay, Uruguay
	MERCOSUR – pays associés	Bolivie, Chili, Colombie, Équateur, Pérou, Venezuela
	Communauté et Marché commun des Caraïbes (CARICOM)	Antigua, Bahamas, Barbade, Belize, Grenade, Guyane, Haïti, Jamaïque, Montserrat, République dominicaine, Saint-Kitts-et-Nevis, Saint-Vincent et les Grenadines, Sainte-Lucie, Suriname, Trinité et Tobago
	Communauté andine	Bolivie, Colombie, Équateur, Pérou
Moyen-Orient	Conseil de coopération du Golfe (CCG)	Arabie Saoudite, Bahreïn, Émirats arabes unis, Koweït, Oman, Qatar
Asie	Association des nations de l'Asie du Sud-Est (ASEAN) + Chine	Brunei, Cambodge, Chine, Indonésie, Laos, Malaisie, Myanmar, Philippines, Singapour, Thaïlande, Vietnam
Amérique-Asie-Pacifique	Accord global et progressif pour le partenariat transpacifique (CPTPP)	Canada, Mexique, Chili, Pérou, Brunei, Malaisie, Singapour, Vietnam, Japon, Australie, Nouvelle-Zélande

• **Le marché commun** n'est pas généré automatiquement par la réalisation d'une union douanière. Pour que le marché devienne commun, cela suppose une circulation parfaite des biens et des services, et donc l'élimination des frontières fiscales de type TVA, des obstacles techniques au commerce et une libre circulation des facteurs de production – travail et capital – entre les pays membres. Une harmonisation des politiques propres à chaque État (fiscalité, diplômes, normes, etc.) doit être effectuée de façon à éviter des distorsions et à tirer parti des économies d'échelle qu'autorise l'augmentation de la taille du marché. La politique de la concurrence, les politiques d'immigration et d'émigration de la main-d'œuvre deviennent progressivement communes puisque leurs interventions se situent au niveau même de ce marché élargi qu'elles ont vocation à réglementer.

Au sein de l'UE, la construction d'un grand marché est l'objectif de deux traités à trente ans d'intervalle : le traité de Rome de 1957, qui lançait l'objectif de marché commun, et l'Acte unique de 1986, qui programmait le marché unique à partir de la libre circulation des personnes, des marchandises, des services et des capitaux. S'il a fallu approfondir l'objectif de marché commun à travers le marché unique, c'est qu'il n'avait été qu'imparfaitement mené à son terme en raison de l'existence d'entraves aux échanges au sein de la Communauté.

Trois des quatre pays membres de l'Association européenne de libre-échange[13] (l'AELE) – l'Islande, le Liechtenstein et la Norvège – bénéficient des libertés de circulation du marché unique, à travers l'Espace économique européen (EEE), mis en œuvre depuis le 1er janvier 1994, et l'espace Schengen pour les personnes. Seules l'agriculture, la pêche, la politique commerciale et l'union douanière ont été placées hors accord. C'est l'un des rares cas au niveau international où les pays membres conservent leur politique commerciale propre au sein d'un marché unique, ce qui nécessite quand même une très forte proximité entre cette dernière et celle de l'UE afin d'éviter le développement de trafics en tous genres. La Suisse, qui est également membre de l'AELE, a refusé par votation son intégration dans l'EEE. Elle n'en est dans les faits guère éloignée grâce à la signature de plus de 120 accords bilatéraux et à son appartenance à Schengen.

Le Marché commun du Sud (le MERCOSUR), qui réunit l'Argentine, le Brésil, le Paraguay et l'Uruguay, se donne pour objectif la mise en place d'un grand marché avec une libre circulation des biens, des services, des capitaux et de la main-d'œuvre. Une coordination des politiques économiques, une harmonisation des législations, la création de

---

13. L'AELE avait été créée en 1960 à l'initiative du Royaume-Uni en riposte à la formation des Communautés européennes. Elle s'est peu à peu vidée d'une partie de ses membres qui ont intégré les Communautés.

fonds structurels et l'élection d'un Parlement au suffrage universel sont prévues dans le cadre du MERCOSUR.

• **L'union économique et monétaire** est la forme ultime du processus d'intégration régionale. Pour que le marché commun devienne pleinement efficace, la politique économique doit être unifiée ou, tout au moins, étroitement coordonnée. Il y a eu au XIXe siècle de simples unions monétaires de type Union latine ou Union scandinave. L'archétype de l'union monétaire est aujourd'hui la zone euro (voir Chapitre 3) avec des politiques monétaire et de change communes. Pour qu'une zone monétaire devienne une union économique et monétaire, cela suppose une coordination des politiques fiscales et budgétaires, une certaine solidarité budgétaire et une forme de gouvernance économique commune.

Des nations ont mené à leur terme ce processus d'intégration économique et politique : l'Allemagne est issue d'une union douanière, le Zollverein (1834-1871), d'unions monétaires et de la réunification, en 1990, de la République fédérale d'Allemagne et de la République démocratique allemande. L'intégration apparaît comme un processus progressif, cumulatif et doté d'une dynamique propre. Chaque étape en appelle une autre dès lors que les obstacles sont progressivement levés. La construction européenne a eu un impact important. Elle est apparue suffisamment attractive pour que de nombreuses régions dans le monde s'engagent également dans un processus de rapprochement.

2.2.3. Les effets d'une union douanière

L'union douanière repose sur la libéralisation des échanges entre les pays membres, tandis qu'il y a mise en place d'un tarif douanier commun vis-à-vis du reste du monde. Au regard de la théorie néoclassique du commerce international, il s'agit là d'une forme d'intégration caractérisée par sa double nature : à la fois plus de libre-échange mais aussi davantage de protection. L'union douanière ne peut être qu'un optimum de second rang par rapport à la libéralisation généralisée des échanges. Il faut en contrôler les effets préjudiciables sur le reste du monde. Néanmoins, les évaluations réalisées concernant l'intégration communautaire n'ont jamais permis de conclure définitivement sur ses effets vis-à-vis des pays tiers.

a) La théorie des unions douanières en statique concurrentielle

La théorie des unions douanières a été développée en 1950 par Viner puis complétée par les apports de Gehrels, Lipsey, Johnson et Meade[14].

---

14. J. Viner, *The Customs Union Issue*, Stevenson and Sons, New York. Compte tenu des hypothèses particulières qu'il avait posées, Viner ne mettait en évidence que les effets de création et de détournement d'échange. L'effet de consommation a été

La mise en place d'une union douanière entre deux pays engendre trois effets simultanés :

– un effet de création d'échange qui résulte du remplacement des producteurs nationaux les moins efficaces par des importations à plus faible coût en provenance du pays partenaire ;

– un effet de consommation imputable à la baisse des prix qui engendre un surcroît de consommation et une progression des importations totales ;

– un effet de détournement d'échange qui tient aux pertes de parts de marché subies par les pays tiers au profit des importations en provenance du pays partenaire.

Les effets de création d'échange et de consommation vont dans le sens d'une amélioration du bien-être mondial contrairement à l'effet de détournement qui joue en sens opposé. De leur comparaison dépend l'appréciation qui sera portée sur les coûts et les avantages d'une union douanière.

Une présentation simple de ces trois effets peut être effectuée à partir d'un modèle construit dans un cadre d'analyse partiel sur la base des hypothèses habituelles : immobilité des facteurs de production dans une économie de concurrence pure et parfaite avec absence d'économie d'échelle. Prenons l'exemple de l'entrée du Royaume-Uni dans la Communauté en 1973 en observant ses conséquences sur un produit particulier, ici le blé. L'offre britannique sera supposée à coûts croissants alors que l'offre de ses partenaires commerciaux successifs sera, par hypothèse, à coûts constants de façon à négliger les effets de l'union douanière sur leurs économies (Graphique 2).

Avant d'intégrer la Communauté, le Royaume-Uni importait une quantité de blé M_1 en provenance des États-Unis qui était, par hypothèse, le producteur mondial au moindre coût à 1 000 £ la tonne, auquel s'ajoutait un droit de douane de 250 £, soit des recettes douanières pour l'État britannique égales à 250 £ multiplié par M_1 (les surfaces c + e). Après son entrée dans la Communauté, le Royaume-Uni a supprimé ce prélèvement sur les échanges en provenance de la France, tandis que la politique agricole commune l'oblige à le maintenir, par hypothèse au même niveau qu'antérieurement, avec les États-Unis. Dès lors, il importe M_2 de France qui devient, à 1 100 £ la tonne, la source d'approvisionnement la moins onéreuse parce qu'elle n'est plus taxée. Par rapport à sa consommation primitive à 1 250 £ la tonne, le passage à un prix de 1 100 £ entraîne des gains pour les consommateurs (les surfaces a + b + c + d), des pertes pour les producteurs britanniques (la surface a) et la

identifié par la suite par Gehrels, Lipsey, Johnson et Meade comme étant une conséquence de la modification des prix relatifs induite par les unions douanières.

Graphique 2

Les effets d'une union douanière

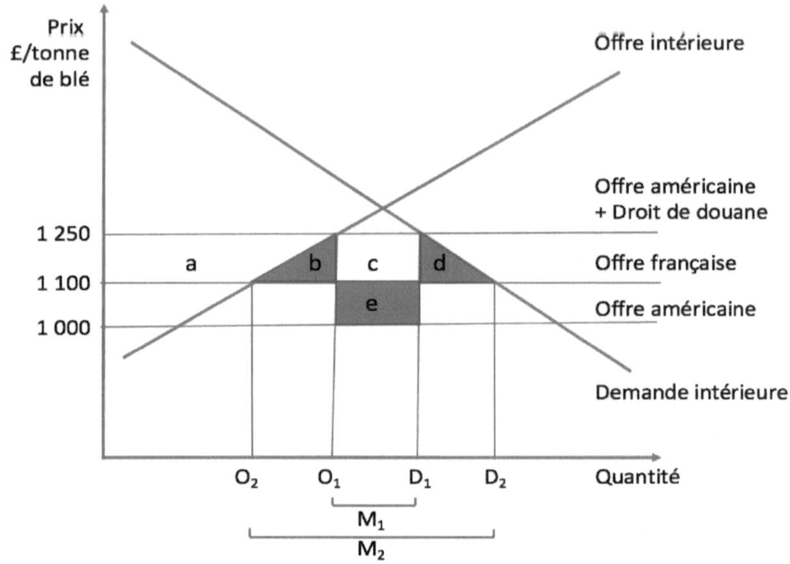

disparition des recettes douanières de l'État (les surfaces c et e). Le solde final, pour le Royaume-Uni, de son intégration dans l'union douanière dépend de la comparaison entre les trois effets précédemment identifiés :

– la création d'échange, égale à la surface *« b »*, est l'économie de coût sur la production britannique remplacée par des importations O_1 - O_2 en provenance de producteurs français plus efficaces ;

– l'effet de consommation imputable à la baisse du prix est représenté par la surface *« d »* ;

– le détournement d'échange, matérialisé par le rectangle *« e »*, tient au remplacement des importations américaines, pourtant les moins chères, par des importations en provenance de France. Il s'agit là de l'enjeu majeur pour le commerce international puisqu'un pays tiers est potentiellement désavantagé.

Le raisonnement est parfaitement réversible si le pays sort de l'union douanière, ce qui est effectif dans le cadre du Brexit depuis le 31 décembre 2020. Mais les pertes pour les consommateurs, les gains pour les producteurs nationaux et l'État et la modification des courants d'échange que cela aurait entraînés ont été évités grâce à l'entrée en vigueur de l'ALE avec l'UE à titre provisoire le 1er janvier 2021 et définitif le 1er mai.

Cette théorie de l'union douanière a fait l'objet de nombreuses critiques. Il lui est notamment reproché de surestimer l'effet de détournement pour trois raisons :

– l'analyse est tout d'abord statique. Elle néglige les créations d'échange qui apparaissent en dynamique. La constitution ou l'élargissement d'une union régionale accroît la taille du marché sur lequel opèrent les entreprises. L'intensification de la concurrence, l'accélération de l'innovation, la rationalisation du processus de production et l'augmentation des séries conduisent à abaisser le coût unitaire des biens et services réalisés. L'augmentation du revenu réel et la stimulation de la croissance au sein de l'union régionale ont un effet d'entraînement sur le reste du monde par le jeu des importations et favorisent le bien-être mondial ;

– elle fait ensuite abstraction de l'importance de la géographie dans les échanges qui fait que deux pays voisins sont, dans la plupart des cas, des partenaires commerciaux naturels et privilégiés. La proximité permet de minimiser les coûts de transport et de transaction. Elle est intrinsèquement porteuse de distorsions d'échange indépendamment de la constitution, ou non, entre deux pays, d'une union douanière ;

– enfin, les effets de création-détournement des courants d'échange perdent une partie de leur signification dans une économie qui se mondialise : les entreprises des pays tiers implantées dans l'union régionale bénéficieront des effets de création de trafic alors que les producteurs nationaux qui auront délocalisé des segments de leur production dans le reste du monde en subiront les coûts.

b) L'expérience de l'UE : une croissance des échanges intérieurs

L'Accord général impose le respect de deux règles (art. XXIV) lors de l'instauration d'une union douanière afin de minimiser les réflexes protectionnistes et les détournements majeurs d'échange :

– l'élimination des droits de douane et des réglementations commerciales pour *l'essentiel des échanges* entre les pays membres, sans autre forme de précision sur les secteurs ainsi concernés ;

– la *baisse du tarif extérieur commun* par rapport à celui qui était en vigueur avant la formation de cette union afin de donner un surcroît de compétitivité aux pays tiers.

La Communauté a appliqué la première clause de façon très large mais elle n'a pas respecté la dernière lors de l'entrée en vigueur de l'union douanière le 1er juillet 1968. Le tarif douanier commun vis-à-vis des pays tiers a été calculé sur la base d'une moyenne arithmétique des tarifs douaniers des six États fondateurs. Certains États membres ont dû relever leurs tarifs. Les flux commerciaux entre les Six ont été favorisés au détriment des flux avec le reste du monde au nom de la préférence communautaire. La compatibilité du traité de Rome et de l'article XXIV de l'Accord général n'a de la sorte jamais été établie.

Les estimations empiriques faites sur les effets de l'intégration européenne sur le reste du monde sont contradictoires[15]. Les économistes n'ont pas réussi à mesurer avec certitude la création d'échange et le détournement d'échange. Aucun chiffrage *ex post* n'existe, toutes les estimations ont été réalisées *ex ante*. Malgré l'absence d'évaluation probante et communément admise, l'effet de détournement alimente constamment le débat international et les craintes des pays tiers vis-à-vis de tout nouvel élargissement de l'UE et de l'expansion de son réseau préférentiel d'accords.

Les résultats statistiques, enregistrés depuis 1958, donnent du crédit à ces craintes. Dans une UE, qui est passée de 6 à 28, puis à 27 États membres, avec le retrait du Royaume-Uni qui a été ici intégré dans la statistique à partir de 2020, le poids du commerce intracommunautaire s'est mécaniquement accru dans l'ensemble des flux commerciaux des pays membres (Graphique 3), de 40 % des exportations et 37 % des importations en 1958, à 62,2 % des exportations et 57,7 % des importations en 2022. Les importations sont presque toujours inférieures dans l'UE aux exportations, en raison de sa dépendance énergétique vis-à-vis de l'extérieur. L'année 2020 se signale sur ce point par un croisement des courbes car la balance commerciale du Royaume-Uni vis-à-vis de l'UE, fortement déficitaire, passe du statut d'échanges intérieurs à celui d'échanges avec l'extérieur.

La progression des échanges n'a pas été constante : les années soixante-dix ont marqué un temps de pause dans la progression, qui a incité à redynamiser l'intégration européenne avec le lancement du marché unique. Après l'accélération qui a caractérisé la fin des années quatre-vingt, les échanges intracommunautaires stagnent à nouveau, voire reculent entre 1990 et 2003. Le marché unique, lancé officiellement le 1er janvier 1993, avait été largement anticipé par les grandes entreprises européennes qui ont redéployé leur appareil de production vers les pays de l'Est après 1989. Cette réorganisation de leur chaîne de valeur n'apparaît dans la statistique qu'en 2004 avec l'élargissement de l'UE à huit de ces pays. Cela se traduit par un bond de plus de cinq points du commerce intra-UE par rapport à 2003. Le choc de 2007, consécutif à la crise des subprimes, a entraîné à nouveau un très important recul des échanges intra-européens, au profit d'un redéploiement vers le reste du monde : les exportations diminuent de six points jusqu'en 2012 et les importations de quatre points, avant que le commerce intrazone ne se reprenne un peu sur les dernières années jusqu'au nouveau

15. Pour un bilan de ces estimations voir L. A. Winters, « Intégration européenne et bien-être économique dans le Reste du Monde », *Économie internationale* n° 65, 1er trimestre 1996.

Graphique 3

Part du commerce intra-européen de marchandises dans le commerce total des pays membres de 1958 à 2022 (en %)

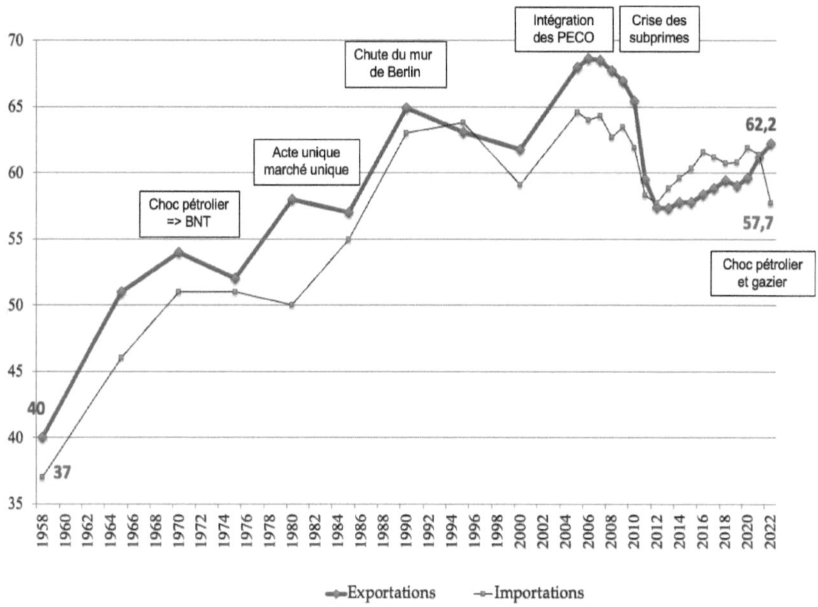

Source : Eurostat.

choc imputable à la guerre en Ukraine qui a entraîné un renchérissement du pétrole et du gaz. L'Allemagne a un poids particulier dans cette statistique en tant que première économie de la zone.

Le régionalisme communautaire est « *ouvert* »[16], dans la mesure où il y a eu constamment réduction des barrières et progression en valeur des importations extra UE. La hausse réelle est néanmoins faible et sans rapport avec la croissance du commerce mondial au cours de cette période. La préférence communautaire qui est une autre façon de qualifier le détournement d'échanges a fonctionné. La croissance des échanges internes a été privilégiée par rapport à celle du commerce international.

2.3. La politique commerciale commune de l'UE

Le commerce international porte à 73 % sur des marchandises, à 21 % sur les services et à 6 % sur l'agriculture. La réalité de l'emploi dans l'UE est à peu près l'inverse. En 2022, l'UE est la deuxième puissance commerciale au monde moins positionnée sur l'échange de

16. S.-J. Wei et J. A. Frankel, « Open Regionalism in a World of Continental Trade Blocs », *IMF Staff Papers* n° 3, vol. 45, September 1998.

marchandises et beaucoup plus présente sur les services. Ses positions sont en repli constant. En excluant les échanges intra-UE de la statistique, l'UE à 27 est, selon l'OMC, le deuxième exportateur mondial de marchandises (13,2 % du marché mondial), derrière la Chine (17,6 %) et devant les États-Unis (10,1 %), et le deuxième importateur mondial (14,8 % du marché mondial), derrière les États-Unis (15,8 %) et devant la Chine (12,7 %). Elle est le premier exportateur et importateur mondial de services (respectivement 23,9 % et 23 %) devant les États-Unis (15,6 % et 12,6 %) et la Chine (7,3 % et 8,7 %). Le Royaume-Uni s'intercale dans ce dernier classement (8,6 % et 5,9 %). L'UE est enfin le premier exportateur mondial de produits agricoles et le troisième importateur.

2.3.1. Le cadre institutionnel

La politique commerciale est commune à l'égard du reste du monde depuis la réalisation de l'union douanière en 1968. Elle organise pour l'ensemble de l'UE les flux d'importation qui pénètrent le marché unique et les flux d'exportation vis-à-vis du reste du monde.

L'objectif de la politique commerciale, énoncé à l'article 206 du traité (TFUE), est de contribuer *« au développement harmonieux du commerce mondial, à la suppression progressive des restrictions aux échanges internationaux et aux investissements étrangers directs, ainsi qu'à la réduction des barrières douanières et autres »*. La libéralisation du commerce est affichée comme une priorité dans le traité. La Commission est chargée de la mise en œuvre de cette politique sur les mandats donnés par le Conseil qui statue à la majorité qualifiée dans presque tous les domaines. L'unanimité est requise pour les services culturels et audiovisuels, les services sociaux, d'éducation et de santé.

La doctrine qui fonde la politique commerciale a été révisée[17], en 2020, pour des raisons externes aussi bien qu'internes. Sur le plan externe, la Commission européenne note l'instabilité des relations internationales, les tensions de plus en plus manifestes avec les États-Unis et la Chine – qualifiée à la fois de *« partenaire clé pour la coopération »* mais aussi de *« rival systémique »* –, une plus forte implication des États dans l'économie et une instrumentalisation de la politique commerciale à des fins économiques et géopolitiques. Tout ceci a conduit à un affaiblissement de l'ordre multilatéral incarné par l'OMC. Sur le plan interne, les citoyens européens sont de moins en moins convaincus des bienfaits de la mondialisation dans un environnement marqué par la dépendance numérique, le changement climatique et le redéploiement

17. European Commission, « A renewed trade policy for a stronger Europe », *Consultation note*, 16 June 2020. https://trade.ec.europa.eu/doclib/docs/2020/june/tradoc_158779.pdf

des chaînes d'approvisionnement vers des pays étrangers au détriment de la production intérieure. La crise de la Covid-19 a servi ici de révélateur à des vulnérabilités de l'UE (médicaments, semi-conducteurs, masques). Elle a démontré que l'UE devait être plus résiliente, qu'il fallait, tout en restant ouverte aux investissements étrangers, qu'elle puisse les contrôler et réagir lorsqu'ils constituaient une menace pour ses intérêts. La Commission a élaboré un nouveau modèle *« d'autonomie stratégique ouverte »* fondé sur la poursuite par l'UE *« de ses propres intérêts de manière indépendante et affirmée, tout en continuant à travailler avec des partenaires dans le monde entier »*. Il s'agit de trouver *« le juste équilibre entre une Europe ouverte aux affaires et une Europe qui protège ses citoyens, ses entreprises et ses normes »*.

La politique commerciale est défendue, auprès des pays tiers, par un représentant unique – le Commissaire au commerce – qui participe aux discussions multilatérales dans le cadre de l'OMC et aux discussions bilatérales avec certains pays ou groupes de pays. Le Commissaire a en charge, selon l'article 207 du traité, les modifications tarifaires, la conclusion d'accords tarifaires et commerciaux. Cette dernière compétence – souvent exclusive – devient *« mixte »*, lorsqu'un accord empiète sur des domaines de compétence nationale (cf. l'accord de libre-échange avec le Canada). Il est alors soumis à une double ratification européenne et par chaque État membre, selon leurs règles respectives. Le Commissaire s'occupe également de la politique d'exportation et des mesures de défense commerciale. Le règlement sur les obstacles au commerce de 1994, modifié en 2014, permet aux États membres et aux entreprises de l'UE de déposer une plainte auprès de la Commission, dès l'identification d'un obstacle dressé par un pays tiers. Cette dernière met en place, après enquête, les mesures de protection appropriées (action sur les droits, restrictions quantitatives, etc.) et peut aller jusqu'à déposer une plainte auprès de l'Organe de règlement des différends de l'OMC. L'UE utilise activement ce mécanisme. Elle est devancée par les seuls États-Unis au niveau international (110 plaintes et 104 fois défendeur pour l'UE entre 1995 et 2023 contre 132 plaintes et 160 fois défendeur pour les États-Unis sur un total de 616 différends).

2.3.2. La différenciation des accords de libre-échange (ALE) par l'UE

L'UE a conclu des ALE tous azimuts dans un contexte où l'OMC est en grande difficulté. Ces accords ont été progressivement vus comme des outils d'influence et d'expression du *« soft power »* européen à travers sa capacité à diffuser ses normes et ses valeurs dans le monde. Derrière l'intitulé d'ALE, il y a des dispositifs extrêmement divers selon la date de leur conception et les finalités poursuivies. À côté des classiques concessions tarifaires qui concernent les marchandises – peu significatives au regard de la faiblesse des droits de douane et des mouvements des monnaies – de nouvelles questions sont traitées dans le cadre de ces accords, relatives à l'environnement (ratification des accords de Paris sur le climat), la sécurisation des investissements, les normes de production, l'instauration d'un mécanisme propre de règlement des différends, l'immigration, la protection des données, les droits de l'homme, les visas, la coopération culturelle, etc. Les domaines visés témoignent de la volonté de dépassement de la démarche de l'OMC.

Le contenu des ALE finalisés par l'UE et les États-Unis a été classé par Horn, Mavroidis et Sapir[18] en deux catégories, soit que ce contenu relève de questions traitées au sein de l'OMC – mais beaucoup plus approfondies au sein de ces accords (les domaines OMC+ au nombre de 14) –, soit qu'ils abordent de nouvelles questions hors du champ de compétence de l'OMC (les domaines OMC-X au nombre de 38) (Tableau 4).

L'UE a infléchi son approche des ALE à partir de la Communication de la Commission de 2006 sur *Une Europe compétitive dans une économie mondialisée*[19]. Elle a par la suite précisé, en 2022, comment la contribution des accords commerciaux au développement durable pouvait être renforcée[20] afin de s'assurer que les partenaires respectent les mêmes normes sanitaires, sociales et/ou environnementales (usage de pesticide, liberté syndicale, travail forcé, déforestation, etc.) – ce qui est parfois désigné comme des *« clauses miroirs »*. La Commission distingue quatre formes d'ALE conclus avec des pays tiers dont elle évalue annuellement les progrès et l'impact[21] :

– les ALE de *« première génération »*, négociés avant 2006, ciblaient en priorité une baisse des droits de douane, au départ sur les marchandises, auxquels sont venus s'ajouter ultérieurement les produits agricoles. Ils concernent l'union douanière passée avec la Turquie, les ALE avec la Suisse, l'Islande et la Norvège, prolongés par la suite par des accords bilatéraux ou l'EEE, mais aussi tous les ALE conclus avec les pays du pourtour méditerranéen et du Moyen-Orient, avec le Mexique et les pays des Balkans. Certains de ces ALE ont vocation à évoluer et font l'objet de négociations dans ce sens (Tunisie, Mexique) ;

– les ALE de *« nouvelle génération »*, négociés ou renégociés après 2006. Ils abordent des questions qui ne sont pas mûres pour une

18. H. Horn, P. Mavroidis et A. Sapir, « Beyond the WTO? An anatomy of EU and US preferential trade agreements », *The World Economy* 33 (11), 2010, p. 1565-1588.

19. Commission européenne, *Une Europe compétitive dans une économie mondialisée*, COM 567 final, 4 octobre 2006.

20. Commission européenne, *La force des partenariats commerciaux : ensemble pour une croissance économique verte et juste*, COM 409 final, 22 juin 2022.

21. Commission européenne, *Rapport sur la mise en œuvre et l'application de la politique commerciale de l'UE*, COM 740 final, 15 novembre 2023.

discussion dans le cadre de l'OMC et vont plus loin que les domaines de compétence de cette dernière ou *« domaines OMC+ »* pour aborder les *« domaines OMC-X »* (Amérique centrale, Canada, Chili, Colombie, Corée du Sud, Équateur, Japon, Nouvelle-Zélande, Pérou, Royaume-Uni) ;

– les ALE *« approfondis et complets »* qui vont encore au-delà des précédents grâce à un approfondissement de l'association politique et à une intégration progressive dans le marché intérieur (Géorgie, Moldavie et Ukraine) ;

– les Accords de Partenariat économique (APE) qui adaptent le modèle d'intégration économique de l'UE à des pays qui étaient historiquement d'anciennes colonies des États membres de l'UE en les regroupant par zones géographiques (Pacifique, Cariforum, Communauté de développement de l'Afrique australe, Afrique orientale et australe, Cameroun, Ghana, Côte d'Ivoire).

Tableau 4

Domaines OMC+ et OMC-X dans les ALE

Domaines OMC+	Domaines OMC-X	
ALE produits industriels	Lutte contre la corruption	Santé
ALE produits agricoles	Politique de la concurrence	Droits de l'homme
Douanes	Législation environnementale	Immigration illégale
Taxes à l'exportation	Droits de la propriété intellectuelle	Drogues illicites
Mesures SPS	Mesures visant l'investissement	Coopération industrielle
Entreprise d'État	Réglementation marché du travail	Société de l'information
OTC	Mouvements de capitaux	Industries extractives
Mesures compensatoires	Protection des consommateurs	Blanchiment d'argent
Antidumping	Protection des données	Sûreté nucléaire
Aide d'État	Agriculture	Dialogue politique
Marchés publics	Rapprochement des législations	Administration publique
Mesures Inv. Commerce	Audiovisuel	Coopération régionale
AGCS	Protection civile	R&D
ADPIC	Politique d'innovation	PME
	Coopération culturelle	Questions sociales
	Politique économique	Statistiques
	Éducation et formation	Fiscalité
	Énergie	Terrorisme
	Aide financière	Visas et asile

Source : H. Horn, P. Mavroidis et A. Sapir (2010).

2.3.3. Les mesures visant les importations

Les produits importés par l'UE à 27 sont, en 2022, selon l'OMC[22], à 67 % des produits manufacturés, à 23 % des combustibles et produits des industries extractives et à 8 % des produits agricoles. Les principaux pays d'origine des marchandises sont la Chine (21 % des importations), les États-Unis (12 %), le Royaume-Uni (7 %), la Russie (6 %) et la Suisse (5 %). Plusieurs barrières tarifaires et non tarifaires sont activées à la frontière extérieure de l'Union.

a) Les droits de douane

Ils sont perçus par les États membres sur les produits importés et reversés au budget de l'UE au titre des ressources propres. Un code des douanes est avant tout une nomenclature de produits. Celle de l'UE distingue 9 735 lignes tarifaires. La moyenne simple des droits appliquée sur l'ensemble de ces produits s'établissait en 2022, selon l'OMC[23], à 5,1 %. Ce chiffre a tous les défauts d'une moyenne et donne une représentation déformée de la politique tarifaire suivie par l'UE.

Soixante-quatorze pays ne sont pas ou peu concernés par ces droits car ils ont conclu avec l'UE, comme le Canada, le Japon, le Royaume-Uni et la Suisse, des accords commerciaux préférentiels (accords de libre-échange, système de préférences généralisées, *« Tout sauf les armes »*). En 2022, les échanges de marchandises avec ces partenaires représentaient 44 % du commerce extérieur de l'UE et les échanges de services 46 %. Mais, hormis le Royaume-Uni et la Suisse, ces droits s'appliquent aux pays identifiés parmi les partenaires à l'échange les plus importants de l'UE : la Chine, les États-Unis, la Russie et également l'Indonésie, l'Inde, le Brésil, l'Australie, etc.

La moyenne des droits présente l'autre défaut de ne pas restituer les différences très accusées entre l'industrie et l'agriculture. L'industrie, c'est en valeur, pour l'UE, quinze fois les importations de l'agriculture. Dans l'industrie, la protection tarifaire est peu significative et extrêmement ciblée sur les produits sensibles. En 2022, 29 % des importations totales de l'UE du secteur ne sont frappées d'aucun droit de douane. La moyenne des droits consolidés finals, pour les importations taxées, s'établit à 4,1 %. Les *« pics tarifaires »*, soit les droits supérieurs à 15 % sur lesquels la protection est plus forte, sont peu nombreux et concentrés sur des produits sensibles (véhicules automobiles à 22 %). Dans l'agriculture, la protection tarifaire joue encore un rôle important, même s'il y a eu un mouvement important de libéralisation internationale des échanges des produits agricoles au cours des trente dernières années. En 2022, 31 % des importations de ce secteur accèdent en franchise de

22. OMC, *Profils commerciaux*, 2023.

23. OMC, *Profils tarifaires dans le monde*, 2023.

droits au territoire de l'UE. La moyenne des droits de douane s'établit à 12,2 %. Les *« pics tarifaires »* peuvent être très élevés. Tous les taux supérieurs à 100 % sont associés à des produits agricoles avec un maximum de 146 % pour les produits laitiers mais aussi de 144 % pour les fruits, les légumes et les plantes.

b) Les barrières non tarifaires

Elles ont pris beaucoup d'importance en raison de la faiblesse des droits de douane.

- *Les régimes de licences d'importation et les contingents.* L'UE impose des restrictions quantitatives pour des motifs sécuritaires et environnementaux. Elle contrôle, par exemple, les importations de produits chimiques dangereux, de substances appauvrissant la couche d'ozone, de déchets, de certaines espèces menacées d'extinction, ou bien encore de bois rares. Des contingents sont appliqués à des produits de l'industrie sidérurgique, chimique et à des produits agricoles.

- *Les droits antidumping, les droits compensateurs et les mesures de sauvegarde*, prévus dans le cadre de l'OMC, renforcent le dispositif de défense commerciale dans les branches exposées à ces formes de concurrence déloyales. À la fin de l'année 2022, l'UE comptait, selon la Commission, 177 mesures de défense commerciale : 117 droits antidumping définitifs auxquels s'ajoutent 34 cas au titre de la lutte contre la fraude et le contournement, 21 droits compensateurs étendus à 4 cas toujours à la suite de tentatives de contournement et 1 mesure de sauvegarde qui concerne la filière acier. L'UE est historiquement très active, au regard des autres pays membres de l'OMC, en matière de recours à ce type de mesure. Elle se classe au troisième rang international pour le nombre de mesures antidumping et au deuxième pour les mesures antisubventions. En revanche, son usage des sauvegardes a toujours été très faible. Ces droits ciblent surtout l'Asie, en particulier la Chine. Deux nouveaux règlements, entrés en vigueur en 2017 et 2018, ont modifié le mode de calcul des droits antidumping – notamment la référence à la *« valeur normale »* et l'estimation du préjudice subi –. Les préoccupations sociales et environnementales ont été davantage intégrées, les enquêtes accélérées et de meilleures réponses de politiques commerciales ont été définies face aux menaces de rétorsion, dans un contexte de montée des tensions commerciales sur le plan international.

- *Les taxes perçues aux frontières, les règles techniques et les normes.* Les marchandises et services importés dans un État membre de l'UE doivent s'acquitter à la frontière extérieure de la taxe sur la valeur ajoutée (TVA) et des droits d'accise (produits pétroliers, tabac, etc.), à l'identique des produits issus de l'UE. S'y ajoute le mécanisme d'ajustement carbone aux frontières qui est en phase test depuis le 1er octobre 2023 avant son entrée en vigueur prévue pour 2026 (voir Chapitre 3) : les produits importés sont soumis aux mêmes exigences en matière de décarbonation que les produits fabriqués dans l'EEE. Les marchandises doivent également respecter les règles techniques et les normes en vigueur sur le marché unique européen. L'évaluation de la conformité et l'accréditation suivent des procédures similaires à celles des produits européens. Les marchandises légalement importées dans un État membre relèvent du principe de reconnaissance mutuelle qui leur permet d'être mises sur le marché dans les autres États, même si elles ne sont pas conformes à leurs règlements techniques.

• *Les mesures sanitaires et phytosanitaires (SPS).* Elles sont aussi harmonisées dans l'UE et leur adoption s'effectue au niveau européen. Ces mesures SPS sont devenues une des entraves principales aux échanges de produits agricoles dans le monde et la source d'un important contentieux commercial entre l'UE et les États-Unis (interdiction de la viande aux hormones, de l'usage régulier d'antibiotiques dans l'alimentation animale, des organismes génétiquement modifiés, etc.). Les Européens ont invoqué un *« principe de précaution »* pour, au besoin, suspendre les importations des denrées incriminées. L'UE a des exigences fortes en matière de traçabilité des produits, à toutes les étapes de leur production et de leur distribution, au cas où des effets nuisibles sur la santé humaine, la santé animale ou l'environnement seraient constatés. L'étiquetage est également très étroitement réglementé. Les accords de libre-échange approfondi comprennent des dispositions relatives aux mesures SPS.

• *Les mesures diplomatiques.* L'UE a recours à ses instruments de politique commerciale pour promouvoir ses objectifs de paix, de démocratie et de respect des droits de l'homme. Des restrictions à l'importation sur des marchandises spécifiques (pétrole, biens culturels, etc.), les mouvements de fonds, les visas accordés, le gel des actifs, peuvent être mises en place à l'égard des pays qui contreviennent aux objectifs de la Politique étrangère et de sécurité commune (PESC), parfois dans le cadre de résolutions du Conseil de sécurité des Nations Unies. Au contraire, des visas facilités, des bourses d'études et d'échanges universitaires viendront soutenir des minorités en proie à des persécutions. Une carte des sanctions[24] indique les pays visés et le type de restrictions adopté.

• *L'instrument anti-coercition.* La Lituanie a été confrontée, en 2021, à un boycott tacite massif de la Chine après avoir accepté l'ouverture d'une représentation de Taïwan chez elle. Pour faire face à ce type de situation, l'UE s'est dotée d'un règlement de protection *« contre la coercition économique exercée par des pays tiers »* entré en vigueur le 27 décembre 2023. Il offre un cadre de négociation et permet la mise en place de mesures de réaction de l'UE (droits de douane, licences,

24. https://www.sanctionsmap.eu/#/main

restrictions d'accès aux marchés publics, etc.) afin d'assurer la protection de ses intérêts et de ceux de ses États membres.

2.3.4. Le renforcement de la surveillance des investissements étrangers

L'UE a longtemps été perçue comme ayant une perception relativement naïve du libre-échange, sans développer une vision de ses intérêts stratégiques. Le traité consacre dans plusieurs articles[25] le principe de libre circulation des capitaux et l'absence de restrictions aux investissements directs étrangers vus comme systématiquement gagnants en termes de croissance, d'emplois et d'ouverture des marchés des pays tiers aux produits européens.

En Allemagne, la tradition de neutralité des pouvoirs publics dans les affaires a été bousculée, en 2016, par l'acquisition de *Kuka*, le leader mondial en matière de robotique industrielle, par l'entreprise chinoise d'électroménager *Midea*. Il était difficile à l'État allemand d'imposer son veto sur cette opération sans entraver le développement futur de ses marchés à destination de la Chine. Mais il apparaissait de manière non moins évidente que c'était une entreprise détentrice d'un savoir technologique de pointe qui passait sous contrôle chinois et que l'ouverture aux investisseurs étrangers et aux transferts de technologie ne présentait pas le même degré de réciprocité en Chine.

Le débat qui s'est alors engagé sur le plan européen a mis en évidence la nécessité pour l'UE d'intervenir pour protéger ses activités industrielles dans les technologies de pointe, ainsi que ses infrastructures stratégiques pour la sécurité de ses citoyens. Il a abouti à la communication de la Commission, *« Accueillir les investissements directs étrangers tout en protégeant les intérêts essentiels »*[26] du 13 septembre 2017. Deux principes y étaient affirmés : le traditionnel principe d'ouverture aux investissements étrangers et le principe, plus novateur, de conditions égales pour l'accueil des investissements européens dans le pays d'origine de l'investisseur, avec la mobilisation de la politique commerciale à cette fin en particulier au sein des accords commerciaux.

Le risque que des investisseurs étrangers, sous contrôle d'un État, prennent le contrôle d'entreprises européennes et d'infrastructures d'importance stratégique est également pointé. La solution, éprouvée aux États-Unis – avec le comité des investissements étrangers – ou en Australie – avec la loi sur les acquisitions et les rachats par des étrangers –, passe par un mécanisme de filtrage des investissements étrangers. Au demeurant, cet outil existait déjà dans près de la moitié des

---

25. Les articles 63 et 206 du TFUE.

26. Commission européenne, *Accueillir les investissements directs étrangers tout en protégeant les intérêts essentiels*, COM 494 final, 13 septembre 2017.

États membres. Les actifs jugés essentiels au niveau de l'UE ont fait l'objet d'une première définition : *« Galileo, Copernicus, Eurocontrol, les réseaux européens de distribution de l'électricité et du gaz »*[27], avec mention des questions de cybersécurité pour se protéger des cyber-attaques.

Cette liste a été sensiblement élargie dans *« le règlement européen du 19 mars 2019 établissant un cadre pour le filtrage des investissements directs étrangers dans l'Union »*. Y figurent les infrastructures critiques, qu'elles soient physiques ou virtuelles[28], les technologies critiques[29], les biens à double usage – civil et militaire –, l'approvisionnement en intrants essentiels comme l'énergie, les matières premières et les denrées garantissant la sécurité alimentaire, l'accès à des informations sensibles, la liberté et le pluralisme des médias. Le mécanisme de filtrage mis en place sur les investissements susceptibles de porter atteinte à la sécurité ou à l'ordre public – opérationnel depuis le 12 octobre 2020 – est fondé sur l'échange d'informations et la coopération entre les États membres, à charge pour eux de bloquer une opération sensible. Il permet aussi à la Commission d'émettre des avis lorsqu'un investissement stratégique concerne plus d'un État membre ou des projets et programmes européens.

La guerre menée par la Russie contre l'Ukraine et les incertitudes géopolitiques ont attiré encore plus l'attention sur les secteurs stratégiques à protéger de façon prioritaire (semi-conducteurs, intelligence artificielle, informatique quantique et biotechnologies). L'UE a élaboré une stratégie en matière de sécurité économique[30], en juin 2023, qu'elle a décliné dans différentes initiatives[31], en janvier 2024, qui visent à généraliser les mécanismes de filtrage nationaux, à mieux contrôler les exportations et les investissements sortants concernant les technologies sensibles, à encourager la recherche sur les technologies à double usage et à renforcer la sécurité de la recherche elle-même. Cette approche constitue un tournant dans la relation de l'UE au *« doux commerce »*.

---

27. *Idem*, p. 9.

28. Au-delà des infrastructures classiques comme l'énergie, les transports, l'eau, la santé, les communications, les médias, l'aérospatiale, la défense, apparaissent le traitement ou le stockage des données ainsi que les infrastructures électorales ou financières.

29. Il s'agit des technologies qui concernent l'intelligence artificielle, la cybersécurité, l'aérospatiale, la défense, le stockage de l'énergie, les technologies quantiques et nucléaires, ainsi que les nanotechnologies et les biotechnologies.

30. Commission européenne et Haut Représentant de l'Union pour les Affaires étrangères et la politique de sécurité, *Stratégie européenne en matière de sécurité économique*, JOIN 20 final, 20 juin 2023.

31. Commission européenne, *Promouvoir la sécurité économique en Europe : introduction à cinq nouvelles initiatives*, COM 22 final, 24 janvier 2024.

2.3.5. Les mesures visant les exportations

L'UE à 27 exportent, en 2022, à 80 % des produits manufacturés, à 8 % des combustibles et produits des industries extractives et à 10 % des produits agricoles, en direction des États-Unis (19 % des exportations), du Royaume-Uni (13 %), de la Chine (9 %), de la Suisse (7 %) et de la Turquie (4 %). Des mesures d'appui mais aussi de contrôle et de prohibitions des exportations sont activées.

- *La « stratégie d'accès aux marchés » des pays tiers.* Elle a été mise en place, depuis 1996, afin d'informer les exportateurs et d'avoir une bonne utilisation des instruments commerciaux existants pour obtenir une éventuelle levée de restrictions aux échanges. Ce soutien s'effectue à partir d'une base de données Internet[32] sur laquelle des renseignements sont fournis aux exportateurs concernant les droits de douane, les autres taxes, les documents requis, les règles de sécurité sanitaire et les règles d'origine. Les entreprises informent, en retour, la Commission des obstacles qu'elles rencontrent afin qu'elle puisse enquêter, agir dans le cadre de l'OMC ou des accords bilatéraux. Les activités de promotion des exportations restent, en revanche, du ressort des États membres.

- *Les biens interdits d'exportation.* Dans le cadre généralement d'accords internationaux, des prohibitions touchent plusieurs types de biens. Ceux inscrits sur une liste d'une dizaine de produits interdits de circulation (produits chimiques dangereux, déchets, etc.). L'embargo qui affecte leur importation fonctionne également en sens inverse pour leur exportation. À cette liste viennent s'ajouter certains biens culturels – afin de protéger le patrimoine européen –, des biens réquisitionnés ponctuellement pour des raisons de santé publique (médicaments, vaccins) et des biens à double usage. Il s'agit d'éviter la prolifération des armes chimiques, biologiques, à toxines, des armes nucléaires et de lutter contre le trafic illicite des armes à feu. Des biens à double usage dits *« non répertoriés »* peuvent être également bloqués pour des raisons qui tiennent à la sécurité publique, à la sauvegarde des droits de l'homme et à la lutte contre le terrorisme (cybersurveillance, interception de communications, etc.). Une quarantaine de pays sont concernés à des degrés divers par ce type de contrôle et de restrictions[33], dans certains cas après une décision du Conseil de sécurité des Nations Unies comme pour la Corée du Nord, l'Iran, la Russie et la Syrie. Avec ces mesures, la politique commerciale est utilisée comme un outil de pression diplomatique par la PESC afin de sanctionner des comportements jugés préjudiciables aux intérêts et aux valeurs de l'UE. Elle s'accompagne parfois de mesures de restrictions des mouvements de fonds.

32. https://madb.europa.eu/madb/

33. Voir le site : https://www.sanctionsmap.eu/#/main

3. L'organisation du bloc régional européen ou la géoéconomie de l'intégration européenne

L'Europe n'a pas achevé son processus de recomposition territoriale. Elle reste à la recherche de ses frontières, de son espace de sécurité régionale et de sa zone d'influence. L'UE a mis en place un système d'intégration à géométrie variable avec les pays qui lui sont liés par la géographie, l'économie et l'histoire au moyen d'accords préférentiels. L'approche dite *« des cercles concentriques »* identifie différents niveaux de proximité. Autour du noyau dur européen, constitué des États membres de l'UE, auxquels peuvent être ajoutés les pays membres de l'AELE, parties prenantes de l'espace Schengen et du marché unique à travers l'EEE ou d'accords sectoriels, apparaît un premier cercle constitué par les pays qui ont vocation à adhérer à l'UE. Mais l'option du retrait de l'UE demeure également possible. Le Royaume-Uni est le premier pays à l'avoir activée. Le deuxième cercle rassemble les pays qui relèvent de *« la politique européenne de voisinage »*, le troisième structure les pays en développement, liés historiquement et économiquement aux pays membres de l'UE, enfin le dernier concerne les relations préférentielles entretenues avec les pays développés géographiquement éloignés au moyen d'accords de libre-échange.

3.1. Devenir membre de l'Union

L'UE a connu sept élargissements successifs[34]. Les derniers en date ont sensiblement modifié l'équilibre et la finalité du projet européen. Les pays d'Europe centrale et orientale (PECO) – l'Estonie, la Hongrie, la Lettonie, la Lituanie, la Pologne, la République slovaque, la République tchèque et la Slovénie – ainsi que Chypre et Malte ont intégré l'UE le 1er mai 2004. La Roumanie et la Bulgarie les ont rejoints le 1er janvier 2007. La Croatie est le dernier pays en date à avoir intégré l'UE, le 1er juillet 2013. Les modalités de l'adhésion sont définies par le traité et précisées par les critères d'éligibilité de Copenhague. Plusieurs instruments permettent d'accompagner la phase de *« préadhésion »*. En 2024, ce sont dix pays qui sont concernés par ce processus. Des négociations d'adhésion ont été ouvertes avec sept d'entre eux, sans qu'il soit possible de présumer qu'elles aboutissent puisque l'UE se réserve le droit de les mettre en sommeil, voire de les suspendre.

34. Aux 6 membres fondateurs (Allemagne, Belgique, France, Italie, Luxembourg et Pays-Bas) sont venus s'ajouter en 1973 (1er élargissement) le Danemark, l'Irlande et le Royaume-Uni, en 1981 (2e) la Grèce, en 1986 (3e) l'Espagne et le Portugal, en 1995 (4e) l'Autriche, la Finlande et la Suède, le 1er mai 2004 (5e) Chypre, l'Estonie, la Hongrie, la Lettonie, la Lituanie, Malte, la Pologne, la République tchèque, la Slovaquie et la Slovénie, en 2007 (6e) la Bulgarie et la Roumanie et le 1er juillet 2013 (7e) la Croatie.

3.1.1. Les critères d'éligibilité de Copenhague

L'article 49 du traité (TUE) définit les modalités de l'adhésion d'un pays à l'UE. Il indique d'emblée que ne peut être candidat à l'UE qu'un *« État européen »* sans pour autant préciser ce qu'il entend par ces termes. Faut-il se fonder sur la géographie, l'histoire, la présence de *« valeurs européennes »* notamment celles relatives à l'état de droit pour apprécier cette qualité ? La réponse n'est évidemment pas neutre notamment pour un pays comme la Turquie dont la candidature à l'UE a souvent été discutée sur ces points.

« Tout État européen qui respecte les valeurs visées à l'article 2[35] *et s'engage à les promouvoir peut demander à devenir membre de l'Union. Le Parlement européen et les parlements nationaux sont informés de cette demande. L'État demandeur adresse sa demande au Conseil, lequel se prononce à l'unanimité après avoir consulté la Commission et après approbation du Parlement européen qui se prononce à la majorité des membres qui le composent. Les critères d'éligibilité approuvés par le Conseil européen sont pris en compte.*

Les conditions de l'admission et les adaptations que cette admission entraîne en ce qui concerne les traités sur lesquels est fondée l'Union, font l'objet d'un accord entre les États membres et l'État demandeur. Ledit accord est soumis à la ratification par tous les États contractants, conformément à leurs règles constitutionnelles respectives ».

Le Conseil européen de Copenhague de 1993 a conditionné toute adhésion à la *« capacité de l'Union à assimiler de nouveaux membres tout en maintenant l'élan de l'intégration européenne »*. Il a précisé les critères posés par l'UE pour l'adhésion des pays candidats auxquels il est fait maintenant référence dans le traité de Lisbonne. La Commission a présenté une analyse détaillée de ces trois critères.

- Le premier critère est politique, il requiert du pays candidat *« qu'il ait des institutions stables garantissant la démocratie, la primauté du droit, les droits de l'homme et le respect des minorités et leur protection »*.

- Le deuxième critère concerne *« l'existence d'une économie de marché viable ainsi que leur capacité à faire face à la pression concurrentielle et aux forces du marché à l'intérieur de l'Union »*. Cette condition est satisfaite, selon la Commission, si (1) l'équilibre entre l'offre et la demande naît du libre jeu des forces du marché, (2) si les prix, ainsi que les échanges sont libérés, (3) s'il n'existe aucune barrière importante à l'entrée sur le marché (création de nouvelles entreprises) et à la sortie du marché (faillites), (4) si le système juridique relatif aux droits

35. *« Les valeurs de respect de la dignité humaine, de liberté, de démocratie, d'égalité, de l'État de droit, ainsi que le respect des droits de l'homme, y compris des droits des personnes appartenant à des minorités ».*

de propriété et aux contrats est en place, (5) s'il y a une stabilisation macroéconomique qui peut être appréhendée à partir de critères de convergence de type Maastricht (prix, finances publiques et solde extérieur), (6) s'il existe un large consensus quant aux fondements de la politique économique, et enfin (7), si le secteur financier est suffisamment développé pour orienter l'épargne vers les investissements.

- La troisième condition présuppose que les pays candidats seront capables *« de souscrire aux objectifs de l'Union politique, économique et monétaire »*. Ce critère renvoie à une mise en conformité de leur législation nationale avec l'ensemble du corpus juridique de l'UE ou *« acquis communautaire »* qui représente plus de 100 000 pages et plus de 17 000 actes législatifs.

La reprise de l'acquis suppose une mise en conformité par le pays candidat de l'ensemble de ses lois, règles et normes avec celles de l'UE. L'acquis se décline dans trente-cinq chapitres examinés au cours des négociations d'adhésion, regroupés, depuis 2020, en six thématiques. Au sein, par exemple, du groupe de chapitres *« Marché intérieur »* figurent les chapitres libre circulation des marchandises, libre circulation des travailleurs, droit d'établissement et libre prestation de services, libre circulation des capitaux, politique de concurrence, etc. (Tableau 5).

Sur le principe, l'acquis, qui est au fondement même du principe d'adhésion, n'est pas négociable. Dans la réalité, les négociations portent sur des éléments de l'acquis que les nouveaux entrants ne peuvent pas respecter à court terme et pour lesquels ils sollicitent des dispositions transitoires : environnement, sûreté nucléaire, union économique et monétaire, etc. La participation à l'euro, dans la foulée de l'adhésion, n'est notamment pas concevable. Les futurs États membres se voient généralement fixés comme objectif la mise à niveau progressive avec la deuxième phase du traité de Maastricht qui suppose l'adhésion au mécanisme de change arrimé sur l'euro (le MCE II – voir Chapitre 3), la libération des mouvements de capitaux, l'indépendance de leur banque centrale et la coordination avec les autres pays membres de leur politique économique.

Tous les candidats sont appelés à adhérer à l'UE sur la base de ces mêmes critères mais les négociations sont conduites individuellement, en suivant le rythme propre de chaque pays candidat, jusqu'à la signature du traité d'adhésion et sa ratification par tous les États contractants. Les traités d'adhésion comportent généralement des clauses de sauvegarde qui concernent le fonctionnement du marché intérieur, le domaine de la justice et des affaires intérieures et s'il y a détérioration économique grave dans un secteur donné. Elles sont applicables au cours des trois années suivant l'adhésion et peuvent être prorogées.

Tableau 5

Groupes et chapitres de négociation

1. « Fondamentaux »	23 – Pouvoir judiciaire et droits fondamentaux 24 – Justice, liberté et sécurité 34 – Institutions 5 – Marchés publics 18 – Statistiques 32 – Contrôle financier 35 – Questions diverses
2. Marché intérieur	1 – Libre circulation des marchandises 2 – Libre circulation des travailleurs 3 – Droit d'établissement et libre prestation de services 4 – Libre circulation des capitaux 6 – Droit des sociétés 7 – Droit de la propriété intellectuelle 8 – Politique de la concurrence 9 – Services financiers 28 – Protection des consommateurs et de la santé
3. Compétitivité et croissance inclusive	10 – Société de l'information et médias 16 – Fiscalité 17 – Politique économique et monétaire 19 – Politique sociale et emploi 20 – Politique d'entreprise et politique industrielle 25 – Science et recherche 26 – Education et culture 29 – Union douanière
4. Programme environnemental et connectivité durable	14 – Politique des transports 15 – Energie 21 – Réseaux transeuropéens 27 – Environnement et changement climatique
5. Ressources, agriculture et cohésion	11 – Agriculture et développement rural 12 – Sécurité sanitaire des aliments, politique vétérinaire et phytosanitaire 13 – Pêche 22 – Politique régionale et coordination des instruments structurels 33 – Dispositions financières et budgétaires
6. Relations extérieures	30 – Relations extérieures 31 – Politique étrangère, de sécurité et de défense

Source : Commission européenne.

La méthodologie de l'adhésion a été revue, en 2020, afin *« de remédier aux faiblesses structurelles affichées par ces pays, en particulier dans le domaine des "fondamentaux" »*[36]. L'UE affirme le principe d'une réversibilité du processus d'élargissement si la Commission observe dans son évaluation annuelle une stagnation voire une régression dans la mise en œuvre des réformes. Le recours à plusieurs outils est possible en cas de défaillance du pays candidats : suspension ou mise en sommeil des négociations, réouverture de chapitres clos, révision à la baisse des financements, interruption, voire suppression de l'accès à certains programmes ou à des concessions.

36. Commission européenne, *Renforcer le processus d'adhésion – Une perspective européenne crédible pour les Balkans occidentaux*, COM 57 final, 5 février 2020.

3.1.2. Dix pays candidats : aiguillon des conflits et défi géopolitique

La Communauté est née de la volonté de sceller la réconciliation entre l'Allemagne et la France. Ce sont d'autres conflits sur le sol européen qui sont à l'origine des candidatures de nouveaux pays dans les Balkans, sur le front Est et dans le Caucase (Carte 3).

Les pays des Balkans occidentaux (Albanie, Bosnie-Herzégovine, Croatie, Kosovo, Macédoine du Nord, Monténégro, Serbie, Slovénie) ont souhaité candidater à l'UE après les années 1990 marquées par des guerres ethniques extrêmement violentes afin d'affermir leur réconciliation et de stabiliser la région. Parmi eux, la Slovénie et la Croatie ont rejoint assez vite l'UE – respectivement en 2004 et en 2013. Le parcours est plus compliqué pour les autres. Leur processus d'adhésion a longtemps fait du surplace.

Carte 3

États membres et candidats

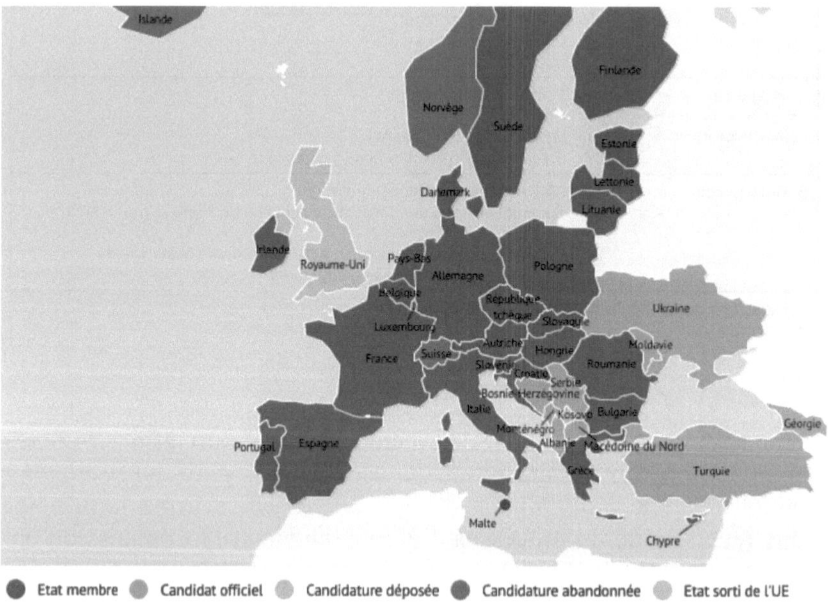

Source : Touteleurope.eu

Les pays du Partenariat oriental – Géorgie, Moldavie et Ukraine – relevaient, jusqu'en 2022, de la politique européenne de voisinage qui n'offrait pas de perspective d'adhésion. L'invasion de l'Ukraine par la Russie, en février 2022, après l'annexion de la Crimée et la guerre dans le Donbass, en 2014, ont entraîné un changement de statut de ces trois pays qui ont rejoint le processus d'adhésion en juin 2022. La sécurité de la Moldavie est liée à l'Ukraine. La Géorgie a déjà subi, en 2008, l'annexion de deux de ses provinces – l'Ossétie du Sud et l'Abkhazie –

par la Russie. Seule la candidature turque n'a jamais été imputable à des préoccupations sécuritaires. Le processus d'adhésion a tenté de s'adapter à ce contexte qui suppose de ne pas le réduire à une reprise de l'acquis communautaire. L'élargissement est devenu la réponse géopolitique de l'UE à un environnement agressif.

a) Des accords d'association différents

Tous ces pays ne relèvent pas du même type d'accord d'association (Tableau 6). Trois cas de figure peuvent être distingués :

- Les pays des Balkans sont signataires d'accords de stabilisation et d'association (ASA) qui reprennent le cadre déjà testé lors des précédents élargissements. Le renforcement des institutions (l'*« institution building »*) est privilégié afin d'aider ces pays où la corruption est importante à consolider leurs démocraties, leur État de droit et leur système judiciaire. Il s'agit de mettre sur pied les structures administratives et institutionnelles indispensables au fonctionnement d'une économie de marché et de former les agents à la reprise de l'acquis communautaire. La reconstruction et la modernisation des infrastructures de réseaux (énergie, transport, télécommunication) est soutenue ainsi que les restructurations et la privatisation des entreprises. Les ASA reposent sur des échanges commerciaux asymétriques – l'UE démantelant ses droits de douane plus rapidement que ces pays – et le développement de la coopération régionale à travers l'Accord de libre-échange centre-européen (ALECE ou CEFTA[37]). Cet accord fonctionne comme un véritable sas pour s'essayer au libre-échange avant d'entrer dans l'UE[38]. En contrepartie des réformes demandées, tous ces pays bénéficient des soutiens de l'Instrument d'aide de préadhésion (IAP). Il a été doté de 12,5 milliards d'euros pour la période 2021-2027 (IAP III). Une feuille de route est fournie à chacun des pays candidats. Elle détaille les réformes politiques et économiques à réaliser ainsi que les soutiens financiers reçus en contrepartie. Cette aide doit satisfaire *au principe de conditionnalité* – les soutiens financiers sont versés dès lors qu'il y a respect des objectifs assignés sur les réformes à engager – et *au principe d'additionnalité* avec des financements nationaux, afin de familiariser les candidats avec les procédures de financement en vigueur dans l'Union. Le principe d'additionnalité veut notamment que l'Union ne finance jamais seule un projet. Ses financements viennent toujours s'ajouter à des financements nationaux afin d'inciter les pays demandeurs à une implication forte sur les projets retenus.

- Les pays du Partenariat oriental bénéficient d'accords de libre-échange *« approfondis et complets »* (ALEAC) conclu dans le cadre de

37. *Central European Free Trade Agreement.*

38. Les membres de l'ALECE sont l'Albanie, la Bosnie-Herzégovine, le Kosovo, la Macédoine du Nord, la Moldavie, le Monténégro et la Serbie.

la politique européenne de voisinage. Ils prévoient une association politique et une intégration économique progressive dans le marché intérieur de l'UE. Ces accords vont au-delà des accords de libre-échange de deuxième génération car il y a une élimination des obstacles non tarifaires au commerce et une appropriation progressive du droit qui régit le marché unique. Dans un premier temps, seules la Moldavie et la Géorgie les ont paraphés en 2014. L'Ukraine a fait volte-face au dernier moment, après de fortes pressions de la Russie, peu désireuse de voir ce pays s'affranchir de sa sphère d'influence. La Russie lui a proposé son intégration dans l'Union économique eurasienne (Russie, Biélorussie, Kazakhstan, Arménie). Ce recul de l'Ukraine, violemment contestée par une partie de sa population (affrontements sur la place Maïdan à Kiev) a provoqué une alternance politique dans ce pays et la première invasion de la Russie, en 2014, avec l'annexion de la Crimée et le déclenchement de la guerre dans la région du Donbass. Le nouveau gouvernement ukrainien a choisi de signer l'ALEAC avec l'UE, entré en vigueur le 1er janvier 2016. L'aide apportée par l'UE à la Géorgie, la Moldavie et l'Ukraine relève, pour la programmation 2021-2027, de l'Instrument de voisinage, de coopération au développement et de coopération internationale (IVCDCI).

Tableau 6

Élargissement de l'UE : état des lieux au 1er janvier 2024

	Type d'accord	**Statut de pays candidat**	**Ouverture des négociations d'adhésion**
Kosovo	ASA 2016	Dépôt	Non
Bosnie-Herzégovine	ASA 2015	2022	Non
Géorgie	ALEAC 2014	2023	Non
Albanie	ASA 2006	2014	2022
Macédoine du Nord	ASA 2004	2005	2022
Moldavie	ALEAC 2014	2022	2023
Monténégro	ASA 2007	2010	2012
Serbie	ASA 2013	2012	2014
Ukraine	ALEAC 2016	2022	2023
Turquie	AA 1964 + UD 1996	1999	2005

Pays relevant de la politique européenne de voisinage jusqu'en juin 2022.

• La Turquie a signé dès 1963 un accord d'association avec la CEE. Elle est en union douanière avec l'UE, depuis 1996, pour les seuls produits industriels et non pour l'agriculture, la pêche, les services, la propriété intellectuelle et les marchés publics. Cet accord assez frustre ignore aussi l'économie numérique et les questions climatiques.

b) Un processus d'adhésion en escalier

Sur les dix pays qui demandent à devenir membres de l'UE, neuf ont officiellement acquis le statut de *« pays candidats »*, sept d'entre eux ont commencé leurs négociations d'adhésion avec des résultats inégaux.

• Le Kosovo a déposé sa candidature qui n'a pas été actée par l'UE. Ce pays désigné comme *« un candidat potentiel »* n'en est pas tout à fait un puisqu'il n'est pas reconnu par cinq États membres de l'UE (Chypre, l'Espagne, la Grèce, la Roumanie, la Slovaquie) depuis qu'il a fait scission de la Serbie pour déclarer son indépendance, le 17 février 2008. Sa gouvernance est assurée par les Nations Unies (MINUK[39] et KFOR[40]) et par l'UE pour la justice, la police et les douanes (EULEX).

• La Bosnie-Herzégovine et la Géorgie ont acquis le statut de *« pays candidat »* sans qu'il n'y ait ouverture des négociations d'adhésion. La Bosnie-Herzégovine rencontre des difficultés pour se mettre en conformité avec les critères politiques de Copenhague. Il a fallu sept ans pour que son ASA entre en vigueur, le 1er juin 2015. La Géorgie pâtit également d'atteintes régulières à l'État de droit et de son rapprochement avec la Russie.

• L'Albanie, la Bosnie-Herzégovine, la Macédoine du Nord, la Moldavie, le Monténégro, la Serbie et l'Ukraine ont commencé leurs négociations d'adhésion. Dans les Balkans occidentaux, l'UE retrouve sa fonction fondatrice qui est celle d'une machine à faire la paix. Elle tente de créer une dynamique économique et politique dans cette région pour renforcer sa stabilité et son développement mais elle y bute sur de nombreux obstacles : démocratie, État de droit, respect des minorités, réforme de la justice, de la police et lutte contre la corruption. Ces problèmes rejaillissent sur les perspectives économiques en instaurant un climat peu propice à l'investissement. Sur la frontière Est, l'UE, qui n'a pas été conçue pour faire la guerre, est confrontée à une guerre d'agression et à une remise en cause de son modèle de société. Elle tente d'y répondre en soutien à l'Ukraine et à la Moldavie.

• La Turquie est un pays candidat particulier en raison de sa taille, de sa situation géographique, de son histoire et de son activisme politique dans le bassin méditerranéen. Sa candidature, actée en 1999, n'a conduit à l'ouverture des négociations d'adhésion que six ans plus tard,

---

39. Mission d'administration intérimaire des Nations Unies au Kosovo.

40. Kosovo Force.

en 2005, avec une restriction importante : l'ouverture des chapitres les plus sensibles, au cœur de l'intégration, lui a été refusée. Les questions arménienne et kurde, dans une UE fondée sur le respect du droit des minorités et leur protection, mais aussi des libertés publiques, des droits de l'homme, de l'état de droit et de l'indépendance du pouvoir judiciaire – en recul depuis la tentative de coup d'État de 2016 –, bloquaient toutes avancées des négociations. La reconnaissance de tous les États membres de l'UE – y compris Chypre dont la partie nord est occupée militairement par la Turquie depuis 1974 – est un élément incontournable du processus d'adhésion. Un épisode a relancé transitoirement sa candidature : pour tenter d'endiguer l'importante vague migratoire de 2015-2016 en provenance de Syrie, l'UE a conclu un accord avec la Turquie, en mars 2016, avec une contrepartie financière et l'ouverture de nouveaux chapitres de négociation. Mais au 1er janvier 2024, sur les trente-cinq chapitres que comporte la reprise de l'acquis communautaire, seize ont été ouverts et un seul considéré comme clos : science et recherche. Les négociations sont au point mort. La Commission européenne notait, dès 2020 que *« la politique étrangère de la Turquie se heurte de plus en plus souvent aux priorités de l'UE dans le cadre de la PESC »*[41]. Ces désaccords sont constants et posent des problèmes y compris pour le bon fonctionnement de l'union douanière : non application de celle-ci à Chypre, refus de s'aligner sur l'UE concernant les sanctions prises contre la Russie alors que les marchandises sont en libre circulation. La Turquie, bien que formellement partie prenante du processus d'adhésion, s'en est éloignée. Les principaux dirigeants européens se sont prononcés pour un arrêt des négociations et le passage à un partenariat.

Enfin, si la dimension géopolitique et la nécessité d'arrimer la plupart de ces pays candidats à l'ensemble européen priment de plus en plus sur les considérations économiques, il est important d'anticiper les nombreux défis que posent à l'UE ces élargissements à venir tant sur ses institutions, ses processus de décision, l'adhésion à ses valeurs que sur ses politiques communes.

3.2. Se retirer de l'Union : le Brexit

Le Royaume-Uni a toujours entretenu une relation spéciale et singulière avec ses partenaires européens. Après une entrée tardive dans les Communautés européennes, en 1973, et le parti pris initial de l'Association européenne de libre-échange (AELE) , le Royaume-Uni a refusé à plusieurs reprises de s'engager dans une intégration plus poussée jusqu'à négocier un *« statut spécial »* : non-adhésion à l'Union économique et monétaire, à l'espace Schengen, à l'espace de liberté, de sécurité et de justice, non-signature de la Charte des droits fondamentaux de

41. Commission européenne, *Communication de 2020 sur la politique d'élargissement de l'UE*, COM 660 final, 6 octobre 2020, p. 5.

l'UE, du traité budgétaire ou bien encore négociation d'une ristourne sur sa contribution au budget européen.

L'UE n'en porte pas moins la marque britannique. Le Royaume-Uni a beaucoup œuvré pour l'approfondissement du marché unique, l'élargissement en direction des PECO et l'Europe de la défense. Il a toujours été un important contributeur net au budget européen malgré la ristourne qui lui a été consentie. Le statut spécial n'a pas empêché le développement d'interdépendances fortes avec l'UE : les échanges de population ont été importants – 784 000 citoyens britanniques étaient installés dans un pays de l'UE, en 2018, tandis que 3,8 millions de citoyens européens demeuraient au Royaume-Uni –, les liens resserrés sur le plan commercial – 46 % des exportations britanniques et 49,5 % de ses importations s'effectuaient avec l'UE, en 2019, contre respectivement 15 et 10 % pour les flux inverses –, avec une dépendance de l'UE vis-à-vis de la City sur certains segments des marchés financiers : les marchés des changes, des matières premières et surtout la compensation.

3.2.1. Le processus institutionnel

Peu après son entrée dans les Communautés européennes, en 1975, le gouvernement travailliste – alors opposé à l'intégration – avait déjà organisé, un référendum sur l'appartenance du Royaume-Uni, qui était, à l'époque soutenue par les Conservateurs. Le *« oui »* l'avait largement emporté à 67 %. La situation s'est politiquement inversée, en 2016, après une montée de l'euroscepticisme au sein du Parti conservateur et la promesse du Premier ministre David Cameron de renégocier les traités européens afin de renforcer les garde-fous vis-à-vis de l'intégration. Ce nouvel accord devait être validé par un référendum qui posait la question de la sortie ou du maintien sur la base de trois concessions négociées avec l'UE : exempter le Royaume-Uni de la clause du TUE prévoyant *« une union sans cesse plus étroite entre les peuples de l'Europe »*, l'autoriser à priver pendant sept ans les nouveaux migrants européens de certaines prestations sociales et faire reconnaître par l'UE une *« pluralité de monnaies »*.

Cette question de la sortie de l'UE était rendue possible par le traité de Lisbonne, entré en vigueur le 1er janvier 2009, qui comportait un nouvel article 50 – pendant de l'article 49 – qui encadrait l'option opposée, celle du retrait d'un État membre de l'UE.

« 1. Tout État membre peut décider, conformément à ses règles constitutionnelles, de se retirer de l'Union.

2. L'État membre qui décide de se retirer notifie son intention au Conseil européen. À la lumière des orientations du Conseil européen, l'Union négocie et conclut avec cet État un accord fixant les modalités de son retrait, en tenant compte de ses relations futures avec l'Union. Cet accord est négocié conformément à l'article 218, paragraphe 3, du

TFUE. Il est conclu au nom de l'Union par le Conseil, statuant à la majorité qualifiée, après approbation du Parlement européen.

3. Les traités cessent d'être applicables à l'État concerné à partir de la date d'entrée en vigueur de l'accord de retrait ou, à défaut, deux ans après la notification visée au paragraphe 2, sauf si le Conseil européen, en accord avec l'État membre concerné, décide à l'unanimité de proroger ce délai.

4. Aux fins des paragraphes 2 et 3, le membre du Conseil européen et du Conseil représentant l'État membre qui se retire ne participe ni aux délibérations ni aux décisions du Conseil européen et du Conseil qui le concernent. (...)

5. Si l'État qui s'est retiré de l'Union demande à adhérer à nouveau, sa demande est soumise à la procédure visée à l'article 49 ».

Le choix du retrait, ou *« Brexit »*, s'est imposé à 51,9 % lors du référendum consultatif du 23 juin 2016. Cette décision a été notifiée à ses partenaires assez tardivement, le 29 mars 2017, déclenchant théoriquement le compte à rebours de deux ans pour la sortie. Mais il a été décidé à plusieurs reprises de proroger ce délai. Deux accords étaient techniquement prévus par l'article 50 entre l'État qui décide de se retirer et l'UE : l'accord de retrait et l'accord sur la relation future. Ils ont déterminé le phasage du calendrier.

3.2.2. L'accord de retrait

L'accord de retrait avait pour fonction d'ordonner la sortie des quelque 760 accords de l'UE qui régissaient la vie quotidienne des Britanniques (transport aérien, protection des consommateurs, Galileo, indications géographiques, etc.). Le Conseil européen à 27 a fixé trois orientations politiques pour les négociations : les droits des citoyens, le règlement financier et le dialogue entre la République d'Irlande – qui reste dans l'UE – et l'Irlande du Nord – l'une des quatre nations constitutives du Royaume-Uni avec l'Angleterre, l'Écosse et le Pays de Galles. Avec le Brexit, la frontière entre les deux Irlande était appelée à devenir une frontière extérieure de l'UE, de son union douanière et de son marché unique, notamment pour les droits de douane, les libertés de circulation, les règles techniques, les normes et la fiscalité indirecte. Or, cette frontière a une histoire douloureuse en raison de la guerre civile qui les a opposées dans un passé pas si lointain : *l'Accord du Vendredi saint*, qui a mis fin à ce conflit, n'est intervenu qu'en 1998. Cette frontière s'était peu à peu effacée au sein de l'UE grâce aux libertés de circulation : quelque 30 000 travailleurs transfrontaliers la franchissaient quotidiennement. La réactiver était inévitablement compliquée.

L'accord de retrait a fini par être approuvé, le 9 janvier 2020 – après plusieurs rejets par le Parlement britannique –, au prix d'un changement de gouvernement et de l'élection d'une nouvelle chambre des

Communes. Il a planifié une sortie du Royaume-Uni de l'UE à double détente : politique, dès le 31 janvier 2020, économique et juridique, le 31 décembre 2020. Le Royaume-Uni est donc resté presqu'une année supplémentaire dans le marché unique, l'union douanière, sous couvert du droit européen et de la juridiction de la CJUE en cas de litige. Il a pu, en revanche, commencer à négocier des accords commerciaux avec des pays tiers avec une entrée en vigueur différée. Concernant les priorités de négociation, assignées par le Conseil, l'accord a arrêté les décisions suivantes :

– les résidents établis de part et d'autre de façon permanente conservent leurs droits en matière de prestations sociales, de regroupement familial, d'accès à l'éducation et à l'emploi ;

– le Royaume-Uni s'engage à s'acquitter de ses obligations financières vis-à-vis de l'UE (47,5 milliards d'euros) ;

– l'Irlande du Nord est soumise à un double régime douanier, après le 1er janvier 2021 : elle relève du territoire douanier du Royaume-Uni mais reste alignée sur un ensemble limité de règles relatives au marché unique européen (TVA, aides d'État, règles sanitaires). Un tri des marchandises est effectué. Celles à destination du marché unique se voient appliquer les droits de douane et la TVA de l'UE. L'Assemblée irlandaise se prononcera sur le maintien de ce dispositif tous les quatre ans.

3.2.3. L'accord sur la relation future

Dès le moment où le Royaume-Uni est devenu un pays tiers sur le plan politique, le 1er février 2020, des négociations se sont engagées concernant l'accord sur la relation future. Au départ, plusieurs scénarios pouvaient être envisagés au regard du réseau d'accords de l'UE (Schéma 3) : ils allaient du plus intégrés (EEE) au plus distanciés (règles de l'OMC) en cas d'absence d'accord (*« no deal »*). Pour chaque niveau d'accord les *« lignes rouges »* britanniques avaient été précisées relatives à la reconnaissance, ou non, des décisions de la CJUE, aux libertés de circulation, à l'existence d'une contribution financière au budget européen, à l'autonomie réglementaire et à l'indépendance de la politique commerciale. L'adhésion à l'Espace économique européen (EEE) et donc au marché unique sur le modèle de la Norvège, de l'Islande et du Liechtenstein a été exclue dans la mesure où elle supposait une libre circulation du travail, sur laquelle le Royaume-Uni souhaitait rétablir des contrôles, une participation au budget européen, qui a été un point très clivant de la campagne du Brexit, la supervision de la CJUE – problématique pour un pays qui voulait retrouver sa pleine souveraineté et sa capacité à règlementer. Les références aux modèles d'accord passés avec la Suisse ou l'Ukraine et même la simple union douanière conclue avec la Turquie se heurtaient à l'une ou l'autre de ces lignes rouges exprimées par le Royaume-Uni. Restait donc du sur-mesure dans le cadre d'un accord de libre-échange approfondi sur le modèle de la Corée du Sud ou du Canada.

Schéma 3

L'accord sur la relation future : les scénarios possibles

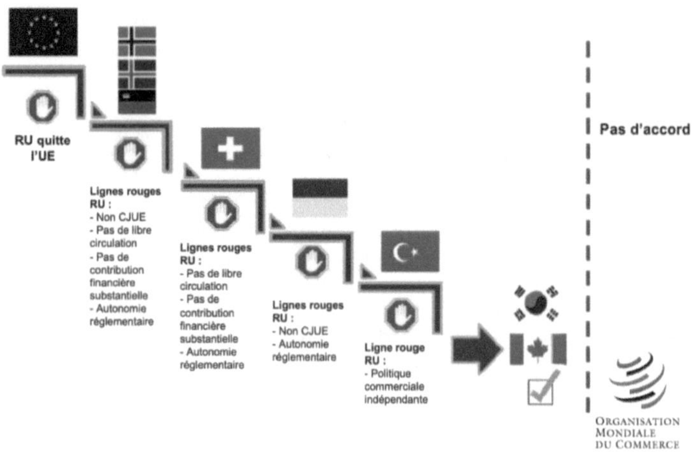

Source : Commission européenne, 2018.

« L'accord de commerce et de coopération »[42] de 1 450 pages auquel les Vingt-Sept et le Royaume-Uni ont abouti s'inscrit dans cette dernière filiation. Conclu le 30 décembre 2020, il a été mis en application provisoire au 1er janvier 2021 dans l'attente de sa ratification par le Parlement européen. Il est entré en vigueur le 1er mai 2021. Il s'organise autour de quatre piliers :

– *un accord de libre-échange* sans droit de douane ni quota qui accorde beaucoup d'importance aux règles du jeu équitables (*« level playing field »*). Le but est de protéger l'UE d'une concurrence déloyale du Royaume-Uni, qui avait fait miroiter initialement un projet de création d'un paradis fiscal et réglementaire aux portes de l'UE – un *« Singapour-sur-Tamise »*. Les deux partis peuvent imposer des droits de douane en cas de divergences sociales, fiscales et environnementales, ou en cas d'aides d'État, dès lors qu'un organe d'arbitrage aura statué dans ce sens ;

– *un partenariat économique et social* qui couvre différents secteurs d'activité – les transports aériens et routiers, l'énergie, la lutte contre le changement climatique et la pêche qui a fait l'objet d'âpres discussions

42. « Accord de commerce et de coopération entre l'Union européenne et la Communauté européenne de l'énergie atomique, d'une part, et le Royaume-Uni de Grande-Bretagne et d'Irlande du Nord, d'autre part », *Journal officiel de l'Union européenne*, L 444/14, 31 décembre 2020.

afin de garantir un quota d'accès aux pêcheurs européens dans les eaux britanniques –. Le partenariat porte aussi sur certains programmes de l'Union auxquels le Royaume-Uni continuera de participer moyennant une contribution au budget européen – la recherche et l'innovation, la sûreté nucléaire et l'espace –. En revanche, le programme d'échanges pour les étudiants Erasmus n'a pas été intégré dans l'accord ;

– *une coopération limitée en matière de lutte contre le terrorisme et le crime* dans la mesure où le Royaume-Uni n'appartient pas à Europol, à Eurojust et a refusé de négocier un accord plus global sur la politique étrangère, la défense et le développement ;

– *un mécanisme de règlement des différends* indépendant de la CJUE. Il doit assurer le respect des règles édictées dans l'accord avec la possibilité de mettre en place des rétorsions commerciales en cas de préjudice.

Les négociations se poursuivront au long cours concernant un certain nombre de domaines. Lors de toutes ces discussions très complexes, avec un potentiel déstabilisateur important, les Vingt-Sept ont maintenu une cohésion forte et inédite. Le Brexit a permis de forger une unité nouvelle des Européens soucieux qu'un État non-membre ne puisse bénéficier des mêmes avantages qu'un État membre.

3.2.4. Quel bilan économique à trois ans ?

La sortie économique du Royaume-Uni de l'UE, le 1er janvier 2021, s'est confondue avec les fermetures de frontières et les désordres générés par la crise sanitaire. Il était impossible d'en apprécier les effets immédiats dans un contexte où la pandémie entravait les libertés de circulation, déréglait les chaînes d'approvisionnement et entraînait un recul important du PIB en 2020 (-10,4 %), suivi d'un rattrapage en 2021 (8,7 %).

Avec un recul de trois ans, l'évaluation des conséquences reste complexe tant l'accompagnement administratif et réglementaire a été pris en défaut. Les contrôles sanitaires et phytosanitaires sur les biens importés qui devaient entrer en vigueur en juillet 2021 ont été repoussés à cinq reprises et sont opérationnels depuis le 1er avril 2024. Le régime réglementaire et douanier de l'Irlande du Nord a fini d'être précisé dans le cadre de l'accord de Windsor le 27 février 2023. Quant aux biens exportés, l'accord de libre-échange prévoit une suppression des droits à destination de l'UE dès le moment où certains règles sont remplies (certificats sanitaires, règles d'origine, etc.) mais les exportateurs rencontrent des difficultés à s'approprier cet accord et à intégrer ces barrières non tarifaires. Sur le marché britannique, le marquage *« UKCA »* (*UK Conformity Assessed*) était censé se substituer au marquage *« CE »* (Conformité européenne) mais, devant la difficulté pour les exportateurs à gérer une double certification, l'idée a été abandonnée courant

2023. Dans l'agriculture, le nouveau système d'aides, qui devrait mettre l'accent sur l'agriculture durable plutôt que sur les grandes exploitations, n'est toujours pas opérationnel. Si les contrôles migratoires ont été rétablis, les arrivés hors UE ont très fortement progressé passant de 363 000 en 2019 à 925 000 en 2022. Le Royaume-Uni a fait son retour dans le programme de recherche européen Horizon sous la pression de ses chercheurs et contribuera au budget européen à hauteur de 2,6 milliards d'euros par an en moyenne à ce titre. La plupart des accords de libre-échange conclus par l'UE ont été dupliqués à l'exception du Canada tandis que l'accord annoncé avec les États-Unis n'a jamais été signé. Le Royaume-Uni s'est beaucoup réorienté vers le Pacifique avec la signature d'un ALE avec l'Australie et son adhésion à l'accord transpacifique. Deux sujets font l'objet d'une vigilance toute particulière parmi beaucoup d'autres :

- *La question de la City* – deuxième place financière au monde et première place financière de la zone euro et du marché unique européen – est complexe. Elle a été traitée en dehors de l'accord commercial. Le Royaume-Uni bénéficiait jusqu'alors de la possibilité de fournir ses services financiers dans les autres États membres de l'UE grâce à un *« passeport financier »*. Avec le Brexit, ce passeport a été transformé en un système d'équivalences octroyées pour vingt-huit domaines (prêts bancaires, assurances, compensation, etc.). Ces équivalences sont délivrables au cas par cas par l'UE, ne reproduisent pas tous les avantages du marché unique et peuvent être révoquées à tout moment – de manière unilatérale – si, par exemple, les conditions d'une concurrence équitable ne sont pas remplies. Elles n'ont pas été intégrées dans l'accord de retrait en raison précisément de ce caractère unilatéral, *a priori* non négociable, si ce n'est que Londres a des positions dominantes au niveau international dans plusieurs compartiments des marchés financiers – marchés des changes, des matières premières et compensation – vis-à-vis desquels l'UE était très dépendante. Aussi les régulateurs européens ont consenti une équivalence limitée dans le temps aux opérations de compensation en raison des risques pour la stabilité financière dans la zone euro que leur interruption faisait courir. Avec le recul de trois ans, le Royaume-Uni n'a pas usé de sa liberté nouvelle pour provoquer une déréglementation du secteur. Bien au contraire, concernant, par exemple, la directive européenne MIF 2 qui encadre les marchés financiers, la révision prévue au Royaume-Uni est proche de celle mise en œuvre dans l'UE. La seule divergence notable demeure le plafonnement du bonus des traders, instauré après la crise financière, qui a été supprimé. Les transferts d'emplois vers le continent sont réels, sans doute plus limités que parfois annoncés, mais la dynamique de création d'emplois dans ce secteur joue clairement en faveur du continent.

- *L'activation de forces centrifuges au sein même du Royaume-Uni* qui demeure fondamentalement une union entre quatre nations. Les

Écossais et les Nord-Irlandais ont voté en faveur du maintien dans l'UE, contrairement aux Gallois et aux Anglais. Les revendications d'indépendance en Écosse et de réunification de l'Irlande ont trouvé un certain écho. Le transfert des compétences de l'UE au Royaume-Uni ou aux exécutifs écossais, gallois et nord-irlandais a été très discuté. Le gouvernement britannique a publié, en juillet 2020, un livre blanc afin de poser les principes d'un *« marché intérieur britannique »*[43] qui garantisse à toutes les entreprises de commercer sans entraves entre les quatre nations, après le 1er janvier 2021, grâce aux principes de reconnaissance mutuelle et de non-discrimination. Le Royaume-Uni transpose les principes du marché unique européen à son propre marché intérieur, constitué entre ses quatre nations, qu'il faut consolider. C'est là sans doute le paradoxe ultime du Brexit : la fragilisation de l'intégration économique et politique au sein du Royaume un peu désuni.

3.3. La politique européenne de voisinage (PEV)

Les élargissements de 2004 et de 2007 ont repoussé les frontières extérieures de l'UE et lui ont donné de nouveaux voisins à sa frontière Est. Avant la chute du mur de Berlin, l'UE s'en préoccupait peu car le rideau de fer limitait les contacts. Dans ce nouveau contexte, la *« politique européenne de voisinage »* (PEV), définie en 2004, visait à construire une zone de prospérité, de stabilité et de sécurité aux abords de l'UE. Les interventions historiquement plus anciennes de l'UE vers les pays du bassin méditerranéen ont été tout naturellement réinscrites dans ce cadre. L'invasion de l'Ukraine par la Russie, en février 2022, a entraîné le basculement des trois pays d'Europe de l'Est et du Caucase qui relevaient jusqu'alors de la PEV – la Moldavie, l'Ukraine et la Géorgie, – vers une candidature à l'UE. La PEV ne concerne plus que les pays du bassin méditerranéen.

3.3.1. Le cadre général

La PEV utilise des instruments d'intervention similaires à ceux de la politique d'élargissement. Les engagements souscrits par les pays partenaires correspondent peu ou prou aux critères de Copenhague même s'il est infiniment plus difficile d'inciter à leur bonne réalisation en matière d'État de droit et de respect des droits de l'homme notamment. La différence de fond tenait au fait que ces pays n'avaient pas théoriquement vocation à adhérer à l'UE mais à avoir avec elle un niveau d'intégration économique et politique important, qui allait au-delà de la simple coopération.

43. Department for Business, Energy & Industrial Strategy, *UK Internal Market*, July 2020. https://assets.publishing.service.gov.uk/government/uploads/system/uploads/attachment_data/file/901225/uk-internal-market-white-paper.pdf

L'outil privilégié mobilisé en direction de ces pays passait par des accords de libre-échange de *« première génération »*. Les questions transnationales ont vocation à être traitées dans ce cadre : la lutte contre le terrorisme, l'immigration illégale, la sécurité des approvisionnements énergétiques, les réseaux de transport, la sûreté nucléaire, l'environnement, les visas, etc. Certains programmes et agences sont ouverts à ces pays et une assistance technique et macrofinancière leur est fournie.

Au sein du cadre financier pluriannuel 2014-2020, ce sont 15,4 milliards d'euros qui ont été budgétés en direction de ces pays par l'intermédiaire de l'*Instrument européen de voisinage* (IEV). Il a été remplacé, dans le cadre financier pluriannuel 2021-2027, par l'*Instrument de voisinage, de coopération au développement et de coopération internationale* (IVCDCI) qui fusionne les instruments du voisinage et de la coopération avec 17,2 milliards d'euros budgétés pour le seul voisinage. Ces financements peuvent être abondés par des emprunts réalisés auprès de la *Banque européenne d'investissement* (BEI).

La PEV est devenue une composante importante de la politique extérieure de l'UE depuis la création, par le traité de Lisbonne, d'un poste de haut représentant de l'Union pour la PESC. L'UE a dû faire face, depuis 2010, à des crises majeures qui affectent son grand voisinage tant au Sud qu'à l'Est et à des vagues de réfugiés massives, en 2015 en provenance du Sud, en 2022 en provenance d'Ukraine. Ce qui montre combien les questions de voisinage sont par nature transnationales.

L'Agence *Frontex*, qui avait été créée en 2004 pour aider les États membres à gérer les frontières extérieures de l'UE, a été renforcée et s'est transformée en 2016 en une *Agence européenne de gardes-frontières et de gardes-côtes*. Elle dispose d'une force d'action rapide de 2 800 fonctionnaires européens qui peuvent être déployés pour épauler les États membres en cas de crise grave à une des frontières extérieures de l'Union. La Commission souhaite faire passer ses effectifs à 10 000 d'ici 2027 mais se heurte à des blocages. Certains États membres refusent de lui déléguer la gestion de la frontière extérieure.

3.3.2. Les pays du bassin méditerranéen

Les pays du pourtour méditerranéen constituent depuis l'Empire romain la zone naturelle d'influence de l'Europe vers le Sud. Elle a pris plus de poids, au sein de l'UE, avec l'adhésion de la Grèce en 1981, de l'Espagne et du Portugal en 1986, de Chypre et de Malte en 2004. La proximité historique et géographique des pays du bassin méditerranéen avec l'UE, l'importance des communautés originaires de ces pays, qui vivent au sein de l'UE, ont imposé une approche spécifique, fondée pour l'essentiel sur un projet de nature économique, dans le cadre d'une vision large de la sécurité de la région. Le soutien au développement économique de ces pays devait permettre de contenir les pressions démographiques et de contribuer à la stabilité de la zone.

a) Une politique introuvable : entre accords d'association, processus de Barcelone, PEV et Union pour la Méditerranée (UpM)

La politique communautaire en direction des pays de la Méditerranée s'est ébauchée dans la seconde moitié des années soixante-dix avec la conclusion d'une série d'accords d'association qui comportaient des concessions commerciales en faveur des exportations de produits méditerranéens vers le marché communautaire. Ils mettaient en place une coopération économique et financière sur la base de protocoles quinquennaux (6,5 milliards d'euros ont été débloqués pour la période 1978-1995 qui regroupe les quatre premiers protocoles).

C'est la Conférence de Barcelone de 1995 qui lance les bases d'un partenariat entre l'UE et douze de ses voisins de la Méditerranée (Carte 4) : l'Albanie, l'Algérie, l'Égypte, Israël, la Jordanie, le Liban, le Maroc, la Mauritanie, la Syrie, les Territoires palestiniens, la Tunisie et la Turquie. Le processus dit *« de Barcelone »* reposait sur un dialogue politique régulier, afin de promouvoir la démocratie et les principes de l'État de droit, sur l'établissement d'une Zone de libre-échange euro-méditerranéenne (ZLEM), annoncée au départ pour 2010, incluant l'agriculture, l'établissement des entreprises et les services et sur une coopération économique, sociale et culturelle. Deux nouveaux volets sont venus par la suite s'ajouter à ce programme, celui des migrations, dans la mesure où ces pays, qui étaient d'anciennes zones d'émigration, sont aussi devenus des zones de transit, et celui de la lutte contre le terrorisme. Sur la période 1995-2005, l'UE a mis en place avec tous ces pays – à l'exception de la Libye et de la Syrie – des accords de libre-échange de première génération sur la base d'une libéralisation asymétrique des échanges, l'UE libéralisant plus rapidement que ces pays. Des négociations ont été ouvertes avec le Maroc pour le passage à des accords de seconde génération.

La PEV qui prend le relais en 2004 ne concerne pas exactement le même périmètre de pays : l'Albanie et la Turquie n'en font pas partie, car pays candidats à l'UE, la Libye y a été intégrée mais pas la Mauritanie. Hormis ces changements, la PEV s'inscrit dans la continuité de Barcelone. Le bilan de ces politiques, dressé en 2008, était réservé : l'écart de niveau de vie entre les deux rives de la Méditerranée s'accentuait. Les accords passés n'avaient pas l'effet d'entraînement attendus. Ils confortaient une logique commerciale Nord-Sud, en permettant d'approfondir les relations de l'UE avec ces pays, au détriment d'une intégration régionale Sud-Sud. La libéralisation internationale des échanges de textile et d'habillement de 2005 avait pénalisé ces économies, moins compétitives que la Chine et l'Inde, et qui n'arrivaient pas à capter les délocalisations en cours. Le projet de ZLEM prenait du retard pour ces pays qui produisent peu, importent presque tout avec des droits de douane élevés qui constituaient une part conséquente de leurs recettes publiques.

Carte 4

Politique européenne de voisinage et processus de Barcelone

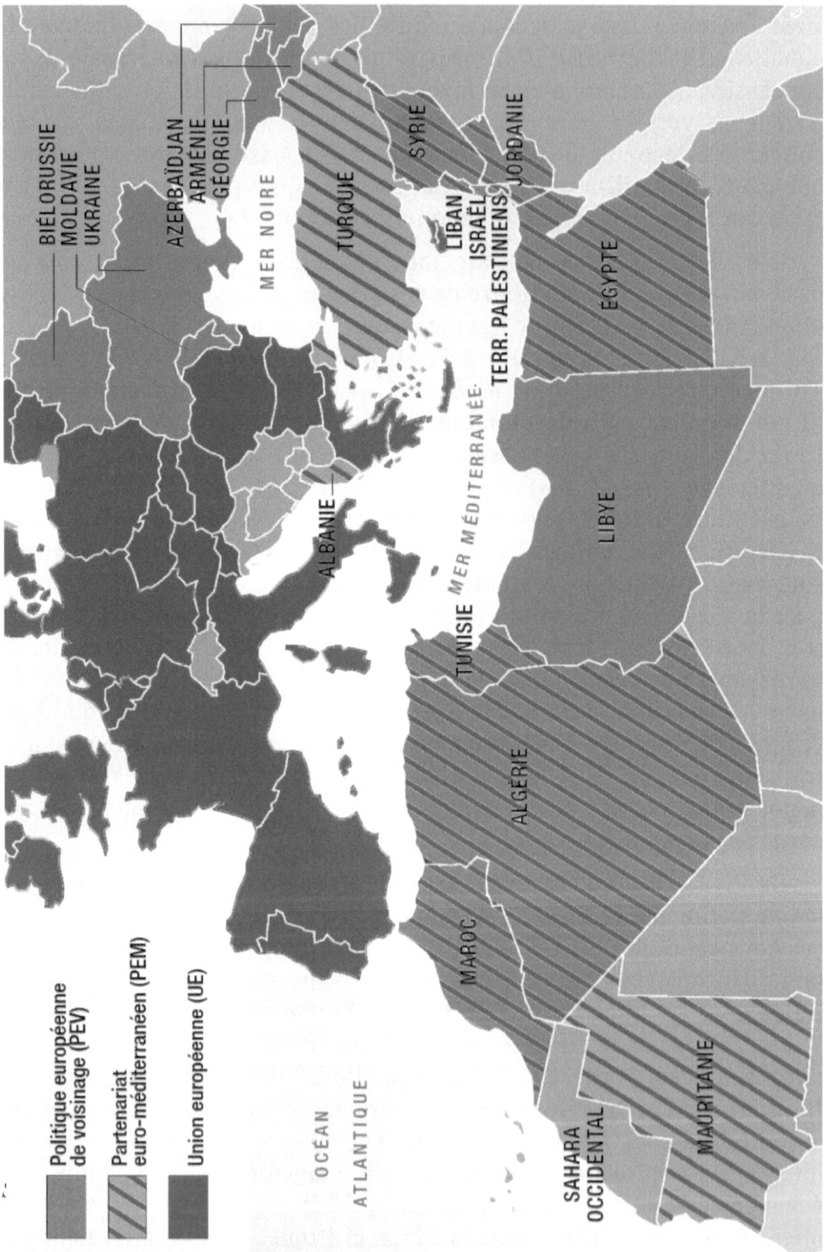

La France a proposé de relancer le processus de Barcelone dans un projet qualifié d'« *Union pour la Méditerranée* » (UpM) mis sur pied en 2008 et qui rassemblait quarante-trois membres : aux pays de l'UE et du processus de Barcelone venaient s'ajouter six États de la région qui avaient manifesté leur intérêt (l'Albanie, la Bosnie-Herzégovine, la Croatie, la Mauritanie, Monaco et le Monténégro). L'UpM a été dotée d'une coprésidence Nord-Sud adossée à un secrétariat permanent. L'objectif annoncé, dans le droit-fil de la déclaration Schuman Monnet de 1950, était de mettre en œuvre des projets concrets *« propres à créer des solidarités de fait »* : dépollution de la Méditerranée, accès à l'eau, création d'autoroutes maritimes, etc. Ce projet a buté d'emblée sur l'hostilité de l'Allemagne, exclue au départ du processus, et de la Turquie qui y voyait l'élaboration d'une alternative à son adhésion à l'UE. Il s'est enlisé avec le *« printemps arabe »* de 2011.

b) Les conflits régionaux et les crises enjeux du *« nouveau programme pour la Méditerranée »* de la PEV

La PEV est redevenue la politique de référence dans la région pour l'UE. Elle a dû se réajuster après l'apparition de *« l'État islamique »* et la vague considérable de réfugiés et de migrants qui ont pris, en 2015 notamment, puis de manière plus ou moins régulière par la suite, le chemin de l'Europe. S'il y avait déjà des conflits ouverts dans la région, entre Israël et la Palestine, entre la Turquie et Chypre, qui pénalisaient son développement économique, de nouveaux conflits sont apparus en Libye, en Syrie, tandis que la Tunisie, l'Égypte, le Liban, voire la Turquie, étaient confrontées à des formes d'instabilité. Les difficultés politiques, économiques, sociales et l'insécurité se sont aggravées sur tout le pourtour méditerranéen. Les Européens qui conditionnaient leurs soutiens à des réformes politiques sont apparus décalés par rapport à cette situation et à la montée en puissance d'autres partenaires dans la région – la Chine, la Turquie et les pays du Golfe – qui ne mettent pas en avant le même type de conditionnalité.

Au regard de cette nouvelle donne, la PEV a été révisée dans l'urgence, fin 2015, pour faire de la stabilisation de la région, de la réduction de la pression migratoire et de la lutte contre le terrorisme ses priorités politiques. Avec le lancement du cadre financier pluriannuel 2021-2027, l'UE a revu, en 2021, soit 25 ans après la déclaration de Barcelone, son partenariat avec ces pays dans ce qui a été désigné comme *« un nouveau programme pour la Méditerranée »*[44]. Il mobilise 7 milliards d'euros du budget politique de voisinage de l'IVCDCI à destination des pays du bassin méditerranéen autour de plusieurs domaines

44. Commission européenne et Haut Représentant pour la PESC, *Un partenariat renouvelé avec le voisinage méridional. Un nouveau programme pour la Méditerranée*, JOIN 2021 2 final, 9 février 2021.

d'action où sont esquissées des réponses à toutes les formes de crises qui affectent la région : crise sanitaire, après la pandémie, crise démocratique, avec l'investissement dans la jeunesse, la bonne gouvernance et l'état de droit, crise économique, en raison de la très faible croissance qui caractérise l'ensemble de ces pays, crise géopolitique et gestion des conflits armés, crise migratoire, avec l'accent mis sur *le nouveau pacte migration et asile* de l'UE – en cours de négociation, à l'époque, et adopté depuis en décembre 2023 –, crise écologique, avec les questions liées au changement climatique, à l'eau et à l'énergie.

3.4. La politique de coopération avec l'Organisation des États d'Afrique, des Caraïbes et du Pacifique (OEACP)

Le troisième cercle est constitué par les pays d'Afrique, des Caraïbes et du Pacifique (ACP), devenu une organisation internationale en avril 2020 : l'Organisation des États d'Afrique, des Caraïbes et du Pacifique (OEACP). Les pays d'Asie et du continent américain n'en sont pas partie prenante. L'approche européenne s'est progressivement éloignée du prisme du développement, central dans le traité de Rome avec la création du Fonds européen de développement (FED), dans le contexte historique particulier qui était alors celui de l'accession à l'indépendance. Dans les années soixante, l'aide allait à dix-huit pays qui étaient d'anciennes colonies de la France, la Belgique, l'Italie et des Pays-Bas. En 1964, un premier accord, ratifié à Yaoundé et reconduit en 1969, a ouvert la voie à un partenariat entre la Communauté européenne et les pays ACP. Avec les élargissements au Royaume-Uni, à l'Espagne et au Portugal, leurs anciens territoires ont progressivement rejoint la Convention de Lomé qui lui a succédé. Signée en 1975, elle a été reconduite par trois fois en 1979, 1984 et 1989 pour arriver à échéance le 29 février 2000. L'accord de Cotonou, signé en 2000, a sensiblement remanié les relations de l'UE avec les 79 pays ACP. Ils rassemblent trois zones d'importance inégale (Carte 5) : la zone la plus conséquente réunit les pays d'Afrique – hormis ceux riverains de la Méditerranée et l'Afrique du Sud –, tandis que les deux autres zones regroupent ceux des Caraïbes et ceux du Pacifique. L'UE a signé un nouvel accord de Partenariat avec les membres de l'OEACP, l'accord de Samoa, le 15 novembre 2023, qui succède à l'accord de Cotonou et dans lequel ces trois zones font l'objet de protocoles régionaux spécifiques à partir de la définition d'un socle commun. Il s'applique provisoirement depuis le 1er janvier 2024 dans l'attente de sa ratification par les deux parties et concerne plus d' 1,5 milliard de personnes.

3.4.1. Les trois instruments de la coopération

Le partenariat ACP-UE s'est voulu exemplaire d'un nouveau mode de coopération Nord-Sud. Il s'articule autour de trois domaines clés : le dialogue politique, la coopération au développement et le commerce.

Carte 5

L'accord de Samoa entre l'UE et les 79 pays de l'OEACP

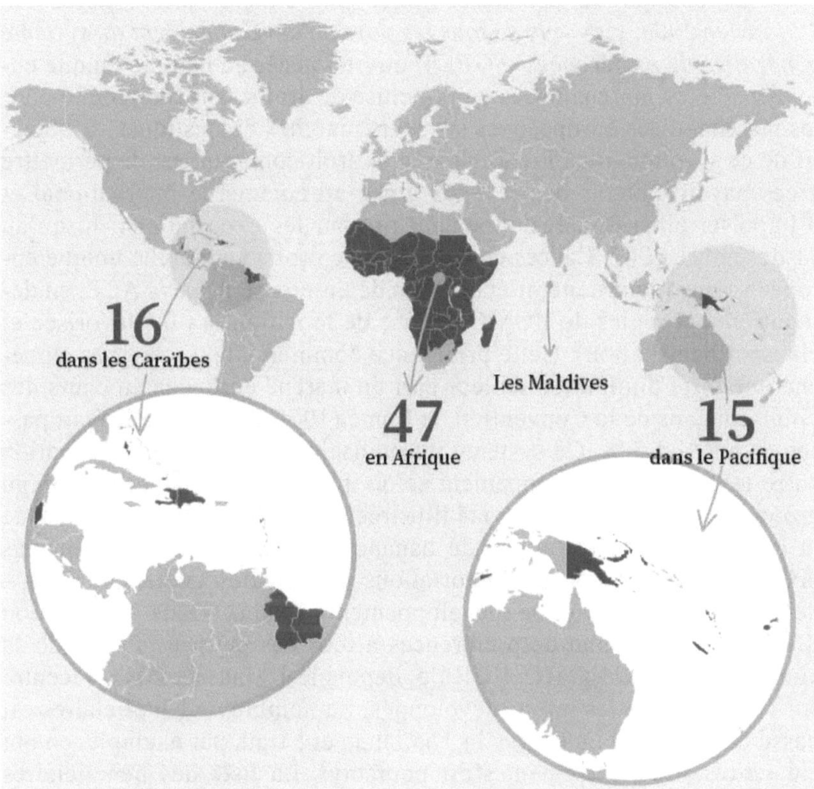

Source : Conseil européen.

• Le dialogue est cogéré par *une instance d'orientation politique*, le Conseil des ministres OEACP-UE, doté d'un organe permanent, le Comité des ambassadeurs, adossé sur une Assemblée parlementaire consultative composée paritairement de parlementaires des pays ACP et de parlementaires européens. Il s'appuie, depuis 2021, sur trois déclinaisons régionales des Conseils des ministres et des assemblées parlementaires paritaires (Afrique-UE, Caraïbes-UE, Pacifique-UE).

• *La coopération au développement* était financée par les contributions des États membres au FED avec des dépenses classées en dehors du budget de l'UE sur des ressources qui provenaient de contributions étatiques. Les soutiens s'élevaient à 30,5 milliards d'euros lors de la programmation 2014-2020 (11ᵉ FED). Le FED a été intégré au budget de l'UE dans la programmation 2021-2027. Le financement de la coopération avec les États ACP s'opère dans le cadre de l'*Instrument de voisinage, de coopération au développement et de coopération internationale* (IVCDCI) doté de 70,8 milliards d'euros. Il réunit tous les financements qui concernent l'action extérieure de l'UE dans le cadre budgétaire.

• *Le soutien au commerce passe par l'instauration, depuis le 1er janvier 2008, vis-à-vis de tous les pays en développement du système généralisé de préférences (SGP).* Il ouvre l'accès au marché unique européen à leurs marchandises en franchise de droits sans réciprocité pour les marchandises européennes sur leurs marchés domestiques. L'objectif de ce système, plus favorable que le droit commun, est de permettre à ces pays d'obtenir des revenus grâce au commerce international et d'impulser ainsi du développement tiré par les exportations. Jusqu'au 31 décembre 2007, l'accès en franchise de droits au marché unique européen, sans réciprocité, n'était concédé qu'aux seuls pays ACP, en dérogation aux règles de l'OMC (clause de la nation la plus favorisée et clause d'habilitation). Cette préférence commerciale n'avait pas empêché une forte diminution de leur part du marché européen au cours des vingt-cinq ans de la Convention de Lomé (1975-2000) où elle était passée de 6,7 % à 3 %. Ce système introduisait surtout une discrimination entre les pays en développement selon qu'ils appartenaient ou non au groupe des pays ACP. Elle a été illustrée par le conflit emblématique de la banane : les importations de bananes camerounaises n'étaient pas taxées contrairement aux importations de bananes guatémaltèques – deux pays au niveau de développement proche. Dans l'obligation d'élargir son système de préférences à tous ces pays, à la suite de sa condamnation par l'OMC, l'UE l'a, depuis le 1er janvier 2014, recentré sur ceux qui sont les moins développés. Le nombre de bénéficiaires est passé de 178 à 92. La Chine, la Thaïlande et l'Iran, par exemple, en ont été retirés. Ce mouvement s'est poursuivi. La liste des bénéficiaires compte 66 pays en 2022. Le SGP de l'UE comporte trois paliers[45] dans les soutiens qui vont du moins au plus favorable :

– le SGP standard s'applique à tous les pays, à l'exception de ceux classés par la Banque mondiale comme des pays à revenus élevés ou intermédiaires-supérieurs, et permet une suspension totale des droits de douane sur les produits non sensibles et des réductions partielles pour les produits sensibles ;

– le SGP + d'*« encouragement au développement durable et à la bonne gouvernance »* offre à huit pays[46] un dispositif douanier un peu plus favorable dès lors qu'ils luttent contre la production et le trafic de drogues, qu'ils ont ratifié les principales conventions internationales

45. Commission européenne, *Pays en développement, commerce international et développement soutenable : le rôle du Système de Préférences Généralisées (SPG) de la Communauté pour la décennie 2006/2015*, COM 461 final, 7 juillet 2004.

46. L'Arménie, la Bolivie, le Cap-Vert, la Mongolie, le Pakistan, les Philippines, le Kirghizistan et Sri Lanka.

relatives aux droits de l'homme, aux droits des travailleurs, à l'environnement et aux principes de bonne gouvernance ;

– le régime spécial en faveur des pays les moins avancés (PMA), dont la liste est fixée et révisée par les Nations Unies, permet dans le cadre de la stratégie *« Tout sauf les armes »* (TSA) de suspendre les droits de douane et les quotas pour tous les produits à l'exception des armes et des munitions. Parmi les pays ACP, 47 relevaient de ce régime.

3.4.2. Les Accords de partenariat économique (APE)

L'accord de Cotonou du 23 juin 2000 a essayé d'anticiper la fin des préférences réservées aux seuls pays ACP et le passage au SGP. Il applique le modèle d'intégration économique régionale aux pays ACP à partir du constat que ces pays ne commercent pas entre eux. Leurs marchés intérieurs trop étroits et, pour certains, leur absence de littoral entravent leur développement économique. L'accord de Cotonou préconisait la mise en place d'un processus d'intégration économique en deux phases :

– dans une première phase, les ACP devaient se constituer en sept unions régionales, Afrique centrale, Afrique orientale et australe (AOA), Afrique de l'Ouest, Cariforum, Communauté de développement de l'Afrique australe (CDAA), Communauté de l'Afrique de l'Est (CAE) et Pacifique ;

– dans une seconde phase, l'UE devait conclure avec ces régions ACP des Accords de partenariat économique (APE) envisagés comme des *« accords intérimaires »* permettant l'instauration progressive d'une zone de libre-échange pour *« l'essentiel des échanges »* (de l'ordre de 80 %) afin que le dispositif soit compatible avec l'article XXIV de l'Accord général.

Ce redéploiement a suscité de fortes réticences en particulier de la part des pays africains à qui l'on proposait le libre-échange en partie compensé par de plus fortes dotations du FED. Ces États s'exposaient à d'importantes pertes de recettes douanières et leurs producteurs locaux à la concurrence directe d'une économie européenne très compétitive et subventionnée dans le secteur agricole. En 2008, seule la région Cariforum avait conclu un accord de ce type. Il a fallu attendre 2012 pour qu'un APE soit conclu avec l'Afrique orientale et australe, puis 2014, avec le Pacifique, et 2016, avec la Communauté de développement de l'Afrique australe.

Confrontée à ces réticences, l'UE a également négocié directement avec des pays plutôt qu'avec les régions. Le statut des pays membres d'une même région vis-à-vis du SGP de l'UE pouvait, en effet, être différent et leurs intérêts, concernant les 20 % des échanges sur lesquels pouvaient être maintenues des protections, pas forcément convergents. Depuis le 1er janvier 2020, le Cameroun en Afrique centrale, le Ghana et la Côte d'Ivoire en Afrique de l'Ouest relèvent d'un APE. Les autres pays ont préféré basculer dans le SGP de l'UE et, au sein de ce régime, pour beaucoup d'entre eux, dans le régime TSA.

Les APE sont maintenus dans le cadre du nouvel accord de partenariat UE-OEACP[47], entré en vigueur le 1er janvier 2024. Il se présente comme un accord de coopération classique – politique, économique et sectoriel – pour les vingt prochaines années avec une orientation marquée en direction de la durabilité environnementale et de la lutte contre le changement climatique. Le partenariat est élaboré à partir d'un socle commun : il définit les valeurs et les priorités qui sont ensuite ajustées et précisées dans les trois protocoles régionaux : Afrique-UE, Caraïbes-UE et Pacifique-UE. Les grands *« régions »* géographiques sont au cœur du dispositif avec la volonté de créer des alliances politiques entre l'UE et l'OEACP dans les enceintes mondiales, en particulier aux Nations unies où les deux ensembles représentent plus de la moitié des sièges.

3.5. Les accords de libre-échange avec les partenaires développés d'autres continents

Le dernier cercle concerne les ALE conclus avec des pays développés ou avec des accords de commerce régionaux (ACR) qui les regroupent appartenant à d'autres continents. C'est le domaine qui a enregistré les évolutions les plus notables depuis 2017 afin de pouvoir faire face à l'unilatéralisme américain et à sa remise en question de l'OMC. Parmi les nouveaux accords, certains intègrent un mécanisme propre de règlement des différends destiné à pallier le blocage éventuel de celui de l'OMC.

La multiplication de ces ALE ne peut pas être expliquée à partir des théories classiques du commerce international. Deux explications à cette progression ont été proposées par Baldwin[48] :

– la première leur applique la *« théorie des dominos »* pour affirmer que le plus grave pour un pays est d'être laissé au bord de la route, faute d'être partie prenante de ces accords, puisqu'il cumule les effets de détournement d'échanges. Aussi, les entreprises exportatrices font généralement pression sur leurs gouvernants afin qu'ils les rejoignent ;

---

47. UE et OEACP, « Accord de partenariat entre l'Union européenne et ses États membres, d'une part, et les membres de l'Organisation des États d'Afrique, des Caraïbes et du Pacifique, d'autre part », Journal official de l'Union européenne, Série L, 28 décembre 2023.

48. R. Baldwin, « A domino theory of regionalism », dans R. Baldwin, P. Haarapanta et J. Kiander (eds), *Expanding Membership of the EU*, Cambridge Books, Cambridge University Press, 1995, p. 25-48. R. Baldwin, « Big-think regionalism: a critical survey », dans A. Estevadeordal, K. Suominem et R. Teh (éds), *Regional Rules in the Global Trading System*, Cambridge University Press, 2009, p.17-95.

– la seconde explication prend acte de la nouvelle organisation du commerce international, de plus en plus fondée sur la fragmentation des chaînes de valeur entre différents pays, pour justifier une sécurisation de ces multiples opérations à partir de ces accords.

Ces accords ont une vocation économique mais aussi géopolitique : les puissants élargissent leur sphère d'influence par l'exportation de leurs règles techniques et de leurs normes, en s'implantant dans la sphère des autres puissances commerciales, tandis que les pays de taille intermédiaire diversifient leurs sources d'échange en nouant de multiples accords.

La Commission européenne s'est beaucoup investie dans la conclusion d'ALE passés avec des pays à croissance généralement plus soutenue que les pays européens. En 2022, 42 accords commerciaux étaient actifs avec 74 partenaires préférentiels. Ils représentent 44 % du commerce extérieur de biens de l'UE, 46 % de celui de services. C'est le plus grand réseau d'accords de ce type au monde. L'intérêt de ces accords est discuté. C'est pourquoi il est fondamental de distinguer les accords en cours de négociation, les accords conclus, puis, enfin, les accords ratifiés, tant leur cheminement institutionnel est un parcours semé d'obstacles. Ces accords sont vivants et évolutifs. Ils font l'objet de la part de la Commission d'une évaluation annuelle tandis que des engagements nouveaux apparaissent (mise en œuvre des conventions de l'OIT, coopération technique, développement durable, etc.). Le continent américain a d'abord été ciblé avant qu'il n'y ait un redéploiement vers l'Asie-Pacifique.

- *En direction des pays membres de l'ACEUM*[49] *(ex ALENA).* L'UE n'a pas négocié un ALE avec l'ALENA en tant que tel mais avec chacun des pays qui la composent pris isolément.

L'accord le plus ancien est appliqué depuis 2000 avec le Mexique, avec lequel l'UE souhaitait réduire les effets de détournement des échanges à l'encontre de ses producteurs qui résultaient de la participation de ce pays à l'ALENA. Il s'agissait d'un accord classique de libre-échange. Un accord de nouvelle génération a été conclu le 18 avril 2018. Il est en cours de ratification. Il reconnaît notamment 340 indications géographiques (jambon d'Auvergne, sel de Guérande, etc.) et comporte un système propre de règlement des différends.

Avec le Canada, un ALE de nouvelle génération – l'Accord économique et commercial global (AECG ou CETA[50]) – a été conclu le 26 septembre 2014. Sa partie commerciale qui relève de la compétence exclusive de l'UE (plus de 90 % du texte) est entrée en vigueur le 21

49. Accord Canada, États-Unis, Mexique qui a remplacé l'Accord de libre-échange nord-américain en 2018.

50. *Comprehensive Economic Trade Agreement.*

septembre 2017. Son application totale dépend de la ratification en cours par les trente-sept Parlements nationaux et régionaux de l'UE car c'est un accord *« mixte »* – relevant de la double compétence UE (Conseil et Parlement européen), et États membres, selon leurs règles constitutionnelles respectives[51]. Il prévoit une libéralisation approfondie pour les biens, l'agriculture et les services, avec un rapprochement des normes et règles techniques, une reconnaissance mutuelle des systèmes de sécurité sanitaire des aliments, une protection de 173 indications géographiques, ainsi qu'un meilleur accès aux marchés publics. Les matières premières critiques dont le Canada est bien doté sont aussi une composante importante de l'accord. Un forum de coopération réglementaire et une instance de règlement des différends investisseurs-États ont été institués. C'est un accord auquel il est parfois reproché d'avoir un impact sur le climat en augmentant les échanges par voies aérienne et maritime.

Cette validation des accords négociés par la libérale Commission européenne est loin d'aller de soi comme le démontre l'historique avec les États-Unis avec lesquels plusieurs projets non aboutis peuvent être recensés : la création d'une zone de libre-échange transatlantique en 1995 requalifiée, en 1998, de Nouveau marché transatlantique (NTM), avant son rejet par le Conseil européen. Quinze ans après, ce projet a été réactivé avec l'ouverture en 2013 de négociations en vue d'un Partenariat transatlantique pour le commerce et l'investissement (TTIP[52]). Les négociations ont été arrêtées en janvier 2017 avec l'arrivée au pouvoir du président Trump. Confronté, en mars 2018, à l'imposition de droits de douane sur l'acier et l'aluminium par les États-Unis – au nom de la sécurité nationale – et à la menace d'un élargissement de ces droits à certains produits industriels (automobile, aéronautique), l'UE a riposté par la mise en place de droits de douane. La Commission a tenté, en 2019, de travailler à un ALE technique qui apporterait des réponses négociées à ces dossiers, malgré les réserves de la France qui reprochait aux États-Unis la sortie de l'accord de Paris sur le climat et donc l'exercice d'une forme de concurrence déloyale. Si les États-Unis sont revenus dans l'accord de Paris, en 2021, les tarifs douaniers sur l'acier et l'aluminium ont été maintenus signifiant une forme de continuité dans la politique commerciale américaine vis-à-vis de l'UE.

- *En direction de l'Amérique centrale et du Sud,* la Commission a tenté de contrer l'influence des États-Unis par plusieurs accords en direction du Chili, du Marché commun d'Amérique centrale (MCAC), de

51. Le Parlement wallon en Belgique a pendant un temps refusé de le ratifier. Le Sénat français l'a rejeté en mars 2024.

52. *Transatlantic Trade and Investment Partnership.*

la Colombie, du Pérou, de l'Équateur et du Marché commun du sud (MERCOSUR).

Avec le Chili, un ALE de première génération est entré en vigueur le 1er février 2003. Il porte sur les marchandises, les services, les marchés publics et propose également une libéralisation de l'investissement. L'accord comporte aussi des règles relatives à la concurrence, à la propriété intellectuelle et à un système de règlement des différends. Un accord de seconde génération qui répond aux nouveaux critères de l'UE en matière de respect de l'environnement, de droits de l'homme et de conditions de travail a été signé le 9 décembre 2022. Il est en cours de ratification.

Avec le MCAC (Costa Rica, Salvador, Guatemala, Honduras, Nicaragua, Panama), l'UE a signé le premier accord d'association de nouvelle génération avec une union régionale, entré en vigueur en 2013. Il repose sur un triptyque : dialogue politique, coopération et approfondissement des mesures de l'OMC (concessions tarifaires, commerce des services, mesures SPS, marchés publics et droits de propriété intellectuelle).

L'UE souhaitait également nouer une relation d'ACR à ACR avec la Communauté andine (Bolivie, Colombie, Équateur, Pérou) mais, après avoir buté sur l'opposition de la Bolivie et de l'Équateur, elle a conclu deux ALE de nouvelle génération avec les seuls Pérou et Colombie, appliqués depuis 2013. Ces accords sont un peu plus complets que celui négocié avec le MCAC puisqu'ils comportent des mesures sur les obstacles techniques au commerce et un mécanisme interne de règlement des différends. Un ALE a finalement été conclu avec l'Équateur sur ce modèle. Il a été mis en place en 2017.

Après plus de vingt ans de négociations, l'UE et le Mercosur (Argentine, Brésil, Paraguay, Uruguay) étaient parvenus, le 28 juin 2019, à un accord politique entre les deux régions pour la mise en place d'un accord d'association. Cet accord interrégional prévoyait la suppression des droits de douane pour les exportations de l'UE du secteur industriel et une réduction pour l'agroalimentaire. Des garanties juridiques protégeaient quelque 357 indications géographiques, tandis qu'un meilleur accès aux marchés publics était garanti. Cet accord devait être ratifié par chaque État membre de l'UE et le Parlement européen. Plusieurs pays ont indiqué leur opposition – dont la France – en raison des atteintes à l'environnement et des risques de distorsion de concurrence pour les agriculteurs. La question de l'engagement du Brésil à respecter l'accord de Paris et à réduire la déforestation a notamment été posée.

• *En direction de l'Asie et du Pacifique*, les avancées de l'UE ont été pendant longtemps moins importantes. La conclusion du Partenariat transpacifique (TPP[53]), en octobre 2015, voulu par le président Obama

53. *Trans-Pacific Partnership.*

comme une arme commerciale contre la Chine, a obligé les négociateurs européens à revoir leurs relations commerciales avec les États de la région. La sortie des États-Unis de cet accord – l'un des premiers actes de la présidence Trump –, le 23 janvier 2017, n'a pas provoqué son abandon par les onze autres pays – Canada, Mexique, Chili, Pérou, Brunei, Malaisie, Singapour, Vietnam, Japon, Australie et Nouvelle-Zélande –. Ils ont signé, en mars 2018, l'Accord global et progressif pour le partenariat transpacifique[54] – un ALE de nouvelle génération entré en vigueur le 30 décembre 2018.

C'est avec la Corée du Sud que l'UE a commencé son redéploiement vers l'Asie avec l'entrée en vigueur, en 2011, d'un ALE de nouvelle génération. Il couvre les marchandises et les services avec des dispositions relatives aux indications géographiques, aux règlements techniques, aux normes et à l'évaluation de conformité, en particulier pour les produits électroniques et les véhicules à moteur.

Avec le Japon, l'UE a conclu son accord commercial bilatéral le plus important puisqu'il rassemble deux entités qui représentent près du tiers du PIB mondial et couvrent pas loin de 40 % du commerce. Cet accord de deuxième génération, appliqué depuis le 1er février 2019, crée la plus grande zone de libre-échange au monde en réunissant plus de 600 millions de personnes. S'il procède classiquement au démantèlement progressif des barrières tarifaires et non tarifaires, il garantit aussi aux fournisseurs de l'UE un accès non discriminatoire aux marchés publics de 54 villes importantes et reconnaît 205 indications géographiques protégées. Les deux parties s'engagent aussi à une réelle application de l'accord de Paris pour lutter contre le changement climatique, ainsi qu'à une gestion durable des forêts, du bois et de la pêche. Le Japon s'est engagé à ratifier certaines conventions de l'OIT (discrimination et abolition du travail forcé). Une disposition novatrice concerne la reconnaissance par le Japon du règlement européen de protection des données. Dans un contexte international marqué par une montée du protectionnisme, cet accord est apparu comme un signal majeur qui émanait de deux partenaires engagés dans la promotion du multilatéralisme.

Avec la Chine, un accord de protection d'une centaine d'indications géographiques de part et d'autre a été paraphé le 6 novembre 2019. Il a été suivi par la conclusion d'un accord global sur les investissements, le 30 décembre 2020, destiné à assouplir les conditions imposées aux entreprises européennes en Chine – levée partielle des obligations de créer une joint-venture et de transférer des technologies – et à uniformiser les conditions de la concurrence avec une plus grande transparence annoncée pour les subventions aux entreprises chinoises. La Chine promettait de déployer des efforts afin de ratifier la convention

54. *Comprehensive and Progressive Agreement for Trans-Pacific Partnership (CPTPP).*

de l'OIT sur le travail forcé. Cet accord, qui restait soumis à une ratification très délicate, a été suspendu par la Commission européenne, le 4 mai 2021, dans un climat de montée des tensions avec la Chine.

Avec Singapour, un ALE est entré en vigueur, le 21 novembre 2019. À travers cette ville-État, qui est l'un des principaux ports et centres financiers au monde, c'est une tête de pont qui était recherchée afin d'accéder au marché de l'ASEAN et à l'accord transpacifique et ainsi sécuriser les investissements et les débouchés des quelque 10 000 sociétés européennes qui y sont établies.

Avec le Vietnam – un pays en développement avec une direction communiste –, un ALE inédit est entré en vigueur, le 1er août 2020. Il comporte une élimination complète des droits de douane d'ici dix ans, la reconnaissance d'indications géographiques de part et d'autre, l'ouverture des marchés publics vietnamiens aux entreprises européennes. Le traitement par ce pays des droits humains, sociaux et de la question environnementale a prêté à débats. Le Vietnam a pris des engagements en matière de ratification de huit conventions de l'OIT comme celle relative au droit syndical. L'accord intègre un chapitre relatif au développement durable.

Avec la Nouvelle-Zélande, un ALE de seconde génération a été signé le 9 juillet 2023. Au-delà de l'élimination de tous les droits de douane, il ouvre de manière réciproque le marché des services et les marchés publics, assure le traitement non discriminatoire des investisseurs et facilite le transfert de données. La Nouvelle-Zélande s'est engagée à aligner ses droits de propriété intellectuelle sur ceux de l'UE, à respecter l'accord de Paris sur le climat et les droits fondamentaux du travail.

Ces accords et projets d'accord ont des effets positifs : la baisse des prix pour les consommateurs, l'assurance pour les producteurs européens de ne pas être évincés des marchés extérieurs par les accords tiers et de voir leurs investissements et leurs chaînes de valeur protégées, une stimulation de la croissance grâce à l'accès à la demande plus dynamique des pays émergents. Ils assurent aussi, pour les plus élaborés d'entre eux, un rapprochement des normes et des règles en matière environnementale, de droit du travail, de protection des produits et des données. Mais ces accords sont aussi porteurs de risques : difficultés économiques propres à certains secteurs d'activité, paupérisation des travailleurs peu qualifiés des pays européens en concurrence avec la main d'œuvre du reste de la planète, incompatibilité des échanges commerciaux de longue distance avec le réchauffement climatique, concurrence déloyale imputable à des normes sanitaires, sociales et environnementales moins strictes chez certains pays partenaires, déstabilisation de l'OMC et de son Organe de règlement des différends et préjudice pour les pays tiers.

La conclusion d'accords de libre-échange est devenue un instrument stratégique dans les rapports de force géoéconomiques. Mais la multiplication tous azimuts de ces accords conduit à une perte de portée de chacun d'entre eux. La Commission européenne et les États membres doivent composer avec une montée des critiques à l'égard de la mondialisation dont ils sont une des expressions les plus tangibles. La sortie du Royaume-Uni de l'UE a modifié les équilibres de la politique commerciale européenne qui perd un soutien traditionnel de poids à l'approche libre-échangiste. Aucun accord important n'a pu être signé avec les deux principaux rivaux commerciaux de l'UE – les États-Unis et la Chine – avec lesquels les tensions commerciales demeurent importantes. Ce sont les puissances commerciales classées juste après ces deux pays dans la hiérarchie mondiale qui sont concernées par ce volet important de la politique commerciale européenne. Il lui permet de peser davantage dans la mondialisation.

Carte 6

Les accords commerciaux de l'UE en 2023

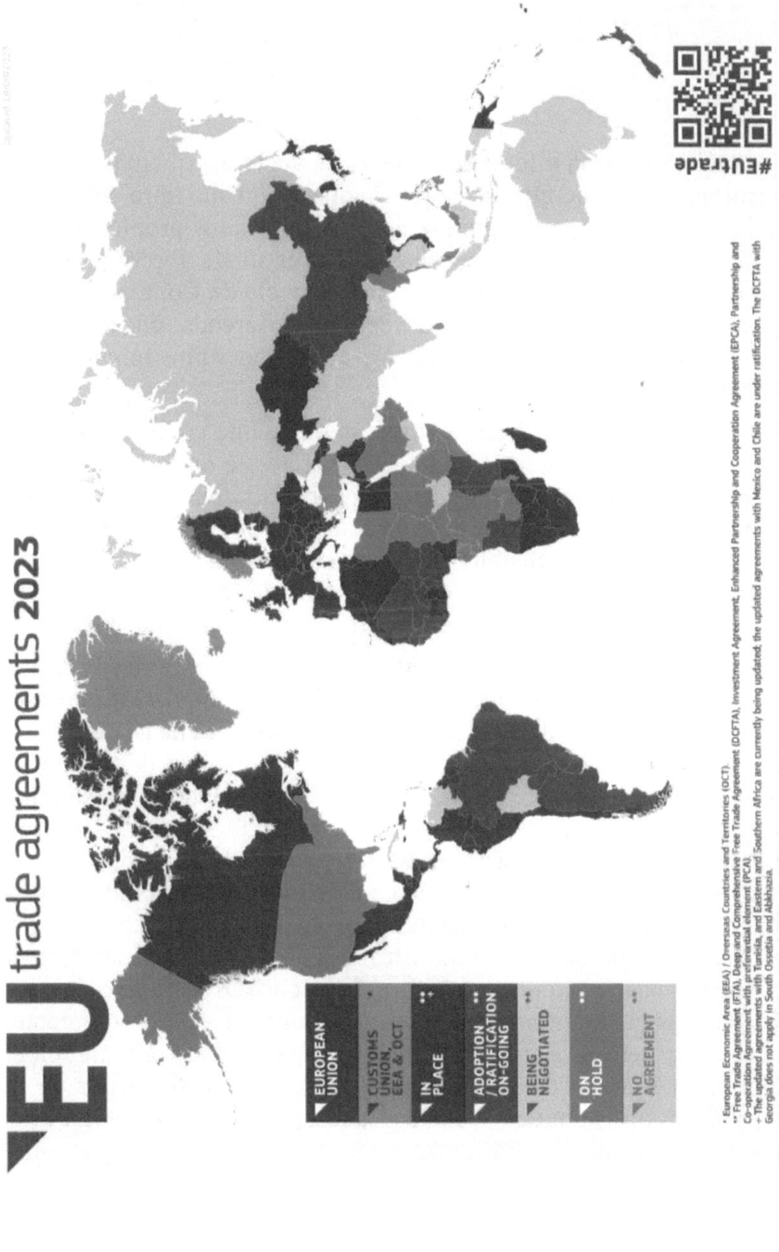

Source : Commission européenne, 18/09/2023.

*

* *

La régionalisation a longtemps servi de vecteur principal à la mondialisation. Elle a permis un approfondissement du libre-échange au sein d'un périmètre géographique de proximité, plus propice au développement de relations de confiance. La crise de l'OMC, mise en exergue par les difficultés à faire aboutir le cycle de Doha et le blocage progressif de son Organe de règlement des différends, ont été les premiers signaux révélateurs de réticences à s'engager plus loin au niveau multilatéral.

Les années 2016-2017 ont marqué un deuxième coup d'arrêt brutal à la mondialisation et à la régionalisation. Le vote en faveur du Brexit et les difficultés rencontrées par les méga accords commerciaux – sortie des États-Unis du TPP, arrêt des négociations du TTIP, problèmes de ratification du CETA, tensions dans la renégociation de l'ALENA – ont souligné qu'il existait un mouvement de rejet des accords préférentiels et une résurgence du nationalisme politique et commercial.

La pandémie de Covid-19, en 2020-2022, puis la guerre en Ukraine, depuis février 2022, constituent une troisième rupture. Ces chocs ont suscité une large prise de conscience des dépendances de l'UE à l'égard de pays tiers pour ses approvisionnements et ses chaînes de production. L'invasion russe a montré l'existence d'une menace quasi existentielle à sa frontière. La réponse apportée s'est construite autour de l'affirmation nouvelle par l'UE de son *« autonomie stratégique »* à partir de son soutien à l'Ukraine, de sa politique commerciale, de sa réindustrialisation dans les filières incontournables pour l'exercice de sa souveraineté, de la consolidation de la base industrielle de sa défense et des partenariats noués dans le cadre des ALE pour sécuriser ses approvisionnements en énergie, matières premières et métaux rares. Le renforcement de la souveraineté économique de l'Europe passe aussi par une relocalisation de certaines de ses activités, ou une diversification de ses sources d'approvisionnement, et par une approche géostratégique de toutes les politiques européennes dont la politique d'élargissement. Pour cette dernière, la sécurité et les valeurs de l'Europe priment de manière inédite sur la transposition du corpus juridique relatif au marché intérieur, à l'union monétaire et aux politiques communes.

CHAPITRE 2

Marché unique et politiques d'accompagnement

L'intégration européenne s'opère à partir de l'extension et de l'approfondissement d'un vaste marché à l'échelle du continent. Le marché unique s'étend aux Vingt-Sept, soit 451 millions d'individus en 2023. L'Islande, la Norvège, le Liechtenstein y sont associés à travers l'Espace économique européen (EEE)[1]. La Suisse l'est partiellement à partir de 120 accords bilatéraux. Une intégration progressive constituait l'objectif économique des accords de libre-échange approfondis et complets passés avec la Géorgie, la Moldavie et l'Ukraine.

Le marché commun et le marché unique reposent sur la même affirmation, à trente ans d'intervalle, par le traité de Rome de 1957 et par l'Acte unique de 1986, de quatre libertés : liberté de circulation des marchandises, des personnes, des services et des capitaux. S'il a fallu relancer l'objectif de marché commun, c'est parce qu'il n'avait été qu'imparfaitement mené à son terme. Le marché commun restait un marché éclaté entre les différents États nations. Ce morcellement entraînait une fragmentation de l'industrie communautaire. Faute d'atteindre une taille suffisante, les entreprises européennes se laissaient distancer par les États-Unis et le Japon dans les branches d'avenir et à forte demande.

La relance de l'idée d'un grand marché a été portée par le libéralisme économique des années 1980-1990 qui a mis l'accent sur les politiques d'offre, la déréglementation et l'activation de la concurrence. Si les consommateurs peuvent attendre du marché unique des baisses de prix, le dessein premier était de créer un choc sur l'appareil de production. Le marché intérieur s'avère indissociable de la politique industrielle sur le plan européen. La double transition climatique et numérique de l'industrie européenne est également gérée par deux nouveaux marchés : le marché carbone et le marché unique numérique.

1. L'EEE comporte quelques limitations pour les produits agricoles et de la pêche.

Le marché unique ne peut pour autant être réduit à un espace de libre-échange. Pour passer au stade d'intégration plus avancé que sous-tend un marché, il a fallu mettre en place des politiques communes qui défendent une vision de l'intérêt général européen. Ces politiques constituent des formes d'intervention très directes pour organiser, réguler les marchés, dynamiser et orienter l'appareil productif. Ce chapitre présente l'analyse économique sous-jacente au grand marché, telle qu'elle a été développée à la fin des années quatre-vingt (1), avant de dresser un bilan de l'état actuel du marché unique (2) et d'analyser les politiques d'accompagnement les plus significatives : la politique de la concurrence (3), la politique industrielle (4) et la politique agricole commune (5).

1. L'approfondissement du marché commun : le marché unique

Le traité de Rome de 1957 visait à la formation progressive d'un marché commun (articles 2 et 3) au moyen de l'instauration d'une union douanière – réalisée le 1er juillet 1968 –, par la suppression des entraves à la libre circulation des personnes, des services et des capitaux, et par l'instauration de politiques communes dans les seuls domaine de l'agriculture, des transports et de la concurrence.

1.1. Les entraves aux échanges dans le marché commun

Après la crise économique de 1974, la Communauté n'a pas été épargnée par la montée d'un protectionnisme insidieux entre les États membres qui passait par des barrières aux échanges moins lisibles que les droits de douane. Peu après l'Acte unique, Paolo Cecchini est chargé, en 1988, de rédiger un rapport sur les effets bénéfiques qui pouvaient être attendus de la consolidation d'un marché européen alors estimé à un peu plus de 320 millions d'habitants. Il identifie plusieurs entraves aux échanges qui perdurent entre les Douze :

– les droits de douane, qui devraient théoriquement avoir disparu au sein de la Communauté, avaient été réintroduits dans le secteur agricole avec l'instauration des montants compensatoires monétaires qui rattrapaient les mouvements de change affectant les prix uniques pour les principales denrées ;

– les contingents, qui, en principe, n'existaient plus, avaient été réinstaurés dans le domaine de l'acier et de l'agriculture. Les accords de limitations volontaires des exportations imposaient des quotas nationaux et une comptabilisation aux frontières pour les secteurs de l'automobile et du textile. Dans les transports routiers et aériens, les régimes d'autorisation généraient également un partage du marché communautaire et des contingents ;

Encadré 1

Le « laissez faire, laissez passer » et l'unification économique de la France au XVIIIe siècle

Cette formule est celle des économistes libéraux français de la fin du XVIIIe siècle organisés dans l'école des physiocrates autour de personnalités comme François Quesnay, Dupont de Nemours, Turgot et Condorcet, à partir des travaux précurseurs de Vincent de Gournay (1712-1759).

L'Intendant du commerce Vincent de Gournay est le premier à évoquer la suppression des corporations qui permettrait d'instaurer le « laissez faire ». Il instaure par l'édit du 17 septembre 1754 la libre circulation des grains et farines à l'intérieur du royaume et autorise les exportations dans les années d'abondance. Il dénonce constamment les entraves à la liberté de travail, à la circulation et à l'exportation et le mauvais état des routes. Les difficultés des années 1770-1773 conduiront à remettre en question cette libéralisation. Turgot prolongera l'action de son ami en rétablissant la liberté du commerce intérieur des grains en 1774 et en supprimant en 1776 les derniers droits sur la confection des routes.

La doctrine physiocratique dans la France de la fin du XVIIIe siècle a bien des points communs avec l'affirmation des libertés de circulation au sein du grand marché européen en ce XXIe siècle. L'émiettement du territoire national et de son marché, imputable aux entraves fiscales, administratives et à l'insuffisance des transports, est préjudiciable, selon les physiocrates, à une bonne allocation des ressources, provoquant ici des excédents et ailleurs des pénuries. Leur approche de l'impôt est étroitement dépendante de leur conception de la circulation. La question lancinante de la liberté du commerce des grains, qui synthétisait à elle seule pour l'époque l'intégration du marché des biens, a constitué la première tentative d'unification économique du Royaume quelques siècles après son unification politique.

– les entraves qui accroissaient les coûts car elles cloisonnent le marché communautaire comme les procédures douanières, l'existence de règles sanitaires, phytosanitaires, de normes et de réglementations techniques différentes d'un pays à l'autre. Le rapport Cecchini dénombrait plus de 100 000 règles et normes techniques en vigueur dans la Communauté (Encadré 2) ;

– les restrictions à l'accès aux marchés publics, aux marchés réglementés et toutes les restrictions au droit d'établissement des entreprises. Les marchés publics, qui représentaient 8 % du PIB de la Communauté, étaient protégés par des barrières non tarifaires particulièrement discriminatoires, compte tenu de la particularité de l'acheteur – États ou collectivités territoriales – (absence d'appel d'offres, exclusion de soumissionnaires étrangers, discrimination lors de vérification des aptitudes techniques, financières et économiques, etc.). Les adjudications à des entreprises d'autres États membres se limitaient à 2 % des marchés publics de fournitures et de travaux.

Encadré 2

Quelques exemples de barrières selon le rapport Cecchini :

« Avant d'être admis sur un marché national dans la Communauté, un produit pharmaceutique doit d'abord être approuvé par l'instance nationale d'enregistrement. Malgré l'harmonisation des critères d'autorisation définis dans le droit communautaire, les instances nationales maintiennent certaines conditions spécifiques. L'adaptation des produits à de telles procédures de certification particulières entraîne des coûts administratifs supplémentaires et des retards qui peuvent aller jusqu'à trois ans et raccourcir la durée effective de validité des brevets. Les coûts résultant de l'obligation de soumettre un produit à une série de procédures de certification sont chiffrés entre 160 et 260 millions d'écus pour 1985, soit entre 0,5 et 0,8 % des coûts totaux de l'industrie concernée.

Les importations de voitures automobiles sont également soumises aux contrôles techniques nationaux, 41 pièces essentielles sur 44 ayant seulement été harmonisées au niveau de la Communauté. Les coûts qui en découlent étant minimes pour les fabricants, ce sont les consommateurs européens qui sont évidemment plus durement touchés par le cloisonnement des marchés qui en résulte. La nécessité de se conformer à des réglementations techniques divergentes décourage les importations parallèles qui permettraient de tirer profit des écarts substantiels entre les prix pratiqués sur les divers marchés. En outre, les procédures nationales de certification technique sont maintenues pour faciliter le contrôle des contingents quantitatifs imposés par l'Italie, l'Espagne, la France et le Royaume-Uni pour les importations de voitures japonaises. »

1.2. Les effets économiques de l'intégration des marchés

Pour évaluer les effets économiques du grand marché, le rapport Cecchini décrit les mécanismes microéconomiques à l'œuvre qui permettent de lutter contre l'inflation et contre la fragmentation de l'appareil productif européen. À partir de ces fondements microéconomiques, le rapport précise les enchaînements macroéconomiques attendus, sur la base desquels il procède à des simulations.

1.2.1. La baisse des coûts

Le marché unique est présenté comme un moyen structurel pour maîtriser les tensions inflationnistes – le problème de l'époque – dans la mesure où il limite les risques d'inflation par la demande, d'inflation par les coûts et remet en cause les modes d'organisation des marchés intrinsèquement générateurs d'inflation.

Le cas de l'inflation par la demande n'est pas traité dans le rapport Cecchini mais il est évident que le grand marché, en raison de l'ouverture qu'il suppose sur d'autres économies, brise la plupart des ressorts de ce mécanisme inflationniste. L'inflation par la demande tient à une augmentation autonome de la demande pour une offre qui reste constante. Les tensions induites sur les capacités de production poussent les prix à la hausse. Ces enchaînements ne peuvent s'opérer que dans une économie faiblement ouverte sur le reste du monde. Or, avec l'intégration européenne, la demande nationale n'est plus seulement satisfaite par l'offre nationale mais par l'offre européenne, voire mondiale. Les tensions sur les capacités de production nationale sont ainsi désactivées.

En matière de coût, le rapport Cecchini relève que le marché unique génère des baisses du coût de revient pour les entreprises grâce à la disparition des formalités de passage en douane, à l'homogénéisation des réglementations et des normes techniques et à la baisse du prix des services financiers (baisse du coût du crédit, diminution des assurances et des placements en valeurs mobilières).

L'organisation des marchés est l'objet de toutes les attentions dans le rapport. En effet, le caractère plus ou moins captif de certains marchés, le degré de concentration des entreprises qui y opèrent, l'ouverture à la concurrence ont naturellement un impact sur la maîtrise des prix. Or, le marché unique conduit à une concurrence accrue qui accentue la pression sur les coûts de revient des entreprises et les amène à réduire leurs marges. L'ouverture des marchés publics à l'ensemble des producteurs de la Communauté favorise une baisse des prix des producteurs nationaux qui ne sont plus en situation de quasi-monopole sur ces marchés. Les effets attendus de la concurrence sont triples :

– une harmonisation par le bas des prix de vente d'autant que la dispersion des prix apparaît forte au sein de la Communauté : 15 % pour les prix hors taxes des biens de consommation, près de 30 % pour les prix TTC des services. Les entreprises qui menaient des politiques de discrimination par les prix entre les différents pays, en réservant souvent leurs prix les plus élevés pour leurs pays d'origine où elles bénéficiaient d'une rente de situation, seront insensiblement conduites à réviser cette stratégie ;

– une disparition des facteurs d'inefficacité dans l'organisation interne des entreprises, imputable aux coûts des sureffectifs, à des frais généraux excessifs et à des stocks trop élevés ;

– une rationalisation des structures productives car seules les entreprises les plus efficaces et qui disposent d'un réel avantage comparatif pourront se maintenir. Les autres disparaîtront. La spécialisation des grands groupes industriels devrait s'en trouver renforcée.

Le grand marché appelle à de vastes mouvements de restructuration de l'appareil productif dans un environnement très concurrentiel qui impose une compression des coûts.

1.2.2. Les économies d'échelle

Le marché unique est porteur d'effets dynamiques sur l'offre et les coûts de production qui tiennent à l'accroissement de la taille du marché sur lequel opèrent les entreprises. En effet, l'étendue d'un marché a un effet important sur la dimension des unités de production qui y opèrent. Ce qui expliquait notamment pourquoi les établissements américains étaient plus grands que leurs équivalents européens. L'élargissement du marché intérieur devait permettre l'apparition, à moyen terme, d'entreprises de grande taille qui peuvent comprimer leurs coûts de production : le doublement de la taille d'une unité de production entraîne des gains de productivité chiffrés, par le rapport Cecchini, à 20 ou 30 % selon les secteurs. Ces économies d'échelle (Graphique 1) sont imputables à trois facteurs.

- *Les techniques de production.* Le coût unitaire décroît avec la longueur de la série produite jusqu'à atteindre une taille minimale techniquement efficace ou taille critique, puis, éventuellement, la taille optimale – celle qui permet de minimiser les coûts de production –. À l'époque du rapport Cecchini, il était supposé que ces effets jouaient surtout pour les industries lourdes (automobile, chimie, matériel de transport, etc.), moins dans les industries légères (alimentation, textile, habillement, etc.) et peu dans les services où n'étaient escomptées que des économies de gamme. L'avènement de l'économie numérique a changé la donne avec des économies d'échelle et des effets de réseau qui rapprochent ce secteur du modèle industriel. L'accumulation de données permet en outre de bénéficier d'économies de gamme. Un algorithme performant dans une branche donnée peut être utilisé dans une branche connexe.

- *Des questions organisationnelles.* Les firmes qui ont plusieurs établissements peuvent mettre en commun leurs fonctions marketing, recherche et développement, gestion et financement. Selon la fonction considérée, la taille minimale optimale d'un établissement peut être différente : un établissement peut avoir une taille optimale en ce qui concerne la production, alors que ce n'est pas le cas sur le plan de la recherche-développement ou sur le plan du marketing. En général, pour les fonctions non techniques, il existe un seuil minimal de dépenses qui, s'il n'est pas atteint, peut être une source d'inefficacité. Concernant, la fonction finance, une taille plus conséquente facilitera l'accès de l'entreprise au marché boursier et lui permettra de diversifier ses financements. Mais, passé un certain seuil, des déséconomies d'échelle peuvent être observées, imputables à un surcroît de bureaucratie, à des dépenses somptuaires et à un défaut d'agilité dans les très grandes entreprises.

Graphique 1

Les économies d'échelle

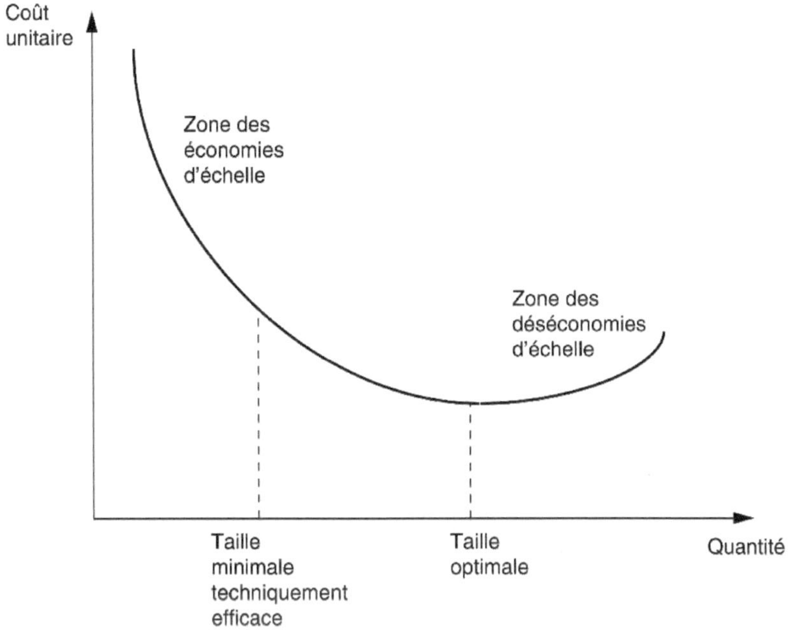

• *Un amortissement sur une base plus large des investissements en publicité et surtout en recherche-développement.* Avec des marques de plus en plus européennes, la répartition du coût des messages publicitaires s'opère sur une plus large audience. La taille critique est aussi celle qui permet à l'entreprise de produire et de vendre suffisamment pour amortir les investissements nécessaires à la fabrication et au développement des technologies du future. Peugeot et Fiat Chrysler justifiaient leur fusion, en 2019, par la nécessité d'atteindre cette taille minimale techniquement efficace car les investissements dans l'automobile sont plus importants qu'avant (contraintes réglementaires liées à la réduction des émissions de CO_2, au développement des voitures connectées, électrification des gammes, batterie, etc.).

L'exploitation de toutes ces économies d'échelle amène à la formation de très grandes entreprises par des fusions-acquisitions et à une structure de marché de type oligopolistique.

1.2.3. Les enchaînements macroéconomiques

Les effets macroéconomiques du grand marché ont fait l'objet de simulation. Les enchaînements s'organisent à partir de la suppression des barrières qui entravent le fonctionnement des marchés (Schéma 1) : économie d'échelle, suppression des barrières en douane, libéralisation des services financiers et ouverture des marchés publics. La baisse des coûts qui en résulte se répercute dans les prix, sous l'aiguillon d'une concurrence accrue. Les revenus des ménages s'en trouvent revalorisés, tandis que les entreprises sont plus compétitives sur les marchés extérieur et intérieur. Le surcroît d'activité incrémente le PIB et augmente mécaniquement les recettes publiques et les créations d'emplois.

Ces enchaînements favorables sont tempérés par plusieurs facteurs : l'augmentation du PIB génère de l'inflation par la demande et un accroissement des importations, qui atténuent la baisse des prix et l'amélioration du solde extérieur, tandis que la suppression des barrières en douane et la progression de la productivité modèrent la création d'emplois.

Les simulations réalisées retenaient des hypothèses favorables avec une politique monétaire supposée accommodante et une politique budgétaire neutre. Il s'agissait, à l'époque, de vendre le projet de marché unique à l'opinion publique européenne. Le marché unique imposait, dans un premier temps, de profondes restructurations à l'appareil productif, destructrices en emplois (Tableau 1). La tendance devait s'inverser au bout de deux ans pour atteindre des créations nettes cumulées de 1,8 million d'emplois, au terme des six ans projetés. Le supplément de croissance attendu permettait une amélioration du solde budgétaire, utilisable éventuellement pour mettre en place une politique budgétaire active. Dans cet autre scénario, le supplément de croissance atteignait 7 points de PIB sur six ans et les emplois créés par le grand marché 5 millions.

Tableau 1

Conséquences macroéconomiques de l'achèvement du marché intérieur

	1993	**1994**	**1998**[1]
Variations relatives (en %)			
- PIB	1,1	2,8	4,5
- Prix à la consommation	-1,5	-2,4	-6,1
- Prix du PIB	-1,6	-2,8	-6,3
Variations absolues			
- Emploi (en milliers)	-525	-35	1 840
- Solde budgétaire (en points de PIB)	0,2	0,7	2,2
- Solde extérieur (en points de PIB)	0,3	0,4	1,0

1. Impact cumulé sur six ans.

Source : Rapport Cecchini.

Schéma 1

Principaux mécanismes macroéconomiques mis en œuvre par l'achèvement du marché intérieur

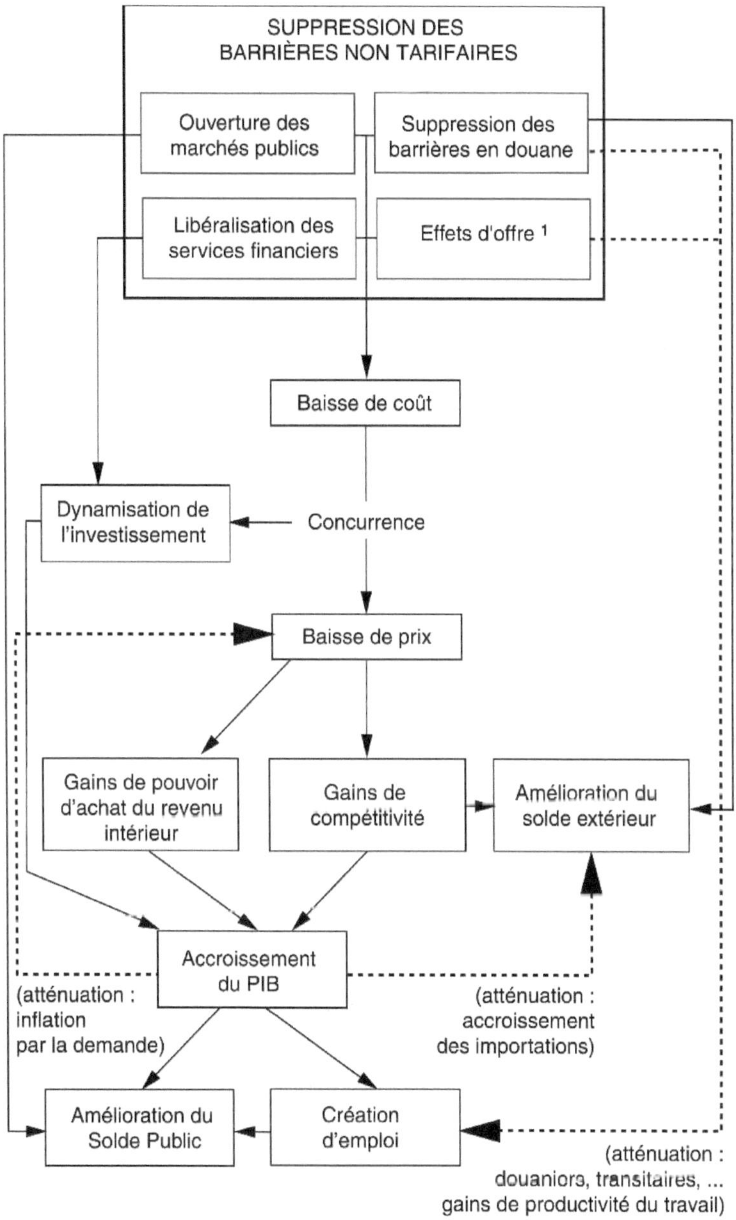

1. Effets d'offre (effet de taille de marché, de concurrence, etc.)

Source : Rapport Cecchini.

Les hypothèses de travail de la Commission n'ont pas été validées par les faits. Les années 1992-1993 ont été marquées par la crise du SME et des politiques monétaires durablement restrictives. Dans ce contexte, la croissance a été très faible dans la Communauté, les déficits publics se sont nettement creusés et le chômage a progressé. La concurrence par les prix n'a pas eu l'ampleur escomptée. L'échéancier initialement envisagé par la Commission a fait l'objet de prorogations répétées. L'ouverture des marchés publics, la libéralisation des services financiers et l'élimination des barrières non tarifaires sont apparues comme étant des chantiers de long terme.

1.3. La mise en place du marché unique : une affaire juridique

Dresser un bilan du marché unique est un exercice délicat dans la mesure où il n'y a pas un *« avant »* et un *« après »* le 1er janvier 1993. Cette date a une valeur toute symbolique : le grand marché avait été largement anticipé par les opérateurs économiques alors que, sur le plan juridique, tous les États n'avaient pas transposé dans leur législation nationale, au 1er janvier, les mesures du Livre blanc de 1985. L'Acte unique prévoyait que *« la fixation de la date du 31 décembre 1992 ne crée pas d'effets juridiques automatiques »*. La transposition des directives relatives au marché intérieur s'est révélée tellement lente qu'elle a imposé, à partir de 1997, une politique à long terme de la Commission.

1.3.1. Les trois outils juridiques au cœur du processus

La mise en place formelle du marché unique n'est pas une affaire d'économistes mais de juristes. L'OCDE estime que, sur les quelque 80 000 pages qui constituent le corpus de droit européen, 30 000 sont consacrées au marché unique[2]. Trois outils juridiques ont été progressivement mobilisés.

- *L'extension du vote à la majorité qualifiée* aux domaines qui touchent à l'établissement et au fonctionnement du marché intérieur (Encadré 3), à l'exception de la fiscalité, de la libre circulation des travailleurs et des droits et intérêts des travailleurs salariés. La majorité qualifiée favorise l'intégration européenne puisqu'elle ne donne pas, contrairement aux décisions prises à l'unanimité, un droit de veto aux États qui ne souhaiteraient pas avancer aussi rapidement que les autres.

- *Le principe de reconnaissance mutuelle sur la base de la législation du pays d'origine* a marqué l'avancée la plus déterminante et constitue la véritable pierre angulaire du marché intérieur. Ce principe a été posé à partir de l'arrêt Cassis de Dijon de la CJCE du 20 février 1979. La Cour a considéré que l'interdiction prononcée par l'Allemagne

2. OCDE, *Union européenne*, Études économiques, 2007, p. 126.

d'importer du Cassis de Dijon, au motif que la législation allemande imposait une teneur en alcool supérieure à 32°, constituait une forme de restriction quantitative à l'importation. *« Tout produit légalement fabriqué et commercialisé dans l'un des États membres doit, en principe, pouvoir être introduit dans tout autre État membre »*. L'Allemagne devait reconnaître les standards français comme équivalents aux siens. Un produit qui respecte la réglementation française et qui est en vente en France doit pouvoir être commercialisé en Allemagne, quand bien même il ne satisfait pas à toutes les exigences de la législation allemande. La Commission a assuré à l'arrêt Cassis de Dijon une publicité particulière. Il constitue l'acte fondateur du principe de reconnaissance mutuelle à la base d'une part importante du commerce intra-européen. Les règles en vigueur dans les États membres en matière de contrôle, d'homologation et de vérification de conformité des produits sont considérées comme équivalentes, sauf si la preuve contraire est apportée. Les restrictions d'importation, d'exportation ou de transit doivent être justifiées par *« des raisons de moralité publique, d'ordre public, de sécurité publique, de protection de la santé et de la vie des personnes et des animaux ou de préservation des végétaux, de protection des trésors nationaux ayant une valeur artistique, historique ou archéologique ou de protection de la propriété industrielle et commerciale »*.

Encadré 3

Le vote à la majorité qualifiée

Initialement, toutes les décisions au sein du Conseil des ministres étaient prises à l'unanimité, ce qui donnait un pouvoir de blocage au seul pays qui n'était pas d'accord. Chaque traité a imposé des systèmes de majorité qualifiée dans un nombre croissant de domaines. Le 1er novembre 2014 a vu la mise en place du système prévu par le traité de Lisbonne. Il est systématiquement appliqué depuis le 31 mars 2017 – date à laquelle a été mise fin à une période transitoire où un État membre pouvait demander l'application des anciennes règles. Pour qu'une proposition soit adoptée à la majorité qualifiée, selon le traité de Lisbonne, deux conditions doivent être remplies :

- *Au moins 55 % des États expriment un vote favorable (soit 15 États dans l'UE à 27 et 11 États dans la zone euro à 20)*
- *Ces États représentent au moins 65 % de la population de l'UE.*

Chaque État membre dispose d'une seule voix. L'abstention a un statut particulier dans les votes à la majorité qualifiée puisqu'elle compte comme un vote négatif. Une minorité de blocage doit inclure au moins 4 pays représentant plus de 35 % de la population afin de ne pas donner ce pouvoir de quasi-veto à l'Allemagne et à la France (33,5 % de la population de l'UE à 27).

• La dernière avancée juridique importante a concerné *le statut de société européenne* entré en vigueur le 8 octobre 2004. Ce statut donne aux entreprises qui opèrent dans plusieurs pays de l'UE la possibilité de créer une société de droit européen. Au-delà du symbole d'une identité européenne des entreprises, de nature à éviter des dissensions lors du rapprochement d'entreprises originaires de plusieurs États membres, ce statut constitue un outil de réduction des coûts administratifs : les entreprises agissent comme un opérateur unique au niveau du grand marché, appliquent les mêmes règles et un système unique de gestion et d'information comptable. Ce statut inquiète aussi car, s'il donne aux entreprises une image plus internationale, il facilite également les transferts de sièges sociaux. Le statut de société européenne pourrait appeler à la mise en place, à terme, d'un régime fiscal européen applicable à ce type de société, afin d'éviter une concurrence fiscale entre États membres. L'absence de régime fiscal propre constitue son point faible car une société européenne doit composer avec les fiscalités de tous les pays où elle est implantée. Si peu d'entreprises ont adopté ce statut, celles qui l'ont fait sont de grands groupes[3]. Ce modèle présente, par ailleurs, l'avantage de constituer un point de référence qui incite à la convergence des régimes nationaux. Il est le prototype même de ce qui est considéré comme le *« 28e régime »*, c'est-à-dire un cadre européen qui vient s'ajouter aux statuts présents dans les 27 États membres sans s'y substituer.

1.3.2. La transposition de la législation sur le marché intérieur : relance récurrente et stratégie du tableau d'affichage

Le cadre juridique du marché intérieur se compose de près de 2 500 mesures législatives, soit quelque 1 500 directives et 1 000 règlements. Une directive oblige tous les États membres en ce qui concerne le résultat mais leur laisse le choix de la forme et des moyens pour son adaptation en droit national. Elle permet donc un certain ajustement de la réglementation aux situations et aux préférences locales. Les directives doivent être transposées dans les législations nationales dans un délai fixé d'un commun accord. Un règlement est une loi à caractère obligatoire, directement applicable dans tous les États membres sans mise en place d'une législation nationale. Il permet une harmonisation directe des secteurs considérés mais ne ménage aucune transition ni adaptation.

La transposition trop lente d'une directive empêche la constitution du marché unique dans la branche considérée. La Commission suit ici un indicateur, le *« déficit de transposition »* qui, à une date donnée, rapporte le nombre de directives non transposées au total des directives devant être transposées. Constatant en 1997 un déficit de transposition

3. Airbus Group, LVMH, Total par exemple.

significatif, la Commission a imaginé une procédure pour créer une dynamique, en pariant sur une émulation entre les États membres.

Le *Plan d'action en faveur du marché unique*, approuvé par le Conseil européen de juin 1997, avait pour but d'accélérer la mise en place du droit nécessaire au bon fonctionnement du grand marché. Il était articulé autour d'objectifs à réaliser d'ici au 1er janvier 1999, avec une visualisation des avancées, pays par pays, sur un *Tableau d'affichage*. Il s'agit là d'une méthode communautaire classique pour faire avancer un dossier : à partir d'un accord politique en Conseil sur un programme et des objectifs, un calendrier est défini, avec une évaluation régulière sur la base d'un classement des États membres qui est réalisé à partir d'indicateurs quantifiés (*« benchmarking »*).

Si le *Plan d'action en faveur du marché unique* autorise un certain nombre d'avancées, il n'a pas permis de boucler tous les chantiers juridiques engagés. Il apparaît qu'il doit être prolongé et s'inscrire dans une planification de moyen long terme. Le marché unique a fait ainsi l'objet de relances régulières : en 2011, avec l'*Acte pour le marché unique I*, 2012, avec l'*Acte pour le marché unique II*, 2015, avec la *Stratégie pour le marché unique* qui a fait l'objet d'une actualisation, en 2018. Il s'agit chaque fois de cibler quelques mesures législatives pertinentes dans un domaine d'activité identifié comme stratégique afin d'accélérer leur adoption et d'obtenir la bonne réalisation du marché unique dans ce domaine. Dans la dernière actualisation de 2018, ce sont 67 actions qui étaient ciblées : 12 hétéroclites, intégrées dans la Stratégie pour le marché unique, permettaient d'accélérer des mesures législatives qui étaient en attente depuis plus ou moins longtemps dans différentes directions générales de la Commission (livraison de colis transfrontière, carte électronique, paquet droit des sociétés, etc.), 25 qui concernent le marché unique numérique et 30 axées sur l'union des marchés des capitaux et l'union bancaire. Pour chacune de ces actions, un bilan est fait de l'état de l'accord entre le Parlement et le Conseil – colégislateurs sur ses textes.

Quant au Tableau d'affichage du marché unique, la Commission l'actualise chaque année, depuis 1997, sur son site Internet. Le Tableau relatif à l'année 2022 (Tableau 2) se décline en trois sous-tableaux qui permettent d'étalonner les performances des Trente États parties prenantes du Marché unique[4]. Ces tableaux sont élaborés sur la base de différents critères pour lesquels il y a un système de feux de signalisation (*« Traffic light chart »*). Les pays sont classés par rapport à la moyenne (en dessous, égal et au-dessus).

4. La Suisse n'y est pas intégrée.

Le premier tableau, historiquement le plus ancien, concerne les performances par outils de gouvernance. Quatre critères sont ici suivis :

– la transposition de la législation (*« Transposition »*) suit l'indicateur du déficit de transposition ;

– les infractions (*« Infringements »*) se réfèrent aux procédures ouvertes par la Commission dès lors qu'elle considère qu'une directive n'est pas correctement transposée ;

– le système d'informations sur le marché intérieur (IMI) ;

– les dossiers ouverts à l'encontre de l'administration (SOLVIT).

Le deuxième tableau suit les performances par domaine d'action à partir de quatre indicateurs :

– l'e-certification (e-Certis) pour laquelle doivent être respectés des principes de transparence, d'égalité de traitement et de non-discrimination ;

– les échanges d'offres et de demandes d'emploi qui concernent le marché européen du travail (EURES)[5] ;

– la reconnaissance des qualifications professionnelles des autres États membres (*« Professional qualifications »*) ;

– l'appropriation des politiques (*« Public procurement »*) est un indicateur composite qui donne une vue délibérément partiale des performances des États membres relatives à la mise en place d'un système d'informations sur les règles techniques par secteurs d'activité (agriculture, chimie, environnement, télécommunications, etc.), sur l'ouverture des marchés publics et sur l'évolution des prix et des délais pour les services postaux transfrontières.

Enfin, le dernier tableau se réfère à un indicateur qui traduit le degré d'intégration et d'ouverture des marchés :

– les échanges de biens et de services (*« Trade in goods & services »*).

Six pays membres n'ont aucune performance inférieure à la moyenne (Hongrie, Lettonie, Lituanie, Malte, Pologne, Slovaquie). Parmi eux figurent des pays qui affichaient une certaine forme de scepticisme par rapport à l'intégration européenne à laquelle échappe le marché unique. Les grands États membres, hormis l'Allemagne, ont de plus mauvais résultats que les plus petits avec au moins trois performances en dessous de la moyenne (Espagne, France, Italie, Bulgarie et Croatie), sans doute parce qu'ils ont un empilement plus important de strates administratives et d'autorités responsables à coordonner. Depuis que le tableau

5. Le prestataire national pour la France est Pôle emploi qui dispose d'une centaine de conseillers EURES.

d'affichage existe, la France est relativement constante dans les dernières places. Les petits pays font preuve, d'une manière générale, de plus d'agilité et d'adaptation que les grands.

Tableau 2

Tableau d'affichage du marché unique pour l'année 2022

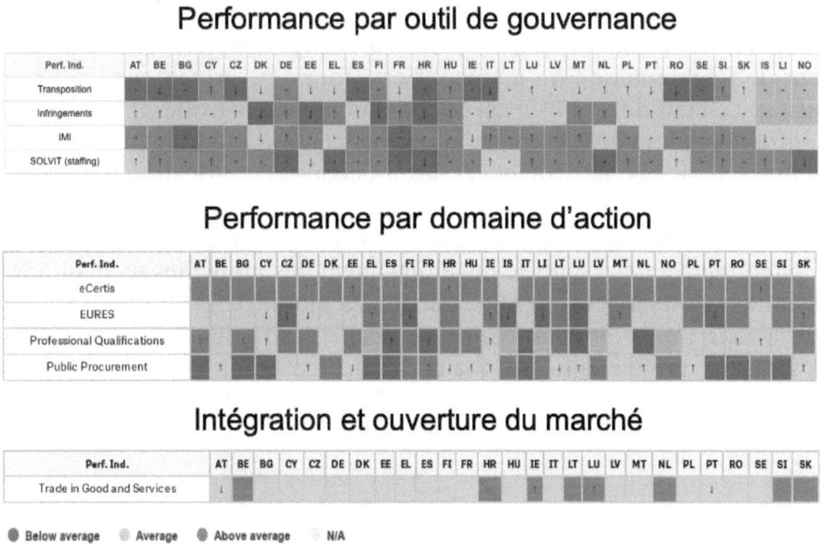

Source : Commission européenne https://single-market-scoreboard.ec.europa.eu/home_en 2023.

2. Le bilan du marché unique

Le marché unique repose sur la mise en œuvre de quatre libertés : liberté de circulation des marchandises, des services, du travail et des capitaux. Les résultats sont inégaux selon les domaines considérés. Les cadres des marchés intérieurs des marchandises et des services sont en place malgré la survivance d'un *« effet frontière »* difficile à résorber. La mobilité du travail a progressé, mais elle suscite des tensions entre les États membres et s'est avérée parfois réversible, lors de la crise des migrants en 2015-2016 et de la pandémie de 2020-2022. Le marché des capitaux s'est quant à lui désintégré, lors des crises de la période 2008-2013, avant de se reprendre.

2.1. Le marché unique des marchandises entre normalisation et « effet frontière »

Si les biens génèrent 25 % du PIB de l'UE, ils représentent 75 % des échanges intra-européens. Le marché unique des biens tient pour l'essentiel dans la mise en œuvre d'un processus de normalisation qui permet aux entreprises de travailler pour un seul et même grand marché afin de recueillir pleinement les effets des économies d'échelle. Mais ce travail d'adoption de normes communes n'a pas fabriqué un territoire européen cohérent et bien maillé.

a) Normalisation, marquage et brevet

Lors du lancement du marché commun, la multiplication des normes et des règles techniques dans les États membres apparaît comme un facteur de fragmentation du marché. Cette forme de protectionnisme non tarifaire s'était développée après le premier choc pétrolier. Les normes, contrairement aux règles techniques, ne sont pas contraignantes : elles définissent des types d'objets et des procédés de fabrication de façon à en rationaliser la production et l'usage (DIN, AFNOR, British Standards). Souvent associées au processus d'innovation, elles représentent d'importants enjeux dans le développement des nouvelles technologies comme le standard européen de téléphonie mobile GSM (*Global System for Mobile Communications*). En revanche, les règles techniques s'imposent aux producteurs nationaux aussi bien qu'étrangers, avec pour souci de protéger l'environnement et le consommateur. L'approche de cette question des normes et des règles techniques a profondément évolué.

Dans un premier temps, la Communauté a tenté une harmonisation des législations. Cette procédure s'est avérée lente et complexe à mettre en œuvre : les directives étaient rapidement dépassées, car elles correspondaient à un stade donné du progrès technique et étaient incapables d'intégrer les nouveaux produits. Elles étaient remises en question par l'adoption, dans les États membres, de nouvelles normes et règles qui défaisaient les délicats compromis obtenus à Bruxelles. En 1985, seules 180 directives pouvaient être opposées aux 100 000 normes recensées dans la Communauté.

À partir de 1985, la Commission a tiré toutes les conséquences juridiques de l'arrêt Cassis de Dijon pour imposer une autre méthode. Les directives *« nouvelle approche »* d'après 1985 précisent les prescriptions de base, contrairement aux directives *« ancienne approche »* qui énonçaient des prescriptions techniques détaillées. En matière alimentaire, par exemple, la démarche communautaire est passée de l'harmonisation des recettes et des ingrédients qui définissent un produit comme le chocolat (ancienne approche), à l'harmonisation des variables d'environnement qui ont des conséquences sur la santé comme les additifs, les matériaux en contact, l'étiquetage et le contrôle (nouvelle approche).

Cette évolution n'a pas empêché la Communauté de poursuivre son projet de définition de normes communes tout en recadrant sa méthode de façon à prendre acte des difficultés rencontrées. Le virage s'est opéré dès 1983 avec l'obligation faite aux États membres de notifier à l'avance à la Commission tous leurs projets concernant l'instauration de normes et de règles techniques, afin de contrôler la mise en place de nouvelles entraves. Les différents organismes de normalisation communautaire – le Comité européen de normalisation (CEN), le Comité européen de normalisation électrotechnique (CENELEC) et l'Institut européen de normalisation pour les télécommunications (ETSI) – ont déterminé, à partir de 1985, en collaboration avec les organismes nationaux de normalisation, les exigences essentielles qui accréditent une présomption de conformité.

Des outils de marquage européens ont été progressivement mis en place de façon à assurer la qualification des produits désignés avec les marques réglementaires *« CE »* (Conformité européenne) et la protection internationale du patrimoine gastronomique européen intégrée dans les ALE de seconde génération : *« Indication géographique protégée »* (IGP), pour les produits dont les caractéristiques sont liées à une zone géographique (jambon d'Auvergne, sel de Guérande, etc.), *« Appellation d'origine protégée »* (AOP) qui y associe des savoir-faire spécifiques (roquefort, crottin de Chavignol, etc.), *« Spécialité traditionnelle garantie »* (STG), qui met en valeur la recette associée à un produit (moules de Bouchot, pizza napolitaine, etc.), *« Agriculture biologique »*, pour garantir un mode de production respectueux de l'environnement, et marques commerciales, offrant une protection unique sur l'ensemble du marché intérieur pour une durée de dix ans.

Le dossier très ancien et emblématique touchant à la mise en place du brevet unitaire a fini par aboutir, en 2012, dans le cadre d'une coopération renforcée à 25 (sans l'Espagne et la Croatie), après de nombreuses années de blocage sur la question linguistique. Parmi eux, 17 États membres ont d'ores et déjà ratifié l'accord international, entré en vigueur le 1er juin 2023. Un an plus tard, ce sont plus de 27 500 brevets qui ont été enregistrés de manière centralisée auprès de l'Office européen des brevets (OEB). Le dispositif est accompagné d'une juridiction unifiée des brevets (JUB) qui confère une protection réellement uniforme avec un droit harmonisé en cas notamment de contrefaçon.

b) L'*« effet frontière »* et la fabrique du maillage du territoire

Malgré la mise en place de ces outils, un *« effet frontière »* demeure[6] qui affecte les flux entre États membres. Ils n'ont pas la même fluidité que ceux entre régions d'un même pays. La Commission a poussé à une approche spécifique des 40 régions frontalières des États membres de

6. M. A. Santamaría, J. Ventura, U. Yesilbayraktarr, « Borders within Europe », *NBER*, Working Paper 28301, December 2020.

l'UE et de l'AELE[7] à partir du constat que ces régions progressent moins bien économiquement que celles insérées dans un État membre. Ces régions couvrent 40 % du territoire de l'UE-AELE et représentent 30 % de sa population et de son PIB. Elles ont longtemps été perçues comme des zones à la périphérie de chacun des États membres et non comme des zones d'ouverture, de transit et de croissance.

La Commission dresse un constat sans appel pour les biens mais aussi les services. Elle note que les frontières signifient une butée où la ligne de tramway s'arrête entre Strasbourg (France) et Kehl (Allemagne) pour des questions de normes et de billetteries différentes, où les pompiers stoppent leur intervention dans l'attente d'une autorisation de franchissement, où les diabétiques doivent parcourir des distances cent fois plus importantes pour se faire dialyser trois fois par semaine dans leur pays plutôt qu'à proximité, de l'autre côté de la frontière. Les doublons en matière de biens et de services ou l'inverse – leur absence, voire leur insuffisance – sont manifestes dès lors que l'on cartographie leurs implantations dans les régions transfrontalières. L'aménagement de ces territoires n'a pas été pensé de manière intégrée et peut se révéler dysfonctionnel en termes de création de richesses, d'emplois et d'aménagement de vie pour les frontaliers. Ces questions revêtent une importance toute particulière en Europe centrale qui relève entièrement des régions frontalières, tant la densité des frontières terrestres y est importante : les zones aux confins y constituent la quasi-totalité de l'espace.

C'est à partir du programme INTERREG, financé par une partie du Fonds européen de développement régional (FEDER) que l'UE tente de renforcer la cohésion transfrontalière. Les montants investis s'élèvent à 10 milliards d'euros au cours de la programmation financière 2021-2027. Le ciblage est souvent très classique sur les pôles de croissance, la transition énergétique, la compétitivité et l'attractivité de ces régions. INTERREG n'a ciblé que récemment l'intégration des marchés locaux du travail et l'amélioration des conditions de vie des populations de part et d'autre des frontières.

Le Mécanisme pour l'interconnexion en Europe (MIE), créé le 11 décembre 2013, accompagne cette nouvelle orientation à la fois sur le plan financier et dans ce travail de maillage des réseaux entre les États membres : il est doté d'une enveloppe de 33,7 milliards d'euros sur la programmation 2021-2027 afin de soutenir des projets d'infrastructure de transport, de télécommunications et d'énergie, d'intérêt commun ou transeuropéens. Les enjeux économiques sont considérables. L'interconnexion aide à faire face aux périodes de forte consommation électrique dans un pays – sans avoir à investir dans de nouveaux

7. Commission européenne, *Stimuler la croissance et la cohésion des régions frontalières de l'Union européenne*, COM 534 final, 20 septembre 2017.

équipements – si l'énergie manquante peut venir de chez ses voisins. Elle facilite l'adoption des énergies renouvelables intermittentes (éolien, photovoltaïque) car elles sont intégrées dans un marché plus large qui permet de sécuriser les approvisionnements.

2.2. *Un marché unique des services actif sur un ensemble bien délimité de services*

Les services génèrent 72,5 % du PIB et 74 % des emplois dans l'Union mais les échanges de services ne représentent que le quart environ des échanges intra-européens de marchandises. Les difficultés propres à ce secteur pour créer un marché unique sont imputables à ses spécificités, à la grande variété d'activités concernées en constante évolution, à ses liens très étroits avec la libre circulation du travail et à la part très importante prise par les services d'intérêt général pour lesquels une approche européenne commune a dû être définie.

2.2.1. Les spécificités du secteur

La Communauté, à l'image des économistes, s'est pendant longtemps focalisée sur la production matérielle : le charbon et l'acier, avec la CECA, l'énergie atomique, avec Euratom, puis l'agriculture avec le traité de Rome. Ce n'est qu'avec l'Acte unique de 1986 qu'elle a commencé à se préoccuper de la libre circulation des services du fait de la prépondérance prise par ce secteur dans l'économie, de sa contribution importante à la croissance et à la création d'emplois. L'intérêt nouveau pour ce secteur d'activité a rejoint les préoccupations internationales : le cycle de l'Uruguay (1986-1994) a été le premier cycle du GATT-OMC à aborder les problèmes liés aux échanges de services traités avec la conclusion de l'accord général sur le commerce des services (AGCS ou GATS) .

Si ce secteur a été intégré aussi tardivement dans les accords d'échanges aussi bien communautaires qu'internationaux, c'est en raison de ses spécificités. Les services sont souvent immatériels (assurances, banques), le secteur public a représenté historiquement une part importante de l'activité (services postaux, télécommunications, énergie, transports), certains services sont fournis sans contrepartie économique (aide sociale, police), les services nécessitent une relation directe entre le prestataire et son client (services de conseil aux entreprises, d'agences immobilières, d'ingénierie, de construction, de tourisme, de loisirs) et ont, pour certains d'entre eux, un caractère essentiellement local (services éducatifs, de santé, de restauration). Plus qu'ailleurs, encadrer les services imposait un travail de clarification et de définition de ce qu'il fallait entendre par « *services* » dans le cadre du marché unique afin d'unifier l'approche des États membres dans ce domaine.

Plus récemment, le passage à une économie numérique a transformé les modèles économiques de production et de consommation dans beaucoup de branches des services comme les banques, les médias, l'hôtellerie-restauration, l'administration, l'éducation, le tourisme, la culture, les transports, la santé ou bien encore le commerce. Cette évolution a imposé la mise en place d'un *« marché unique numérique »*, à partir de 2015, pour homogénéiser l'environnement des services mais aussi de l'industrie. Cette transition numérique a obtenu d'importants soutiens financiers dans le plan de relance consécutif à la pandémie : 20 % des fonds sont fléchés dans ce sens (voir Chapitre 4).

2.2.2. Les deux principes fondateurs et leur champ d'application

Libéraliser les services a consisté à éliminer toute une série d'obstacles qui entravaient l'entrée d'un prestataire de services originaire d'un autre État membre sur le marché d'un État membre. Le traité affirme deux principes pour imposer cette liberté d'entrée, à charge pour le prestataire de choisir entre les deux, en fonction de sa stratégie de développement dans un État membre :

- Le premier principe concerne *« la liberté d'établissement »* (art. 49 et 54 du TFUE), c'est-à-dire la possibilité pour une entreprise de services d'installer un établissement dans un autre État membre, qui sera régi par la réglementation qui y est en vigueur.

- Le second principe a trait à *« la libre prestation de services »* (art. 56 du TFUE). Une entreprise est autorisée à développer une activité dans un autre État membre, sans y avoir d'établissement, depuis son pays d'origine, en s'y déplaçant temporairement.

Ces deux principes se heurtaient, dans la pratique, à un certain nombre d'obstacles identifiés par la Commission dans son rapport sur *« l'état du marché intérieur des services »*[8]. La directive *« services »* du 12 décembre 2006 a créé un cadre juridique pour assurer ces libertés et a précisé les modalités de l'élimination de ces obstacles. Il est demandé aux États membres d'examiner et de simplifier tous les régimes d'autorisation pour accéder à une activité de services (inscription dans un registre, auprès d'un ordre ou d'une association professionnels), de supprimer les exigences discriminatoires fondées sur la nationalité, la résidence et les exigences restrictives comme la démonstration préalable qu'il existe un besoin économique. Il leur est fait obligation d'améliorer l'accès aux informations concernant les procédures administratives et les exigences juridiques grâce à la mise en place d'un guichet unique.

8. Commission européenne, *L'état du marché intérieur des services*, Rapport de la Commission au Conseil et au Parlement européen, COM 441 final, 30 juillet 2002.

Le marché intérieur des services, mis en place en 2010 par la directive *« services »*, a deux caractéristiques particulières.

• *Il ne concerne pas l'ensemble du secteur des services.* Trois types d'activités de services ont été exclus de son champ d'application :

– les services d'intérêt général fournis sans contreparties économiques ou services régaliens (police, défense, justice et éducation publique). En revanche, les services d'intérêt économique général ou services de réseaux (énergie, télécommunications), fournis contre une rémunération, entrent dans le périmètre d'application de la directive à l'exception de la branche des transports et de celle des services et réseaux de communication électronique ;

– les services financiers (banques, assurances, fonds de retraites, fonds d'investissement) parce qu'ils relevaient d'une législation européenne spécifique qui visait également à réaliser un véritable marché intérieur propre à ce secteur d'activité ;

– une liste plus hétéroclite d'activités qui concerne les agences de travail intérimaire, l'audiovisuel, les jeux d'argent, la sécurité privée, les notaires, les huissiers de justice, les soins de santé et les services sociaux (logement social, aide à l'enfance, aide aux familles et aux personnes en situation de besoin) – soit les services sociaux d'intérêt général rendus par l'État et les collectivités territoriales.

Les services qui relèvent du marché unique des services tels que défini par les deux principes du traité et cadrés par la directive services concernent *in fine* le commerce, la construction, les services liés aux entreprises, la plupart des services d'intérêt économique général, le tourisme, les loisirs et le reste des professions réglementées hors professions liées à la justice (architectes, ingénieurs, etc.), soit un ensemble de services bien délimité.

• *Il consacre la primauté de la législation du pays où s'exercent les activités de services pour les encadrer et non celle du pays d'origine.* Cela concerne les normes sociales (conditions d'emploi, salaire minimal, périodes maximales de travail, etc.), le contrôle de l'activité du prestataire (vérifications, inspections et enquêtes), le droit des contrats et de la responsabilité. Le marché unique des services fonctionne de manière inversée par rapport au marché unique des marchandises où le principe du pays d'origine – à la base de l'arrêt Cassis de Dijon de 1979 – est fondateur. Ce principe du pays d'origine était difficile à transposer de l'industrie aux services[9]. Dans la pratique, c'est le prestataire de services et non le service lui-même qui est réglementé. Le lien avec la libre circulation du travail est direct dans les services.

9. Dans le projet initial de directive, c'était le principe du pays d'origine qui était affirmé, à l'origine de la controverse sur le *« plombier polonais »*.

L'élargissement de l'UE aux PECO avait modifié la donne en augmentant l'hétérogénéité entre pays membres avec la possibilité de recourir à une main-d'œuvre qualifiée et à faibles coûts, même si la libre circulation des travailleurs originaires de ces pays a été dans les premières années étroitement contrôlée. Ce principe du pays d'exercice de l'activité pour la réglementer, posé par la directive services, sera par la suite réaffirmé pour le détachement de travailleurs.

2.2.3. La taxinomie européenne des services d'intérêt général

La directive services avait dû se positionner par rapport aux services publics. Pour cela, il a fallu qu'émergent progressivement des définitions et des principes communs entre les États membres pour traiter de cette question au niveau de l'UE. Le débat a été amorcé à partir de la publication du Livre blanc sur *« les services d'intérêt général »* (SIG) en 2004[10]. Il a été suivi d'une communication de la Commission en 2007 sur *« les services d'intérêt général, y compris les services sociaux d'intérêt général »*[11]. La Commission y définit les SIG comme les services économiques ou non économiques que les autorités soumettent à des obligations spécifiques de service public. Elles peuvent les fournir directement ou déléguer cette fourniture à d'autres entités, publiques ou privées. Deux catégories de SIG sont caractérisées :

– les *« services d'intérêt économique général »* (SIEG) sont soumis aux règles du marché intérieur (libre établissement et libre prestation de services) et aux règles de la concurrence. Ils concernent les grandes industries de réseau (télécommunications, électricité, gaz) pour lesquelles il existe des législations sectorielles spécifiques au niveau européen ;

– les *« services d'intérêt général non économiques »* renvoient aux fonctions régaliennes traditionnelles de l'État (police, défense, justice) et aux régimes légaux de sécurité sociale.

Le traité de Lisbonne reprend cette distinction et précise simplement pour les SIEG que le traité ne porte *« en aucune manière atteinte à la compétence des États pour [les] fournir, [les] faire exécuter et [les] organiser »*[12].

Toute la difficulté consiste dans certains cas à définir l'économique du non économique car des services économiques, c'est-à-dire fournis contre une rémunération, peuvent avoir un impact important en termes de cohésion sociale et sur la vie quotidienne des individus. Les

10. Commission européenne, *Livre blanc sur les services d'intérêt général*, COM 374 final, 12 mai 2004.

11. Commission européenne, *Les services d'intérêt général, y compris les services sociaux d'intérêt général : un nouvel engagement européen*, COM 725 final, 20 novembre 2007.

12. Protocole 26 sur les SIG.

« services sociaux d'intérêt général » (SSIG) sont au cœur de cette difficulté. Cette nouvelle catégorie, que la Commission conceptualise dans sa communication de 2007, relève à la fois de l'économique et du social. Elle regroupe, selon la Commission, deux types de services :

– les régimes légaux de sécurité sociale qui assurent contre les risques de l'existence (santé, vieillesse, accident du travail, chômage, retraite et handicap), déjà classés comme non économiques ;

– les services rendus à la personne, *« tels que les services d'assistance sociale, les services en matière d'emploi et de formation, le logement social ou les soins de longue durée »*[13] pour lesquels la situation est plus indécise.

L'éducation, la santé, la formation, la garde des jeunes enfants sont-ils des services économiques ou non économiques ? S'ils sont non économiques, ils sont dispensés des règles du marché intérieur et de la concurrence et peuvent bénéficier de soutiens publics. S'ils sont économiques, ces règles doivent leur être appliquées. Cela signifie la fin des exonérations fiscales, des prêts bonifiés, des subventions, etc. Il y avait par conséquent un enjeu important dans le classement opéré des services rendus à la personne qui sont souvent dispensés au niveau des collectivités territoriales et fortement aidés par ces dernières.

Une importante latitude a été laissée ici aux États membres pour trancher cette question au niveau de leur choix de transposition de la directive services dans leur droit national qui s'est opéré avant le 28 décembre 2009. La France a opté, par exemple, pour une transposition sectorielle, contrairement aux autres États membres qui ont fait le choix d'une loi-cadre, ce qui a rendu possibles des arbitrages différents selon les secteurs considérés. Le logement social et la très grande majorité des établissements et des services sociaux ou médico-sociaux ont été définis comme des SSIG non économiques parce qu'ils touchent des publics vulnérables et parce qu'ils reçoivent un mandat des pouvoirs publics pour exercer cette mission. La petite enfance et la formation professionnelle, qui ne satisfont pas à ces deux critères d'après la transposition retenue en France, relèvent en revanche des SSIG économiques à la personne, ce qui rend possibles une marchandisation plus poussée de ces activités et une baisse des exigences en matière d'encadrement et de qualification des personnels.

2.3. Les premiers soubresauts du marché européen du travail

La libre circulation des travailleurs est garantie par le traité (art. 45 du TFUE) avec des limitations qui sont tolérées uniquement pour *« des raisons d'ordre public, de sécurité publique et de santé publique »* ou

13. Commission européenne, *Les services d'intérêt général, y compris les services sociaux d'intérêt général : un nouvel engagement européen*, *op. cit.*, p. 6.

liées à certains emplois dans l'administration publique qui engagent la souveraineté. Le marché européen du travail n'en est pas moins longtemps resté un marché virtuel : il se présentait comme une juxtaposition des différents marchés du travail nationaux avec des interactions très limitées entre eux. La mobilité du travail a commencé à progresser après l'élargissement aux PECO et avec la crise, en provoquant des tensions entre les États membres autour notamment de la question du détachement des travailleurs.

2.3.1. Quelle mobilité du travail dans l'UE ?

La mobilité du travail est un élément déterminant de l'efficience du marché unique. C'est un moyen d'ajustement aux différences de structure des offres et des demandes d'emploi, selon les États membres, et aux chocs asymétriques auxquels ils peuvent être confrontés. Ces éléments sont encore plus importants dans la zone euro où les États ont perdu toute possibilité d'ajustement du côté de la politique monétaire et de la politique de change, en ayant des politiques budgétaires très contraintes.

La mobilité dépend de la sensibilité du travail aux différences de coût du travail et de taux de chômage d'un pays à l'autre. Si de petites disparités de coût ou de taux de chômage provoquent des déplacements considérables de main-d'œuvre, la mobilité du travail est forte, tandis qu'elle est faible si le travail ne s'ajuste pas à ces disparités. La mobilité peut corriger des déséquilibres sur les marchés nationaux du travail mais elle peut aussi aggraver les déséquilibres si elle pousse à d'importants mouvements de sorties des travailleurs les plus jeunes et les mieux formés de zones en déclin en direction de zones déjà très denses.

En 2004, lors du premier élargissement, la dispersion des coûts horaires de la main-d'œuvre dans l'industrie et les services variait dans un rapport de 1 à 11 au sein de l'UE à 25 (sans la Bulgarie, la Croatie et la Roumanie), d'où la mise en place de restrictions à la libre circulation des travailleurs ressortissants des PECO. Les pays de l'UE à 15 disposaient, le 1er juillet 2004, de différentes options : ouvrir immédiatement leur marché du travail ou l'ouvrir à deux ans, à cinq ans et obligatoirement à sept ans (dispositif qualifié de *« 2 + 3 + 2 »*) avec des aménagements possibles pour chaque séquence, par exemple, sur le type d'emplois ouvert. Des pays comme le Royaume-Uni, l'Irlande et la Suède ont d'emblée instauré la libre circulation suivis deux ans plus tard par l'Espagne, la Finlande, la Grèce et le Portugal. Ces décisions expliquent l'orientation géographique des flux migratoires jusqu'à l'extinction de ces restrictions. Elle s'est opéré, en 2011, pour tous les pays de l'UE à 15 en direction des huit premiers PECO[14], en 2014, en direction de la

14. Chypre et Malte avaient été exonérés de ce dispositif.

Bulgarie et de la Roumanie et, fin 2020, pour la Croatie. En 2022, la dispersion des coûts horaires de la main-d'œuvre s'est réduite sensiblement dans le format UE à 24 puisqu'elle varie de 1 à 4,7. Elle reste un peu plus importante dans l'UE à 27 évoluant dans un rapport de 1 à 6,2, mais en nette diminution depuis 2007 où ce rapport était de 1 à 18.

La dispersion des taux de chômage entre les pays de l'UE s'est fortement aggravée lors des crises de 2008 et de 2011 qui étaient des chocs asymétriques. Si le chômage a nettement baissé depuis, les écarts demeurent importants, en 2022, de 1 à 5,9 entre la République tchèque et l'Espagne (Graphique 2). Quelques pays européens, ceux d'Europe de l'Est, l'Allemagne et les Pays-Bas, connaissent des pénuries de main-d'œuvre qui brident leur croissance potentielle, tandis que les pays d'Europe du Sud résorbent avec difficultés le surcroît de chômage qu'ils ont enregistré lors des crises.

Graphique 2

Les taux de chômage dans les États membres, la zone euro et l'UE 2022 et 2024 (prévision)

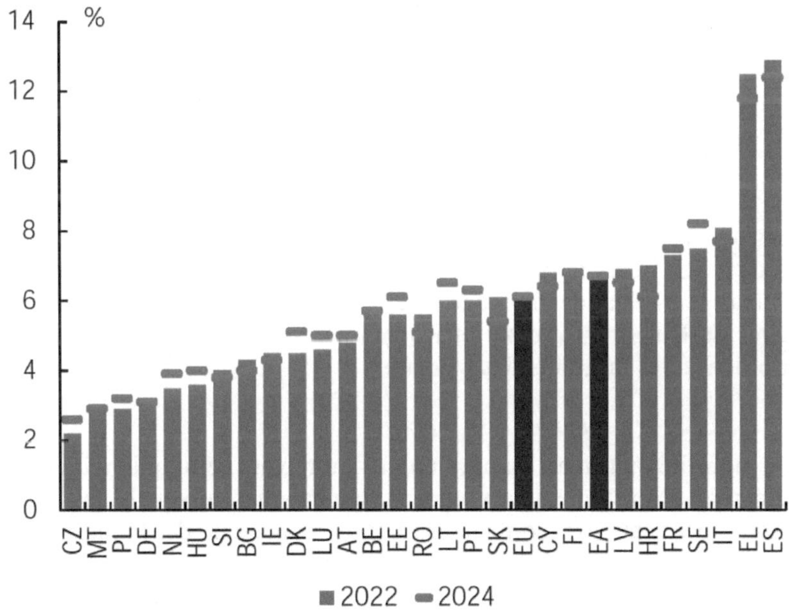

Source : Eurostat.

Avec de tels écarts aussi bien sur les coûts que sur les taux de chômage, la mobilité du travail devrait être potentiellement très élevée dans l'UE. Ce n'est pas le cas. La situation dans l'UE n'est en rien comparable avec celle des États-Unis. En 2021, le flux de mobilité intra-UE représentait 3,9 % de la population active européenne, selon la

Commission[16]. Aux États-Unis, ils sont près de 30 %. Le stock de citoyens de l'UE ayant entre 20 et 64 ans résidant dans un pays différent de leur pays de nationalité est de 10,2 millions de personnes avec parmi eux 81 % d'actifs. Les échanges de biens et la mobilité du capital se sont en partie substitués dans l'UE à la mobilité du travail. Il n'y a pas parmi les travailleurs européens la même culture de la mobilité que celle que l'on rencontre aux États-Unis. Une fois ce diagnostic posé, deux évolutions notables doivent aussi être relevées.

- *La crise a provoqué une progression de la mobilité des pays en difficulté vers ceux plus dynamiques.* La mobilité joue ainsi un rôle croissant dans l'absorption d'un choc asymétrique, suivant en cela le critère fondateur d'une zone monétaire optimale posé par Mundell (voir Chapitre 3). Les flux des personnes mobiles à l'intérieur de l'UE sont devenus plus sensibles aux différences de taux de chômage. Les estimations disponibles après les crises de 2008 et de 2011[17] suggèrent que le quart de l'ajustement annuel sur le marché du travail s'est fait grâce à des migrations. L'Espagne et l'Irlande qui étaient des pays d'immigration jusqu'avant ces crises sont devenus des pays d'émigration. Sans cette inversion de la mobilité dans ces deux pays, la hausse du taux de chômage y aurait été plus élevée. Dix ans après, les travailleurs mobiles viennent toujours principalement de Roumanie (27 %), de Pologne (12 %), mais aussi d'Italie (10 %) et rejoignent pour 57 % d'entre eux l'Allemagne, mais également l'Espagne ou l'Italie. Les nouveaux arrivants sont, au fil des enquêtes, de mieux en mieux formés.

- *Les élargissements de l'UE en direction des PECO ont entraîné des migrations significatives de l'Europe de l'Est vers l'Ouest.* Les citoyens venant des pays de l'Est représentent la moitié des citoyens mobiles de l'UE. Leurs taux d'activité et d'emploi sont supérieurs aux nationaux et leurs taux de chômage inférieurs[18], à l'exception de ceux originaires de Bulgarie, Croatie et Roumanie, dont les taux de chômage sont proches des migrants des pays tiers.

2.3.2. Les entraves à la mobilité

La mobilité du travail du pays en difficulté vers celui qui va bien est un élément d'ajustement aux chocs asymétriques auxquels les États membres peuvent être confrontés. Le raisonnement de Mundell fait

16. European Commission, *Annual Report on Intra-EU Labour Mobility 2022*, February 2023.

17. European Commission, Labour mobility and labour market adjustment in the EU, *Labour Market and Wage Developments in Europe 2015*, Employment, Social Affairs and Inclusion DG, Part II, Chapter 1.

18. European Commission, *Employment and Social Developments in Europe 2015*, 2016. Voir en particulier Chapter II 2 – Mobility and migration in the EU, p. 163-206.

l'objet d'une comparaison instructive entre les États-Unis et l'Europe par Stiglitz[19]. Il prend l'exemple d'un choc négatif subi par le Dakota du Sud qui entraîne des départs de population. Il relève que la migration intérieure est assez facile puisque l'anglais est la langue commune et que les grands programmes sociaux, *Medicaid* (soins médicaux aux indigents) et *Medicare* (santé pour les personnes âgées), sont d'envergure nationale. Il constate que la seule entrave concerne les professions juridiques pour lesquelles les licences donnant le droit d'exercer sont une entrave. Dans l'UE, *a contrario*, les barrières linguistiques – l'UE compte vingt-quatre langues officielles –, culturelles et sociales restent fortes. En outre, si le Dakota se dépeuple, peu d'Américains vont considérer que c'est un problème, mais si la plupart des jeunes Grecs très qualifiés quittent leur pays, la Grèce s'en inquiétera vivement et mettra en avant des questions de sauvegarde de sa culture et de son identité. Par ailleurs, les habitants du Dakota du Sud, où qu'ils aillent, sont des citoyens américains et bénéficient intégralement du droit de vote et du droit à toutes les prestations de l'État qui les accueille. C'est fondamentalement plus compliqué pour un Polonais en Irlande qui restera un étranger résident.

Une condition permissive à la libre circulation du travail tient à la libre circulation des personnes même si ces deux libertés ne sont pas commensurables. C'est au sein de l'espace Schengen que la libre circulation des personnes est autorisée soit, depuis le 31 mars 2024, entre 25 des 27 États membres de l'UE (Carte 1). À cette date, la Bulgarie et la Roumanie ont, en effet, rejoint l'espace avec levée des contrôles aux frontières aériennes et maritimes mais non aux frontières terrestres. Chypre n'en est pas membre car sa partie nord est occupée par la Turquie, tandis que l'Irlande souhaite simplement participer à la coopération Schengen (coopération policière et judiciaire en matière pénale, lutte contre les stupéfiants, système d'information Schengen) comme c'était le cas historiquement pour le Royaume-Uni. Les quatre pays de l'AELE – l'Islande, le Liechtenstein, la Norvège et la Suisse – en sont également parties prenantes. Le périmètre de Schengen n'épouse donc pas celui de l'UE et réunit 29 États.

Depuis 2015, de nombreuses crises de nature diverse ont entraîné le rétablissement à titre temporaire de contrôles aux frontières intérieures de l'UE justifiés *« par des raisons d'ordre public, de sécurité publique ou de santé publique »* indiquées dans le traité : l'arrivée massive de réfugiés en 2015-2016, les attaques terroristes dans différents pays de l'Union en 2015 et la crise de la Covid-19 en 2020-2022. Il s'agit dans tous les cas de figure de mettre en place *« des mesures nécessaires, proportionnées et fondées sur des critères objectifs et non*

19. J. E. Stiglitz, *L'Euro, comment la monnaie unique menace l'avenir de l'Europe*, Les Liens qui libèrent, 2016, p. 118-120.

discriminatoires »[20]. L'instauration et la prolongation de ces contrôles aux frontières intérieures doivent théoriquement faire l'objet d'une approche coordonnée au niveau de l'UE. Mais lors des crises les plus graves, la décision d'instaurer des contrôles s'est faite dans la précipitation avant qu'il finisse par y avoir, dans un second temps, la recherche de solutions plus négociées.

Carte 1

L'espace Schengen depuis le 31 mars 2024

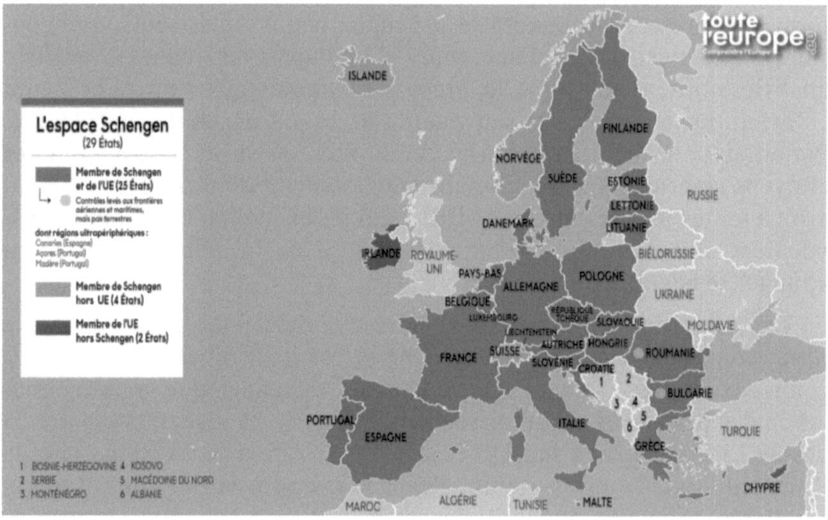

Source : ***https://www.touteleurope.eu***

Le rétablissement de ces contrôles a un coût économique. Il pèse notamment sur les travailleurs. Le coût d'un abandon de Schengen pour la France a été estimé par France Stratégie[22] entre 1 et 2 milliards d'euros par an (tourisme, travailleurs transfrontaliers, travailleurs saisonniers, trafic de marchandises), sans compter le coût de mise en œuvre de ces mesures. À plus long terme, cela équivaut à une taxe de 3 % sur le commerce intrazone. Le commerce avec la zone régresserait entre 10 et 20 % de son volume annuel, ce qui signifierait une perte d'au moins un demi-point de PIB. Quant au coût d'un abandon de Schengen pour la totalité des pays de l'Espace, il est estimé à 0,8 % de leur PIB, soit plus de 100 milliards d'euros par an. France Stratégie relève que cette

20. Commission européenne (Communication de la), « Lignes directrices concernant l'exercice de la libre circulation des travailleurs pendant l'épidémie de Covid-19 », *Journal officiel de l'UE*, 30 mars 2020.

22. France Stratégie, « Les conséquences économiques d'un abandon des accords de Schengen », *La note d'analyse n° 39*, février 2016.

estimation se situe au bas de la fourchette car elle n'intègre pas d'autres effets difficiles à évaluer comme la perte de mobilité des travailleurs, la réduction des investissements directs et des flux financiers.

Outre Schengen, la mobilité du travail au sein de l'UE nécessite que soient remplies d'autres conditions permissives. Il a fallu abolir les discriminations fondées sur la nationalité dans l'accès et l'exercice d'un emploi, coordonner les régimes de sécurité sociale et le passage d'un système fiscal à un autre, mettre en place un système de reconnaissance mutuelle des diplômes et des formations professionnelles. Le système européen de diplômes de l'enseignement supérieur, ou Licence-Master-Doctorat (LMD), lancé en 2002, permet à la fois la mobilité des étudiants européens dans le cadre du programme Erasmus et l'harmonisation de leurs diplômes.

Mais des entraves demeurent, selon l'OCDE[23], qui tiennent à des défauts de reconnaissance des qualifications professionnelles, en particulier pour les professions libérales et réglementées (métiers du droit, professions médicales, etc.), à la perte d'une partie des droits à pension complémentaire et à des difficultés de coordination des systèmes fiscaux. Les chômeurs ne sont ainsi pas les plus mobiles car la transférabilité des allocations chômage dans un autre État membre ne leur est garantie que sur des échéances courtes (trois mois éventuellement prolongeables à six). Le passage d'un pays à un autre est une source toujours plus importante de discontinuités administratives que le déménagement d'une ville à une autre au sein d'un même pays. L'Autorité européenne du travail a été créée, en 2019, pour faciliter la mobilité du travail et la coordination des systèmes de protection sociale entre les États membres. Plusieurs missions lui ont été confiées :

– améliorer l'accès à l'information propre au marché du travail de l'Espace économique européen pour les travailleurs et les entreprises. Elle supervise notamment le portail européen EURES[24] qui centralise les offres et les demandes d'emploi et rend plus aisé leur appariement ;

– renforcer la coopération entre les États membres pour lutter contre le travail non déclaré et toutes les activités qui ne respectent pas les règles communes ;

– faciliter l'échange d'informations entre les États membres au niveau des services publics de l'emploi, des réseaux d'entreprises, de la mobilité transfrontalière et des inspections du travail jusqu'à la réalisation d'inspections concertées et communes ;

– servir enfin de médiateur en cas de différends entre les autorités nationales du travail.

23. OCDE, *L'Union européenne*, Études économiques, 2018, p. 43.

24. https://ec.europa.eu/eures/public/fr/homepage

2.3.3. Les non-résidents mobiles

Deux formes particulières de mobilité du travail ne réclament pas de résider de manière permanente dans un autre pays de l'UE et permettent de contourner en partie ces difficultés même si elles suscitent parfois des tensions entre les États membres.

- *Les travailleurs transfrontaliers*, soit en 2021, selon la Commission européenne[25], près de 1,7 million d'Européens qui vivent dans un État membre différent de celui où ils travaillent avec une surreprésentation des États qui se prêtent le plus à ce type de déplacement, en raison de leur position géographique mais surtout des écarts entre la situation de leur marché du travail local et celle des pays limitrophes. Ces travailleurs représentent 0,9 % de la population active de l'UE. Les plus gros effectifs recensés de ces migrations pendulaires transfrontalières proviennent de la frontière Est de la France[26] loin devant l'Allemagne, la Pologne, la Slovaquie, l'Italie et la Roumanie. Les hommes de 25 à 44 ans sont surreprésentés, avec un niveau d'enseignement secondaire à l'Est et plutôt diplômés du supérieur à l'Ouest. Ces travailleurs sont soumis à la législation du pays où ils travaillent pour l'impôt sur le revenu et les régimes sociaux, à la législation de leur pays de résidence pour leurs formalités de séjour, leur impôt foncier et toutes les autres taxes.

- *Les travailleurs détachés*, estimés, en 2021, à 2,2 millions, ne relèvent pas de la libre circulation du travail mais de la libre prestation de services. Elle permet à une entreprise de détacher temporairement ses propres salariés dans un autre État membre pour fournir un service. Si ces travailleurs ne représentent que 1,1 % de la population active de l'UE, la progression sur les dernières années est importante, jusqu'à créer des tensions dans les branches d'activité où ils sont particulièrement concentrés, en particulier le bâtiment, les transports internationaux, l'industrie agroalimentaire et certains services de santé.

Historiquement, d'après la directive du 16 décembre 1996, modifiée le 15 mai 2014, le droit du pays d'accueil s'appliquait à ces travailleurs[27] (salaire minimum, horaires, congés, santé, hygiène et sécurité), à l'exception des cotisations sociales qui étaient celles du pays d'origine, afin de leur garantir une continuité d'affiliation. Cette pratique était sujette à des critiques de dumping social et de fraude mais l'existence d'un salaire plancher dans un pays limitait la concurrence des

25. European Commission, *Annual Report on Intra-EU Labour Mobility 2022*, op. cité.

26. En 2015, Eurostat recensait 438 000 travailleurs transfrontaliers en France et notait que 12,2 % de la population active de la Lorraine était occupée en Belgique, en Allemagne et au Luxembourg.

27. Sauf si les normes du pays d'envoi sont plus favorables.

travailleurs détachés envers les résidents. Selon le ministère français de l'Économie, *« au niveau du Smic, pour un travailleur détaché en France par une entreprise espagnole, polonaise, portugaise ou roumaine, le coût du travail est équivalent à celui d'un travailleur local pour une entreprise française »*[28]. Si les contributions sociales sont élevées en France, ce n'est pas le cas pour un salarié rétribué au Smic, pour lequel jouent des exonérations. La mise en place d'un salaire minimum en Allemagne, qui est la première destination de ces travailleurs en Europe, a trouvé en partie sa justification dans cet effet protecteur. Le détachement concerne des travailleurs classés aux antipodes dans la hiérarchie des salaires, soit qu'il s'agisse des personnels d'encadrement des grands groupes multinationaux, soit de salariés peu qualifiés, poussés à la mobilité par la crise et par les différences de rémunération consécutives aux derniers élargissements. Il est inévitablement complexe d'appliquer un même ensemble de règles à des mains-d'œuvre aussi hétérogènes.

Pour répondre aux critiques, la Commission a proposé une révision de la directive afin de prendre en compte tous les éléments de rémunération, tels que les primes d'ancienneté, le treizième mois, de soumettre les travailleurs intérimaires détachés à ce corpus de règles et de limiter la durée du détachement. La nouvelle directive, en date du 28 juin 2018, fixe un certain nombre de principes : à travail égal, rémunération égale sur un même lieu de travail, l'application des conventions collectives du pays d'accueil (primes, remboursements, etc.), la limitation du détachement à 12 mois mais elle excluait le secteur du transport routier. La directive est entrée en vigueur dans l'UE le 30 juillet 2020. La réforme du transport routier a été adoptée le 9 juillet 2020. Elle doit là aussi permettre d'améliorer les conditions de travail et d'éviter les formes de concurrence déloyales entre les Vingt-Sept.

2.4. Le marché des capitaux

Un marché financier unique suppose la suppression des obstacles à la circulation des capitaux et à l'offre transfrontalière de services financiers. L'avènement de l'euro a accéléré cette intégration des marchés des capitaux qui a été très perturbée, après 2007, par la crise financière et la crise de la dette souveraine. Elles ont imposé à l'UE la mise en place progressive d'une supervision financière au niveau européen et la relance du projet d'intégration avec la construction d'une union des marchés des capitaux.

28. M. Cheuvreux et R. Mathieu, « Concurrence sociale des travailleurs détachés en France : fausses évidences et réalités », *Trésor-éco* n° 171, juin 2016, p. 1.

2.4.1. L'intégration financière remise en question par la crise

La libre circulation des capitaux signifie la fin des opérations de contrôle des changes et des opérations financières qui visaient, par une série de mesures administratives, à limiter les transferts de fonds d'un pays à l'autre. Cette liberté a été instituée le 1er juillet 1990. Le traité de Maastricht en a fait la première étape du passage à la monnaie unique et lui a conféré un caractère irréversible dans la mesure où le retour à un contrôle des changes est soumis à la règle de l'unanimité. Cette liberté est constitutive à la fois du marché unique et du processus d'union monétaire dont elle démontre les interdépendances.

Le lancement de l'euro constituait une étape décisive pour permettre l'émergence d'un marché financier européen plus large et plus liquide que ne l'étaient les marchés monétaires, les marchés obligataires, les marchés des actions et les marchés bancaires, tous cloisonnés par pays. Les obligations grecques étaient globalement détenues par les banques grecques, un ménage français ne bénéficiait des avantages fiscaux liés à la souscription d'un contrat d'assurance-vie que s'il s'assurait en France, les entreprises allemandes étaient cotées à Francfort et les ménages espagnols souscrivaient leurs prêts auprès de banques espagnoles. Cette étroitesse des marchés posait des problèmes aux grands investisseurs qui leur reprochaient leur manque de liquidité : ils hésitaient à acquérir des emprunts et des valeurs mobilières au sein de l'UE, faute d'être assurés de les revendre à tout moment, dans de bonnes conditions de prix. De plus, cette segmentation des marchés renvoyait inévitablement à une grande diversité des cadres juridiques, réglementaires, fiscaux et des organismes de surveillance.

À partir de ce constat, le Conseil Écofin a chargé un Comité des sages, présidé par Alexandre Lamfalussy, de lui faire des recommandations. Le *Plan d'action pour les services financiers* de 2001[29] détaillait 42 mesures à mettre en œuvre afin d'opérer une convergence des structures de réglementation et de surveillance, rapprocher les systèmes juridiques, faire disparaître les mesures fiscales qui favorisaient les produits nationaux, adopter les normes comptables internationales et moderniser le droit boursier[30] – dans le contexte nouveau de l'ouverture des Bourses de valeurs à la concurrence le 1er novembre 2007. La Commission a annoncé cette même année que le travail de transposition

---

29. A. Lamfalussy (sous la présidence de), *La régulation des marchés européens des valeurs mobilières*, Rapport final du Comité des sages, 15 février 2001.

30. Admission à la cote, règles applicables aux fonds d'investissement et de pensions, réglementation des OPA, instauration d'un système unique de cotation, d'un prospectus unique pour tous les émetteurs de valeurs mobilières et d'un passeport unique pour les bourses.

législative de ces mesures était achevé. L'intégration financière s'est-elle pour autant améliorée ?

Pour répondre à cette question, la BCE suit deux indicateurs agrégés d'intégration financière (Graphique 3) : l'un fondé sur les prix et l'autre fondé sur les quantités. L'indicateur prix fluctue plus fortement que l'indicateur quantités : les prix des actifs financiers reflètent assez rapidement de nouvelles informations, alors que les portefeuilles d'actifs ont tendance à s'ajuster plus graduellement parce qu'ils sont davantage influencés par des facteurs institutionnels.

Graphique 3

Indicateurs composites de l'intégration financière : 1995-2021

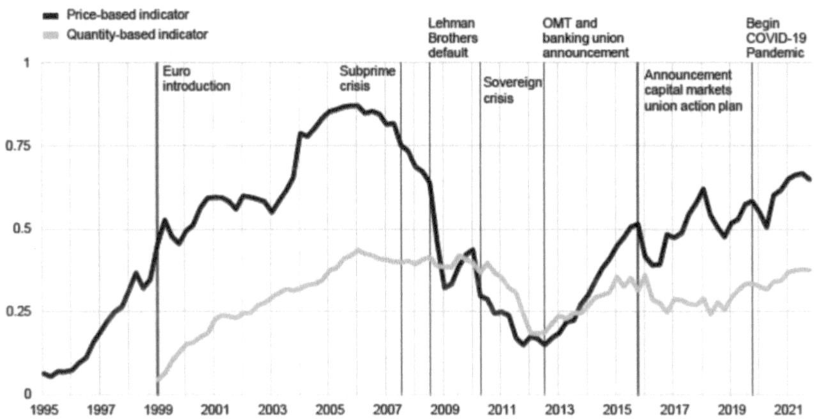

Note : L'indicateur composite fondé sur les prix agrège 10 indicateurs sur la période tandis que l'indicateur composite fondé sur les quantités en agrège 5. Les indicateurs évoluent entre 0.00 (fragmentation totale) et 1.00 (intégration totale). Une augmentation de ces indicateurs est le signe d'une intégration financière accrue.

Sources : BCE et calculs BCE.

L'intégration financière est analysée au regard de certains évènements importants insérés dans le graphique. Une période d'intégration financière croissante précède l'introduction de l'euro en 1999 qui avait été bien anticipée par les marchés. Au cours des années 2000, l'intégration progresse constamment jusqu'à atteindre son apogée en 2006. La crise des subprimes constitue le point de retournement supérieur. Elle entraîne une fragmentation des marchés financiers, aggravée par la faillite de *Lehman Brothers*, puis par la crise de la dette souveraine propre à la zone euro. Il faut attendre la mi-2012 pour atteindre le point de retournement inférieur avec, depuis, une reprise très progressive de l'intégration financière, sans pour autant atteindre les niveaux d'avant crise. Deux annonces ont joué un rôle majeur dans cette reprise : l'annonce, en 2012, par le président de la BCE, Mario Draghi, du programme Opérations monétaires sur titres (OMT) et l'accord donné par le Conseil européen à la création d'une union bancaire européenne puis, l'annonce, en 2015, du plan d'action pour l'union des marchés des capitaux. La pandémie de Covid-19, en 2020, n'a que brièvement cassé cette dynamique.

Cette reprise de l'intégration financière depuis 2012 touche les différents segments des marchés financiers, soit les marchés monétaire, obligataires, des actions et bancaires (Graphique 4). Mais des évolutions contrastées apparaissent : les sous-indices par segment de marché présentent des évolutions plus syncopées et brutales sur certains marchés (notamment le marché obligataire) que sur d'autres (en particulier le marché bancaire).

Graphique 4

Sous-indices par segments de marché dans la zone euro

(Données mensuelles, janvier 1995-octobre 2021, la ligne verticale marque le début de la pandémie)

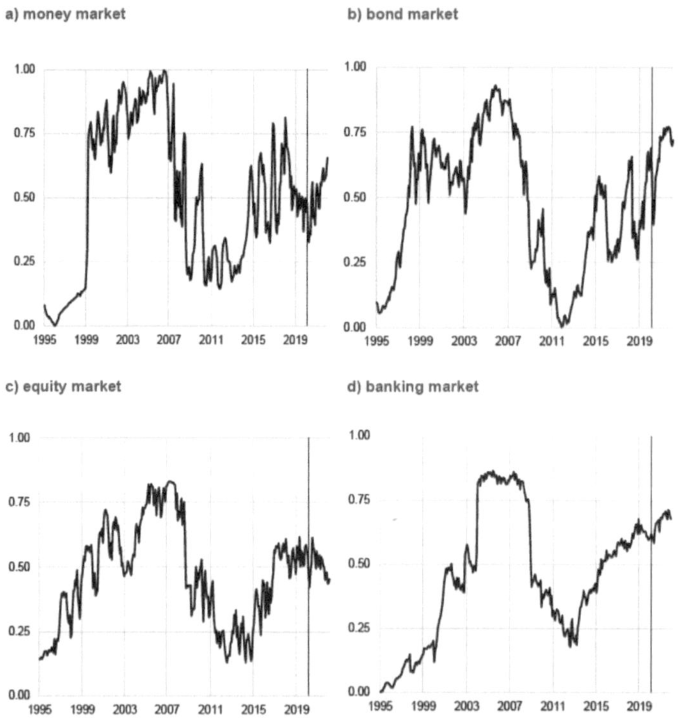

Source : ECB, *Financial Integration and Structure in the Euro Area*, April 2022.

• L'intégration sur *le marché monétaire* qui s'est très rapidement opérée après le lancement de l'euro, en 1999, était presque totale en 2006 (indice 1.00). Elle s'est effondrée à la suite des deux crises : si les taux au jour le jour étaient naturellement les mêmes pour les pays membres de la zone euro, des écarts significatifs apparaissaient dès lors que l'on passait sur des échéances un peu plus longues. Les évolutions sont très syncopées et le rattrapage sur la période d'avant-crise partiel.

- C'est sur *les marchés des obligations d'État, d'entreprises et de banques*, qui a frôlé l'intégration en 2006, que l'effondrement est le plus brutal jusqu'à une fragmentation totale en 2012 (indice 0.00). Au cœur de la crise, les marchés financiers discriminaient de manière importante le risque de défaut de paiement selon les pays. Les banques étaient également affectées par ce mouvement car elles sont souvent les détentrices privilégiées des obligations émises par leur pays d'origine. La dispersion des taux obligataires s'est réduite sensiblement depuis mais des tensions épisodiques apparaissent sur la dette souveraine des pays les plus fragiles.

- *Les marchés des actions* n'ont jamais tendu vers l'intégration totale mais fonctionne avec une certaine dispersion selon les places boursières. La tendance générale reste néanmoins la même que sur les marchés monétaire et obligataires en plus atténuée sur les extrêmes.

- Sur *les marchés bancaires*, la tendance générale est plus lissée et continue. Une réduction de la fragmentation s'est amorcée progressivement, depuis 2013, aussi bien sur les activités de prêts que sur les dépôts. Les entreprises et les ménages des pays de la périphérie empruntaient à des taux nettement plus élevés que les résidents de pays plus prospères. Ils étaient confrontés à une sorte de double peine : ces pays ont été plus impactés par les crises et l'accès au financement y était plus coûteux. Cette dispersion s'est réduite progressivement. La détention d'un niveau élevé de créances douteuses pèse sur les systèmes bancaires italien et grec et renchérit dans ces pays le coût des prêts. La banque de détail a repris son développement à partir d'une infrastructure qui facilite les opérations transfrontalières : l'Espace unique de paiement en euros (SEPA[31]). Les virements, prélèvements et opérations de paiements par carte d'un pays à l'autre sont en nette progression.

2.4.2. La surveillance des marchés financiers

Après la crise financière, les pays membres du G20 ont pris un certain nombre d'engagements afin de parvenir à mieux réguler leur système financier et à instaurer une supervision efficace. Un *Groupe de haut niveau sur la supervision financière dans l'UE*, présidé par Jacques de Larosière[32], a été constitué. L'émergence d'un marché financier européen et de groupes transfrontaliers trop importants pour faire faillite *(« too big to fail »)* augmente les risques de contagion des crises et menace la stabilité d'ensemble du système dans un contexte où les banques

31. *Single Euro Payments Area.*

32. J. de Larosière (Chaired by), *The High-Level Group on Financial Supervision in the EU*, Report, Brussels, 25 February 2009.

et les assurances demeurent soumises au régime de surveillance de leur pays d'origine. Le Groupe de Larosière avait pour mission de dépasser cette fragmentation du système de surveillance et de réglementation. Sur la base de son rapport a été créée, le 1er janvier 2011, l'Autorité européenne de supervision (AES). Elle regroupe trois Autorités sectorielles qui coiffent les superviseurs nationaux : l'Autorité bancaire européenne (ABE), l'Autorité européenne des assurances et des pensions professionnelles (AEAPP) et l'Autorité européenne des marchés financiers (AEMF). Ces autorités ont des pouvoirs contraignants afin de garantir une homogénéité d'application du droit européen, d'arbitrer les désaccords entre les superviseurs nationaux et pour intervenir en situation d'urgence.

Ce nouveau cadre de supervision a été progressivement complété par l'adoption au niveau européen de plus de 50 mesures et actions[33] afin de modifier les pratiques du système financier européen, d'accroître sa résilience et son intégrité. Ces textes encadrent plus fortement les activités des acteurs et des pratiques de marché qui ont aggravé la crise.

- *L'encadrement des acteurs* concerne les banques, les assurances, les professionnels des marchés, les agences de notation, les fonds alternatifs (*hedge funds*) et le système bancaire parallèle (*shadow banking*)[34]. Les exigences de fonds propres applicables aux banques et aux assurances ont été renforcées, leur surveillance accrue, notamment pour les conglomérats financiers. Seule reste en chantier l'assurance des dépôts au niveau européen, en renfort de celles des États membres. Les rémunérations des professionnels des marchés, notamment des traders, ont été encadrées afin qu'il n'y ait pas d'incitation à une prise de risques excessive. Les agences de notation ont été astreintes à un système d'enregistrement et de surveillance contraignant afin de s'assurer qu'elles évitent les conflits d'intérêts et qu'elles utilisent des méthodes rigoureuses et transparentes, tandis que leur responsabilité civile peut être engagée si elles ont porté préjudice à un investisseur. Enfin, l'agrément des fonds d'investissement alternatifs domiciliés en Europe est conditionné à un enregistrement auprès de l'AEMF et à des obligations de transparence et de communication d'indicateurs concernant la structure de leur endettement et par conséquent de leur prise de risque. De nouvelles règles visant à instaurer davantage de transparence ont été, enfin, adoptées pour le système bancaire parallèle.

33. Un tableau sur le site de la Commission permet d'aller plus loin sur chacune de ces mesures à partir de liens. Voir https://ec.europa.eu/info/business-economy-euro/banking-and-finance/financial-reforms-and-their-progress/progress-financial-reforms_en

34. Il rassemble des intermédiaires financiers non bancaires moins encadrés dans leurs pratiques que les banques.

• *L'encadrement de certains instruments de marché* dont la nocivité est apparue lors de la crise porte sur les produits dérivés[35], la titrisation[36], la vente à découvert[37], les marchés de gré à gré[38], les indices de référence, le trading à haute fréquence[39] et le blanchiment de capitaux. Les produits dérivés les plus standardisés doivent désormais être négociés sur une plateforme. L'encadrement de la titrisation a été amélioré avec un renforcement des exigences de fonds propres et de la transparence des opérations. Des restrictions ont été imposées à la vente à découvert sur les actions, les titres de la dette souveraine et les contrats d'échange sur défaut souverain (CDS), tandis que les marchés des produits dérivés négociés de gré à gré font l'objet d'un début d'encadrement avec la mise en place d'une base centrale de données et l'instauration d'une chambre de compensation, afin d'avoir davantage de transparence sur ces marchés. Les indices de référence, de type *Libor* (taux interbancaire à Londres) et *Euribor* (taux interbancaire pour la zone euro), qui avaient fait l'objet de manipulations par les banques, ont été réglementés. Des exigences ont été imposées aux plateformes de négociation et aux entreprises qui ont recours au trading à haute fréquence. Le régime de lutte contre le blanchiment de capitaux a été renforcé.

2.4.3. Vers l'union des marchés des capitaux (UMC) ?

Si l'union des marchés des capitaux concerne l'ensemble des États membres de l'UE, elle a des implications toutes particulières pour ceux de la zone euro. En permettant de diversifier les sources de financement des entreprises, elle vient compléter l'union bancaire et l'Union économique et monétaire (voir Chapitre 3). L'unification du système financier améliore la capacité de résistance aux défaillances bancaires nationales, aux chocs spécifiques qui affectent une économie et réduit les soutiens à mobiliser du côté des politiques budgétaire et fiscale. C'est un amortisseur aux crises. C'est un facteur de développement dans les petits pays puisqu'elle leur permettra d'accéder à des financements dans toute l'UE. C'est un élément d'attractivité pour les investissements étrangers dans un contexte de mondialisation des marchés des capitaux.

35. Ce sont des contrats qui dérivent de l'évolution des actifs sous-jacents (matières premières, actions, taux d'intérêt, taux de change, indice, température, etc.).

36. Technique financière de transformation d'un portefeuille de prêts en titres.

37. Vente d'une action ou d'un titre de créance dont le vendeur n'est pas propriétaire au moment où il conclut l'accord de vente.

38. Ces marchés traitent des opérations non standardisées pour lesquelles des contrats sur mesure sont passés.

39. Exécution d'opérations financières à grande vitesse à partir d'algorithmes informatiques.

Cette volonté d'aller vers davantage d'intégration des marchés des capitaux part du constat que les modalités de financement des économies sont extrêmement différentes entre l'UE et les États-Unis (Graphique 5) : la dette des ménages et des entreprises est financée respectivement à près de 90 et 70 % auprès des banques dans l'UE contre seulement 40 et 20 % aux États-Unis. Les marchés des capitaux sont sous-développés dans l'UE notamment les marchés d'actions : ils représentent 11,4 % de la capitalisation mondiale en 2022 contre 45 % aux États-Unis. Les fonds de capital-risque de l'UE sont cinq fois plus petits que leurs homologues américains. Pendant la crise des subprimes, le crédit bancaire s'est brutalement arrêté – ce qui a mis en difficulté les PME qui en tirent l'essentiel de leur financement – tandis que le financement par les marchés des capitaux est resté stable. Par ailleurs, le renforcement de la défense, les transitions climatiques et numérique requièrent de mobiliser des financements du côté des 300 milliards d'excédent de l'épargne privé des Européens, sauf à augmenter les impôts. Un tiers de l'épargne européenne sert à financer des investissements à l'étranger. Avoir un marché des capitaux plus large et plus profond contribue beaucoup au caractère innovant et au surcroît de croissance outre-Atlantique.

Graphique 5

Part des banques et des marchés dans le financement des ménages et des entreprises en 2022 (Union européenne et États-Unis)

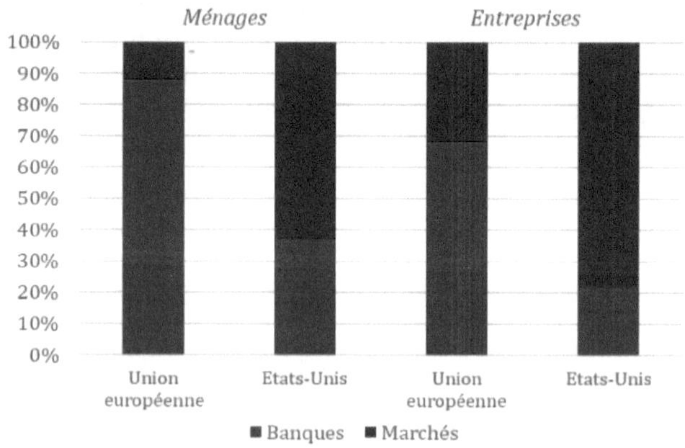

Source : O. Wyman, *The EU banking regulatory framework and its impact on banks and the economy, EBF, 2023.*

La Commission a proposé deux *Plans d'action*, en 2015 (33 mesures[42]), puis en 2020 (16 mesures). Malgré les progrès enregistrés, la

42. Titrisation, prospectus, fonds de capital-risque européen, produit pan-européen

mise en place de l'UMC patine. Aussi s'oriente-on vers un changement de méthode avec l'adoption, le 13 septembre 2023, d'une *« feuille de route franco-allemande pour l'UMC »*[43]. La coordination entre ces deux pays sur plusieurs chantiers législatifs est privilégiée. Il s'agit notamment de mettre en place une supervision commune, d'harmoniser le droit des faillites, d'améliorer l'accès des PME et des entreprises innovantes au financement en fonds propres, de renforcer la titrisation, de mettre en place une infrastructure de compensation compétitive, de promouvoir la finance durable, de permettre aux ménages d'accéder à des produits financiers plus diversifiés car leur épargne est trop orientée vers des produits très liquides et peu rémunérateurs.

Un élément stratégique pour contribuer à asseoir l'UMC est, enfin, de développer un actif sûr européen, similaire à ce que sont les titres du Trésor aux États-Unis. Or chaque État émet sa propre dette. Ce n'est qu'avec Next Generation European Union que les Européens ont commencé à émettre des *« obligations de l'UE »*. La consolidation de l'UMC et les besoins de financement de l'économie européenne appelleraient à sa prolongation ou à son redéploiement en les combinant avec les émissions du Mécanisme européen de stabilité et de la Banque européenne d'investissement.

3. La politique de la concurrence

La politique de la concurrence est consubstantielle du marché commun puis du marché unique. En effet, l'exploitation des économies d'échelle amène à une Europe de grandes entreprises et à une structure de marché de type oligopolistique, c'est-à-dire où le nombre de producteurs est suffisamment limité pour que les décisions de l'un aient une influence sur les décisions des autres. La politique de la concurrence doit simultanément permettre l'émergence d'entreprises à la dimension du grand marché, tout en évitant que les mouvements de concentration n'aboutissent à la constitution de monopole. Elle est à la fois conçue pour favoriser l'intégration des marchés et pour veiller à leur régulation.

---

d'épargne retraite individuelle, distribution transfrontière des fonds communs de placement, etc.

43. Ministère de l'Économie, des Finances et de la Souveraineté industrielle et numérique, *« Une feuille de route franco-allemande pour l'UMC »*, 13 septembre 2023. https://presse.economie.gouv.fr/13092023-une-feuille-de-route-franco-allemande-pour-lunion-des-marches-des-capitaux/

3.1. L'indicateur économique d'une concurrence effective : la convergence des prix

Si le marché intérieur était parfaitement intégré, la concurrence, qui en résulterait, devrait favoriser un rapprochement des prix. *A contrario*, l'existence d'une importante dispersion des prix est un indice des difficultés rencontrées dans la réalisation du marché unique. Elle signifie que des barrières aux échanges permettent aux prix de biens et de services comparables de rester différents.

Dans l'UE à 27 et dans la zone euro, les coefficients de variation des prix se resserrent nettement jusqu'en 2008. Ils divergent à nouveau un peu jusqu'en 2014, avec une reprise du resserrement amorcée depuis (Graphique 6). Dans la zone euro, l'écart des prix par rapport à l'UE à 27, en 2022, est à 7,3 points. Il était à 10,4 en 1997. La proximité des prix est encore plus nette entre les anciens États membres (UE à 15), guère éloignés des États-Unis qui présentent la dispersion des prix la plus faible – aux alentours de 9 % – ce qui traduit le fait que l'intégration du marché américain des biens et des services est plus achevée.

La petite progression de la divergence des prix après 2008 jusqu'en 2014 s'explique par la fragmentation des marchés financiers consécutive à la crise des subprimes : les entreprises, les ménages et les États des pays en difficulté empruntent alors à des taux nettement plus élevés que les agents économiques des pays plus prospères, ce qui a renchéri les prix et aggravé la divergence.

Sur ces vingt-cinq années, l'explication classique de ces évolutions est fournie par l'analyse du rattrapage économique. Les derniers élargissements de l'UE et, dans une moindre mesure, de la zone euro se sont faits en direction de pays qui accusaient un retard de développement : ils avaient des niveaux de prix de départ sensiblement plus faibles que ceux de leurs partenaires mais des évolutions nominales plus fortes.

Cette observation est une manifestation de l'effet *« Balassa-Samuelson »* du nom des deux économistes qui l'ont mis en évidence en 1964. Au cours du processus de développement, la productivité du travail augmente plus vite dans le secteur exposé à la concurrence internationale (l'industrie manufacturière et une partie des transports) que dans le secteur abrité (approximativement les services). Sous l'effet de l'internationalisation, les prix des biens exportés ont tendance à converger par-delà les frontières. Dans les pays en retard de développement, la hausse des salaires dans le secteur exposé n'altère pas la compétitivité car elle se justifie par la progression de la productivité, mais elle se diffuse à l'ensemble de l'économie et en particulier au secteur des services, où la productivité est relativement stagnante (coiffeur, kinésithérapeute, garçon de café, enseignants, etc.). Seule la hausse des prix permet de financer la progression des salaires dans ce secteur. Il en résulte un surcroît d'inflation inhérent au processus de rattrapage économique : la convergence du niveau des prix accompagne celle des niveaux de vie.

Graphique 6

Convergence du niveau des prix

Coefficient de variation, en pourcentage

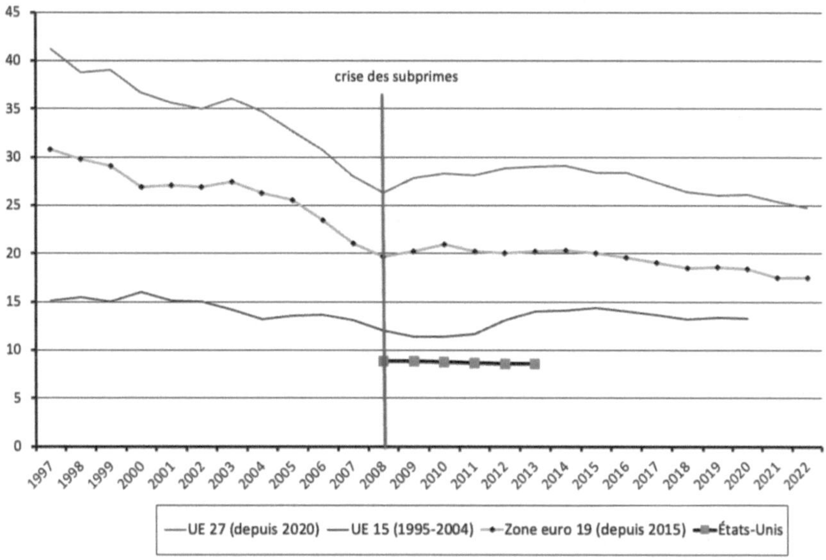

Sources : Eurostat et US Bureau of Economic Analysis.

L'effet Balassa-Samuelson justifie indirectement l'existence d'écarts de prix, d'un pays à l'autre, pour les services, où la spécificité de l'activité, produite au contact des consommateurs, ne favorise pas la concurrence transfrontalière par les prix. Le prix unique, comme signal de l'existence d'un marché unique intégré et d'une concurrence très forte, n'existe pas au sein de l'UE. Faire tendre la dispersion des prix vers zéro semble un objectif relativement vain dans la mesure où de nombreux facteurs justifient l'existence d'écarts de prix entre les pays européens : les différences de productivité du travail et du capital d'un pays à l'autre, la diversité des coûts de transport et de distribution, la politique de tarification des entreprises et de différenciation de leurs produits, l'hétérogénéité des systèmes réglementaires et fiscaux.

La comparaison avec les États-Unis donne sans doute un aperçu des perspectives qui se profilent à moyen terme. Les États-Unis présentent une dispersion des prix plus faible que l'UE à 15 pour les catégories de produits exportables (alimentation, vêtements, transports) et relativement similaire à l'UE à 15 pour les catégories non exportables (logement, services publics). L'opposition est très nette entre les États-Unis et l'UE à 15 pour le seul secteur de la santé, relativement homogène outre-Atlantique, alors que la dispersion des prix est très forte dans l'UE, en raison des différences qui affectent les systèmes de soins et leur réglementation d'un pays à l'autre.

3.2. Les règles de la concurrence

L'analyse qui est faite dans le cadre de l'UE est inédite au regard de celle qui était jusqu'alors développée par les autorités de la concurrence au niveau national : la concurrence peut être faussée aussi bien par les pratiques des entreprises que par les soutiens des États et des collectivités territoriales. Des instruments juridiques appropriés ont été mis en place dans les deux cas afin d'instaurer plus d'équité entre les entreprises qui opèrent sur le plan communautaire de façon à avoir dans toutes les branches d'activité une concurrence significative.

3.2.1. Les règles applicables aux entreprises

Le traité condamne les ententes et les abus de position dominante, ce qui suppose une analyse fine de l'entreprise incriminée et du marché pertinent à son activité. Les opérations de concentration font l'objet d'un contrôle spécifique afin de détecter les risques d'apparition d'un abus de position dominante sur certains segments du marché de la nouvelle entreprise.

a) Les ententes et les positions dominantes

Toutes les entreprises, qu'elles soient privées ou publiques, européennes ou originaires de pays tiers, relèvent des articles 101 et 102 du traité.

- L'article 101 (TFUE) interdit les ententes et pratiques concertées qui visent à fixer les prix, limiter ou contrôler la production, les débouchés, le développement technique ou les investissements, répartir les marchés ou les sources d'approvisionnement, discriminer entre partenaires commerciaux et pratiquer la vente liée. Toutefois, le paragraphe 3 prévoit que des ententes et pratiques concertées, qui *« contribuent à améliorer la production ou la distribution des produits ou à promouvoir le progrès technique ou économique »*, peuvent être autorisées. Toutes les ententes et pratiques concertées ne sont donc pas condamnables.

- L'article 102 (TFUE) condamne *« l'exploitation abusive d'une position dominante »*, qui consiste à avoir recours aux pratiques abusives dénoncées par l'article 101, et non pas la position dominante en tant que telle. La limitation de la production, des débouchés ou du développement technique, l'application, à l'égard des partenaires commerciaux, de conditions inégales pour des prestations équivalentes, sont notamment considérées comme des abus.

Le numéro un mondial des logiciels, *Microsoft*, a ainsi été condamné en 2004, 2006 et 2008 par la Commission européenne pour des abus de position dominante, qui concernait la vente liée de son système d'exploitation *Windows* avec le logiciel d'accès aux fichiers son et vidéo sur Internet *RealPlayer* et le navigateur web *Internet Explorer*. Cette entreprise a dû s'acquitter de plusieurs amendes pour un montant total de 1 676 millions d'euros, communiquer ses codes sources à ses concurrents, mettre en vente sur l'Espace économique européen une version de son système *Windows* découplée de *RealPlayer* et proposer un écran de choix de tous les navigateurs Internet.

L'application des articles 101 et 102 se fait *a posteriori*, à partir de l'évaluation des pratiques des entreprises, sur la base du règlement du 16 décembre 2002, entré en application le 1er mai 2004. Elle repose sur une application décentralisée des règles de la concurrence, conforme au principe de subsidiarité, afin d'éviter un engorgement des services de la Commission. Cette dernière a perdu en 2004 sa compétence exclusive dans l'application des règles : elle la partage désormais avec les autorités nationales de la concurrence des États membres[44] et les juridictions nationales. Ce dispositif a imposé un renforcement des normes communes. Le *Réseau européen de la concurrence* permet d'assurer une convergence d'approche et un partage d'expérience entre les autorités de concurrence de l'Espace économique européen.

b) Le contrôle des concentrations

Le traité de Rome restait silencieux sur le problème des concentrations d'entreprises. Or, sur certains marchés, de nouvelles concentrations peuvent aboutir à la constitution d'un monopole ou tout au moins d'une position dominante. L'arbitrage était délicat entre la volonté de favoriser des fusions et acquisitions, qui permettent la formation d'entreprises à la dimension du grand marché, voire de champions industriels nationaux, et le souci d'éviter les monopoles. La relance du marché intérieur a imposé l'adoption d'une procédure spécifique de contrôle des concentrations. Les gouvernements des pays membres, qui avaient été jusqu'alors très réticents au transfert de ce contrôle au niveau communautaire, ont dû s'y résoudre après plus de trente ans de blocage. Il y a eu en effet une accélération des regroupements avec le projet de marché unique car les entreprises tentaient d'atteindre la taille critique propre à leur conférer un pouvoir de marché au niveau européen.

44. L'Autorité de la concurrence en France qui a succédé au Conseil de la concurrence le 2 mars 2009 avec des pouvoirs nouveaux de contrôle des concentrations, d'investigation et d'enquête ainsi que la capacité de s'autosaisir et de formuler des recommandations.

Le règlement sur les concentrations, adopté le 21 décembre 1989 et entré en vigueur le 21 septembre 1990, a imposé une notification obligatoire des projets de fusions et d'acquisitions auprès de la Commission dès que plusieurs seuils, destinés à apprécier la dimension communautaire du projet, étaient atteints. Ces seuils cumulatifs ont été abaissés en 1997 et sont depuis cette date les suivants :

– le total des chiffres d'affaires mondiaux cumulés est supérieur à 2,5 milliards d'euros ;

– le chiffre d'affaires individuel européen d'au moins deux firmes dépasse 100 millions d'euros ;

– chaque entreprise concernée réalise plus des deux tiers de son chiffre d'affaires communautaire dans un seul et même État membre ;

– le chiffre d'affaires total réalisé individuellement par au moins deux entreprises dans chacun d'au moins trois États membres est supérieur à 25 millions d'euros, tandis que le chiffre d'affaires total réalisé par toutes les entreprises est supérieur à 100 millions d'euros.

Le contrôle des concentrations se fait *ex ante*, contrairement à la procédure qui concerne les abus de position dominante. Il s'agit ici d'obtenir une autorisation préalable. Mais le critère de fond retenu pour évaluer une opération de concentration se réfère à la création ou au renforcement d'une position dominante.

Du 21 septembre 1990 au 2 octobre 2023, ce sont 8 990 opérations qui ont été notifiées à la Commission européenne, au terme d'une procédure très précise quant à son déroulement et son échéancier. La Commission procède à l'analyse économique de la situation concurrentielle, négocie avec les intéressés les contreparties susceptibles de permettre la finalisation d'une opération, comme une cession d'actifs ou la vente d'une filiale (Encadré 4), et statue sur tous les projets. Parmi les opérations notifiées, 8 106 ont été jugées compatibles par la Commission (89,2 %), 498 ont été approuvées sous la réserve de la réalisation d'engagements destinés à résoudre des problèmes de concurrence (5,5 %), 243 retirées au cours de la procédure (2,7 %) – généralement parce qu'elles étaient mal engagées –, 200 relèvent de la catégorie *« autres »* (hors du champ du règlement, renvoi aux États membres, etc.) et seulement 33 ont été interdites (0,4 %) dont des opérations concernant des entreprises non européennes.

Ces vetos, limités en nombre, ont eu néanmoins un fort retentissement, notamment celui mis, en 2001, au projet de fusion entre *General Electric* et *Honeywell*, deux groupes américains, qui avaient obtenu l'aval des autorités antitrust américaines, et celui apposé, toujours en 2001, à la prise de contrôle de *Legrand* par *Schneider*. En 2002, la Cour de Justice des Communautés européennes (CJCE) a coup sur coup annulé trois des décisions d'interdiction de la Commission, dont celle concernant *Legrand* et *Schneider* (22 octobre 2002)[45], en remettant en question la qualité de l'analyse économique de la Commission et en pointant son absence de prise en considération des engagements auxquels ces entreprises semblaient vouloir souscrire. L'autorité de la Commission a été atteinte par ces décisions. L'exercice nouveau d'un contrôle judiciaire sur la politique de la concurrence a entraîné un désaveu d'une Commission jugée jusqu'alors omnipotente dans ce domaine.

Le règlement de 2004 a précisément tenté de dissiper certaines des difficultés identifiées. Il associe davantage les autorités nationales de la concurrence au contrôle des concentrations et offre plus de souplesse à la procédure d'enquête quant aux délais. Si la Commission demeure toujours le *« guichet unique »* pour notifier ces opérations, elle peut renvoyer à un État membre des concentrations qui menacent d'affecter de manière significative la concurrence sur son seul marché intérieur. C'est, par exemple, l'Autorité de la concurrence française qui a autorisé la fusion Fnac-Darty en 2017.

Encadré 4

La Commission autorise, sous conditions, une concentration entre Air France et KLM

Bruxelles, le 11 février 2004.

(...) Le 18 décembre 2003, Air France et KLM ont notifié un accord-cadre en vertu duquel Air France devait acquérir le contrôle de KLM.

(...) Bien que les deux compagnies soient largement complémentaires, l'opération Air France/KLM, la première concentration proprement dite du secteur aérien européen, éliminera ou réduira sensiblement la concurrence sur 14 liaisons sur lesquelles elles sont actuellement en concurrence active ou potentielle l'une avec l'autre, à savoir :

- des liaisons intra-européennes (Amsterdam-Paris, Amsterdam-Lyon, Amsterdam-Marseille, Amsterdam-Toulouse, Amsterdam-Bordeaux, Amsterdam-Rome, Amsterdam-Milan, Amsterdam-Venise et Amsterdam-Bologne) ;

- des liaisons intercontinentales ou long courrier (Amsterdam-New York, Paris-Détroit, Amsterdam-Atlanta, Paris-Lagos (Nigeria) et Amsterdam-Lagos).

L'expérience de la Commission dans ce domaine montre que la principale barrière à l'entrée sur ce marché réside dans la rareté des droits de décollage et d'atterrissage dans les aéroports très encombrés de Paris et d'Amsterdam. (...).

45. Les deux autres concernaient les fusions des tour-opérateurs britanniques Airtours et First Choice et des spécialistes de l'emballage Tetra Laval (Suède) et Sidel (France)

Engagements

Afin d'écarter les préoccupations de la Commission, les parties se sont engagées à céder 47 paires de créneaux (c'est-à-dire 94 créneaux individuels de décollage et d'atterrissage) par jour (...). Cela signifie, par exemple, qu'un concurrent pourrait démarrer six nouveaux vols aller-retour par jour, entre Paris et Amsterdam, et que ce même concurrent, ou un autre, pourrait également proposer un vol aller-retour par jour entre Amsterdam et New York, ce qui garantit aux passagers sur ces routes un choix de services et des prix compétitifs.

(...) Comme d'habitude, l'engagement relatif aux créneaux sera accompagné de mesures imposant à Air France et KLM de ne pas augmenter leur offre de vols (« gel des fréquences ») sur les liaisons en cause, afin de donner aux nouveaux arrivants la possibilité de s'imposer comme des concurrents crédibles.

(...) Enfin, les autorités nationales néerlandaises et françaises ont donné à la Commission l'assurance qu'elles accorderaient des droits de trafic à d'autres compagnies aériennes souhaitant faire escale à Amsterdam ou Paris sur des liaisons vers les États-Unis ou d'autres destinations non communautaires. Elles se sont également engagées à ne pas réglementer les prix sur les liaisons long-courrier. (...)

Source : http://europa.eu.int, Communiqué de la Commission.

Mais trois nouveaux vetos emblématiques, pris en 2012 et en 2019, ont à nouveau semer le doute. En 2012, la Commission a interdit le projet de concentration entre Deutsche Börse et NYSE Euronext – en raison du risque de création d'une situation de quasi-monopole sur les produits financiers dérivés européens – empêchant la formation d'une grande bourse pour la zone euro. En 2019, le veto apposé à l'acquisition d'Alstom par Siemens – en raison du risque d'une situation de quasi-monopole sur les trains à très grande vitesse et sur les systèmes de signalisation ferroviaire – a empêché la constitution d'un champion européen face à l'entreprise chinoise CRRC qui pèse deux fois plus lourd en termes de vente au niveau mondial. Enfin, le blocage, toujours en 2019, de la fusion entre Tata et Thyssen Krupp – en raison du risque d'une hausse des prix, notamment pour l'industrie automobile – a empêché là aussi l'émergence de ce qui aurait été le deuxième producteur d'acier européen dans un marché très mondialisé.

En conduisant l'évaluation de la situation concurrentielle au niveau du marché unique et jamais au niveau du marché mondial, la Commission a pris, dans des cas certes limités, le risque de bloquer l'émergence de champions européens compétitifs à l'international. La politique de la concurrence est difficile à concilier avec une approche plus stratégique. C'est là l'un des problèmes du droit européen de la concurrence conçu en 1997 dans une économie infiniment moins mondialisée. La question qui se pose concerne la définition du marché pertinent, d'un point de vue géographique, pour analyser l'intérêt et le bien-fondé d'une opération de fusion-acquisition.

c) La notion de marché pertinent

Un préalable indispensable, pour apprécier s'il y a ou non position dominante et si une opération de concentration est justifiée, consiste à délimiter géographiquement le marché d'un produit. Il est qualifié de marché pertinent pour l'analyse de la situation concurrentielle. Ce marché fait simultanément référence aux produits ou services substituables à ceux offerts par l'entreprise sur la sellette et aux contours géographiques du marché de ces produits. Dans la pratique, l'identification du marché pertinent n'est pas sans poser des problèmes.

Les produits ou services offerts par les différentes entreprises sont rarement des substituts parfaits. Ils se différencient sur certaines de leurs caractéristiques. Aussi le caractère substituable de deux biens est apprécié au regard d'autres critères comme l'aptitude à satisfaire un même besoin, la proximité des prix de vente et l'existence d'une stratégie de différenciation de la part des entreprises. Néanmoins, les lignes de démarcation du marché pertinent sont bien souvent une question de convention et parfois de subjectivité. Il est possible par exemple qu'un jour les marchés des téléphones fixes et des téléphones portables, actuellement séparés, ne forment qu'un seul marché pertinent.

La définition géographique des marchés supposait, jusqu'en 2020, une appréciation différenciée de la situation concurrentielle dans chaque État membre et pour chaque produit. Une entreprise peut se trouver simultanément en situation de monopole dans certains d'entre eux, en position dominante ailleurs, alors qu'elle rencontrera une concurrence effective dans d'autres États. Dans le cas de l'acquisition d'Editis (Hachette) par Lagardère en 2004, le marché géographiquement pertinent pour la littérature générale englobait le bassin francophone européen ; le marché pertinent pour les livres scolaires, dépendant des programmes éducatifs, se limitait à la France. La doctrine post 2020 a introduit la dimension mondiale après les vetos emblématiques apposés en 2012 et en 2019 : il devient impératif pour la Commission de prendre en compte la concurrence potentielle future au niveau international.

3.2.2. Les règles applicables aux aides d'État

Les aides publiques versées aux entreprises ou aux associations sont de nature à fausser les conditions de la concurrence dans le cadre européen. Cette approche était, au départ, nouvelle pour les législations et les autorités nationales spécialisées sur les problèmes de concurrence qui avaient axé uniquement leur action sur les pratiques anticoncurrentielles des entreprises. L'approche d'une législation fédérale ne pouvait être que différente dans la mesure où les aides d'État – subvention, traitement fiscal sélectif, prêts à taux réduits, injection en capital, garanties publiques, reprise d'actifs dépréciés – peuvent conférer à une société un avantage significatif par rapport à ses concurrentes. Les articles 107 et 108 (TFUE) précisent l'approche européenne, le premier sur les principes et le second sur la procédure.

- L'article 107 interdit les aides qui *« affectent les échanges entre États membres et menacent de fausser la concurrence en favorisant certaines entreprises »* afin d'éviter la course aux subventions qui n'évite pas la faillite d'entreprises non viables. Il délimite les aides accordées par les États compatibles avec le marché intérieur. Elles concernent les aides à caractère social octroyées aux consommateurs *« sans discrimination liée à l'origine des produits »*, celles destinées à remédier à des calamités naturelles, à *« une perturbation grave de l'économie d'un État membre »*, à soutenir la croissance de régions en retard de développement, à promouvoir la réalisation d'un projet important d'intérêt européen, ainsi que la culture et la conservation du patrimoine. Après la crise de 2008, la Commission a relâché son contrôle sur le secteur financier et a accepté la mise en place dans toute l'UE d'aides temporaires en raison d'une perturbation grave de l'économie. Cela a été à nouveau le cas lors de la pandémie de Covid-19.

- L'article 108 impose aux États membres « *d'informer la Commission des mesures qu'ils projettent* ». La compatibilité des aides avec le marché intérieur est examinée lors de ce contrôle préalable. La Commission peut valider des soutiens s'il s'agit de projets d'intérêt européen commun. Elle a, par exemple, validé fin 2019 le versement de 3,2 milliards d'euros d'aides publiques par sept États membres pour soutenir la recherche concernant les batteries. L'article 108 précise les conditions de l'aménagement ou de la suppression d'une aide incompatible ou *« appliquée de façon abusive »*. Si une aide indue a été versée, la Commission oblige la collectivité publique en cause à recouvrer les sommes versées. L'État français avait, par exemple, versé à la Société Nationale Corse-Méditerranée (SNCM), qui assure le transport maritime entre Marseille et la Corse, des compensations financières pour les années 2007-2013. Les aides concernant les périodes de pointe ont été jugées incompatibles avec le marché intérieur. La Commission a ordonné leur récupération pour un total de 220 millions d'euros dans les quatre mois. La France n'a pas appliqué cette décision en évoquant le risque de liquidation judiciaire de la SNCM et les graves troubles à l'ordre public qui en auraient résulté (grève, blocage du port de Marseille, difficulté d'approvisionnement de l'île). L'affaire a été portée devant la CJUE qui a condamné, le 9 juillet 2015, la France à récupérer les aides illégales.

L'évolution la plus notable en matière d'aides d'État dans la période récente a concerné l'usage de l'article 107 par la Commission pour diligenter des enquêtes sur les *« rescrits fiscaux »* (*tax rulings*), soit l'accord anticipatif donné par l'administration fiscale d'un pays à une entreprise sur le mode de calcul de son imposition. Après la condamnation des avantages fiscaux sélectifs accordés par le Luxembourg à Fiat et par les Pays-Bas à Starbucks en octobre 2015, puis par la Belgique à quelque 35 multinationales en janvier 2016, c'est Apple qui a été condamné, en août 2016, à rembourser à l'Irlande les 13 milliards d'euros d'avantages fiscaux illégaux que ce pays lui a consentis pendant dix ans. Cette somme représente la récupération de l'aide d'État afin de rétablir l'égalité de traitement avec les autres entreprises. Ces condamnations s'inscrivent dans le cadre d'une série d'initiatives prises au sein de l'UE, de l'OCDE et du G20 afin de lutter contre l'évasion fiscale des sociétés (voir Chapitre 4).

Toutes ces affaires sont exemplaires des contraintes qui pèsent sur les États membres dans la mise en œuvre de leurs politiques et de l'importance des pouvoirs acquis par la Commission dans ce domaine. Le Conseil peut, néanmoins, autoriser les aides d'État à l'unanimité au motif de *« circonstances exceptionnelles »*.

3.3. L'ouverture des entreprises en charge d'un Service d'intérêt économique général (SIEG) à la concurrence

La concurrence est longtemps demeurée la norme indéfectible au niveau européen avant que l'intérêt général et les services qui en découlent n'acquièrent une certaine légitimité. Le traité indique que les entreprises publiques chargées de la gestion de services d'intérêt économique général (SIEG) relèvent du marché unique des services et du droit de la concurrence. L'UE se veut neutre vis-à-vis des statuts et des formes de propriété, qu'elles soient privées ou publiques. Le caractère public de certaines entreprises ou un statut relevant de l'économie sociale (mutuelles, coopératives, associations) ne sont pas de nature à intrinsèquement autoriser de distorsions concurrentielles. Il n'est pas reconnu de spécificité à l'État actionnaire : les plans de recapitalisation des entreprises publiques relèvent de l'article 108. Néanmoins, il est concédé aux entreprises en charge d'un SIEG deux dérogations par rapport à ce droit commun.

- L'application des règles de la concurrence ne doit pas faire *« échec à l'accomplissement en droit ou en fait de la mission particulière qui leur a été impartie »* (art. 106 du TFUE). La jurisprudence de la CJUE a montré[46] que cela pouvait légitimer un droit à une protection particulière de leur marché et au versement d'une compensation proportionnelle aux charges induites par la gestion de ces services.

---

46. Dans les arrêts « Corbeau » de 1993 et « Commune d'Almelo » de 1994.

• Un statut spécifique a été concédé au *secteur des transports* pour lequel les aides publiques sont considérées comme compatibles avec le marché intérieur lorsqu'elles *« répondent aux besoins de la coordination »* ou *« correspondent au remboursement de certaines servitudes inhérentes à la notion de service public »* (art. 93 du TFUE).

Le traité d'Amsterdam, en 1999, a renforcé la légitimité des SIEG par l'introduction de l'article 14 qui souligne la place qu'ils occupent *« parmi les valeurs communes de l'Union »* et *« le rôle qu'ils jouent dans la promotion de la cohésion sociale et territoriale de l'Union ».* Cela justifie que l'Union et ses États membres *« veillent à ce que ces services fonctionnent sur la base de principes et dans des conditions, notamment économiques et financières, qui leur permettent d'accomplir leurs missions ».*

3.3.1. Quelle a été la justification économique de leur monopole ?

Les économistes ont, jusqu'au début des années soixante-dix, légitimé la constitution de monopoles dans les entreprises de réseau (transport, eau, gaz, électricité, poste, télécommunication) souvent dispensatrices de services publics. Dans ces secteurs, le monopole était *« naturel »*, au regard des spécificités économiques de l'activité et de l'existence de trois formes de défaillances des mécanismes de marché.

• La première est la présence d'*externalités*, c'est-à-dire de situations où les décisions d'un agent économique ont des conséquences en termes de coût et de bien-être sur les autres agents. Les entreprises de réseau sont concernées par une forme particulière d'externalités qualifiée d'*effets de club* : les avantages qu'un utilisateur retire d'un réseau sont d'autant plus importants que le cercle des utilisateurs est large et les prestations proposées plus fournies. C'est le cas du téléphone, du câble et de l'Internet. Si le raccordement est peu attractif au départ, son intérêt augmente avec la progression de la taille du réseau. L'existence de ces externalités fausse les mécanismes d'allocation des ressources par le marché. Elle légitime l'intervention publique pour corriger le système de prix par la prise en charge, par exemple, des premiers raccordements sur un réseau afin d'amorcer le phénomène de *« boule de neige »*.

• La deuxième défaillance du marché concerne les *biens publics*. Les biens privés ont un prix négocié sur un marché par confrontation libre des offres et des demandes. Ces biens sont consommés et financés individuellement par les agents économiques. Les biens publics purs n'ont pas de prix qui résultent d'une négociation sur un marché. Les décisions concernant leur production et leur affectation sont prises par les pouvoirs publics. Ils sont financés par l'impôt. Contrairement à la consommation des biens privés, celle des biens publics purs est collective parce qu'elle n'est pas individualisable. L'éclairage public, la signalisation routière, un phare sont des biens publics : il est impossible de faire payer un prix à l'usager en proportion de son usage et d'exclure les utilisateurs qui ne seraient pas disposés à payer le service rendu. Dès que ces biens existent, ils sont à la disposition de tous. Le marché n'a aucune raison de prendre en charge la production de ces biens qui ne peut être assurée que par les pouvoirs publics. Les entreprises de réseau ne produisent pas des biens publics purs, dans la mesure où la consommation de leurs prestations de services est divisible, mais elles fournissent des biens de première nécessité (eau, électricité, téléphone, etc.), indispensables à une vie décente. Cela justifie l'intervention du législateur pour garantir l'accessibilité à ces *« services jugés essentiels »*.

• La troisième situation, où les mécanismes de marché sont impuissants, concerne l'existence de *rendements croissants*, c'est-à-dire les cas où le coût unitaire de production décroît avec la progression des quantités produites. Les réseaux nécessitent des investissements en infrastructures considérables par rapport aux coûts de fonctionnement qui seront engagés par la suite. Le processus concurrentiel lui-même pousse à la constitution d'un monopole qualifié, dans ce cas de figure, de *« naturel »* dans la mesure où il serait absurde de dupliquer les réseaux de distribution de l'eau, du gaz, les rails, les installations portuaires, etc. Une seule entreprise est plus efficace que plusieurs entreprises en concurrence. Le monopole était d'autant plus légitimé que ses tarifs étaient souvent administrés ou réglementés afin que la baisse du coût unitaire de production, générée par les économies d'échelle, soit rétrocédée aux consommateurs sous la forme d'une baisse des prix et n'alimente pas la rente inhérente à la situation de monopole.

3.3.2. La transformation de leur environnement

Les entreprises de services publics, constituées sous la forme de monopoles nationaux intégrés, dominaient l'économie des réseaux dans bon nombre de pays développés au début des années soixante-dix. Des critiques se sont alors développées aux États-Unis, puis au Royaume-Uni sur l'efficacité des monopoles de services publics.

• Une première critique a porté sur *les prix pratiqués*. Les monopoles de service public n'ont pas obtenu, à quelques exceptions près, une évolution de leurs prix nettement plus favorable que dans le secteur concurrentiel, alors qu'ils bénéficiaient de rendements d'échelle croissants. L'incitation à rechercher une amélioration de la productivité est restée faible. La rente de monopole a été répartie entre les salariés de ces secteurs protégés, sous la forme d'avantages spécifiques, plutôt que de baisser les prix au niveau du consommateur final. Faute de pression concurrentielle, ces entreprises ont pu laisser perdurer des inefficacités organisationnelles et techniques. Les subventions croisées des activités rentables au profit des activités non rentables étaient dénoncées comme une des formes principales de ces inefficacités : la péréquation tarifaire, qui en résultait dans ces entreprises, rendait peu lisible la structure des coûts de revient.

• Une seconde interrogation a concerné *le périmètre de ces entreprises* qui se présentaient bien souvent comme des opérateurs verticalement intégrés, c'est-à-dire présents de l'activité de production jusqu'au consommateur final. Or, seule l'infrastructure de réseaux a les caractéristiques d'un monopole naturel et non les services offerts à partir de celle-ci. Il y avait un intérêt économique, en termes de baisse des prix et de diversification des services proposés, à ouvrir les services à la concurrence et à autoriser plusieurs exploitants à accéder à un même réseau. Dès lors, la gestion du réseau ne pouvait plus relever d'une entreprise qui serait également présente sur les prestations de services, sous peine d'entraîner une suspicion sur le caractère équitable de l'accès des entreprises tierces à l'infrastructure.

Ces critiques seraient peut-être restées lettre morte si l'environnement des entreprises publiques n'avait pas profondément évolué à plusieurs niveaux.

• *Le progrès technique* a rendu le monopole caduc dans tous les secteurs concernés par des infrastructures de réseau. Le monopole était lié à un stade de l'évolution des technologies. Il est, par exemple, devenu obsolète dans la téléphonie fixe avec l'apparition de messageries instantanées, gratuites et connectées en Wi-Fi, dans l'électricité avec l'arrivée des turbines à gaz, ou dans les services postaux avec le courrier électronique et l'internet.

• *L'évolution des marchés* pousse aussi au changement que ce soit l'explosion des besoins de télécommunications, la croissance de la demande d'électricité, la très forte concurrence de la route et de l'avion vis-à-vis du transport ferroviaire et la concurrence également très importante subie par les services postaux sur certains segments d'activité. L'émergence d'un marché européen intégré dans tous ces secteurs et l'interconnexion des réseaux rendent difficile le maintien de marchés nationaux protégés. Les anciens monopoles de services publics ne pouvaient pas conduire des stratégies de développement, de croissance externe et d'alliance au niveau européen, voire international, tout en protégeant leur marché domestique.

• *L'évolution des attentes des consommateurs*, qui se comportent de moins en moins comme des usagers et de plus en plus comme des clients exigeants, pousse l'offre à se diversifier et à s'orienter vers des services de plus en plus complexes.

3.3.3. La contestabilité de leurs marchés et l'accès aux facilités essentielles

La théorie des marchés contestables proposée par Baumol, Panzar et Willig[48] a servi de référence à la Commission pour conduire sa politique vis-à-vis des monopoles publics. Un marché est dit contestable si l'entrée y est libre (création d'entreprise) et si la sortie s'y effectue à faible coût (faillite).

- Une *entrée libre* se traduit par l'absence de barrière à l'entrée sur ce marché et par un accès à un prix raisonnable aux infrastructures disponibles qui constituent des *« facilités essentielles »* pour produire. La menace de l'arrivée de nouveaux concurrents est ainsi crédible. Chaque secteur d'activité a des conditions d'accès qui lui sont propres en fonction de son modèle économique et technique (Tableau 3). Dans le secteur du transport aérien, les compagnies doivent être agréées. Leur accès à la clientèle dépend de leur place dans les systèmes de réservation et de leur détention de bons créneaux d'atterrissage et de décollage dans les aéroports. Dans le secteur des télécommunications, les nouveaux opérateurs devaient pouvoir accéder historiquement au réseau filaire par la boucle locale, puis à la fibre, aux réseaux très haut débit et mobiles avec la délivrance d'une autorisation d'utilisation de fréquences.

- Une *sortie à faible coût* signifie que le risque que prend l'entreprise qui pénètre le marché du monopole n'est pas trop élevé. Pour cela les coûts fixes irréversibles consentis lors de l'entrée dans un secteur d'activité ne doivent pas être trop importants car non récupérables à la sortie si l'entreprise décide de cesser son activité. Le transport aérien est l'archétype du marché contestable avec de nombreuses créations d'entreprise et cessations d'activité. Les avions, qui représentent l'essentiel du coût d'entrée sur ce marché, s'achètent en leasing et sont revendables en cas de faillite. La prise de risque n'est pas considérable pour les compagnies qui testent une entrée sur ce type de marché.

La théorie des marchés contestables amène à séparer la gestion des équipements fixes irréversibles des activités de réseaux (les infrastructures) et l'exploitation de ces équipements (les services). Les infrastructures, qui sont en situation de rendements croissants, justifient d'un contrôle par un monopole pour éviter de dupliquer les réseaux49 et pour les normaliser. Au niveau des services fournis à partir de ces infrastructures, plusieurs entreprises peuvent, en revanche, être mises en concurrence, afin d'abaisser le prix de vente aux consommateurs et de diversifier les prestations proposées.

48. W. J. Baumol, J.-C. Panzar et R. D. Willig, *Contestable Markets and the Theory of Industry Structure*, Harcourt, Brace & Jovanovitch, 1982.

49. Les télécommunications constituent une exception à cette règle avec des opérateurs qui peuvent développer chacun leurs réseaux mobiles.

Tableau 3

La contestabilité du marché des entreprises de réseau

Secteurs	**L'infrastructure (monopole naturel)**	**Les services (introduction de la concurrence)**	**Modes d'accès (conditions d'entrée)**	**Ouverture à la concurrence européenne**
Transport aérien	Aéroport, lignes aériennes	Avions, le service de transport	Agrément des compagnies, système de réservation, créneau d'atterrissage et de décollage, accords de ciel ouvert	1er avril 1997
Télécommunications	Satellites, réseaux filaire, fibre, très haut débit et mobiles	Les services de télécommunication	Autorisation d'utilisation de fréquences, accès aux satellites, tarif d'interconnexion	1er janvier 1998 pour le réseau 1er janvier 2001 pour la boucle locale
Chemin de fer	Gares, réseau ferré	Trains, le service de transport	Accès au réseau par un droit de péage modulable selon les lignes, le degré d'encombrement et les priorités	15 mars 2003 pour le fret international grands axes, 1er janvier 2006 pour tout le fret international, 1er janvier 2007 pour le fret national, 1er janvier 2010 pour le transport international de passagers et 1er janvier 2020 progressivement pour le transport national de passagers
Électricité	Réseau de lignes à haute et à très haute tension	Fourniture d'électricité	Accès des tiers au réseau par le moyen d'un péage	1er juillet 2004 pour les entreprises 1er juillet 2007 pour les ménages 1er janvier 2016 fin des tarifs réglementés
Gaz	Gazoducs	Fourniture de gaz	Accès des tiers au réseau par le moyen d'un péage	Idem électricité
Poste	Réseau de distribution	Les services postaux	Accès des tiers par l'installation d'autres réseaux de distribution	Ouverture progressive jusqu'à l'ouverture totale le 31 décembre 2010

Sur tous les secteurs concernés par l'ouverture à la concurrence, la Commission a opéré ce clivage entre les infrastructures et les services, au besoin en imposant l'éclatement des monopoles historiques intégrés en entités distinctes. Ainsi, *Électricité de France* (EDF) a été scindé en 2000 en EDF, en charge de la production dans un secteur devenu progressivement concurrentiel par paliers successifs, et *Réseau de transport de l'électricité* (RTE), en charge de l'exploitation du réseau[50], qui reste une activité régulée. RTE est devenu en 2005 une société anonyme, filiale d'EDF, afin de mieux garantir son indépendance vis-à-vis de son entreprise d'origine et sa neutralité à l'égard de l'ensemble des producteurs d'électricité.

3.3.4. La notion de service universel

L'introduction de la concurrence posait la question du devenir des obligations de service public assurées jusqu'alors par les monopoles nationaux grâce notamment à des subventions croisées entre activités rentables et activités non rentables. Il fallait concilier l'accès de tous les utilisateurs à certains services jugés essentiels, ce qui est un outil important de cohésion sociale et territoriale, et l'ouverture de ces secteurs à la concurrence européenne.

La Commission a importé des États-Unis, pour les télécommunications, l'électricité et les services postaux, le concept de *« service universel »* qui renvoie, pour chacun de ces secteurs, à *« des services définis à des conditions spécifiées, parmi lesquelles une couverture territoriale complète et un prix abordable »*[53]. Le service universel est inclus dans le champ plus large du SIG. Sa mise en œuvre est du ressort des autorités nationales, régionales ou locales, en vertu du principe de subsidiarité. L'offre de service universel doit répondre à des principes fondamentaux, définis par la Commission[54] et repris dans le traité de Lisbonne (protocole 26 sur les SIG) qui leur impose un niveau élevé de qualité, de sécurité, un caractère abordable, l'égalité de traitement, la promotion de l'accès universel et des droits des utilisateurs :

– la qualité concerne l'évolution du service en fonction du progrès technique, l'exactitude, la transparence (des tarifs, des clauses contractuelles), la couverture territoriale, la protection de l'environnement et l'existence d'un certain nombre de prestations de base variables selon les secteurs d'activité (Encadré 5) ;

---

50. En 2004, le gestionnaire du réseau de transport (RTE) a été séparé du gestionnaire du réseau de distribution (ENEDIS).

53. Commission européenne, *Livre blanc sur les services d'intérêt général*, COM (374), 12 mai 2004, p. 8.

54. Commission européenne, *Livre vert sur les services d'intérêt général*, COM (270) final, 21 mai 2003.

– la sécurité renvoie aux menaces éventuelles (attentats terroristes, catastrophes écologiques) et à la sécurité d'approvisionnement qui suppose un niveau adéquat d'investissement sur le long terme ;

– le caractère abordable sous-entend une accessibilité tarifaire notamment pour les groupes vulnérables ;

– l'égalité de traitement suppose d'offrir aux utilisateurs placés dans des conditions égales une prestation identique ;

Encadré 5

Le service universel dans la directive sur les services postaux (extraits)

Article 3, quatre premiers alinéas

Les États membres font en sorte que les utilisateurs jouissent du droit à un service universel correspondant à une offre de services postaux de bonne qualité sur tout le territoire et à des prix abordables pour tous les utilisateurs.

À cet effet, les États membres veillent à ce que la densité des points de contact et des lieux de relevage tienne compte des besoins des utilisateurs. Ils veillent à ce que le ou les prestataires du service universel garantissent tous les jours ouvrables, au minimum cinq jours par semaine, sauf circonstances exceptionnelles, au minimum :

- une levée des points de relevage,

- une distribution au domicile de chaque personne physique ou morale.

Chaque État membre prend les mesures nécessaires pour que le service universel comprenne au minimum les prestations suivantes :

- le relevage, le transport et la distribution des objets de correspondance adressés et de livres, de catalogues, de journaux et périodiques adressés jusqu'à 2 kg et des colis postaux adressés jusqu'à 20 kg,

- les services des objets recommandés et des objets à valeur déclarée.

Article 5

Chaque État membre veille à ce que le service universel réponde aux exigences suivantes :

- offrir un service garantissant l'inviolabilité et le secret des correspondances et la protection des données ;

- offrir aux utilisateurs, placés dans des conditions égales, une prestation identique ;

- être fourni sans discriminations quelles qu'elles soient, en particulier sans discriminations politiques, religieuses ou philosophiques ;

- ne pas être interrompu ou arrêté sauf en cas de force majeure ;

- évoluer en fonction de l'environnement technique, économique et social ainsi que de la demande des utilisateurs.

– la promotion de l'accès universel renvoie à une bonne couverture territoriale ;

– les droits des utilisateurs supposent notamment une continuité de service qui doit être conciliée avec le droit de grève.

Ces obligations de service universel justifient que certains services rentables soient réservés à l'entreprise prestataire de ce service, ou qu'elle bénéficie d'une compensation financière à ce titre, qu'elle soit publique ou privée, afin d'assurer leur équilibre d'exploitation. Le marché du publipostage est, par exemple, réservé aux postes afin qu'elles financent leurs prestations de service universel. Les droits exclusifs ou la compensation, consentis au prestataire du service universel, doivent permettre d'assurer strictement cette viabilité financière au regard du principe *« de proportionnalité »*. L'entreprise gestionnaire du service universel est perçue comme une activité commerciale classique, grevée de charges particulières.

3.3.5. Les autorités de régulation

L'introduction de la concurrence dans des secteurs où elle n'existait pas, le maintien d'un monopole naturel sur des segments de l'activité et la mise en place d'un service public minimum posaient la question de l'autorité chargée de définir et de faire respecter ce *« cahier des charges »*. Tous les pays de l'UE ont créé des autorités de régulation indépendantes de l'État et des monopoles historiques. Leurs objectifs sont de garantir une concurrence équitable et de s'assurer du bon fonctionnement du service universel. Les principales tâches qui incombent à ces organismes sont les suivantes :

– attribuer les ressources rares pour produire (licences, sillons horaires, fréquences, autorisations) ;

– surveiller la coexistence d'activités en monopole et en concurrence au sein de la même entreprise (subventions croisées) ;

– contrôler l'accès aux facilités essentielles pour les nouveaux entrants dans un secteur (tarification, barrières techniques, créneaux horaires) ;

– surveiller les tarifs finaux afin qu'ils soient conformes à l'intérêt des consommateurs et intègrent les gains de productivité notamment pour la clientèle captive ;

– veiller au respect des obligations de service universel.

Le périmètre de ces missions de régulation n'est pas figé. Les évolutions technologiques, les mouvements de recomposition qui affectent les entreprises travaillant dans ces secteurs d'activité obligent à une grande souplesse dans les analyses et dans les institutions chargées de la régulation. Plusieurs débats traversent la mise en place et la délimitation du champ de compétence de ces nouvelles autorités :

– un débat sur la séparation entre le droit de la concurrence et la régulation. La césure est généralement faite entre contrôle *a posteriori* par l'autorité chargée du respect de la concurrence et contrôle *a priori* par l'autorité chargée de la régulation. Dans la pratique, ce clivage n'est pas aussi commode d'usage qu'il y paraît. Ainsi la Commission européenne procède à ces deux formes de contrôle ;

– un débat sur l'indépendance des régulateurs vis-à-vis de l'opérateur historique, des entreprises régulées et du pouvoir exécutif, notamment pour le cas où l'État est actionnaire ;

– un débat sur le niveau d'exercice de la régulation, supranational, européen, national, voire régional. Dans bien des cas, la Commission fonctionne comme une autorité européenne de régulation.

Au total, contrairement à une idée reçue, la déréglementation des monopoles publics ne signifie pas un recul de la réglementation dans ces secteurs d'activité mais une transformation profonde du cadre réglementaire. L'objectif de concurrence équitable requiert des dispositifs de contrôle complexes et la production d'indicateurs fiables afin de mettre le régulateur à l'abri d'une information asymétrique, c'est-à-dire issue exclusivement de l'ancien monopole historique. Les autorités de régulation ont un rôle stratégique : elles modèlent le paysage industriel de demain et le périmètre des activités de service public. La Commission, qui détermine la doctrine en vigueur et procède à son contrôle, concentre beaucoup de pouvoirs sur les grandes entreprises et sur les États, sans devoir elle-même s'expliquer sur ses orientations et sur ses décisions. L'Europe industrielle qu'elle façonne se construit dans un certain vide démocratique.

3.3.6. L'ouverture à la concurrence sans marché unique : l'exemple des télécommunications

Ce secteur représente l'un des pôles moteurs de la croissance économique mondiale et constitue à ce titre un enjeu particulièrement important pour l'UE. Tous les autres secteurs d'activité ont besoin des télécommunications et des innovations de l'internet : c'est un secteur qui soutient le développement de tous les secteurs.

Historiquement, les monopoles naturels, présents dans la plupart des pays occidentaux, s'y justifiaient en raison des économies d'échelle, importantes dans ce secteur, et de l'existence des effets de club. Les pays anglo-saxons ont joué un rôle précurseur dans la libéralisation du secteur avec l'éclatement, dès 1982, d'*American Telephone and Telegraph* (ATT) aux États-Unis et la mise en place de la première autorité de régulation sectorielle, la *Federal Commission for Communication*, suivi par la privatisation partielle de *British Telecom* en 1984 au Royaume-Uni et la création de l'*Office of Telecommunications*.

Un débat s'est alors ouvert au sein de la Communauté sur le cloisonnement du marché européen des télécommunications entre les exploitants publics nationaux. Le Livre vert sur le marché commun des services et des équipements de télécommunications, publié en 1987, a lancé le processus de libéralisation et d'harmonisation dans ce secteur avec l'adoption de deux directives en 1990. Obligation a été faite aux États membres d'ouvrir leur marché des télécommunications au 1er janvier 1998 et d'instaurer un service universel, assumé par le secteur public ou par les firmes privées (annuaires, renseignements téléphoniques, numéros d'urgence gratuits, cabines téléphoniques). Plusieurs paquets législatifs, adoptés au niveau européen, ont permis le *« dégroupage de l'accès à la boucle locale »*[55], l'élargissement des possibilités de choix des consommateurs et le plafonnement du coût d'itinérance d'un pays à l'autre de l'UE. Des autorités nationales de régulation ont été mises en place[56], coordonnées, à partir de janvier 2010, par l'Organe des régulateurs européens des communications électroniques (ORECE[57]). Cette évolution du cadre institutionnel s'est opérée dans un contexte où les normes et la technologie sur le secteur évoluaient très rapidement : normes GSM (2G), UMTS (3G), puis 4G avec l'organisation de l'informatique en nuage et enfin arrivée de la 5G.

La concurrence dans les télécommunications s'effectue soit par les services, lorsque les nouveaux entrants s'appuient sur les infrastructures de l'opérateur historique, soit par le déploiement d'une infrastructure de réseaux en propre (antennes relais ou autres). L'arbitrage entre les deux dépend du coût d'une nouvelle infrastructure, apprécié au regard des tarifs d'interconnexions qui sont soumis à l'approbation de l'autorité de réglementation. La libéralisation a favorisé la baisse des prix pour le consommateur avec quelques pratiques anticoncurrentielles réglées par les autorités nationales de la concurrence (condamnation d'ententes, principe de conservation du numéro mobile acté en 2006).

Le bilan dressé par la Commission de ce processus d'ouverture à la concurrence[58], en 2013, relevait qu'il n'y avait pas de marché unique mais 28 marchés nationaux distincts. Aucune entreprise n'exerçait son activité dans toute l'UE. Quand un opérateur est actif dans plusieurs États membres, il gère ses activités de manière cloisonnée, car il doit

55. Soit l'accès direct pour toutes les entreprises à l'abonné final, moyennant le versement d'un prix de location de la ligne téléphonique au gestionnaire du réseau.

56. L'Autorité de régulation des télécommunications (ART) a été instaurée en 1997 en France. Elle est devenue l'Autorité de régulation des communications électroniques et des postes (ARCEP) le 20 mai 2005.

57. *Body of European Regulators of Electronic Communications (BEREC).*

58. Commission européenne, *Le marché unique des télécommunications*, COM 634 final, 11 septembre 2013.

composer avec des contraintes différentes imposées par les régulateurs nationaux comme l'attribution des fréquences sur une base nationale. Les opérateurs mobiles ne sont généralement implantés que dans un seul pays. Les disparités de prix restaient importantes, les frais d'itinérance élevés et la pénétration du haut débit variable. Un nouveau règlement, en 2015, a permis d'éliminer les frais d'itinérance à l'intérieur de l'UE en juin 2017 et d'établir des règles communes d'accès à l'internet.

Si les politiques de libéralisation soutenues par la réglementation ont fonctionné, la fragmentation perdure. Le rapport Letta de 2024 sur le marché unique dénonce une entrée excessive de petits opérateurs sur le marché des télécommunications dans l'UE (plus d'une centaine) : *« un opérateur européen moyen ne dessert que cinq millions d'abonnés, contre 107 millions aux États-Unis et 467 millions en Chine »*[59]. Leur faible taille pèse sur leur capacité à obtenir des économies d'échelle, à investir et à innover dans un contexte où la téléphonie est exposée à la concurrence mondiale des messageries instantanées et des grandes plateformes en ligne. La viabilité du secteur dans l'UE n'est pas assurée.

4. Le retour en grâce de la politique industrielle

La Communauté s'est structurée historiquement à partir de l'industrie. Elle est née avec la fondation, le 18 avril 1951, de la Communauté européenne du charbon et de l'acier (CECA) entre la Belgique, la France, l'Italie, le Luxembourg, les Pays-Bas et la République fédérale d'Allemagne. C'est ensuite le secteur de l'énergie atomique qui a été organisé pour ces six pays autour de la Communauté européenne de l'énergie atomique (CEEA devenue EURATOM), le 25 mars 1957. Le traité de Rome n'avait néanmoins pas prévu de politique commune dans le domaine industriel. Il faut attendre sa modification par le traité de Maastricht pour qu'apparaisse un titre sur l'industrie (et non la politique industrielle), composé d'un unique article (article 173 du TFUE). Il recommande d'agir sur les facteurs d'environnement des entreprises, notamment sur *« les politiques d'innovation, de recherche et de développement technologique »*, de façon à favoriser la coopération entre entreprises et l'adaptation des structures. La politique industrielle n'existe dans le traité que sous une forme diffuse et sous-jacente à d'autres politiques européennes. Pendant une cinquantaine d'années, la politique industrielle a été marquée par une forte suspicion au niveau européen avant que l'UE ne finisse progressivement par assumer ses interventions dans ce secteur, en invoquant le principe d'autonomie stratégique, et à les réorienter en faveur de la double transition climatique et numérique, avec l'appui de sa politique de recherche et d'innovation.

59. E. Letta, *Much more than a Market*, April 2024, p. 53.

4.1. L'UE sans politique industrielle formelle jusqu'au début des années 2010

L'UE est régulièrement intervenue dans le domaine industriel, même si cela ne portait pas le nom de *« politique industrielle »*. Elle l'a fait au travers de la politique commerciale commune, de la politique de la concurrence, de la politique de recherche-développement et de la politique de cohésion, afin de favoriser historiquement une reconversion en bon ordre de ses industries en déclin (sidérurgie, chantiers-navals, textile-habillement) et de développer de grands projets industriels au travers des consortiums. Mais elle a aussi longtemps été sensible à l'idée que l'emploi dans les services pouvait remplacer l'emploi industriel et que, pour être compétitif, il fallait que les industriels puissent réorganiser leurs chaînes de valeur à l'international, ce qui a entraîné une délocalisation de pans entiers de l'industrie dans le reste du monde.

4.1.1. La politique commerciale stratégique et les consortiums européens

Un consortium européen est *« une entité organisationnelle qui réunit plusieurs entreprises européennes, dans une gestion de long terme, avec des objectifs de coopération européenne sur des gammes de produits (...) et qui met à contribution une partie seulement des systèmes industriels de chaque firme partenaire »*[77]. Ariane Espace, Airbus Industrie et Galileo (Encadré 6) sont sans doute les exemples les mieux connus, parmi beaucoup d'autres programmes. Ces consortiums sont apparus sous l'impulsion des pouvoirs publics dans des secteurs de haute technologie. Chaque entreprise fabriquant un module du produit final, la gestion de ces ensembles nécessite une grande rigueur. Aussi les consortiums ont poussé très loin les procédures de normalisation et de certification afin de pouvoir assembler leurs ensembles marchandises.

Les consortiums ont bénéficié de protections et d'aides particulières de la part des pouvoirs publics européens qui ont conduit à parler à leur égard de politique commerciale stratégique. Il y a intervention publique s'il est supposé qu'une industrie peut avoir un avantage comparatif potentiel à terme. Dès lors, il s'agit de l'aider à entrer sur le marché qu'elle vise en dérogation aux règles de la concurrence et à s'y développer au-delà de la taille critique. Le protectionnisme stratégique lui permet de parfaire son apprentissage et de parvenir à un stade d'exploitation où elle obtient des économies d'échelle.

Pour illustrer leur propos, les économistes américains Krugman et Obstfeld[78] ont pris le cas de l'entreprise américaine Boeing et du consortium européen Airbus confrontés à la possibilité de produire un

77. B. Claverie, *La gestion des consortiums européens*, PUF, 1991, p. 10.

78. P. Krugman et M. Obstfeld, *Économie internationale*, De Boeck, 1995.

Encadré 6

Galileo

Galileo est le programme européen de radionavigation par satellite concurrent du GPS américain avec lequel il est néanmoins compatible. Il a été lancé à l'initiative de la Commission européenne et développé avec l'Agence spatiale européenne (ESA). Ses applications sont multiples dans des secteurs tels que les transports, les télécommunications, l'agriculture ou la pêche.

Le réseau des 26 satellites de Galileo est actif depuis 2016 et compte deux milliards d'utilisateurs dans le monde. Une deuxième génération de 12 satellites est en cours de mise sur orbite d'ici à la fin 2024 afin d'améliorer sa précision. Confrontée à des problèmes de financement – initialement prévu à partir d'un partenariat public-privé – et à des difficultés à faire travailler ensemble les entreprises constituées au départ en deux consortiums concurrents, la Commission s'est orientée vers un financement total de ce projet par le budget européen à partir de 2008. L'établissement public commun, constitué par l'UE et l'ESA, s'occupe de l'adjudication des contrats. Galileo est le premier réseau entièrement produit et financé par l'UE.

Contrairement au GPS américain, financé et contrôlé par les autorités militaires, Galileo est administré et contrôlé par les civils. Plusieurs pays tiers ont déjà adhéré à Galileo dont la Chine, l'Inde, Israël et l'Ukraine.

nouvel avion de 150 sièges. Ces deux entreprises, qui sont en situation de duopole au niveau mondial, représentent l'ensemble de l'offre. Par hypothèse, seules les possibilités de produire ou non cet appareil sont envisagées.

En situation de libre concurrence (Tableau 4), si les deux entreprises produisent cet avion, elles enregistreront toutes deux des pertes. Elles feront le plein des profits si elles sont les seules sur ce marché. Si Boeing a une avance technologique sur Airbus et réussit à produire la première cet avion, Airbus n'a plus intérêt à pénétrer sur ce marché puisqu'il gagne 0 au lieu de perdre 5. De la même manière, Boeing n'aura pas intérêt à contester son marché à Airbus si le consortium produit déjà sur ce créneau.

Cette situation se modifie avec l'apport de soutiens publics. Krugman et Obstfeld supposent que l'UE décide de subventionner Airbus à hauteur de 25 si le consortium produit cet avion (Tableau 5). L'équilibre concurrentiel entre les deux entreprises s'en trouve profondément transformé. Airbus a intérêt à produire dans tous les cas de figure puisque son profit sera supérieur à zéro. La conséquence est que Boeing obtiendra la meilleure configuration en se retirant de ce marché. Dès lors, Airbus obtiendra un profit de 125. Les subventions versées à Airbus lui confèrent un avantage stratégique comparable à l'avantage que représente pour un industriel le fait de se lancer le premier dans une industrie. Cette présentation n'est pas neutre. Dans les faits, Boeing et Airbus bénéficient tous les deux d'aides publiques sous des formes différentes (aides au lancement, à la recherche-développement, ristournes fiscales, commandes militaires, etc.). Des plaintes croisées sont d'ailleurs régulièrement déposées auprès de l'OMC (voir Chapitre 1) illustratives de cette guerre commerciale à laquelle se livrent les deux constructeurs.

Tableau 4

Les profits d'Airbus et de Boeing en situation de concurrence

		AIRBUS	
		Produire	**Ne pas produire**
BOEING	**Produire**	-5 -5	0 100
	Ne pas produire	100 0	0 0

Tableau 5

Les profits d'Airbus et de Boeing dans le cas de subventions versées à Airbus

		AIRBUS	
		Produire	**Ne pas produire**
BOEING	**Produire**	20 -5	0 100
	Ne pas produire	125 0	0 0

La modification des parts de marché, induite par la politique industrielle, a conduit à parler de *« politique commerciale stratégique »* dans ce cas. Cette politique suppose que la spécialisation internationale n'est pas seulement le reflet des dotations en ressources mais qu'elle résulte de l'intervention des acteurs publics qui y trouve sa justification. Dans cette perspective, l'avantage compétitif d'un pays est tout autant construit que donné. Ce sont les politiques industrielles et commerciales qui créent pour partie l'avantage comparatif. Cette position a eu historiquement un large écho en France qui a toujours prôné une approche en termes de *« champion industriel »*, mais aussi en Europe sur les secteurs où opèrent les consortiums et qui engagent la souveraineté (aéronautique, espace, défense).

Les consortiums constituent un mode d'organisation et de coopération industrielle propre à l'Europe, très étroitement coordonné avec la politique de recherche et de développement technologique mise en place au niveau communautaire dans la mesure où les coûts de recherche et développement dans ces secteurs d'activité sont considérables.

4.1.2. La tentation d'une économie de services

Lors du Conseil européen de Lisbonne, des 23 et 24 mars 2000, l'UE s'était donnée pour objectif *« de devenir l'économie de la connaissance la plus compétitive et la plus dynamique du monde »* (voir Chapitre 4). Cette stratégie de croissance visait explicitement à ce que des emplois hautement qualifiés dans les services remplacent des emplois industriels. Elle se calait sur les évolutions constatées aux États-Unis dans un contexte où l'Allemagne – le pays le plus industriel de l'UE – était identifiée comme *« l'homme malade de l'Europe »* et où l'UE allait s'élargir aux PECO.

La Commission a dressé en 2002[80] et en 2004[81] un état des lieux des atouts et des faiblesses de l'industrie européenne, rompant avec le silence qui avait caractérisé les années quatre-vingt-dix sur ce thème. Elle s'y interroge sur le phénomène de *« désindustrialisation »,* en notant un recul de la part de l'industrie dans l'emploi total, et sur les *« délocalisations »* qui lui sont associées lorsqu'il y a fermeture d'une unité de production suivie de sa réouverture à l'étranger. Les délocalisations affectaient l'industrie et les services (centrales d'appel, informatique, comptabilité, etc.). Mais dans l'industrie, les délocalisations concernaient les produits les plus intensifs en travail non qualifié contrairement aux services où le travail qualifié était aussi affecté. Les pertes

80. Commission européenne, *La politique industrielle dans l'Europe élargie*, COM 714 final, 11 décembre 2002.

81. Commission européenne, *Accompagner les mutations industrielles : une politique industrielle pour l'Europe élargie*, COM 274 final, 20 avril 2004.

annuelles d'emplois industriels, générées par les délocalisations, étaient évaluées à moins de 1 % de l'emploi total du secteur avec une aggravation du phénomène.

Pour la Commission, l'UE se désengageait progressivement de l'industrie jusqu'à devenir un importateur net de produits industriels et un grand exportateur de services. Les études réalisées[82] attestaient d'un redéploiement de la division internationale du travail à partir de trois constats principaux :

– le caractère autocentré des échanges entre les pays membres de l'UE avait tendance à diminuer même si l'élargissement avait inversé le phénomène en permettant une réallocation des capacités de production à l'échelle européenne ;

– la forte réduction des coûts de transport et de communication entraînait une réorganisation planétaire des différents segments des chaînes de production au niveau des firmes ;

– l'ouverture aux échanges de deux géants démographiques, la Chine et l'Inde, dont la taille est sans commune mesure avec les pays émergents des années soixante-dix et quatre-vingt, et qui sont dotés à la fois d'une main-d'œuvre peu coûteuse et de technologies avancées.

L'industrie manufacturière continuait néanmoins à jouer un rôle important dans l'UE. Elle employait plus de 34 millions de personnes, représentait les trois quarts des exportations communautaires et plus de 80 % des dépenses de R&D du secteur privé. L'imbrication croissante entre industrie et services rendait souvent difficile toute évaluation de la désindustrialisation : l'industrie a connu un phénomène d'externalisation d'une partie de ses activités vers des entreprises classées dans le secteur des services (nettoyage, informatique, restauration collective, etc.), tandis que l'offre de produits industriels génère de plus en plus de services (marketing, maintenance, service après-vente, etc.).

La tertiarisation de l'économie européenne supposait néanmoins le maintien d'une base industrielle solide. Avec une croissance de la productivité dans l'industrie supérieure à celle des services, les transferts de main-d'œuvre ont été constants entre les deux secteurs d'activité. Cinq branches de l'industrie sur les vingt-trois analysées par la Commission avaient enregistré une diminution simultanée et durable de l'emploi et de la production sur une période assez longue : le textile, l'habillement, la chaussure, la construction et réparation navale, le

82. Voir notamment L. Fontagné, M. Fouquin, G. Gaulier, C. Herzog et S. Zignago, *L'insertion de l'industrie européenne dans la division internationale du travail*, Rapport réalisé pour la Direction Générale du Commerce de la Commission européenne, CEPII-CIREM, juillet 2004. Pour la France, voir L. Fontagné et J.-H. Lorenzi, *Désindustrialisation, délocalisations*, Conseil d'analyse économique, La Documentation française, 2005.

raffinage du pétrole, le charbon et les combustibles nucléaires. En revanche, la chimie, l'automobile, la pharmacie et les machines demeuraient des points forts de l'industrie européenne. Mais ces exportations étaient mal orientées sur les plans sectoriel et géographique : elles reculaient pour de nombreux produits de haute technologie et n'étaient pas assez dirigées vers les zones à croissance rapide.

L'attractivité des nouveaux États membres était évidente pour la Commission sur certaines branches d'activité, malgré la faiblesse de leur productivité du travail. Avec des coûts du travail nettement inférieurs, un niveau de qualification élevé, et un cadre juridique commun, ces pays pouvaient *« permettre de maintenir dans l'UE des productions qui auraient sinon été transférées en Asie, et ainsi de garantir la compétitivité des secteurs concernés, grâce à la réorganisation de la chaîne de valeur au sein de l'Europe »*[83].

4.2. La politique industrielle européenne assumée

L'UE dispose d'une solide base industrielle. Mais dans un monde en mutation où les marchés sont très concurrentiels ses positions se sont érodées et son retard par rapport à certains pays en matière d'innovation s'est accentué. Les crises successives traversées par l'UE ont mis en évidence la nécessité de réinvestir la politique industrielle en commençant par le domaine où la légitimité économique et historique de l'UE est incontestable – les grands projets – afin que l'UE soit davantage résiliente dans la mondialisation et retrouve une autonomie stratégique.

4.2.1. L'organisation des secteurs d'avenir : les Projets importants d'intérêt européen commun (PIIEC)

C'est à la fin 2012, lorsque la Commission a analysé les conséquences de la crise économique de 2009 sur l'industrie, que son discours a marqué une inflexion pour se faire plus volontariste : *« l'Europe doit endiguer le déclin du rôle de l'industrie pour faire face au 21e siècle »*[84]. Ce déclin ressort de tous les indicateurs : son importance dans l'économie (15,5 % en 2009), des parts de marché à l'exportation qui fléchissent et l'emploi industriel en baisse de 1,8 million entre 2009 et 2013 dans l'UE à 27 pour ne plus représenter que 33 millions de personnes. Il s'agit alors d'infléchir cette tendance et de relancer ce secteur qui doit apporter sa contribution à l'UE pour affronter des défis majeurs. Pour cela, la Commission a identifié six domaines prioritaires qui ont un impact sur la croissance à long terme et qui sont susceptibles de porter la

83. Commission européenne, *Accompagner les mutations industrielles : une politique industrielle pour l'Europe élargie*, COM cité, p. 18.

84. Commission européenne, *Une industrie européenne plus forte au service de la croissance et de la relance économique*, COM 582 final, 10 octobre 2012.

« troisième révolution industrielle » : les technologies avancées pour une production propre, les technologies génériques, les bioproduits, la construction et les matières premières durables, les véhicules et les navires propres, les réseaux intelligents et les technologies numériques.

L'approche proposée consiste à améliorer les *« conditions cadres »* au niveau de ces domaines afin qu'ils puissent développer leurs avantages concurrentiels. Les actions portent sur des améliorations au fonctionnement du marché intérieur, dans l'accès au financement et sur des investissements dans le capital humain et les compétences. Elles sont très étroitement adossées aux politiques proposées par l'UE pour la période 2014-2020 en matière de recherche-développement et de cohésion. Le changement de doctrine est net puisque la libérale Commission européenne va jusqu'à affirmer que *« l'intervention du secteur public devrait permettre de créer l'environnement de marché idoine et de remédier aux défaillances du marché »*[85].

Cette évolution se matérialise dans une modernisation de l'approche des aides d'État afin que ces derniers puissent investir dans les *« Projets importants d'intérêt européen commun »* (PIIEC), sans être en porte à faux vis-à-vis du droit de la concurrence. Cette nouvelle forme d'intervention publique apparaît en 2014 dans le dessein de soutenir la croissance durable, l'emploi et la compétitivité de l'industrie de l'UE. Elle rappelle l'approche des consortiums : il s'agit de trouver des formes d'organisation coopératives entre de multiples partenaires et compétences avec de l'intervention publique : *« Les PIIEC permettent de regrouper des connaissances, du savoir-faire, des ressources financières et des acteurs économiques de toute l'Union, afin de pallier de graves défaillances systémiques ou du marché et de relever des défis sociétaux importants qu'il ne serait pas possible de surmonter sans ces projets. Ils sont conçus pour réunir des acteurs publics et privés afin de mettre en œuvre des projets de grande ampleur qui apportent des bénéfices considérables à l'Union et à ses citoyens »*[86].

Les PIIEC requièrent une intervention des pouvoirs publics sans laquelle le marché ne financerait pas ces projets car ils concernent des *« innovations de rupture »* pour lesquelles la prise de risque technologique ou financière est trop importante. C'est une situation *« type »* qui justifie l'intervention publique. Le projet doit aussi être de grande envergure, associer plus d'un État membre, comporter un cofinancement du bénéficiaire et engendrer des externalités positives à plusieurs

85. Commission européenne, *Une industrie européenne plus forte au service de la croissance et de la relance économique*, COM. cité, p. 7.

86. Commission européenne, *Critères relatifs à l'analyse de la compatibilité avec le marché intérieur des aides d'État destinées à promouvoir la réalisation de projets importants d'intérêt européen commun*, C 188/02, JOUE, 20 juin 2014.

niveaux de la chaîne de valeur. La Commission a créé, en 2018, un Forum stratégique adossé à un groupe d'experts afin d'identifier les chaînes de valeur essentielles et les projets d'investissement clés[87]. Elle souhaite affiner son classement de départ des domaines jugés prioritaires. Des PIIEC existent notamment pour les batteries électriques, la microélectronique (semi-conducteurs, composants, systèmes embarqués), l'hydrogène, le numérique (infrastructures, services cloud) et la santé. Afin de renforcer les liens entre la recherche sur des technologies innovantes et le développement de PME et de start-up, la Commission a lancé le Conseil européen de l'innovation en mars 2021 dans le cadre d'Horizon 2020. En 2022, l'industrie (hors construction) représente 20,2 % du PIB de l'UE, 14,2 % de ses emplois et 62 % de ses exportations.

4.2.2. La doctrine de l'autonomie stratégique

Le couple franco-allemand joue souvent un rôle moteur en Europe, encore plus sur le dossier industriel étant donné le poids respectif des deux partenaires et notamment de l'industrie allemande. La publication, le 19 février 2019, du *« Manifeste franco-allemand pour une politique industrielle européenne adaptée au XXIe siècle »*[88] constituait un signal fort d'un changement de braquet. Y est d'emblée affirmé que *« si l'Europe veut rester une puissance industrielle en 2030, nous avons besoin d'une véritable politique industrielle européenne »*, ce qui suppose une réflexion plus stratégique que par le passé et des investissements *ad hoc*. Trois piliers sont mis en avant :

– *investir massivement dans l'innovation*. Pour cela, il s'agit de mobiliser les instruments financiers existants (InvestEU, le Fonds européen d'investissement, l'union des marchés des capitaux), d'organiser les collaborations dans les PIIEC, en identifiant des projets *« permettant de faire des paris technologiques à haut risque »* grâce au concours du Conseil européen de l'innovation. Une attention toute particulière est accordée au domaine de l'intelligence artificielle pour lequel une coopération franco-allemande est souhaitée tant en recherche-développement que dans les applications possibles en santé, transports et robotique ;

– *adapter le cadre réglementaire*. Le postulat de départ est ici qu'*« il n'existe pas de règles du jeu équitables au niveau mondial »* et qu'*« il n'y en aura pas de sitôt »*, ce qui désavantage les entreprises européennes et impose de revoir les règles européennes de la concurrence. Diverses pistes sont explorées au niveau du contrôle des

---

87. https://europa.eu/!nT98kN

88. https://www.tresor.economie.gouv.fr/Articles/2019/02/19/manifeste-franco-allemand-pour-l-industrie

concentrations, d'un droit de recours possible du Conseil sur les décisions de la Commission et de l'assouplissement des PIIEC afin qu'ils soient encore plus ouverts aux aides d'État ;

– *relever le niveau de protection*. La défense des intérêts européens est renforcée grâce au mécanisme de filtrage des investissements étrangers en Europe (voir Chapitre 1) et à l'introduction d'une clause de réciprocité concernant l'accès aux marchés publics des pays tiers. Si la défense du multilatéralisme est revendiquée, il est aussi indiqué qu'il faut *« adapter notre politique commerciale pour défendre notre autonomie stratégique »*.

Cette notion d'*« autonomie stratégique »* associée à l'industrie a été renforcée par l'identification de vulnérabilités sur les importations d'un certain nombre de produits au cours de la pandémie de Covid-19. Le Conseil européen y revient longuement par deux fois – le 2 octobre et le 16 novembre 2020 –. La doctrine qui sous-tend l'autonomie stratégique est explicitée : la recherche de cette souveraineté économique et industrielle pour l'Europe doit être conciliée avec le principe d'une économie ouverte, partie prenante de l'OMC. Mais le Conseil demande d'actualiser le cadre européen de la concurrence, de protéger l'UE des pratiques déloyales et abusives, d'assurer la réciprocité et de *« mener une politique industrielle ambitieuse afin de rendre son industrie plus durable, plus verte, plus compétitive au niveau mondial et plus résiliente »*[89].

La Commission est chargée de recenser les dépendances stratégiques, comme celles apparues dans le domaine de la santé, et de proposer des mesures pour les réduire (diversification des chaînes de production et d'approvisionnement, stocks stratégiques, stimulation de la production et des investissements en Europe). Plusieurs États membres se sont depuis livrés à cet exercice[90] afin de renforcer leur résilience et de réduire leur vulnérabilité à des chocs imputables à une rupture d'approvisionnement sur des intrants stratégiques. Le Conseil insiste également sur la nécessité de développer de nouvelles alliances industrielles (matières premières, équipements médicaux, microprocesseurs, réseaux de télécommunications sécurisés, données et nuages industriels, plateformes industrielles, etc.), de soutenir les PIIEC en cours de montage, de développer l'autonomie de l'UE dans le spatial et de mieux intégrer son industrie de défense.

Dans ce contexte, le cadre financier pluriannuel 2021-2027 couplé à Next Generation EU (NGEU, voir Chapitre 4) sont des instruments d'incitation très puissants pour orienter la relance européenne vers

89. Conseil européen, *Conclusions*, Bruxelles, le 2 octobre 2020, p. 2.

90. Cf. pour la France la note du Conseil d'analyse économique de X. Jaravel et I. Méjean, *Quelle stratégie de résilience dans la mondialisation ?*, n° 64, avril 2021.

l'industrie. Les 672 milliards d'euros de prêts et de subventions de NGEU irriguent le tissu industriel dès lors que les projets s'inscrivent dans les priorités européennes.

4.3. La double transition climatique et numérique

L'industrie fait partie des secteurs les plus impactés par la double transition climatique et numérique. Dans les deux cas, l'UE a appréhendé cette transition à partir de la mise en place de marchés : le marché carbone et le marché numérique. Ils constituent les pierres angulaires de l'approche européenne parfois exportée dans d'autres pays, comme c'est le cas pour le marché carbone en Chine. Ces deux marchés sont complétés, depuis 2021, par les financements de NGEU fléchés vers la transition climatique (37 % des fonds) et numérique (20 %).

4.3.1. Le marché carbone et le mécanisme d'ajustement aux frontières

À la suite des préconisations du Groupe d'experts intergouvernemental sur l'évolution du climat (GIEC), les pays signataires du protocole de Kyoto se sont engagés, en 1997, à réduire leurs émissions des gaz à effet de serre. Le marché carbone européen, étendu aux pays membres de l'EEE, en est une déclinaison indirecte. Le postulat économique de départ a consisté à donner un prix à ce qui n'en avait pas – le carbone – afin de créer un système d'incitation à la réduction des émissions. Le Système d'échange de quotas d'émission de CO_2 (SEQE), actif à partir de 2005, consiste à fixer un plafond global des émissions et à le répartir sous forme de droits à polluer. Des échanges, entre les industries qui émettent moins que leurs droits et celles qui émettent plus, introduisent de la flexibilité et permettent la détermination d'un prix des quotas de carbone.

Deux éléments sont déterminants dans le fonctionnement du SEQE. Le premier tient au bon calibrage dans la fixation du plafond global des émissions. S'il est trop élevé, le signal de prix est de faible intensité : il n'y a aucune incitation à réduire son empreinte carbone mais aussi à proposer des solutions technologiques propres et abordables. Si le plafond est abaissé, le prix des quotas de CO_2 progresse et les émissions s'orientent à la baisse. Il y a un risque du côté des secteurs exposés à la concurrence étrangère qui peuvent être pénalisés jusqu'à provoquer leur délocalisation. Le second élément concerne la montée en puissance du SEQE. Pour cela, il a fallu agir sur la définition du périmètre des secteurs concernés par ces droits à polluer. Au départ, plus de la moitié des émissions de CO_2 ont été exclues de ce marché dont les secteurs liés aux transports et à l'usage des bâtiments.

Entre son lancement, le 1er janvier 2005, et la fin de l'année 2020, le curseur pour le plafonnement global du SEQE a été placé beaucoup trop haut, ce qui a laissé le prix du carbone à un niveau faible. Au cours de la phase de test du marché (2005-2007), ce sont les États membres qui ont alloué de manière décentralisée les quotas. Ils l'ont fait en quantités excédentaires afin de ne pas prendre le risque de pénaliser leurs industriels au sein du marché unique. Dans sa deuxième phase (2008-2012), ce sont les plafonds de Kyoto qui ont servi d'objectifs. Il est apparu *a posteriori* qu'ils étaient trop élevés. Quant à l'objectif de réduction de 20 % des émissions, fixé par la Stratégie Europe 2020 pour la troisième phase du marché carbone (2013-2020), il était atteint dès 2014. Certains des défauts de conception initiaux du SEQE ont été progressivement traités avec notamment l'introduction d'une réserve de stabilité du marché. Malgré l'inexistence d'un bon signal prix jusqu'en 2018, les émissions de CO_2 ont diminué de 42 % entre 2005 et 2020 en raison des crises qui ont entraîné un recul de production au cours de la période et des réglementations mises en place dans le secteur de l'électricité. L'objectif climatique assigné au SEQE a ainsi été atteint et même dépassé.

Avec l'enclenchement de la quatrième phase du marché carbone (2021-2030), l'UE s'est fixé, dans le cadre du Pacte vert pour l'Europe, plusieurs objectifs. Le plus ambitieux vise à la réduction de 55 % des émissions de gaz à effet de serre d'ici à 2030, par rapport aux niveaux de 1990, afin d'atteindre la neutralité carbone à l'horizon 2050. Un second objectif consiste à faire passer de 22 %, en 2021, à 42,5 %, en 2030, la part des énergies renouvelables dans le mix énergétique. Le champ d'application du SEQE sera étendu, en 2027, aux secteurs du bâtiment et des transports[91]. Le prix de la tonne de CO_2 a décollé en 2021-2022 (Graphique 7) pour atteindre les 100 euros la tonne en 2023.

Si le marché carbone joue de plus en plus le rôle qui lui est assigné, il y a un risque de *« fuites de carbone »* imputable à la délocalisation d'entreprises vers des pays moins ambitieux en termes d'émission de CO_2 et qui vont ensuite exporter leurs produits vers l'UE. Cette forme de concurrence déloyale pénalise les industriels européens respectueux des règles et réduit à néant l'impact positif global sur le climat. Il est significatif que si les émissions de CO_2 ont diminué, l'empreinte carbone[92], elle, a progressé, ce qui veut dire que l'UE a importé davantage de produits fabriqués avec des exigences environnementales inférieures à celles des Européens. Pour faire face à ce problème, la Commission a instauré un mécanisme d'ajustement carbone aux frontières (MACF) en

91. Commission européenne, *Ajustement à l'objectif 55 : atteindre l'objectif climatique de l'UE à l'horizon 2030 sur la voie de la neutralité climatique*, COM 550 final, 14 juillet 2021.

92. L'empreinte carbone prend en compte non seulement les émissions directes dues à l'utilisation de l'énergie mais aussi les émissions indirectes imputables aux chaînes d'approvisionnement et de transformation situées en amont (production, transport, distribution), voire en aval (recyclage, démantèlement).

phase test, depuis le 1er octobre 2023, et qui devrait passer en phase active, le 1er janvier 2026. Cette fiscalité, simple sur le principe, s'avère délicate dans son application lorsqu'il s'agit de tracer les émissions de gaz à effet de serre. La globalisation a conduit à une fragmentation des chaînes de valeur mondiale qui multiplie les étapes, rend complexes les chiffrages et peut être source de contentieux avec les pays tiers.

Graphique 7

Le prix de la tonne de CO_2 (euros/tonne) dans l'UE

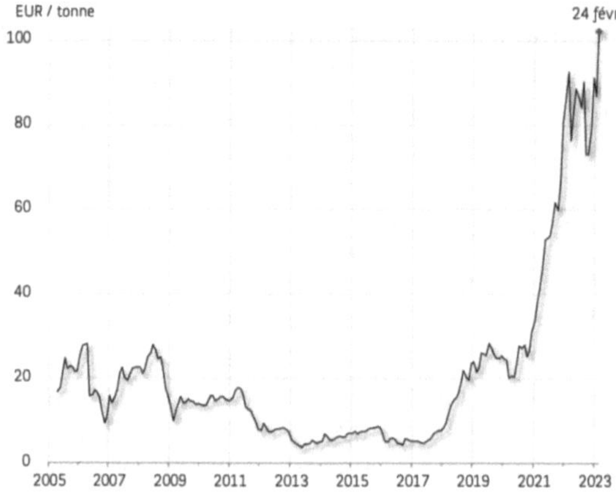

Sources : Refinitiv, ICE Endex, BNP Paribas.

La fiscalité carbone – taxe carbone nationale, SEQE et MACF – entraîne des effets redistributifs. L'élargissement du SEQE, en 2027, aux secteurs du bâtiment et des transports routiers, maritimes et aériens, va impacter les ménages. Les taxes carbone domestique sont pour eux relativement plus régressives que le MACF[94]. Un Fonds social pour le climat sera mis en place, à partir de janvier 2026, pour atténuer les coûts supportés par les personnes les plus exposées aux hausses de prix. Le MACF a vocation à devenir pour partie une nouvelle ressource propre du budget de l'UE (voir Chapitre 4). Les instruments de tarification du carbone génèrent de plus en plus de revenu pour les budgets publics dans le monde : 86 milliards de dollars en 2022, selon la Banque mondiale, contre 11 milliards en 2010. Sur ce montant, 76 % ont pour origine des marchés de quotas (UE mais aussi Chine, Kazakhstan, Corée du Sud, Québec, Californie, etc.) et 24 % des taxes. Dans l'UE, les recettes annuelles des États membres générées par le SEQE sont passées de 15 milliards en 2020 à 30 milliards en 2022.

94. P. Malliet, « L'empreinte carbone des ménages français et les effets redistributifs d'une fiscalité carbone aux frontières », *Policy brief* n° 62, OFCE, 9 janvier 2020.

L'industrie va devoir réduire davantage son empreinte carbone et proposer des solutions technologiques orientées vers le durable notamment pour les industries liées à l'énergie et à la mobilité. Les produits de base – acier, produits chimiques, produits liés à la construction – devront également améliorer leur durabilité. Le mécanisme pour une transition juste, créé en 2020, a pour mission de soutenir les régions spécialisées sur des productions très carbonées dans leur transition.

4.3.2. Le marché unique numérique

La transition numérique s'accélère. Les technologies de l'information et de la communication (TIC) servent désormais de support aux innovations qui gagnent tous les secteurs d'activité : les médias, le commerce, l'agriculture, l'automobile, la banque, les transports, l'hôtellerie, la culture, l'éducation, tous sont concernés par le passage au numérique. Cette numérisation de la société provoque des changements dans la structure des emplois, remet en question des situations établies mais crée aussi des opportunités et des facilités nouvelles pour les citoyens, les entreprises et les pouvoirs publics. La pandémie de Covid-19 a encore plus imposé la nécessité de cette transformation numérique et pour l'UE de tenter d'accroître sa souveraineté dans ce domaine.

a) Quelques caractéristiques propres à l'économie numérique

La transformation numérique repose sur les composants électroniques, l'internet, les réseaux, les moteurs de recherche, les plateformes en ligne, les données, l'intelligence artificielle et l'informatique en nuage. Le développement de cette économie pose des questions nouvelles tant sur les modèles économiques à trouver que leur régulation juridique (droits fondamentaux, droit de la consommation, etc.) et leur imposition (droits d'auteur, TVA, taxe numérique, etc.).

Le fonctionnement de cette économie numérique[95] qui s'est imposée dans toutes les dimensions de la vie s'opère sur la base de quelques caractéristiques communes :

– l'importance des économies d'échelle et des effets de réseau qui font que plus il y a d'utilisateurs, plus l'activité est rentable dans la mesure où l'entreprise propose plutôt un meilleur service pour le même prix, dès lors que son réseau s'étend, ce qui lui permet des rendements croissants ;

– une baisse des coûts de transaction grâce à une authentification plus aisée des cocontractants, ce qui facilite l'établissement de relations

95. Voir notamment N. Colin, A. Landier, P. Mohnen et A. Perrot, « Économie numérique », Conseil d'analyse économique, *Les notes du CAE* n° 26, octobre 2015. M. Bourreau et A. Perrot, « Plateformes numériques : réguler avant qu'il ne soit trop tard », *Les notes du CAE* n° 60, octobre 2020.

de confiance et l'usage de plateformes collaboratives et d'intermédiation ;

– la recherche permanente de l'amélioration de la performance par le traitement des données clients et par les algorithmes d'apprentissage (*machine learning*) ;

– des coûts d'entrée faibles avec la possibilité, moyennant la mobilisation de peu de capital, de contester les positions acquises par les entreprises déjà en place ;

– une tendance naturelle à la concentration qui résulte des économies d'échelle et des effets de réseau, renforcés par l'organisation des entreprises du secteur sous la forme de conglomérat et par leur politique de rachat des start-ups prometteuses. Mais les monopoles sont relativement moins durables que dans l'ancienne économie puisqu'ils peuvent être vite déstabilisés par des innovations.

b) Les Européens à la manœuvre pour réglementer

Les grandes entreprises du numérique sont américaines (les GAFAM : Google, Apple, Facebook, Amazon et Microsoft) et chinoises (les BATX : Baidu, Alibaba, Tencent et Xiaomi). Il faut descendre dans les « *licornes*[96] » pour trouver des entreprises européennes. Pour relancer l'Europe dans le numérique, la Commission européenne a eu recours à son approche habituelle : construire un marché unique dans ce domaine, le réglementer avant d'ambitionner, sous la pression du Conseil, d'accélérer les investissements et de construire une souveraineté numérique pour l'UE.

C'est en 2015 que la Commission a arrêté sa *Stratégie pour un marché numérique en Europe*[97] à partir de la définition de vingt-cinq chantiers juridiques à conduire chez les deux colégislateurs. Ils touchaient de nombreux domaines : la connectivité, la suppression des restrictions abusives liées au blocage géographique, la fin des frais d'itinérance[98], des ajustements en matière de TVA, de droit d'auteur, mais aussi, une vigilance sur les risques associés à cette économie numérique, la protection des consommateurs, la cybersécurité, la manipulation de groupes de la population, la lutte contre les contenus illicites en ligne et – ce qui reste la mesure la plus emblématique de ce paquet législatif

96. Une « *licorne* » est une entreprise qui respecte quelques critères : moins de 10 ans d'existence sur son marché, spécialisée dans les nouvelles technologies, valorisée à plus d'un milliard de dollars. En France, des entreprises comme BlaBlaCar, Deezer, OVH, Doctolib sont, par exemple, considérées comme des « *licornes* ».

97. Commission européenne, *Stratégie pour un marché numérique en Europe*, COM 192 final, 6 mai 2015.

98. Ils entraînaient une surtaxation des appels, des SMS et de l'internet dès lors que la connexion était réalisée à partir des autres États membres.

– l'entrée en vigueur du Règlement général de protection des données (RGPD), le 25 mai 2018 qui garantit le respect des droits fondamentaux et protège les données à caractère personnel. Là où les États-Unis et la Chine misent sur l'innovation et leurs entreprises, l'UE impose ses pouvoirs de réglementation et exporte sa norme RGPD vers d'autres pays dans le monde : Japon et Corée du Sud notamment.

L'UE a poursuivi cette stratégie d'encadrement du numérique avec l'adoption de deux nouveaux règlements : le règlement sur les services numériques (*Digital Services Act* – DSA), entré en vigueur en deux temps, le 25 août 2023 puis le 17 février 2024, et le règlement sur les marchés numériques (*Digital Markets Act* – DMA), progressivement applicable depuis le 2 mai 2023. Ils reposent sur un principe simple *« ce qui est illicite hors ligne doit aussi l'être en ligne »*[99]. Le DSA impose aux réseaux sociaux et aux plateformes des obligations de moyens et de transparence dans leur lutte contre les contenus illicites en ligne et dans le fonctionnement de leurs algorithmes. Le DMA s'attache à la régulation des *« plateformes structurantes »* – celles qui créent un véritable écosystème autour d'elles. Il tente de remédier aux abus potentiels de position dominante observés : favoriser leurs propres services au sein du conglomérat à partir de leur moteur de recherche interne, exploiter les données de leur clientèle professionnelle pour mieux lui faire concurrence, interdire à leurs clients de proposer des prix inférieurs en dehors de la plateforme, bloquer la désinstallation de certaines applications mobiles. Il accorde aux entreprises hébergées un accès gratuit à toutes leurs données d'activité. Les plateformes ont l'obligation de notifier à la Commission toutes leurs acquisitions, indépendamment de leur taille. Le DMA pallie certaines carences dans l'application du droit de la concurrence aux plateformes numériques. Il s'agit de pouvoir les réguler *ex ante* sans attendre les résultats des lourdes enquêtes anticoncurrentielles. Il impose des amendes réellement dissuasives aux contrevenants – jusqu'à 10 % de leur chiffre d'affaires mondial. Et en cas de récidive, la Commission peut imposer la cession de certaines activités dès le moment où elles sont implantées en Europe.

Le dernier domaine en date, dans cette stratégie de construction d'un cadre réglementaire, a concerné l'intelligence artificielle (IA) avec l'accord intervenu, le 2 février 2024, sur la proposition de règlement du secteur portée par la Commission depuis 2021[100]. Ce règlement veille à ce que les systèmes d'IA mis sur le marché européen respectent les droits fondamentaux, l'État de droit et la durabilité environnementale.

---

99. Commission européenne, *Façonner l'avenir numérique de l'Europe*, COM 67 final, 19 février 2020, p. 11.

100. Commission européenne, *Proposition de règlement du Parlement européen et du Conseil établissant des règles harmonisées concernant l'intelligence artificielle*, COM 206 final, 21 avril 2021.

Il renforce l'efficacité de la législation existante pour obtenir l'application de ces principes. Il garantit la sécurité juridique afin de faciliter les investissements, l'innovation et offre un cadre commun nécessaire au fonctionnement d'un marché unique. Une mise en cohérence est faite avec la Charte des droits fondamentaux de l'UE (voir Chapitre 5) et le droit dérivé de l'UE (protection des données, du consommateur, etc.).

c) Le lancement d'une politique industrielle stratégique

Dans leur démarche vis-à-vis de l'économie numérique, les Européens renvoyaient parfaitement au diagnostic posé, dès 2016, par Emma Marcegaglia[101] : « *Quand il y a une innovation, les Américains en font un business, les Chinois la copient et les Européens la réglementent* ». Lors de la pandémie de Covid-19, en 2020-2022, le numérique est encore plus apparu comme un enjeu de souveraineté avec un usage massif de technologies et de logiciels venus d'ailleurs qui ont permis à des pans entiers de nos économies de continuer à fonctionner. Conscient de ce biais, le Conseil a invité la Commission, en 2021, « *à utiliser tous les instruments disponibles dans les domaines des politiques industrielle, commerciale et de la concurrence, des compétences et de l'éducation, de la recherche et de l'innovation, ainsi que des instruments de financement à long terme, afin de faciliter la transition numérique* »[102].

L'approche de l'UE change de dimension avec l'investissement de fonds publics et la mise en place d'une forme de politique industrielle et commerciale stratégique. Le plan de relance européen, Next Generation European Union (NGEU), dégage des fonds au titre de la facilité pour la reprise et la résilience (FRR) pour la transition numérique – au moins 20 % des fonds du FRR (voir Chapitre 4) –. Des projets industriels sont assignés comme objectifs directement par le Conseil européen : supercalculateurs, renforcement au sein des chaînes de valeur numériques dans les microprocesseurs, infrastructures de réseau (fibres et 5G), protection contre les cybermenaces, création d'espaces européens communs de données, mise en place de services européens en nuage et intelligence artificielle. Cette feuille de route est balisée par la Commission dans sa communication « *Une boussole numérique pour 2030*[103] » qui affiche quatre axes avec l'élaboration d'indicateurs de suivi à atteindre d'ici 2030 (Graphique 8) :

101. Ancienne présidente du Medef Italien et PDG du groupe pétrolier ENI. Ces propos ont été tenus lors d'un débat avec Manuel Valls au Forum économique de Davos.

102. Conseil européen, *Déclaration des membres du Conseil européen*, SN 18/21, 25 mars 2021, p. 3.

103. Commission européenne, *2030 Digital Compass: the European way for the Digital Decade*, COM 118 final, 9 mars 2021.

– l'amélioration de l'accès aux infrastructures et de leur couverture (connectivité 5G pour toutes les zones peuplées, haut débit pour les ménages, couverture par la fibre) avec la production de semi-conducteurs (l'UE devrait représenter 20 % de la production mondiale) et des trois premiers ordinateurs quantiques ;

Graphique 8

État des lieux dressé en 2023 des indicateurs numériques au regard des objectifs à atteindre d'ici à 2030

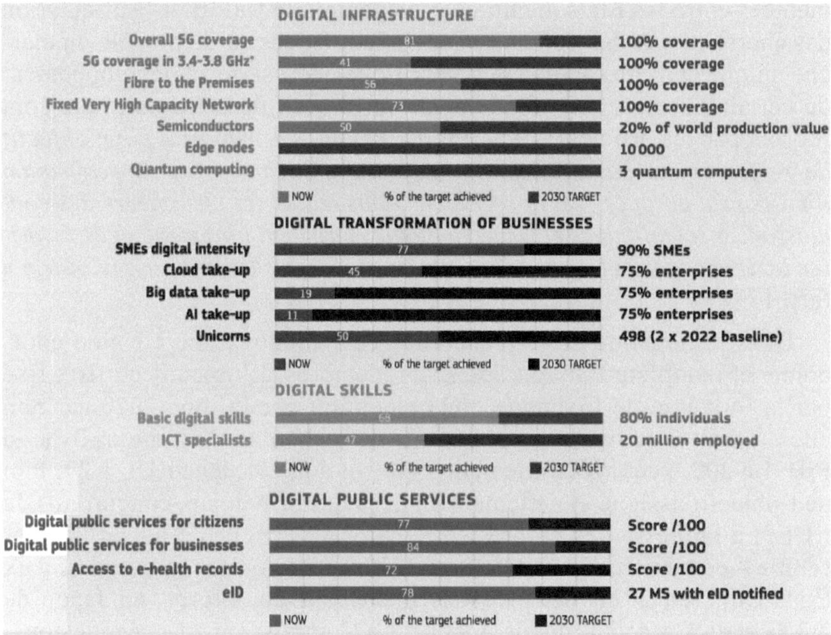

Source : Commission européenne, 29 septembre 2023.

– la transformation numérique des entreprises avec l'objectif d'une diffusion à 90 % dans les PME et que trois d'entre elles sur quatre utilisent l'informatique en nuage, le big data et l'intelligence artificielle auquel s'ajoute l'objectif de doublement du nombre de licornes ;

– des compétences numériques pour 80 % des citoyens de concert avec la formation de 20 millions de professionnels spécialistes du numérique ;

– la numérisation des services publics clés qui devront être disponibles en ligne tandis que les citoyens auront accès à leurs dossiers médicaux électroniques et disposeront à 80 % d'une solution d'identification électronique.

La Commission publie cet état des lieux chaque année en collaboration avec les États membres. Le volontarisme, la mobilisation et l'interventionnisme contrastent singulièrement avec la situation qui prévalait il n'y a de cela qu'une décennie.

4.3.3. La politique de la recherche et de l'innovation : Horizon Europe

Le lancement de la stratégie de Lisbonne en 2000 qui assignait comme objectif à l'UE de se positionner *sur « l'économie de la connaissance »* a entraîné la création d'un Espace européen de la recherche (EER) afin de dynamiser la recherche et l'innovation jusqu'alors fragmentées entre les États membres. Le but était de fluidifier la circulation des chercheurs et des connaissances scientifiques sur le modèle du marché unique et d'atteindre la masse critique nécessaire au développement de certains projets. Les fondements juridiques de cette politique sont fournis par les articles 179 à 190 du TFUE. *« L'Union a pour objectif de renforcer ses bases scientifiques et technologiques, par la réalisation d'un espace européen de la recherche dans lequel les chercheurs, les connaissances scientifiques et les technologies circulent librement, et de favoriser le développement de sa compétitivité, y compris celle de son industrie »* (art. 179).

Dans le domaine de la recherche et de l'innovation, l'Union coordonne et complète l'action des États membres. L'objectif chiffré, fixé par la Stratégie de Lisbonne, puis reconduit par Europe 2020 car non atteint, était d'arriver à des dépenses de recherche d'au moins 3 % du PIB. En 2022, cet investissement s'élevait à 2,2 % dans l'UE à 27, loin de l'objectif assigné et nettement en deçà des principaux concurrents de l'UE. La faiblesse des progrès enregistrés à l'échelle de plus d'une décennie – ce taux était de 1,97 % en 2010 – suscite des inquiétudes. Aux États-Unis, en 2021, cet investissement était de 3,46 %, au Japon de 3,3 % et en Corée du Sud de 4,93 %. La Commission européenne constate que l'effort d'investissement des entreprises européennes est moins élevé que chez les principaux concurrents de l'UE et que les investissements publics stagnent voire diminuent dans certains pays. « *Cela a une incidence sur la capacité de l'UE à suivre le rythme de l'innovation au niveau mondial* »[104]. Les statistiques des brevets délivrés par l'Organisation mondiale de la propriété intellectuelle pour l'année 2022 témoignent du même retard : 56 817 pour l'UE à 27 (dont 23 592 pour l'Allemagne et 12 421 pour la France), mais 323 410 pour les États-Unis, 798 347 pour la Chine et 201 420 pour le Japon. Les disparités sont considérables entre États membres, les transferts technologiques de la recherche vers l'industrie moins efficaces qu'ailleurs dans un contexte

104. Commission européenne, *Un nouvel EER pour la recherche et l'innovation*, COM 628 final, 30 septembre 2020, p. 7.

où l'UE s'est fixé des objectifs ambitieux en matière de climat, d'économie numérique.

L'EER a des défis très importants à relever et doit proposer des coopérations qui vont au-delà de l'approche traditionnelle en termes de marché unique. Le programme d'investissement de l'UE pour la recherche et l'innovation 2021-2027 *« Horizon Europe »* prévoit un budget de 95,5 milliards d'euros, en progression de 24 % par rapport au programme des années 2014-2020 *« Horizon 2020 »*. La structure sur laquelle s'appuie Horizon Europe repose sur trois piliers (Schéma 2) :

Schéma 2

La structuration de la recherche et de l'innovation

Source : Commission européenne.

• *Le premier pilier* soutient la recherche fondamentale. Le Conseil européen de la recherche est axé sur la recherche exploratoire dans tous les domaines sur la base de l'excellence scientifique. Les actions Marie Sklodowska-Curie aident la mobilité et la formation des chercheurs. Les infrastructures de recherche ciblent l'intégration et l'interconnexion.

• *Le deuxième pilier* est orienté sur les collaborations entre l'UE, l'industrie et, parfois, certains États membres pour des travaux de recherche et d'innovation qui s'inscrivent à l'intérieur de six pôles : (1) santé, (2) culture, créativité et société inclusive, (3) sécurité civile pour la société, (4) numérique, industrie et espace, (5) climat, énergie et mobilité, (6) alimentation, bioéconomie, ressources naturelles, agriculture et environnement. Le Centre commun de recherche (CCR) fournit un soutien scientifique et technologique à la conception, l'élaboration et le suivi des travaux réalisés. Il constitue l'une des directions générales de la Commission. Le CCR dispose de sept instituts situés dans cinq États membres et travaille dans des domaines de recherche très variés tels que la sécurité nucléaire, les matériaux avancés et la surveillance des satellites.

• *Le troisième pilier* cible l'innovation radicale susceptible d'ouvrir à des développements commerciaux. Le Conseil européen de l'innovation, lancé le 18 mars 2021, constitue la nouveauté du programme Horizon Europe. Il combine la recherche sur des technologies émergentes, un accélérateur qui soutient les start-ups et les PME dans le développement de leurs innovations et un Fonds dédié. Il est tout particulièrement axé sur le changement climatique et les technologies numériques de base. Les écosystèmes européens de l'innovation visent à établir des connexions avec les acteurs régionaux et nationaux de l'innovation. L'Institut européen d'innovation et de technologie (EIT) articule la recherche, l'innovation et l'éducation.

D'autres outils sont en place. Euratom coordonne les programmes de recherche des États membres pour l'utilisation pacifique de l'énergie nucléaire depuis le traité Euratom signé en 1957 à Rome. Le Fonds d'investissement de l'UE – InvestEU – peut apporter son soutien à des financements risqués pour la recherche et l'innovation. Horizon Europe travaille en synergie avec tous les autres programmes de l'UE : la PAC, la politique de cohésion, le mécanisme pour l'interconnexion en Europe, le programme spatial et Erasmus notamment.

5. La politique agricole commune (PAC)

Dès le traité de Rome de 1957, le marché commun a été étendu à l'agriculture et au commerce des produits agricoles. Le traité donne une définition large des produits agricoles qui comprennent *« les produits du sol, de l'élevage et de la pêcherie, ainsi que les produits de première transformation qui sont en rapport direct avec ces produits »* (art. 38 du TFUE). Compte tenu de la spécificité économique et sociale du secteur, l'intégration par le marché appelait la mise en place d'une politique commune. La circulation des produits agricoles n'avait jamais été jusqu'alors laissée au libre jeu de l'offre et de la demande dans les États membres. Le passage de politiques nationales d'intervention à la PAC a permis à la fois de pérenniser ce système, en ouvrant aux agriculteurs un marché de plus en plus vaste grâce aux différents élargissements, et d'unifier les coûts alimentaires et par là même les niveaux de vie dans l'Union. La PAC a organisé le premier marché unique pour un secteur entier de l'économie grâce à une contribution très importante du budget européen. Après avoir absorbé jusqu'à 58 % du budget en 1988, les dépenses consacrées à l'agriculture et à la pêche ont continuellement décru dans les programmations budgétaires successives (voir Chapitre 4). Au sein du cadre financier pluriannuel 2021-2027, elles représentent en moyenne 31,7 % du budget annuel. Les défis à relever par le secteur ont naturellement évolué depuis le traité de Rome. Si la sécurité alimentaire demeure toujours un enjeu stratégique, soixante-cinq ans après, les questions de santé publique, le passage à une agriculture plus soucieuse de l'environnement, de la lutte contre le changement climatique et de l'équilibre entre les territoires constituent les nouveaux défis à relever.

5.1. Trois principes de fonctionnement pour une organisation autour d'une structure à deux piliers

Les principes de la politique agricole commune ont été définis à la Conférence de Stresa (juillet 1958), afin d'atteindre les objectifs énoncés dans le traité de Rome.

• *L'unicité du marché agricole* imposait la suppression entre les États membres des droits de douane et des subventions, ainsi que l'harmonisation des réglementations administratives, sanitaires et vétérinaires. Les produits agricoles devaient pouvoir circuler librement, sans qu'il y ait de discrimination en raison de la nationalité, avec un prix unique pour l'ensemble du marché et des règles communes en matière de concurrence.

• *La préférence communautaire* visait à privilégier le produit en provenance de la Communauté par rapport aux produits des pays tiers malgré des prix en général supérieurs. Ce protectionnisme s'opérait historiquement au moyen de *« prélèvements »* (des droits de douane) perçus sur les importations à bas prix, tandis que le versement de *« restitutions »* (des subventions) aux exportateurs permettait de compenser la différence entre les prix communautaires et les cours mondiaux. Cette préférence s'est érodée sous la pression successive des négociations commerciales multilatérales. Ne subsistent plus que les droits de douane avec une moyenne de 11,4 %, en 2018, mais beaucoup de *« pics tarifaires »* qui font barrières sur quelques produits sensibles.

• *La solidarité financière entre les États membres* concernant les charges de la politique commune. Le Fonds européen d'orientation et de garantie agricole (FEOGA), créé en 1962, a eu pour mission, dans le cadre du budget communautaire, d'assurer les dépenses afférentes à la PAC. Il était structuré en deux sections. La section *« garantie »* finançait les dépenses qui résultaient de la mise en commun de l'organisation des marchés et de la préférence communautaire. La section *« orientation »* prenait en charge des actions plus structurelles. Initialement, le partage entre la politique de garantie et la politique d'orientation devait se faire sur une base des deux tiers pour la section *« garantie »* et un tiers pour la section *« orientation »*. La quasi-totalité des dépenses de la Communauté au titre de l'agriculture a été rapidement consacrée au soutien des prix puis aux aides directes. Ce n'est qu'après la réforme de la PAC de 1992 que les dépenses ont été réorientées au profit des actions structurelles.

Le FEOGA a été remplacé, le 1er janvier 2007, par deux Fonds qui entérinent la séparation entre ses deux sections et consacrent une organisation de la PAC autour d'une structure dite *« à deux piliers »*.

• *Le premier pilier*, dédié aux mesures de marché et paiements directs (le soutien aux revenus des agriculteurs), relève du Fonds européen agricole de garantie (FEAGA). Il est entièrement financé par le budget de l'UE à hauteur de 258 milliards d'euros (aux prix de 2018) pour la programmation 2021-2027, soit 70 % du budget de la PAC.

- *Le second pilier*, orienté vers le développement rural, fournit des biens publics spécifiques qui relèvent, dans le cadre du Pacte vert pour l'Europe (voir Chapitre 4), de l'environnement, du climat, de la diversification du secteur, de l'amélioration de la compétitivité mais aussi de la qualité de vie et de travail dans les zones rurales. Les mesures prises dans le cadre du second pilier sont cofinancées par les États membres et le Fonds européen agricole pour le développement rural (FEADER) pour lequel 78 milliards d'euros ont été budgétés dans la programmation 2021-2027, soit 30 % du budget de la PAC. Le plan de relance Next Generation EU est venu compléter cette enveloppe à hauteur de 7,5 milliards d'euros.

5.2. *La PAC historique : soutien des prix, problèmes monétaires, excédents et dérive budgétaire*

La politique agricole est, avec la politique des transports, la seule politique commune sectorielle prévue dans le texte du traité de Rome. Cinq objectifs lui étaient fixés par ce traité marqué, en matière agricole, par le rationnement de l'après-guerre et la dépendance alimentaire de l'Europe. La rédaction demeure identique dans le traité de Lisbonne (art. 39 du TFUE) en dépit des bouleversements qui ont affecté le secteur et les attentes des consommateurs :

- accroître la productivité de l'agriculture ;
- assurer un niveau de vie équitable aux agriculteurs ;
- stabiliser les marchés agricoles ;
- garantir la sécurité des approvisionnements ;
- assurer des prix raisonnables aux consommateurs.

Ces objectifs sont en partie contradictoires. Ils ont été réalisés au-delà de toutes attentes en matière de production. L'accumulation d'excédents, écoulés grâce à des subventions sur le marché mondial, a fini par entraîner des tensions sur le budget européen et des pressions commerciales dans le cadre du GATT puis de l'OMC.

5.2.1. Les organisations communes de marché (OCM) et les trois prix

Le marché agricole se décomposait jusqu'en 2008, produit par produit, en *« organisations communes de marché »* (OCM), selon le mode de régulation économique dont relevait chaque produit. Les 21 OCM renvoyaient à quatre formes de régulation des marchés agricoles :

– les OCM fondées sur un *soutien des prix*, une *aide directe aux producteurs* liée aux facteurs de production (terre, cheptel) et un *système de protection* vis-à-vis des pays tiers. Elles concernaient les trois quarts de la production agricole (céréales, oléagineux, protéagineux, viande bovine et viande ovine) ;

– les OCM fondées sur un *soutien des prix* à la charge des consommateurs dans le cadre de *quotas de production* (produits laitiers et sucre) ;

– les OCM fondées sur des *aides proportionnelles à la production obtenue soumise à des plafonds* (huile d'olive, tabac, coton, agrumes, tomates et vin de table) ;

– les OCM fondées sur *le libre jeu du marché* grâce à l'ajustement entre l'offre et la demande avec très peu d'intervention publique (certains fruits et légumes, vins de qualité, viande porcine, viande de volaille, œufs et miel).

Les mécanismes de la PAC se sont historiquement déployés autour de la première forme d'OCM. Jusqu'au 1er juillet 1995, le Conseil des ministres de l'agriculture fixait au printemps de chaque année, au cours des marathons agricoles, pour chaque produit et avant chaque campagne, trois prix communs en écus : le prix indicatif, le prix d'intervention et le prix de seuil. À partir de la suppression du prix de seuil, le 1er juillet 1995, la détermination des prix indicatifs et des prix d'intervention s'est opérée sur plusieurs campagnes, afin de permettre aux producteurs de mieux programmer leurs plans de production. Chaque prix avait une fonction bien précise dans ce système (Graphique 9).

• Le *prix indicatif*, encore appelé prix de référence, est le prix que le Conseil souhaite voir obtenir par le producteur en moyenne sur l'ensemble de la campagne. Le prix de marché, qui résulte de la libre confrontation entre l'offre et la demande, évolue au-dessus ou au-dessous du prix indicatif.

• Le *prix d'intervention* est le prix plancher à partir duquel les organismes d'intervention qui dépendent du FEAGA achètent un produit agricole pour en soutenir le cours. C'est le prix le plus important autour duquel s'organise le système communautaire. Il protège l'agriculteur contre un effondrement des prix dû à des excédents conjoncturels de production et commande le déclenchement des mécanismes d'intervention. L'UE détentrice des stocks d'intervention a la charge de les écouler, une fois la conjoncture devenue plus favorable, sur le marché européen ou sur le marché mondial. L'existence de prix communautaires plus élevés que les cours mondiaux nécessitait le versement de restitutions, soit des subventions à l'exportation qui compensaient pour l'exportateur la différence entre les deux. L'UE a donné son accord de principe pour une suppression de ces subventions conditionnée à une réciprocité de la part de ses partenaires.

Graphique 9

Le mécanisme des prix agricoles

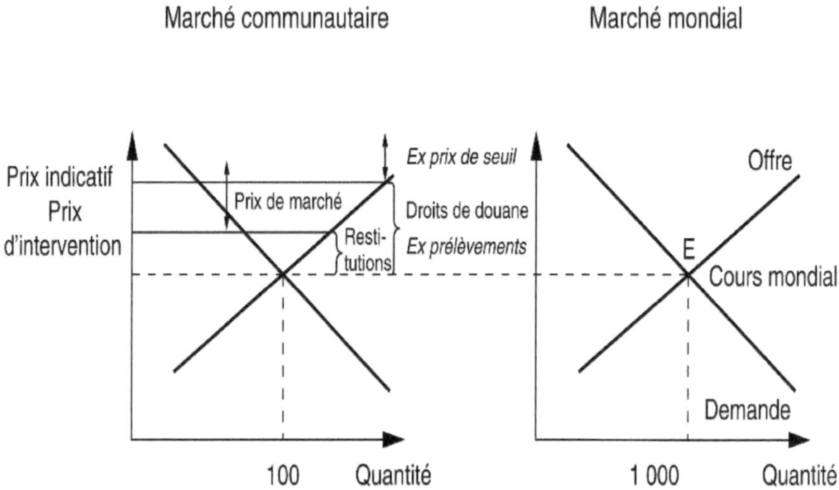

• Le *prix de seuil* jouait, jusqu'à sa suppression le 1er juillet 1995, le rôle d'un prix minimum d'importation déterminé afin qu'aucune marchandise en provenance des pays tiers ne puisse être vendue sur le marché intérieur à un prix inférieur au prix indicatif. La différence entre le cours mondial, presque toujours plus bas, et le prix de seuil permettait la perception de prélèvements variables. Le prix de seuil instaurait la préférence communautaire, c'est-à-dire la protection du marché. Depuis sa disparition, les prélèvements variables ont été remplacés par des droits de douane fixes dont la diminution constitue l'un des enjeux des négociations conduites dans le cadre de l'OMC.

La garantie d'un revenu minimal aux agriculteurs dans la Communauté s'effectuait pour l'essentiel, avant la réforme de 1992, par la fixation de prix d'intervention rémunérateurs, payés par les consommateurs. Ils ne pouvaient se maintenir que grâce à une protection aux frontières.

5.2.2. Les problèmes agrimonétaires

La règle de l'unicité des prix agricoles sur le marché européen puis, depuis 1993, le versement d'aides directes aux agriculteurs supposent des taux de change fixes entre les monnaies des États membres ou une monnaie unique pour l'ensemble de l'UE. En leur absence, les mesures adoptées par la PAC ont été fixées, dans les premiers temps, en Unité de compte européenne (UCE), après 1979, en écus et, depuis 1999, en euros. Il faut ensuite procéder à leur conversion en monnaie nationale.

Les réalignements de parité dans le SME, l'appréciation ou la dépréciation des monnaies, depuis la création de l'UEM, créent chaque fois des ruptures dans le principe du prix unique et dans le montant des aides versées.

Cette situation n'existait pas au départ avec le système de Bretton Woods fondé sur des changes fixes entre les monnaies. Elle est apparue au lendemain de la dévaluation du franc français en 1969. Elle s'est aggravée avec le passage, en 1973, aux changes flottants au niveau international, et avec les crises de change successives enregistrées par le SME. Elle perdure aujourd'hui entre les pays membres de la zone euro et ceux qui n'en sont pas membres.

Plusieurs mécanismes ont été historiquement mis en œuvre pour neutraliser les effets des mouvements monétaires sur la PAC : les montants compensatoires monétaires, le système du *« switch over »* ou bien encore le versement d'aides compensatoires. Il a été reproché aux montants compensatoires d'engendrer des distorsions de concurrence entre pays à monnaie forte et pays à monnaie faible et, d'une façon plus générale, à tous ces dispositifs, leur complexité d'usage et leur coût pour le budget communautaire.

Le passage de la PAC à l'euro, le 1er janvier 1999, a permis de simplifier le régime agrimonétaire sur le principe d'une continuité écu-euro. Le taux de change de référence utilisé, depuis cette date, est le taux de conversion de l'euro dans les différentes monnaies nationales. Un dispositif en deux temps a été mis en place.

- Jusqu'en 2002, des mesures transitoires ont été instaurées pour tous les États membres de l'UE afin de neutraliser les effets de l'introduction de l'euro dans la PAC sur les prix et sur les aides directes. La prise en compte d'éventuelles pertes de change a donné lieu au versement d'aides compensatoires.

- Le régime agrimonétaire est ensuite entré en vigueur pour les pays hors zone euro qui subissent des pertes de change sur les prix et sur les aides directes versées à leurs agriculteurs, exprimées en monnaie nationale. Leurs pertes, si elles sont importantes et durables, peuvent être compensées par le versement d'une aide compensatoire.

Ces problèmes de change relatifs au secteur agricole montrent les difficultés qu'il y a à établir un marché unique en l'absence d'une monnaie unique. Les élargissements de 2004, de 2007 et de 2013 ont entraîné un accroissement des pays qui n'appartiennent pas à la zone euro et qui sont concernés par les réunions du Comité de gestion agrimonétaire. Seule la généralisation de l'euro à l'ensemble de l'UE permettra de faire définitivement disparaître tous les mécanismes correctifs aux mouvements des monnaies.

5.2.3. La difficile maîtrise des excédents et des dépenses budgétaires

L'économie globale du système de prix agricoles garantis, avec protection aux frontières, avait été conçue au début des années soixante pour une Communauté européenne en situation de pénurie et de dépendance extérieure : la Communauté ne produisait, en 1962, que 80 % de sa consommation. La PAC était alors peu coûteuse, avec de faibles dépenses d'intervention et de restitution à l'exportation, tandis que les prélèvements sur les importations nécessaires constituaient une importante source de rentrées fiscales pour le budget. Ces mécanismes n'étaient pas de nature à susciter d'inquiétude de la part des grands exportateurs mondiaux.

Après avoir atteint l'autosuffisance, au début des années soixante-dix, la Communauté a rapidement enregistré des excédents substantiels dans les années 1970-1980 pour la production laitière, les céréales et la viande bovine. C'est la conséquence de l'amélioration de la productivité et de la politique de soutien par les prix avec garantie de débouchés. L'accroissement de la production agricole s'est maintenu sur un rythme de 1,5 à 2 % en volume par an, alors que la demande intérieure n'augmentait que d'environ 0,5 % par an et que les débouchés solvables étaient rares sur le marché international.

Avec l'apparition des excédents, toute l'économie du système a été bouleversée. D'importateur net de produits agricoles, la Communauté est devenue exportateur net. La Communauté s'était non seulement réapproprié son marché, mais elle menaçait les positions des grands producteurs mondiaux à coups d'exportations subventionnées. Les achats à l'intervention, pour soutenir les prix et pour constituer des stocks, et les restitutions à l'exportation ont commencé à peser sur le budget communautaire dans un contexte où les prélèvements sur les importations diminuaient. En 1985, les dépenses agricoles absorbaient 72,8 % des dépenses communautaires, alors que le secteur agricole ne représentait que 6 % de la population active. La PAC ne pouvait capter indéfiniment près des trois-quarts du budget européen. Avec l'extension du grand marché aux produits industriels et aux services et avec le redéploiement du champ d'intervention communautaire aux *« actions structurelles »*, initié par l'Acte unique et poursuivi depuis sous la pression des pays du Sud, l'affectation des postes budgétaires devait être progressivement révisée. La PAC apparaissait comme un frein à la construction européenne en privant de ressources des secteurs au moins aussi stratégiques.

Cette situation était d'autant plus mal acceptée que la croissance de la production est passée par une progression des inégalités entre agriculteurs et par un mouvement de concentration des exploitations agricoles. La garantie des prix et le versement de restitutions favorisaient les grandes exploitations exportatrices qui sont aussi les plus rentables. Il y avait instauration d'un mécanisme nocif de *« couplage »* entre le déclenchement du soutien et les quantités produites.

5.2.4. Les premières tentatives de gestion des excédents

La fixation de prix planchers – les prix d'intervention – qui sont artificiellement élevés par rapport au prix d'équilibre (Graphique 10) incite à produire d'où l'apparition d'excédents de production qui pèsent sur les cours (la distance $Q_D - Q_O$). Pour lutter contre cette surproduction, plusieurs mesures peuvent être mises en œuvre :

– jouer sur les prix en rétablissant artificiellement la baisse des prix entre Q_D et Q_E, c'est-à-dire pour les dépassements de production. Il s'agit de la technique dite des *stabilisateurs automatiques* ;

– fixer des quotas pour limiter les excédents (répartir les quantités produites entre les agriculteurs) ;

– geler des terres de façon à contrôler quantitativement la capacité de production ;

– abaisser le prix d'intervention afin qu'il tende vers le prix d'équilibre P_E.

Toutes ces techniques ont été utilisées.

• Les *stabilisateurs automatiques* ont été introduits en mars 1988 pour tous les produits couverts par la PAC et abandonnés en 1992. Les prix étaient garantis jusqu'à une quantité globale. En cas de dépassement de celle-ci, ils subissaient automatiquement des baisses déterminées selon les produits.

• Les *quotas* ont été instaurés, en avril 1984, pour le secteur laitier et prorogés jusqu'en 2015, date à laquelle ils ont été supprimés. Une *« quantité globale garantie »*, de nature à équilibrer l'offre et la demande, était définie pour l'ensemble de la Communauté. Elle était ensuite répartie entre les États membres qui eux-mêmes attribuaient à chaque éleveur une part de production compatible avec l'équilibre du marché. En cas de dépassement du plafond, la vente de lait était autorisée mais le producteur devait s'acquitter d'une taxe dissuasive. Ce système s'est révélé efficace pour maîtriser les excédents mais il générait des effets pervers :

– en renationalisant la politique agricole car la gestion des quotas s'effectuait au niveau des pays membres ;

– en figeant les structures de production et en empêchant de nouveaux producteurs plus compétitifs de s'installer ;

– en contribuant ponctuellement au déséquilibre de marché connexe comme la viande bovine qui devait absorber l'abattage des vaches laitières inutiles. C'est là une caractéristique propre au secteur agricole où les marchés interagissent les uns sur les autres.

Graphique 10

Les techniques de gestion des excédents agricoles

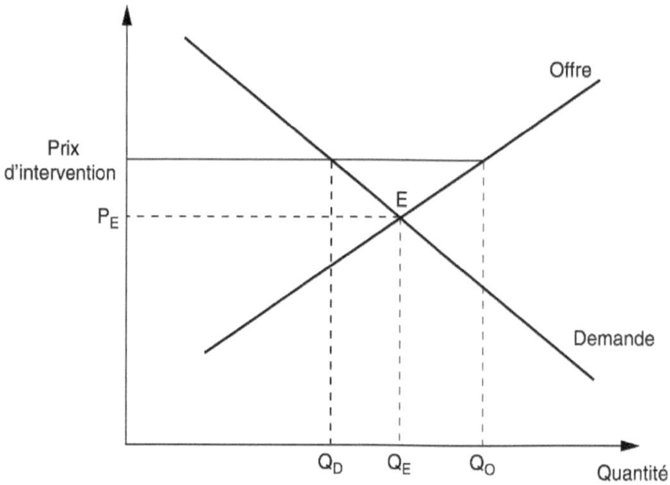

• Le *gel des terres*, ou système de la *jachère*, a été appliqué, pour la première fois, lors de la campagne de 1988-1989. Il permet de limiter physiquement l'offre mais s'avère délicat à manier. Un taux élevé de jachère entraîne une hausse des prix de marché et des coûts intermédiaires pour le secteur de l'élevage. La compétitivité des produits de la Communauté s'en trouve altérée sur son marché intérieur et sur les marchés extérieurs. Un taux de jachère faible conduit à l'apparition d'excédents qui génèrent des coûts de stockage et le versement de restitutions pour leur écoulement sur le marché mondial.

• La *réduction des prix d'intervention* a commencé à se substituer au système des stabilisateurs automatiques, à partir de la campagne 1989-1990, afin de rendre à la politique d'achats publics, qui avait évolué vers une fonction de soutien des revenus des agriculteurs, son véritable rôle de filet de sécurité. Cette diminution a été au cœur des réformes de 1992, 1999, 2003 et 2008.

5.3. Les réformes de la PAC

Les réformes de la PAC reviennent de façon récurrente : en 1984, 1988, 1992, 1999, 2003, 2008, 2013 et 2018-2021 soit une réforme en moyenne tous les cinq ans. Le manque d'efficacité des premières mesures prises pour gérer les excédents et contrôler quantitativement l'offre a poussé à une véritable rupture, en 1992, qui s'est traduite par une diminution des prix compensée par une augmentation des aides directes aux producteurs. Il y a eu alors un changement fondamental dans le modèle de régulation du secteur. Ces paiements ont été par la suite progressivement dissociés de l'acte de production (*« découplage »*) et conditionnés au respect d'un certain nombre d'exigences de plus en plus environnementales (*« conditionnalité »*), ce qui constitue une autre rupture. Les agriculteurs sont l'une des rares professions soumise à un mouvement de restructuration permanent depuis plusieurs décennies afin d'assurer la viabilité et l'adaptation de leur activité.

5.3.1. La réforme de 1992 : l'insertion de l'agriculture européenne dans le système multilatéral

Le GATT avait, au départ, accordé un statut particulier à l'agriculture, qui n'était pas régentée par les règles commerciales internationales (voir Chapitre 1). L'élaboration de la PAC en 1962, qui pourtant contredisait fondamentalement l'esprit de libre-échange prôné par l'Accord général, le texte fondateur du GATT, n'avait pas inquiété les grands pays agricoles non européens : l'Europe avait obtenu le droit de bâtir un système protégeant son agriculture, moyennant l'octroi de quelques dérogations au principe de la préférence communautaire, notamment dans le secteur de l'alimentation animale.

C'est dans un climat radicalement nouveau que s'est ouvert en 1986 le dernier cycle à se dérouler dans le cadre du GATT, avant son remplacement par l'OMC, le cycle de l'Uruguay. Les produits agricoles ont pris une importance stratégique. La capacité croissante d'exportation de la Communauté inquiète les États-Unis et les autres grands exportateurs mondiaux. La préférence communautaire a provoqué un détournement des échanges au détriment des pays tiers : de 1961 à 1990, le volume des échanges de produits agroalimentaires entre les Douze a presque sextuplé, tandis que les échanges externes ont tout juste doublé. Cette éviction des pays tiers du marché communautaire est capitale pour comprendre les oppositions lors du cycle de l'Uruguay. Les États-Unis ont vu leurs parts de marché se réduire considérablement, même si leurs exportations augmentaient en termes absolus. La PAC a permis aux Européens non seulement de se réapproprier leur marché intérieur mais de devenir les deuxièmes exportateurs mondiaux derrière les États-Unis.

a) Les positions en présence

Le cycle de l'Uruguay voit s'affronter les positions défendues par les États-Unis, la Communauté et le groupe de *Cairns*[105].

105. Du nom d'une station balnéaire australienne où se sont réunis en 1986, pour la première fois, les pays membres de ce groupe.

• *Les États-Unis* réclament la suppression des aides au revenu passant par le soutien des prix parce qu'ils supposent une protection du marché. En revanche, leur mécanisme de soutien aux revenus de leurs agriculteurs, les *deficiency payments*, ne leur paraît pas condamnable car il n'engendre aucune mesure protectionniste. Dans le système américain, en place jusqu'au *Fair Act* de 1996, le prix intérieur était proche des cours mondiaux et les producteurs bénéficiaient d'aides directes qui compensaient la différence entre le prix de marché et un prix d'objectif (*target price*), qui correspondait au revenu de référence retenu par le ministère de l'Agriculture. Ce système permettait aux producteurs américains d'être compétitifs à l'exportation et aux producteurs étrangers de les concurrencer directement sur leur marché intérieur, à la différence du système communautaire.

• *La Communauté européenne* se savait dans une position délicate à défendre. Le maintien de prix intérieurs, à des niveaux nettement plus élevés que les cours mondiaux, devenait difficile à justifier sur le plan économique dans une Communauté devenue exportatrice nette pour la quasi-totalité des produits agricoles tempérés. De plus, ce soutien était coûteux pour le budget communautaire. Début 1991, le budget consacré au soutien des marchés progresse d'environ 20 %, les stocks se reconstituent de façon catastrophique, tandis que le revenu des agriculteurs diminue de 2,8 %. La Communauté dépensait de plus en plus d'argent, sans parvenir pour autant à faire vivre décemment ses paysans, tout en étant accusée de concurrence déloyale par ses partenaires extérieurs.

• Le groupe de *Cairns* était alors composé de quatorze pays[106] à l'agriculture performante dont l'Argentine, l'Australie, le Brésil, le Canada, le Chili et la Nouvelle-Zélande. Ils demandent le libre jeu du marché et l'élimination totale de toutes les formes de soutien au secteur agricole.

b) La réforme de 1992 : un pas vers le mode de soutien américain

Dans ce contexte, le Conseil des ministres de l'agriculture a adopté, le 21 mai 1992, une réforme radicale de la PAC, dite *« réforme Mac Sharry »*, entrée en application le 1er janvier 1993. Elle est fondée sur trois mesures.

• Une *baisse du prix d'intervention*, de 35 % pour les céréales et de 15 % pour la viande bovine, étalée sur trois ans. Plusieurs effets étaient attendus de cette réduction des prix :

– une baisse du volume de la production afin de dégonfler les stocks publics ;

---

106 Ils sont aujourd'hui dix-neuf : Afrique du Sud, Argentine, Australie, Bolivie, Brésil, Canada, Chili, Colombie, Costa Rica, Guatemala, Indonésie, Malaisie, Nouvelle-Zélande, Pakistan, Paraguay, Pérou, Philippines, Thaïlande et Uruguay.

– une meilleure compétitivité des produits communautaires face aux importations qui dérogent à la préférence communautaire (céréales fourragères) de façon à reconquérir le marché intérieur ;

– la fourniture d'une matière première bon marché aux éleveurs ;

– l'atténuation, enfin, des critiques adressées par les États-Unis, ainsi que par les autres producteurs mondiaux, à la politique de subventions pratiquée par la Communauté.

• La réorientation du *gel des terres* sur les grands producteurs. Les petites exploitations sont dispensées de cette mesure afin de favoriser une agriculture moins intensive et dont l'impact est plus important en termes d'aménagement du territoire.

• La baisse des prix et le gel des terres sont compensés par l'instauration d'*aides directes* versées indépendamment du niveau des prix. Elles viennent neutraliser les pertes de revenu des agriculteurs liées à la réforme de la PAC et s'inspirent du système des *« deficiency payments »* utilisé aux États-Unis pour les grandes cultures.

c) Le bilan de la réforme sur le plan intérieur

Au sein de la Communauté, la réforme de 1992 a donné des résultats contrastés au cours de ses premières années d'application :

– la maîtrise de la production s'est, dans un premier temps, révélée efficace tant pour les céréales que pour la viande bovine, ce qui a entraîné une diminution des stocks communautaires ;

– l'amélioration de la compétitivité des céréales, qui entrent dans l'alimentation animale, a permis une reconquête de ce marché un peu moins forte que celle initialement attendue ;

– le revenu agricole moyen a progressé de 4,5 % entre 1992 et 1996 au prix de la disparition de nombreuses exploitations et d'une accentuation des disparités au sein du secteur. Dans la branche céréalière, l'addition des aides directes et de prix de marché élevés a généré une surcompensation des pertes de revenu attendues de la réforme de la PAC. Le calcul des aides en fonction des surfaces et des rendements a avantagé l'agriculture intensive au détriment des petites exploitations ;

– le coût budgétaire de la réforme de la PAC s'est, enfin, avéré moins élevé qu'initialement prévu du fait principalement de la réduction des dépenses d'intervention et des restitutions. Néanmoins, les aides directes se sont révélées coûteuses et d'autant plus difficiles à justifier qu'elles bénéficient aux exploitations les plus rentables. Les inégalités très prononcées des revenus entre agriculteurs s'expliquent de moins en moins par des différences de productivité du travail et de plus en plus par les mécanismes de redistribution communautaire[107].

La réforme de 1992 a favorisé une agriculture productiviste et tournée vers l'exportation. La contrepartie de cette politique est la persistance de la baisse des actifs agricoles, la poursuite du mouvement de concentration des exploitations et des résultats peu satisfaisants sur le plan de la gestion des territoires ruraux, des inégalités de revenus entre agriculteurs et de la préservation de l'environnement.

d) Le bilan extérieur : le compromis de *Blair House*

Les négociations multilatérales sur le chapitre agricole ont été finalisées uniquement entre la Communauté européenne et les États-Unis. Il faudra attendre le cycle de Doha pour que les pays tiers, et notamment le groupe de Cairns, s'imposent aussi dans la négociation. L'accord bilatéral, conclu à *Blair House* en décembre 1993 et ratifié à Marrakech en 1994, comportait trois volets.

• Les aides directes, mises en place par la réforme de la PAC de 1992 pour contrebalancer la baisse des prix, et les *deficiency payments* ne sont pas réduits pendant un délai de neuf ans. Cette clause dite *« de paix »* s'est éteinte en 2004.

• Les importations de la Communauté sont encadrées jusqu'au 1er février 2000. Un seuil d'importation minimal de 5 % doit être atteint à la fin de la période. Cet accès minimum au marché est calculé par grandes catégories de produits (céréales, viandes, produits laitiers). Les prélèvements variables sont convertis en droits de douane fixes avec une diminution programmée de 36 % en moyenne en l'espace de six ans.

• Les exportations communautaires subventionnées sur le marché mondial doivent diminuer de 21 % par rapport à la moyenne réalisée sur la période 1986-1990 et les dépenses budgétaires consacrées à ce poste de 36 %. Les baisses des volumes exportés s'appliquent produit par produit (pour la catégorie viande : la viande de bœuf, de porc, de mouton, de volaille, etc.), sans qu'il y ait de possibilité de compensation entre eux. Les exportations non subventionnées et l'aide alimentaire ne font l'objet d'aucune limitation.

5.3.2. La réforme de 1999 : élargissement et discussions multilatérales

Dans le prolongement de la réforme de 1992, les États membres décident, au Conseil de Berlin des 25 et 26 mars 1999, d'une nouvelle

107. J.-P. Butault et P. Lerouvillois, « La réforme de la PAC et l'inégalité des revenus agricoles dans l'Union européenne : les premiers effets », *Économie et Statistique* n° 329-330, 1999-9/10.

réforme de la PAC. Elle s'inscrit dans le cadre de la programmation budgétaire de l'UE pour la période 2000-2006, *« l'Agenda 2000 »*, et tente de relever les nouveaux défis auxquels est confrontée l'agriculture européenne.

a) Les défis

La PAC doit faire face à des défis internes et externes dans un contexte sanitaire nouveau consécutif au développement des risques alimentaires.

Le défi interne est triple. Il concerne tout d'abord la reconstitution des excédents, anticipée à l'horizon 2005, en raison du déséquilibre croissant entre une consommation communautaire stagnante et une productivité du secteur agricole en progression constante. Se pose ensuite le problème budgétaire, dans un contexte où 43,7 % du budget communautaire est affecté en 1999 au soutien du revenu d'une catégorie sociale qui ne représente que 4,4 % des actifs de l'Union. Avec le système des aides directes, le soutien aux agriculteurs est devenu plus lisible par l'opinion publique européenne que ne l'était le système de soutien des prix financé par le consommateur. Sa légitimité est interrogée et par là même la pérennité de ce mode de financement vis-à-vis duquel les agriculteurs sont devenus très dépendants. Il tient enfin à la prise en charge par le budget agricole de l'élargissement de l'UE aux PECO, à Chypre et Malte. Ces pays ont un secteur agricole à faible rendement qui représente une part importante de leurs emplois. Les prix, plus faibles que ceux pratiqués dans le marché unique, pèsent néanmoins plus fortement dans le budget des ménages et concourent à la stabilité sociale.

Le défi extérieur, auquel était confrontée la PAC, concernait l'ouverture du cycle de négociations commerciales multilatérales de l'OMC – le cycle de Doha – à la fin 2001. Deux dossiers étaient au centre des discussions agricoles : les contentieux d'ordre sanitaire et phytosanitaire (SPS) et le système d'aides.

Les crises de l'encéphalite spongiforme bovine (ESB), de la grippe aviaire et de la fièvre aphteuse en Europe ont généré de nouvelles exigences de la part des consommateurs et une plus grande vigilance des gouvernements et des comités d'experts. Au nom d'un *principe de précaution*, l'accès au marché européen est rendu difficile pour les viandes aux hormones, les organismes génétiquement modifiés (OGM) et les animaux élevés avec un recours régulier aux antibiotiques, tandis que les agriculteurs européens sont soumis à des contraintes nouvelles en matière d'étiquetage et de *« traçabilité »* des animaux. D'où le développement d'un important contentieux entre l'UE et les États-Unis, où ces techniques sont particulièrement développées, et qui voient dans ces questions sanitaires et phytosanitaires autant de barrières non tarifaires aux échanges.

La question des subventions agricoles est encore plus épineuse au niveau international. Dans les accords de Marrakech, qui ont clôturé le cycle de l'Uruguay en 1994, les systèmes d'aides agricoles avaient été classés dans trois *« boîtes »* :

– une boîte verte lorsqu'ils ne sont pas couplés à la production (aides à l'environnement, à la lutte contre la désertification, etc.) ;

– une boîte bleue s'il s'agit des aides intégrées dans la *clause de paix* du compromis de Blair House (aides directes communautaires et *deficiency payments* américains) ;

– une boîte orange pour les aides classiques à la production.

À la suite de la Conférence de Doha, le mandat donné aux négociateurs du nouveau cycle visait à *« des réductions de toutes les formes de subventions à l'exportation, en vue de leur retrait progressif »*. La boîte orange semblait d'ores et déjà condamnée parce qu'en but à l'hostilité des pays du groupe de Cairns et des pays en développement qui ne voulaient plus voir leur agriculture déstabilisée par le déversement des excédents subventionnés de l'UE. La boîte bleue apparaissait comme devant être l'objet de toutes les tractations. Alors que les discussions s'orientaient vers un désengagement encore plus poussé des soutiens, les États-Unis ont infléchi leur politique. Le *Farm Bill*, adopté en mai 2002, en lieu et place du relativement libéral *Fair Act* de 1996, a programmé une augmentation de plus de 70 % des aides fédérales versées aux agriculteurs, soit 180 milliards de dollars sur dix ans. Ces soutiens passent par des aides directes découplées des prix, des paiements compensatoires et des versements contracycliques. Le rapport de force international, concernant le maintien ou non de la boîte bleue, s'en est trouvé sensiblement affecté.

b) La réforme

La réforme de la PAC, insérée dans l'Agenda 2000, a tenté d'anticiper un certain nombre de ces évolutions. Elle renforce le mouvement initié en 1992 visant à ce que les comportements des agriculteurs se calent davantage sur l'évolution des marchés plutôt que sur l'évolution des soutiens publics : les baisses de prix ont été accentuées et ne sont plus que partiellement compensées par des aides directes.

Des baisses de 20 % sur les prix institutionnels de la viande bovine ont été mises en place (compensées à 80 %), de 15 % sur les prix des céréales étalées en deux étapes au cours des campagnes 2000/2001 et 2001/2002 (compensées à 50 %) et de 15 % sur le prix du lait (compensées à 60 %), à partir de la campagne de commercialisation 2005/2006. Cette nouvelle diminution des prix présente plusieurs avantages :

– elle réduit l'incitation à produire ;

– elle rapproche encore les prix européens des prix mondiaux et permet ainsi l'exportation des excédents sur les marchés extérieurs avec de faibles restitutions ;

– elle permet à l'UE d'aborder en meilleure position les négociations agricoles du cycle de Doha, à l'image de la stratégie déployée avec la réforme de 1992 lors du cycle de l'Uruguay. Les baisses de prix, compensées partiellement, montrent le souci d'adaptation au contexte international de l'agriculture européenne et permettent de négocier le maintien éventuel des aides qui relèvent de la boîte bleue ;

– elle facilite l'intégration des nouveaux États membres en leur évitant un relèvement des prix par alignement sur ceux pratiqués dans l'UE qui porterait préjudice à ces pays en raison du poids des produits de base dans le budget des ménages. Les excédents de production, auxquels ces pays vont apporter inévitablement à terme leurs contributions, seront limités et par là même les dépenses d'intervention qui augmenteraient le coût budgétaire de l'élargissement.

L'Agenda 2000 ne prévoyait pas initialement le versement d'aides directes aux agriculteurs des nouveaux États membres. Dans les négociations d'adhésion, les pays candidats ont exigé d'être partie prenante à ce volet de la PAC dès leur adhésion. La Commission a estimé qu'une intégration complète *« n'inciterait pas les agriculteurs des nouveaux États membres à entamer ou à poursuivre les restructurations nécessaires »*[108] dans la mesure où ils vont aussi bénéficier de prix plus élevés et par conséquent plus rémunérateurs. Le Conseil européen de Bruxelles des 24 et 25 octobre 2002 a décidé une introduction graduelle des aides directes pour les nouveaux États membres, de 25 % du montant perçu par les agriculteurs des Quinze en 2004, 30 % en 2005, 35 % en 2006 et 40 % en 2007. Des augmentations supplémentaires de 10 % par an interviendront ensuite afin qu'ils atteignent en 2013 le niveau d'aide commun.

Cette réforme des marchés est enfin instillée de préoccupations nouvelles. Les aides directes sont liées au respect de critères environnementaux. L'accord de Berlin de 1999 crée un second pilier à la PAC à côté du classique soutien aux marchés : le développement rural. Le principe d'une agriculture multifonctionnelle, soucieuse d'aménagement du territoire, de préservation de l'environnement et de sécurité alimentaire, est pour la première fois mis en avant par les Européens.

5.3.3. La réforme de 2003 : paiement unique et conditionnalité

La nouvelle réforme de la PAC, adoptée le 26 juin 2003 par l'accord de Luxembourg, s'inscrit dans le cadre d'une stabilisation du budget

108. Commission européenne, *Cadre financier commun 2004-2006 pour les négociations d'adhésion*, Note d'information, 30 janvier 2002.

agricole consacré aux marchés jusqu'en 2013, dans un contexte où l'UE s'est élargie. Le Conseil européen de Bruxelles d'octobre 2002 a en effet décidé de plafonner la progression des dépenses imputables aux aides directes et aux dépenses d'interventions, le premier pilier de la PAC, à 1 % par an pour la programmation budgétaire 2007-2013. La politique de développement rural n'est pas concernée par cette disposition afin de favoriser un redéploiement de la PAC dans sa direction. Trois axes structurent la nouvelle réforme.

• L'élément central consiste en la mise en place, au 1er janvier 2005[109], d'un *« paiement unique »* par exploitation, en lieu et place des multiples soutiens en vigueur dans les diverses OCM. Cette aide directe devait être, dans le projet initial de la Commission, totalement *« découplée »* afin de rompre tout lien entre les aides communautaires et l'acte de production. Dans l'accord final, des paiements couplés partiellement à la production ont été introduits pour les régions où le niveau de production est faible mais a un impact important en termes d'aménagement du territoire (les paiements des primes à la brebis ont été par exemple couplés à 50 % pour soutenir l'agriculture de montagne).

• Le paiement unique est subordonné au respect de certaines règles. Cette *« conditionnalité de l'aide »* suppose l'application de dix-neuf directives et règlements européens (identification et enregistrement des animaux, notification des maladies, protection des eaux souterraines, bien-être des animaux, etc.) ainsi que le maintien des terres dans des conditions agronomiques et environnementales satisfaisantes (rotation des cultures, usage de pesticides, maintien des pâturages permanents, etc.). Son entrée en vigueur a été étalée en trois phases de 2005 à 2007.

• Une *« modulation des aides »* a, enfin, été introduite. Le paiement unique est réduit de 3 % en 2005, 4 % en 2006 et 5 % en 2007 au-delà du seuil de 5 000 euros, afin de dégager les financements nécessaires pour le second pilier de la PAC consacré au développement rural. Cette mesure permet de limiter les avantages que les grandes exploitations tirent des soutiens communautaires et de réorienter les soutiens selon les besoins exprimés par les États membres qui peuvent choisir à quelles actions ils vont affecter ces fonds.

La réforme de 2003 renforce le mouvement afin que les agriculteurs s'appuient davantage sur le marché et prennent plus conscience des enjeux environnementaux de leur activité. Dans le cadre du cycle de Doha, la Conférence ministérielle de l'OMC entérine, en décembre 2005 à Hong Kong, le principe d'une suppression des subventions à l'exportation pour les produits agricoles à partir de 2013.

---

109. Les États membres pouvaient retarder la mise en œuvre de cette mesure jusqu'en 2007. Elle est entrée officiellement en vigueur en France en 2006.

5.3.4. La réforme de 2008 : l'OCM unique

Avant de procéder à l'évaluation et au recalage de la réforme de 2003, l'UE a procédé à une mesure de simplification technique de l'environnement réglementaire de la PAC. Depuis son introduction, elle reposait sur 21 organisations communes de marché (OCM) qui couvraient les différents produits. Elles ont été regroupées dans une OCM unique, entrée en vigueur le 23 novembre 2007, rendue possible par la mise en place du paiement unique. L'OCM unique réglemente le marché intérieur et les échanges avec les pays tiers en reprenant les outils de régulation des anciennes OCM. Elle fonctionne sur la base de trois orientations :

– le maintien d'un *filet de sécurité* (mesures de marché) qui passe classiquement par des interventions publiques (prix d'intervention et gestion des stocks d'intervention), le stockage privé, les restitutions à l'exportation ainsi que des dispositifs propres à certains secteurs afin de maîtriser la production (quotas laitiers ou sucre) ;

– le développement *d'outils de gestion de crise* avec des mesures de prévention des perturbations de marché (restitution à l'exportation, suspension de droits à l'importation), des mesures concernant les maladies animales et la possibilité d'utiliser une réserve de crise ;

– le renforcement des possibilités *d'organisation économique* à partir d'outils comme les normes de commercialisation, les organisations de producteurs, les associations d'organisation de producteurs et interprofessionnels, en dérogation au droit européen de la concurrence.

À partir de cette clarification technique, l'accord conclu par le Conseil des ministres le 20 novembre 2008 approfondit les orientations prises en 1992, et poursuivies en 1999 et 2003, par l'adoption d'un ensemble de six mesures qui laisse une place toujours plus importante aux mécanismes de marché :

– la suppression des quotas laitiers le 1er avril 2015 et sucre le 1er octobre 2017 ;

– la fin de la jachère obligatoire de 10 % pour les grandes cultures ;

– le découplage systématique du paiement unique des quantités produites ;

– la limitation des achats à l'intervention pour certaines productions (blé, beurre, lait écrémé) et leur suppression pour d'autres (viande de porc, orge, sorgho) ;

– le transfert de davantage de fonds du budget des aides directes vers le second pilier, le développement rural (5 % des aides au-delà de 5 000 euros en 2008, 10 % en 2012) ;

– l'utilisation de cette enveloppe par les États membres, en fonction de leurs arbitrages internes afin d'aider des secteurs qui rencontrent des problèmes spécifiques.

Avec cette réforme, la PAC devient une politique moins encadrée, qui se différencie de plus en plus et qui accorde davantage d'importance aux préférences nationales, à partir d'un financement toujours assuré de manière conséquente par le budget européen.

5.3.5. La réforme de 2013 : justice et verdissement

En octobre 2011, la Commission a publié ses propositions concernant le devenir de la PAC après 2013. La nouvelle réforme de la PAC, adoptée le 16 décembre 2013, est entrée en vigueur dans son intégralité le 1er janvier 2015. Elle prolonge les orientations de 2003-2008 et privilégie deux axes :

– la *« justice dans la répartition des aides »*, avec des paiements directs qui sont distribués de manière plus équitable entre les anciens et les nouveaux États membres (convergence externe), entre les régions et les agriculteurs (convergence interne), grâce à un changement du mode de calcul fondé jusqu'alors sur une base historique ;

– le *« verdissement de l'agriculture »* par le versement de 30 % des paiements directs aux agriculteurs qui remplissent trois conditions, à savoir, le maintien de pâturages permanents, la mise en œuvre de deux à trois cultures distinctes selon la surface de l'exploitation, la garantie de l'existence d'une *« surface d'intérêt écologique*[110] *»* sur au moins 5 % des terres, chiffre porté à 7 % en 2017.

De nombreuses options relèvent des choix nationaux afin de mettre en œuvre la convergence interne et le verdissement des aides (définition des critères d'éligibilité, des méthodes de calcul du paiement annuel, de la notion de zones défavorisées, d'un régime spécial pour les petits agriculteurs, etc.). Le développement rural est également laissé à la définition de programmes pluriannuels, conçus par les États membres ou par les régions, au plus près de leurs besoins.

La différenciation de la PAC se poursuit avec cette réforme. Elle augmente sa flexibilité dans un cadre qui reste commun, avec le maintien de mesures d'urgence afin de répondre aux perturbations susceptibles d'affecter le marché d'un produit : systèmes d'intervention publique et d'aide au stockage privé.

110. Bordures de champ, haies, arbres, mares, murets, etc.

5.3.6. La réforme de 2018-2020 : les tensions entre la PAC 2023-2027 et le Pacte vert

La Commission européenne a présenté en juin 2018 ses propositions de réforme pour le cadre financier pluriannuel 2021-2027[111]. Elles prolongeaient celles déjà impulsées, en 2013, et ont suscité d'âpres débats avec le Parlement européen, les États membres mais aussi la Cour des comptes européennes qui a estimé que les estimations de la contribution de la PAC aux objectifs climatiques étaient irréalistes[112]. L'entrée en vigueur, prévue au 1er janvier 2021, a été repoussée au 1er janvier 2023. Il fallait mettre en cohérence la réforme de la PAC avec le Pacte vert pour l'Europe – la stratégie de croissance à l'horizon 2030 présentée par la Commission en décembre 2019 (voir Chapitre 4). Le secteur agricole de l'UE est un important contributeur aux émissions des gaz à effet de serre : 14 % dans l'UE, jusqu'à 19 % en France avec une baisse des émissions relativement faible depuis 1990 par rapport à d'autres secteurs. La stratégie dite *« De la ferme à la fourchette »*[113] (*From Farm to Fork*, F2F) a synthétisé cette nouvelle approche qui inscrit l'agriculture au cœur du Pacte vert avec la volonté *« de réduire la dépendance aux pesticides et aux antimicrobiens, de réduire l'emploi abusif d'engrais, de développer l'agriculture biologique, d'améliorer le bien-être des animaux et d'inverser la régression de la biodiversité »*[114]. L'accent est mis sur la durabilité et la sécurité des systèmes alimentaires avec un soutien financier aux nouveaux programmes écologiques. Dans cet esprit, la Commission a procédé à une réécriture des objectifs assignés à l'agriculture par le traité (art. 39 du TFUE). Trois des neuf objectifs concernent l'environnement et le climat :

– assurer un niveau de vie équitable aux agriculteurs ;

– accroître la compétitivité ;

– rééquilibrer les pouvoirs dans la chaîne d'approvisionnement alimentaire ;

– agir contre le changement climatique ;

– protéger l'environnement ;

– préserver les paysages et la biodiversité ;

---

111. Commission européenne, *Proposition de règlement du Parlement européen et du Conseil*, COM 392 final, 1er juin 2018.

112. Cour des comptes européennes, *Avis n° 7/2018 sur les propositions de la Commission concernant les règlements relatifs à la politique agricole commune pour la période postérieure à 2020*, JOUE, 1er février 2019, p. 20.

113. Commission européenne, *La stratégie « De la ferme à la table » pour un système alimentaire équitable, sain et respectueux de l'environnement*, COM 381 final, 20 mai 2020.

114. Commission européenne, op. cité, p. 3

- soutenir le renouvellement des générations ;
- dynamiser les zones rurales ;
- garantir la qualité des denrées alimentaires et la santé.

La nouvelle PAC pour les années 2023-2027 repose toujours sur des aides de base au revenu des agriculteurs découplées des quantités produites (les droits à paiement de base, DPB) qui constituent le socle du système et près de la moitié des aides. D'autres soutiens complémentaires peuvent venir les abonder (aide pour les jeunes agriculteurs, aide à la protection contre le loup et l'ours, etc.) et surtout des soutiens aux *« écorégimes »* – un quart des aides – pour les agriculteurs qui s'engagent à développer des pratiques favorables au climat et à l'environnement (diversification des cultures, certification agriculture biologique, présence d'infrastructures agroécologiques ou de terres en jachères, etc.). L'éligibilité à ces écorégimes est conditionnée au respect de neuf normes dites de *« bonnes conditions agricoles et environnementales »* (BCAE). La norme BCAE 7 programme, par exemple, la rotation des cultures, la BCAE 8 impose de consacrer une part minimale de terres arables à des zones ou à des éléments non productifs : terres mises en jachère (4 % des terres arables), haies ou arbres. Ces écorégimes s'appliquent à l'ensemble de l'UE afin d'éviter toutes formes de distorsions de concurrence mais certains États membres sont parfois aller plus loin en surtransposant. La Commission a proposé au Conseil et au Parlement[115], le 15 mars 2024, de revenir sur plusieurs de ces contraintes environnementales, dont les BCAE 7 et 8, en tenant compte des différences régionales face aux tensions qui ont traversé le monde agricole en Europe. Le Conseil a entériné ces propositions dès le 26 mars 2024.

Chaque État membre est chargé, dans le cadre de la PAC 2023-2027, d'élaborer un *« Plan stratégique national »* (PSN) pour ces cinq ans afin d'adapter au mieux les mesures à la situation et aux réalités de ses agriculteurs. La Commission évalue les PSN et garantit la convergence des objectifs nationaux vers ceux de l'Union. Les PSN s'appuient sur les deux piliers de la PAC – le premier financé par le FEAGA, le second, par le FEADER et des cofinancements nationaux – avec une certaine latitude dans l'usage des fonds et leur réaffectation d'un pilier à l'autre jusqu'à un plafond de 25 %. La nouvelle PAC fait preuve de flexibilité

115. European Commission, *Proposal for a Regulation of the European Parliament and the Council amending Regulation (EU) 2021/2115 and (EU) 2021/2116 as regards good and agricultural and environmental condition standards, schemes for climate, environment and animal welfare, amendments to CAP Strategic Plans, review of CAP Strategic Plans and exemptions from controls and penalties*, COM 139 final, March 15, 2024.

entre les deux piliers de la PAC et marque une forme de renationalisation de la politique agricole.

La PAC est une politique confrontée à des défis globaux : changement climatique, gestion de l'eau, pesticides, guerre en Ukraine et accords de libre-échange. La négociation agricole reste un sujet de tensions important au sein de l'OMC. Le cycle de Doha a été dans l'impasse tout particulièrement sur ce chapitre. Un produit agricole n'est pas une marchandise comme une autre : il doit satisfaire à des objectifs alimentaires, sanitaires, d'accessibilité, de développement durable et d'aménagement du territoire. Dans un environnement international marqué par une volatilité extrême des prix agricoles et la financiarisation de leurs marchés, l'agriculture se doit de réaffirmer sa vocation première qui est d'assurer la sécurité alimentaire en Europe. L'achat par la Chine de nombreuses terres arables, notamment en Afrique, montre l'importance de cet enjeu. La PAC, qui a permis à l'agriculture européenne de se moderniser jusqu'à devenir le premier exportateur mondial[116] devant les États-Unis, le Brésil et la Chine, avec un léger excédent de 38 milliards de dollars, en 2022, constitue un atout important pour l'UE dans la mondialisation.

*

* *

Le marché unique est la matrice même du projet d'intégration. Il est aujourd'hui à la taille du continent européen et en épouse quasiment les contours, hormis les pays candidats à l'UE qui y sont associés à des degrés divers et le Royaume-Uni qui a été pendant longtemps de manière paradoxale son plus infatigable promoteur. Le marché unique a réunifié l'Europe à partir des quatre libertés de circulation qui en constituent le socle indissociable. L'attractivité de ce marché pour le reste du monde constitue pour les Européens un argument décisif pour peser dans les rapports de force économiques internationaux, vis-à-vis des entreprises multinationales et pour imposer leurs normes, leur approche de la transition écologique.

116. Selon l'OMC, en 2022, l'UE exportait dans le reste du monde pour 267 milliards de dollars de produits agricoles (11,5 % des exportations mondiales) devant les États-Unis à 222 milliards (9,6 %), le Brésil à 148 milliards (6,4 %) et la Chine à 103 milliards (4,4 %). L'UE est le troisième importateur mondial de produits agricoles pour 229 milliards de dollars (9,7 % des importations mondiales), derrière la Chine à 291 milliards (12,3 %) et les États-Unis à 260 milliards de dollars (11,0 %).

Si les économistes ont fourni la boîte à outils qui a justifié le grand marché, sa mise en place formelle a été une affaire de juristes. C'est un travail qui s'est révélé plus ardu, plus incertain et de plus long terme qu'initialement escompté. Il y a eu une *« lassitude de l'intégration »* et une *« lassitude du marché »*[117] constatées par Mario Monti en 2010. Le marché intérieur a été parfois perçu comme un modèle réduit de la mondialisation à partir d'une mise en concurrence des travailleurs et des systèmes socio-fiscaux. La capacité du grand marché à mailler le territoire notamment sur les zones frontalières et à transcender les règles de la concurrence pour imposer des entreprises à dimension européenne est apparue assez faible. Mario Draghi, chargé par la Présidente de la Commission européenne d'un rapport sur la compétitivité de l'UE, relève que parmi les 50 entreprises technologiques les plus valorisées au monde, en 2024, seulement 4 sont européennes. Il prône un changement d'orientation au regard de l'évolution de l'environnement de l'UE : *« nous avons besoin d'une stratégie pour protéger nos industries traditionnelles dans un contexte où les règles du jeu sont devenues inéquitables à l'échelle mondiale en raison des asymétries dans les réglementations, les subventions et les politiques commerciales »*[118].

La *« lassitude »* n'est plus de mise dans le rapport sur l'avenir du marché intérieur d'Enrico Letta[119], de 2024, rédigé à la demande du Conseil européen. Il recommande davantage d'intégration dans les trois secteurs initialement mis à l'écart du marché unique car considérés comme trop stratégiques pour être transnationaux : la finance, les télécommunications et l'énergie. Ils s'avèrent déterminants pour la compétitivité de l'économie européenne mais restent morcelés par les réglementations qui empêchent les effets d'échelle. Le rapport Letta propose de financer les biens publics européens à partir d'une capacité budgétaire commune et de reconnaître une cinquième liberté de circulation axée sur le triptyque recherche, innovation et éducation. Ce sont autant de pistes, déjà investies pour certaines, comme la construction d'une union des marchés des capitaux, propres à étayer un grand marché au cœur de l'intégration européenne.

---

117. M. Monti, *Une nouvelle stratégie pour le marché unique*, Rapport au président de la Commission européenne José Manuel Barroso, 9 mai 2010, p. 15.

118. M. Draghi, « Un changement radical est nécessaire », *Le Grand Continent*, 16 avril 2024, p. 5.

119. E. Letta, *Much more than a Market*, April 2024.

CHAPITRE 3

La zone euro

La libéralisation des échanges au sein de l'UE a conduit à resserrer les liens monétaires. Le marché intérieur ne pouvait se développer qu'au sein d'un système monétaire qui assure une maîtrise des fluctuations de change entre les États membres. Mais la libre circulation des mouvements de capitaux – l'une des libertés fondatrices du grand marché – s'est avérée historiquement incompatible avec le Système monétaire européen (SME) qui a précédé la zone euro (1979-1998). Le couple *« SME + marché unique »* n'a jamais correctement fonctionné.

La zone euro, axée sur le couple *« euro + marché unique »*, marque le choix d'une partie des Européens pour une intégration plus poussée à partir de 1999. Le marché unique a appelé à la mise en place d'une monnaie commune qui permet elle-même de le renforcer. L'Union qui se voulait au départ *« économique et monétaire »* (l'UEM) a deux caractéristiques.

– Elle ne concerne pas la totalité des pays de l'UE, puisque vingt pays en sont membres, mais l'essentiel de son PIB (84 %) et de sa population (78 %) en 2023. Si l'euro n'est pas la monnaie *« unique »* de l'ensemble européen, son poids économique et son statut de deuxième monnaie internationale font de l'euro la seule monnaie qui compte.

– Elle est restée pendant longtemps une simple union monétaire – la zone euro – sans les mécanismes de gouvernance resserrés que suppose une union économique. Elle se situait dans la tradition, ancienne en Europe, des unions monétaires comme l'Union latine (1865-1925), l'Union scandinave (1873-1931) et les unions monétaires qui ont accompagné l'unification allemande. Il faut attendre la crise de 2011 pour que l'UEM commence à renforcer sa gouvernance économique.

Si la zone euro a imposé avec cette nouvelle monnaie un *« bien commun »* qui est un attribut fort de la souveraineté nationale, elle n'en a pas moins reproduit certaines des contradictions qui ont traversé les unions monétaires qui l'ont précédée. Au cours de ses dix premières années de fonctionnement, les États membres ont tenté de cumuler les avantages d'une monnaie commune avec une relative autonomie de leurs politiques budgétaire, fiscale et salariale. Seules la politique monétaire et la politique de change étaient partagées mais avec beaucoup d'indépendance pour la première et une forme d'indifférence vis-à-vis de la seconde. Ce chapitre présente les arguments qui ont conduit les Européens à rechercher une intégration monétaire (1), avant d'analyser les deux politiques communes à la zone euro, la politique monétaire (2), la politique de change (3) et de dresser un bilan de la zone euro, plus de vingt ans après sa création (4).

1. Pourquoi réaliser une union monétaire ?

À cette question complexe, une première réponse peut être apportée à partir du processus long et pragmatique d'affranchissement à l'égard de la domination monétaire des États-Unis et d'affirmation progressive de la souveraineté des Européens. La théorie économique des zones monétaires optimales propose un autre angle d'approche : elle tente de déterminer le périmètre économique et géographique le plus approprié à l'usage d'une monnaie donnée. Une dernière voie centrée sur l'analyse des coûts et des avantages associés à l'UEM a été explorée par la Commission européenne.

1.1. Les premières tentatives d'intégration monétaire

Lors de la rédaction du traité de Rome (1957), les questions monétaires n'occupent qu'une place mineure. Le système issu de la conférence de Bretton Woods (1944) garantit la stabilité des changes au niveau international sur la base de quelques principes simples :

– un régime de change fixe par rapport au dollar avec des marges de fluctuation limitées à ± 1 % ;

– une convertibilité du dollar en or au taux de 35 dollars l'once ;

– la possibilité, peu utilisée en pratique, de réajuster les taux de change pour corriger les différentiels d'inflation et de compétitivité entre les économies.

C'est seulement à la fin des années soixante, avec les premières fissures dans le système international de taux de change fixes, que la Communauté commence à envisager son intégration monétaire.

1.1.1. Le rapport Werner

En 1968, Raymond Barre, alors vice-président de la Commission européenne, propose dans un mémorandum une coordination accrue des politiques économiques, une fixation irrévocable des parités et la mise en place d'un soutien monétaire entre les États membres. À la demande du Conseil, Pierre Werner, le Premier ministre du Luxembourg, présente en 1970 un rapport qui affine ces propositions et dont les grands axes seront repris près de vingt ans plus tard par le plan Delors.

Le rapport Werner programme la réalisation d'une Union économique et monétaire en trois étapes étalées sur une durée de dix ans. Il prévoit le rétrécissement des marges de fluctuation entre les monnaies européennes ancrées sur le dollar, la libre circulation des mouvements de capitaux et insiste sur la nécessité de formuler des orientations communes de politique budgétaire, d'harmoniser la fiscalité et d'instaurer une coopération des politiques structurelles et régionales. Il prône la création d'un *« centre de décision pour la politique économique »* et d'un *« système communautaire des banques centrales »*. Les Six lanceront la première étape le 1er janvier 1971, soit quelques mois avant l'effondrement du système de Bretton Woods après la décision du président Nixon de suspendre la convertibilité du dollar en or le 15 août 1971. La crise monétaire internationale met fin à l'expérience. L'erreur du plan Werner aura été de garder la référence au dollar comme fondement de la fixité des taux de change entre les monnaies européennes au moment même où elle était remise en question sur le plan international. Il pose néanmoins les principes de base sur lesquels s'appuiera le groupe de travail dirigé par Jacques Delors à la fin des années quatre-vingt quand sera lancée l'Union économique et monétaire.

Le système de Bretton Woods n'est pas néanmoins mort sans soubresauts : les accords du *Smithsonian Institute* du 18 décembre 1971 tentèrent de le sauver. Les rapports de parité entre les monnaies furent remis en ordre et les marges de fluctuation vis-à-vis du dollar portées à ± 2,25 %, soit une bande totale de variation de 4,5 % appelée *« le tunnel »*. La bande dérivée potentielle était de 9 % pour les taux de change bilatéraux entre des monnaies autres que le dollar[1]. Le risque de change (Encadré 1) qui en résultait parut, à l'époque, trop important aux Européens. Deux domaines risquaient d'être déstabilisés par les mouvements monétaires :

– les échanges commerciaux en biens et services, peu de temps après la mise en place de l'union douanière ;

– la politique agricole commune fondée sur le principe d'un prix unique pour l'ensemble du marché commun agricole qui s'accommodait mal des variations monétaires.

1.1.2. Le serpent monétaire

À la suite des accords de Bâle, les Six, ainsi que le Royaume-Uni, le Danemark et l'Irlande – en voie d'entrer dans la Communauté au 1er janvier 1973 –, conviennent de rétrécir les marges de variations entre leurs

1. Si le deutsche mark passait par exemple de sa limite supérieure à sa limite inférieure pendant que le franc français faisait l'opération inverse.

Encadré 1

Le risque de change

Si les monnaies fluctuent, soit de façon totalement libre, soit à l'intérieur de marges de fluctuation encadrées, tout agent économique qui détient une devise étrangère ou une créance libellée en devises étrangères encourt un risque de change qui tient à l'incertitude dans laquelle il est sur l'évolution du cours de cette devise exprimée en monnaie nationale.

Prenons le cas d'une entreprise française qui aurait conclu, avant le 1er janvier 1999 date de début de l'union monétaire, un contrat à l'exportation en Allemagne payable à trois mois en deutsche mark. Son gain dépendait du cours FF/DM à trois mois. Si le franc s'appréciait vis-à-vis du deutsche mark, elle réalisait un gain de change, tandis que s'il se dépréciait, elle subissait une perte de change. Dans les deux cas, l'entreprise prenait un risque de change. Elle pouvait éliminer ce risque en utilisant différentes techniques de couverture du risque de change, la plus pratiquée était sans doute le change à terme auprès d'une banque.

Avec le change à terme, le règlement du contrat intervenait bien à échéance de trois mois mais à un cours déterminé au départ à la suite d'un accord négocié avec une banque. Le risque de change était alors supporté par la banque qui cherchait à son tour à se couvrir. Elle empruntait des francs au taux d'intérêt pratiqué en France à échéance de trois mois (i) et elle achetait immédiatement les deutsche marks qu'elle plaçait sur le marché financier au taux d'intérêt en vigueur pour cette devise (i).*

Si $i > i^*$, le taux de change à terme était supérieur au taux de change au comptant. L'opération était déficitaire pour la banque qui cherchait à en faire payer le coût à son client. En revanche, si $i < i^*$, le taux de change à terme était inférieur au taux de change au comptant. La banque était bénéficiaire. L'entreprise pouvait faire jouer la concurrence entre les banques pour se voir rétrocéder tout ou partie de ce bénéfice.

Les arbitrages réalisés sur le marché au comptant et sur le marché à terme jouaient un rôle important dans la péréquation des taux d'intérêt au niveau international. Les banques centrales pouvaient agir par ce mécanisme sur les taux de change au moyen des variations de leur taux d'intérêt.

monnaies à 2,25 % à partir du 24 avril 1972. Ce régime de change qualifié de *« serpent »* s'insère dans la bande de fluctuations à ± 2,25 % vis-à-vis du dollar. Le serpent ondule dans le tunnel deux fois plus large (Graphique 1). Ce système suppose des interventions des banques centrales sur le marché des changes lorsque leur monnaie glisse en dehors du serpent ou s'éloigne de sa parité vis-à-vis du dollar. Il se montre d'emblée extrêmement fragile : le Royaume-Uni et l'Irlande s'en retirent en 1972 et l'Italie en 1973.

Graphique 1

Le serpent dans le tunnel

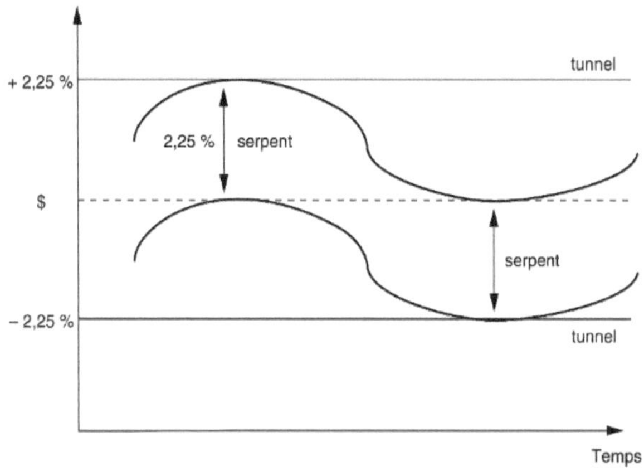

Au niveau international, le système de Bretton Woods se délite définitivement, en mars 1973, avec le passage aux taux de change flottants qui sera ratifié par les accords de la Jamaïque de janvier 1976. Le serpent continue de fonctionner mais il est privé de tunnel. La création du Fonds européen de coopération monétaire (FECOM), le 3 avril 1973, pour consolider le système de change européen, n'évite pas la défection du franc français en 1974 qui, malgré un retour en 1976, sort à nouveau et définitivement du mécanisme de change la même année. Le serpent se réduit à une simple zone mark (deutsche mark, florin, franc belge, couronne danoise). Cet échec du serpent est imputable à plusieurs facteurs :

– les variations du dollar qui est le point d'ancrage du système et sur lequel les pays européens ont peu de prise. Avec l'instauration des changes flottants les États-Unis inaugurent leur politique du *« benign neglect »*, c'est-à-dire d'*« indifférence bienveillante »* vis-à-vis du cours de leur monnaie. Ainsi que l'a indiqué John Connally, le secrétaire américain du Trésor sous la présidence Nixon, aux Européens : *« le dollar est notre monnaie mais votre problème »*. La défense de la parité du dollar incombe aux banques centrales étrangères qui finiront par refuser ce soutien inconditionnel ;

– l'asymétrie du système qui fait peser l'effort de défense des parités sur les monnaies les plus faibles tandis que les monnaies fortes sont dédouanées de toute contribution ;

– la divergence des politiques et des performances macroéconomiques des États membres au lendemain du premier choc pétrolier. Si la République fédérale d'Allemagne privilégie la lutte contre l'inflation, la France donne la priorité à la lutte contre le chômage.

1.1.3. Le Système monétaire européen

Le Système monétaire européen (SME), instauré le 13 mars 1979, a tenté de dépasser ces écueils en créant une zone de stabilité des changes qui s'autonomise par rapport au dollar. Il a fonctionné jusqu'au 31 décembre 1998 à partir d'une monnaie européenne commune, l'écu, et d'un mécanisme de change renforcé. Il se maintient sous une forme un peu remaniée aux côtés de la zone euro à laquelle il sert d'antichambre pour les pays candidats.

a) L'écu

L'écu était la monnaie commune du système. Elle évoquait pour les francophones une pièce médiévale tout en étant pour les anglophones l'acronyme de *« European Currency Unit »*. Dans l'Europe des Douze, l'écu se définissait comme un panier de onze monnaies[2]. Le panier ayant été gelé le 1er novembre 1993, conformément au traité de Maastricht, les monnaies de l'Autriche, de la Finlande et de la Suède, pays qui ont adhéré à l'UE au 1er décembre 1995, n'y ont jamais été intégrées.

Le nombre d'unités de chacune des monnaies qui entraient dans la composition de l'écu avait été arrêté en fonction du poids économique de chaque État membre et de sa part dans le commerce intra-communautaire. L'écu se présentait comme une moyenne pondérée de onze monnaies : son évolution était par construction plus stable que celle des monnaies qui le composaient mais moins attractive que la monnaie forte du SME, le deutsche mark.

L'écu ne remplissait qu'imparfaitement les attributions classiques d'une véritable monnaie : unité de compte, réserve de changes, instrument de réserve de valeur et instrument de transaction.

- L'écu tenait lieu d'unité de compte à l'UE. Il avait succédé dans cette fonction à l'Unité de compte européenne (UCE), créée en 1974 pour l'établissement du budget communautaire, et qui était déjà une moyenne pondérée d'un panier de monnaies.

- Sa fonction d'instrument de réserves des banques centrales pour leurs interventions sur le marché des changes, à travers l'écu dit *« officiel »*, était symbolique. Il constituait une autre dénomination pour 20 % des réserves de change en or et en dollars détenus par les banques centrales. Dans la pratique, le deutsche mark assumait la fonction de monnaie de réserve au sein du SME.

- L'écu en tant qu'instrument de réserve de valeur et qu'instrument de transaction a été qualifié d'écu *« privé »*. Il a été imposé à la fin des années quatre-vingt par les pratiques des agents économiques. Les ad-

2. Le franc belge et le franc luxembourgeois comptaient pour une seule et même monnaie dans la mesure où ces deux pays étaient en union monétaire.

ministrations, les entreprises et les institutions financières ont eu de plus en plus recours à l'écu dans leurs financements et dans leurs règlements commerciaux, de façon à réduire les risques de change liés à l'usage d'une monnaie particulière. Pour faciliter le fonctionnement de ce marché privé de l'écu, une chambre de compensation de l'écu privé avait été créée en 1985. Elle était gérée par l'Association bancaire pour l'écu (ABE) et fonctionnait dans le cadre de la Banque des règlements internationaux (BRI), c'est-à-dire indépendamment du FECOM. La séparation était nette entre le circuit de l'écu privé et le circuit de l'écu officiel : l'un était créé par le marché pour les transactions financières et commerciales, l'autre était créé par une institution officielle pour les banques centrales.

b) Le mécanisme de change

Le mécanisme de change reposait sur quatre principes de fonctionnement :

- Le *rattachement des monnaies adhérentes à l'écu par un cours pivot.* Jusqu'au 2 août 1993, les fluctuations des monnaies n'excédaient pas une marge de ± 2,25 % de part et d'autre de ce cours pivot[3] avant d'être portées à ± 15 %.

- Une *symétrie des obligations d'interventions* sur les marchés lorsque le taux de change entre deux monnaies atteignait les limites des marges de fluctuation autorisée (interventions *« aux limites »*). Les deux banques centrales des monnaies en opposition devaient alors simultanément intervenir : la monnaie forte était vendue sur le marché contre la monnaie faible.

- La mise en place d'un *soutien financier entre les banques centrales* pour financer leurs interventions sur le marché des changes. Elles étaient financées classiquement par prélèvement sur leurs réserves de change mais aussi, de façon plus novatrice, par des crédits à court et à très court terme que se consentaient les banques centrales : les accords de *« swaps »*[4]. Ces avances constituaient une forme de mutualisation des soutiens. Le FECOM comptabilisait les dettes et les créances entre les banques centrales qui résultaient de ces accords et pouvait, si les crédits s'avéraient insuffisants, accorder également un swap à partir des réserves de change qu'il détenait.

- La possibilité de *réajuster les cours pivots*, sous la forme de dévaluation ou de réévaluation, afin de prendre en compte l'inégalité des performances en matière d'inflation et les chocs spécifiques à un pays.

3. Les pays pouvaient opter pour une fourchette plus souple à ± 6 % de façon à tester leur taux de change d'équilibre par rapport aux autres devises du système, sans être confrontés immédiatement à des butoirs trop contraignants.

4. Littéralement d'échange, de troc.

L'originalité et l'efficacité du SME ont longtemps tenu en l'existence de ce système de *« parités fixes mais ajustables »* qui favorisait la convergence des économies en permettant de dédramatiser les modifications éventuelles des cours pivots. Les dévaluations et les réévaluations corrigeaient en partie le différentiel d'inflation accumulé entre un pays et les autres adhérents au mécanisme de change afin de restaurer sa compétitivité. Ces réalignements monétaires devaient faire l'objet d'un accord à l'unanimité entre les ministres de l'Économie et des Finances des États membres (Conseil Écofin). Cette négociation des parités avait pour but que les taux de change soient aussi proches que possible du point d'équilibre théorique en empêchant toute sous-évaluation ou toute surévaluation manifeste du point de vue commercial.

c) L'asymétrie du système et la crise de 1992-1993

Le fonctionnement du système a été insensiblement dévoyé. Le rattachement des monnaies à l'écu par un cours pivot n'a pas empêché le deutsche mark de s'imposer comme la monnaie de référence du mécanisme de change, donnant à la Banque centrale allemande un rôle central dans les interventions.

Ce leadership du deutsche mark s'était imposé du fait de la puissance de l'économie allemande. La monnaie de l'économie dominante devient souvent la monnaie ancre dans les systèmes de parité quasi fixes. Ce phénomène était d'autant accentué, dans le cas de l'Allemagne, que son poids monétaire excédait son poids économique. Le deutsche mark bénéficiait des meilleurs antécédents en matière de stabilité des prix et il était la seule monnaie européenne à avoir un statut de monnaie de réserve et de facturation internationale. Il était substituable au dollar et au yen. Cette crédibilité et ce statut international du mark en faisaient un point d'ancrage par rapport auquel les autres monnaies du SME étaient amenées à se situer. L'Allemagne définissait le taux de change de la zone vis-à-vis de l'extérieur.

Cette suprématie du deutsche mark n'a pas permis le respect de la symétrie formelle des obligations d'intervention qui était initialement prévue dans le cadre du mécanisme de change du SME. Les pays à monnaies faibles se sont retrouvés le plus souvent seuls lors des interventions intramarginales. Le SME, à l'image du serpent, a fonctionné de façon asymétrique, c'est-à-dire que la charge de la stabilité monétaire pesait exclusivement sur les pays dont les monnaies étaient attaquées.

Au leadership allemand en matière de politique monétaire répondait une perte complète de souveraineté monétaire pour les autres pays adhérents au SME. Leur unique objectif de politique monétaire était de défendre leur parité vis-à-vis de la monnaie ancre, d'où la spécialisation pendant longtemps de l'instrument du taux d'intérêt dans la gestion du taux de change. C'est sur ce plan que résidait l'asymétrie fondamentale du système. Alors que l'Allemagne définissait *de facto* la politique monétaire et la politique du change du bloc monétaire européen, il n'entrait pas dans les missions de la Bundesbank de conduire sa politique en fonction de l'ensemble des besoins de la zone. Sa mission constitutionnelle était de défendre la stabilité monétaire, c'est-à-dire de protéger le mark de l'inflation.

Ce déphasage d'objectifs est apparu encore plus flagrant aux marchés après la réunification allemande. Elle a provoqué une augmentation brutale des taux d'intérêt que les autres pays membres du SME ont dû suivre alors qu'ils traversaient une crise. Les opérateurs ont alors parié sur le caractère insoutenable du SME en déclenchant des attaques spéculatives d'abord sur les monnaies qui souffraient des déséquilibres économiques les plus marqués : la lire, la livre et la peseta. Puis, avec l'augmentation des gains apportés par la spéculation, ils se sont tournés vers les devises dont les fondamentaux économiques paraissaient bons (le franc français et la couronne danoise). Pour enrayer les attaques spéculatives, les marges de fluctuation du mécanisme de change ont été portées, le 2 août 1993, de ± 2,25 % à ± 15 %. Avec des possibilités de variation de 30 %, les monnaies européennes évoluent dans un système de change *quasi* flottant. Il y a mise en place d'un *nouvel* SME. L'élargissement de la bande de fluctuation a redonné aux banques centrales de nouvelles marges de manœuvre stratégiques et a créé à nouveau du risque pour la spéculation. Cet élargissement de la fourchette faisait courir un risque quant à la transition du SME à l'UEM.

La consolidation du SME était l'outil intégrateur qui préludait au passage à l'euro. Un scénario qualifié *« du couronnement »* prévoyait un resserrement progressif de la fourchette de variation jusqu'à ce que les États se retrouvent en change fixe. Cette transition douce à l'union monétaire était fragilisée. Le retour de la lire et de la livre sterling au système de changes flottants montrait que la sortie naturelle du SME n'était pas nécessairement une sortie par le haut avec l'union monétaire. Mais les scénarios les plus pessimistes ne se sont pas matérialisés. Le nouvel SME a permis une transition en douceur vers l'euro avec un resserrement progressif de la bande réelle à l'intérieur de laquelle les monnaies évoluaient : de 1,23 %, au cours de l'été 1998 (la drachme exclue), à 0,75 % le 30 septembre et 0,30 % le 30 octobre. Le scénario *« du couronnement »* a joué *in fine* avec un tel resserrement des taux de change au sein du SME que les États concernés se sont retrouvés sans heurt en union monétaire.

Le 3 mai 1998, les cours pivots bilatéraux du mécanisme de change du SME ont été choisis par le Conseil Écofin afin de fixer les rapports entre les monnaies des onze pays qualifiés, prises deux à deux, qui soient cohérents avec leurs fondamentaux économiques. Les banques centrales étaient prêtes à les garantir sur les marchés mais le besoin ne s'en est pas fait sentir dans un environnement financier international pourtant très instable (fin de la crise asiatique, crise russe, début de la crise brésilienne), ce qui montre la crédibilité qui avait été atteinte par le passage à l'euro.

1.1.4. Du SME à l'Union économique et monétaire (UEM) : les trois phases du traité de Maastricht

L'UEM est vue comme l'outil qui permet aux pays européens de partager la souveraineté en matière monétaire exercée par la seule Allemagne et de parachever le processus engagé avec l'instauration du marché unique. Le Conseil européen de Hanovre, de juin 1988, a fixé cet objectif et a chargé un comité, présidé par Jacques Delors, d'étudier les étapes pour y parvenir. En avril 1989, le comité Delors, s'inspirant du rapport Werner de 1970, propose trois étapes qui sont acceptées par le Conseil européen de Madrid de juin 1989. La première étape débute le 1er juillet 1990. Le traité sur l'UE, signé à Maastricht le 7 février 1992, a entériné ce processus.

• La *première phase* s'est déroulée du 1er juillet 1990 au 31 décembre 1993. Elle a débuté par la mise en œuvre de la libéralisation des mouvements de capitaux, soit la fin du contrôle des changes. Son objectif était que les États membres *« se mettent en situation »*. Des programmes de convergence ont été engagés dans le but d'améliorer et de rapprocher les performances économiques (réduction de l'inflation et du déficit budgétaire, participation au mécanisme de change du SME) afin de rendre possible l'établissement de parités fixes entre les monnaies et d'instaurer, dans la foulée, la monnaie unique. Les politiques économiques des États membres ont commencé à faire l'objet d'une surveillance multilatérale de la part du Conseil Écofin qui formule des recommandations. Le Conseil des gouverneurs des banques centrales a pris plus de poids dans le processus de décision : il est consulté avant les grandes décisions de politique monétaire nationale.

La Communauté aurait dû terminer cette première phase avec des taux de change fixe et des indicateurs économiques améliorés – ce qui n'est pas le cas avec la crise du SME et l'aggravation du déséquilibre des finances publiques dans les États membres. Mais le traité a continué son déroulement mécanique.

• La *deuxième phase* s'est enclenchée le 1er janvier 1994 pour se terminer le 31 décembre 1998. Les responsabilités monétaires durant cette phase demeuraient toujours nationales. Les changements de parité restaient possibles. Les changements au cours de cette phase sont institutionnels avec trois évolutions :

1) *La réforme du statut des banques centrales et des législations monétaires nationales*. Chaque État membre a dû organiser son indépendance institutionnelle et mettre ses statuts en conformité avec ceux du

Système européen de banques centrales (SEBC), composé de la Banque centrale européenne (BCE) et des banques centrales nationales (BCN) (art. 130 et 131 du TFUE). Il s'agissait là de l'obligation de convergence juridique prévu par le traité.

2) *La création de l'Institut monétaire européen* (IME) le 1er janvier 1994. Il s'est substitué au Conseil des gouverneurs des banques centrales et au FECOM qui ont été dissous. L'IME a lui-même été mis en liquidation le 1er juin 1998 et remplacé par la BCE. Durant sa brève existence, cet Institut a eu deux fonctions :

– une fonction technique qui touchait à la réflexion sur la mise en place du SEBC, au développement de l'écu et à la gestion des réserves de change des pays qui le souhaitaient ;

– une fonction d'évaluation du respect par les États membres de leurs obligations pour la réalisation de l'UEM.

3) Le Conseil européen de Madrid de décembre 1995 a adopté la dénomination d'*« euro »* pour la nouvelle monnaie.

À la fin de cette étape, le Royaume-Uni et le Danemark ont notifié, en référence respectivement aux protocoles 11 et 12 du traité qu'ils avaient négociés, leur volonté de sortir du processus de passage à la monnaie unique (clause d'*« opting out »*). L'IME et la Commission ont chacun rédigé un rapport d'évaluation sur l'état de la convergence juridique et de la convergence économique dans les treize pays restants.

L'obligation de convergence économique a été évaluée à partir de cinq critères (art. 126 et 140 du TFUE, protocoles 12 et 13) :

– les *« marges normales de fluctuation prévues par le mécanisme de change du SME »* sont respectées depuis au moins deux ans ;

– les prix ne dépassent pas de 1,5 point la moyenne des trois meilleurs résultats ;

– les taux d'intérêt à long terme n'excèdent pas de plus de 2 % la moyenne des taux des trois États membres qui ont les meilleurs résultats en matière de stabilité des prix ;

– le déficit budgétaire est inférieur à 3 % du PIB ;

– la dette publique est inférieure à 60 % du PIB.

Ces critères apprécient la qualité de la combinaison politique monétaire-politique budgétaire des États postulants ou *« policy mix »* : le critère de change et le critère de stabilité des prix se focalisent sur la politique monétaire, tandis que les critères de finances publiques évaluent la soutenabilité de la politique budgétaire. Le critère des taux à long terme est hybride puisqu'il reflète la qualité de la signature d'un État, telle qu'elle est estimée par les marchés, en tenant compte des perspectives d'évolution de l'inflation. Aucun indicateur réel (croissance, chômage, emploi) n'a été retenu pour pondérer l'ensemble.

Sur la base des rapports d'évaluation, le Conseil des chefs d'État ou de gouvernement de Bruxelles, des 2 et 3 mai 1998, après consultation du Parlement européen, a désigné à la majorité qualifiée les onze pays qui ont été admis à participer à l'UEM : l'Allemagne, l'Autriche, la Belgique, l'Espagne, la Finlande, la France, l'Irlande, l'Italie, le Luxembourg, les Pays-Bas et le Portugal. La Grèce et la Suède ont été écartées parce qu'elles ne remplissaient pas leurs obligations économiques pour la Grèce, juridiques pour la Suède.

Le Royaume-Uni, le Danemark, la Suède et la Grèce ont été dès lors exclus du processus de décision qui conduisait à l'euro. Leurs banques centrales ont conservé leur indépendance à l'égard du SEBC.

• La *troisième phase* a vu le démarrage effectif de l'UEM le 1er janvier 1999. La veille, le Conseil a fixé, de manière irrévocable, les cours de conversion des monnaies participantes entre elles (cours du MCE) et vis-à-vis de l'euro. L'euro a remplacé l'écu officiel au taux de 1 contre 1. La BCE a commencé à assumer la charge de la politique monétaire commune à l'ensemble de la zone. La phase de double circulation monétaire entre les monnaies nationales et l'euro s'est éteinte à des dates variables selon les pays : du 31 décembre 2001 pour l'Allemagne, au 28 février 2002 pour le reste des États membres, hormis l'Irlande (9 février) et la France (17 février). Le passage à l'euro a été bouclé pour le groupe des pays fondateurs de l'UEM avec la fin du cours légal de leurs anciennes monnaies.

1.2. L'UEM est-elle une zone monétaire optimale (ZMO)[5] *?*

La théorie des ZMO passe en revue un certain nombre de critères économiques afin de délimiter l'extension géographique optimale d'un espace monétaire constitué autour d'une monnaie unique ou d'un système de parités fixes entre des signes monétaires différents. Cette *« géographie monétaire »* ne se fonde pas sur l'existant : bon nombre d'États nations, dotés d'une monnaie unique, ne constituent pas une ZMO. Les économistes n'ont jamais, pour autant, préconisé d'organiser la sortie de l'union monétaire des régions pour un pays ou des États pour une fédération les plus atypiques.

5. Pour une présentation détaillée de cette théorie, voir P. Narassiguin, « La problématique de la monnaie unique et son application au cas de l'Europe », *Revue d'économie politique* n° 102, novembre-décembre 1992.

1.2.1. Le critère de mobilité du facteur travail

Mundell[6] a fourni le premier, en 1961, un critère qui permet d'apprécier si une zone monétaire est optimale. Deux pays A et B forment une ZMO si, dans une situation où le pays A est affecté par une crise nationale ou un choc spécifique, sa main-d'œuvre peut se déplacer vers le pays B plus dynamique. La mobilité des facteurs de production, et particulièrement celle du travail à l'intérieur de la zone, se substitue à l'ajustement par le taux de change ou par les salaires réels. *A contrario*, si la mobilité du travail est faible entre les deux pays, la formule des changes flexibles est plus avantageuse pour compenser les pertes de compétitivité.

Le critère de Mundell amène à des unions monétaires très petites, proches des bassins d'emploi, dans la mesure où la mobilité du facteur travail est relativement faible. Les nations ne sont pas nécessairement des ZMO et encore moins l'UE où l'intégration des marchés des biens et des capitaux est incomparablement plus poussée que l'intégration des marchés du travail. Néanmoins, Mundell est le premier à refuser l'idée d'une *« balkanisation monétaire »* au nom du pragmatisme politique et des avantages inhérents à l'adoption d'une monnaie commune qui tiennent, selon lui, à la réduction des coûts d'information et des coûts de transaction. La définition du nombre optimal de zones monétaires est par conséquent l'objet d'une tension entre la création de microrégions, où la stabilité interne est optimisée, et l'élargissement de ce périmètre à des entités plus importantes, qui minimisent les coûts liés à l'usage d'une monnaie particulière.

La pertinence du critère de mobilité du travail prête à d'autres critiques[7]. Mundell se donne implicitement pour cadre des économies caractérisées par une rigidité des salaires. L'ajustement, qui ne peut s'opérer au moyen de la flexibilité salariale, s'effectue par les migrations de main-d'œuvre ou, si elles s'avèrent insuffisantes, par du chômage. Cette hypothèse de rigidité des salaires est sans doute excessive et néglige les possibilités d'ajustement qui existent à ce niveau (voir Chapitre 5). Enfin, si une forte mobilité du travail permet parfois de corriger des pénuries locales ou nationales en main-d'œuvre, sur certains types de qualification, des flux migratoires excessifs sont coûteux et créent de nouveaux déséquilibres au moins à trois niveaux :

---

6. R. A. Mundell, « A Theory of Optimum Currency Areas », *American Economic Review* vol. 51 n° 4, 1961. M.-A. Barthe, « R. Mundell: A Theory of Optimum Currency Areas », in *Dictionnaire des grandes œuvres économiques*, sous la direction de X. Greffe, J. Lallement et M. de Vroey, Dalloz, 2002.

7. H. Erkel-Rousse, « Degré de flexibilité des marchés du travail, ajustements à des chocs asymétriques et union monétaire européenne », *Économie et Prévision* n° 128, 1997-2.

– les politiques budgétaires nationales peuvent être, tout d'abord, fragilisées par l'érosion de leur base fiscale ;

– la mobilité du travail va, ensuite, dans le sens d'une plus grande spécialisation de chaque pays sur quelques créneaux industriels (phénomène de polarisation) nocive en cas de crise sectorielle ;

– les déséquilibres régionaux sont, enfin, parfois renforcés par les sorties de zones en déclin au profit de zones déjà surencombrées, ce qui impose la mise en place de coûteuses politiques structurelles.

1.2.2. Le critère d'ouverture d'une économie

McKinnon[8] se fonde, en 1963, sur le critère d'ouverture commerciale d'une économie pour apprécier les contours d'une ZMO. Une économie est ouverte si le rapport des biens échangeables au PIB est élevé. Plus les pays sont ouverts les uns sur les autres, plus ils ont intérêt à former une zone monétaire commune afin de ne pas être affectés par les perturbations imputables aux variations des taux de change. S'ils sont relativement fermés, ils peuvent opter pour les changes flexibles.

Pour les pays de l'UE, qui privilégient le commerce intra UE au détriment des échanges avec le reste du monde, la présomption d'optimalité apparaît plus forte sur la base de ce critère. Les pays de l'Union échangent beaucoup entre eux avec deux caractéristiques :

– plus les pays sont petits, plus ils sont ouverts ;

– les pays de la périphérie (Europe du Sud et du Nord) apparaissent relativement moins ouverts que ceux du centre de l'Europe.

Ce critère explique particulièrement l'adhésion à l'euro des *« petits pays ouverts »* mais pas celle des pays plus importants qui sont tous nettement moins ouverts avec des différences significatives entre eux, notamment entre l'Allemagne et la France[9]. Le prototype en est, par exemple, la Slovaquie à l'économie très ouverte (les exportations de biens et de services représentent 99,4 % de son PIB en 2022) avec des échanges commerciaux réalisés avec ses partenaires de l'UE pour 76,8 % de son commerce. Dans ce contexte, rejoindre la zone euro était vital pour ce pays afin de se prémunir des fluctuations du taux de change et pour minimiser les coûts de transaction.

Sept petits pays de l'UE prennent quelques libertés par rapport à ce constat (Carte 1). La Grèce est un petit pays faiblement ouvert et qui commerce peu avec les autres États membres en raison de son éloignement et de son retard de développement. Les six autres petits pays –

8. R. I. McKinnon, « Optimum Currency Areas », *American Economic Review*, vol. 53, September 1963.

9. Les taux d'ouverture de l'Allemagne, de l'Espagne, de la France et de l'Italie, en 2022, sont respectivement de 50,9 % du PIB, de 40,9, de 34,7 et de 36,6.

Belgique, Chypre, Irlande, Luxembourg, Malte et Pays-Bas – relèvent d'un modèle économique différent : ils sont extrêmement ouverts (respectivement 95,7 %, 95,0 %, 137,1 %, 211,3 %, 163,9 %, 93,8 % de leur PIB), commercent beaucoup, mais le reste du monde tient une part importante dans leurs échanges. Ils figurent aux dernières places du classement des États membres pour la part de leur commerce avec l'UE (respectivement 58,1 %, 60,6 %, 34,7 %, 90,2 %, 58,4 % et 38,7 %). Des explications peuvent être avancées à ce constat : la dépendance du commerce extérieur de l'Irlande au Royaume-Uni, l'importance des ports de Rotterdam et d'Anvers, portes d'accès au marché unique. Tous ces pays sont aussi les plateformes d'accueil des multinationales étrangères et une composante importante de leur modèle d'*« optimisation fiscale agressive »*. Les petits pays très ouverts sur le reste du monde ne privilégient pas la zone euro pour la seule stabilité de leurs échanges avec leurs partenaires.

Carte 1

Les paradoxes de l'ouverture

En % du PIB, 2022.

Exportations de biens et de services **Part du commerce avec l'UE à 27**

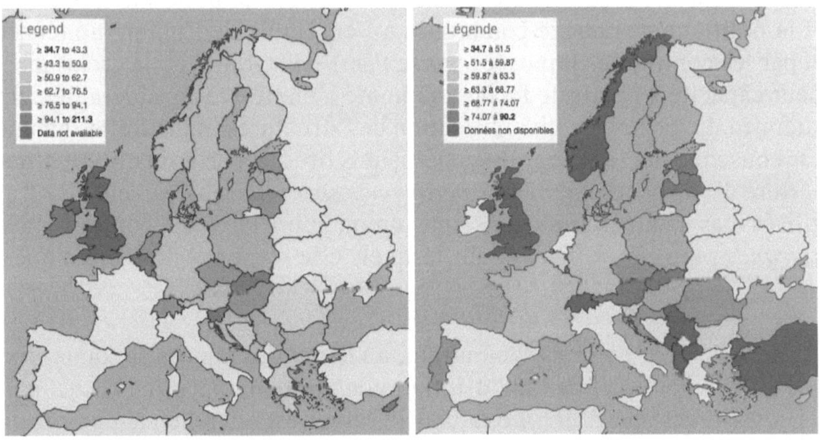

Les pays les plus ouverts sur l'UE et les pays tiers **Les pays les plus ouverts sur l'UE**

Source : Eurostat.

1.2.3. Le critère de diversification des structures industrielles

Kenen[10] met en évidence, en 1969, l'importance de la diversification de l'appareil de production : un pays relativement spécialisé a intérêt à

10. P. B. Kenen, « The Theory of Optimum Currency Areas: an Eclectic View », in R. A. Mundell et A. K. Swoboda, *Monetary Problems of the International Economy*, University of Chicago Press, 1969.

opter pour la flexibilité des changes afin de compenser les crises qui pourraient affecter un secteur industriel, dont il est très dépendant, tandis qu'un pays diversifié peut opter pour une union monétaire dans la mesure où une crise sectorielle n'affectera qu'une fraction de son économie. La mobilité du travail vers les secteurs plus prospères permettra l'ajustement. Le raisonnement de Mundell se retrouve en filigrane dans la démonstration de Kenen.

Les grands pays de l'UE ont plus souvent un appareil industriel diversifié qui les protège d'un choc spécifique à un secteur d'activité et rend possible leur appartenance à une union monétaire. Quelques grands pays de l'UE présentent néanmoins des fragilités : l'Espagne est, par exemple, très dépendante du secteur immobilier. L'intégration européenne a toutefois davantage favorisé la spécialisation économique des régions plutôt que celle des nations[11]. Encore faut-il mettre en perspective leurs tailles respectives : celle des *« petits pays »* est parfois nettement inférieure à celle des *« grandes régions »* européennes[12]. Ils peuvent avoir des structures de production très spécialisées : le bois et l'électronique en Finlande, l'agriculture, la construction et les hautes technologies en Irlande, la banque et la finance pour le Luxembourg.

La Finlande, l'Irlande et le Luxembourg sont d'autant plus vulnérables à une crise sectorielle qu'ils sont liés par la politique monétaire et la politique de change communes à l'ensemble de l'union monétaire et par les contraintes imposées par le Pacte de stabilité et de croissance. Leur capacité à réagir de façon autonome s'en trouve considérablement atténuée. Le critère de diversification des structures industrielles amène par conséquent à tempérer les conclusions tirées à partir du critère d'ouverture d'une économie : les *« petits pays spécialisés »* peuvent être fragilisés par l'intégration dans une union monétaire au contraire des *« grands pays diversifiés »* pour lesquels elle n'est pas problématique.

1.2.4. Le critère d'inflation

Haberler[13] et Fleming[14] montrent, au début des années soixante-dix, que si le différentiel de taux d'inflation entre deux pays A et B est nul, ils constituent une ZMO. Le taux d'inflation est appréhendé comme un indicateur qui synthétise à la fois les différences de compétitivité des

11. A. Fatás, « EMU: Countries or Regions? Lessons from the EMS experience », *European Economic Review*, 41, 1997.

12. Le PIB de la Région Île-de-France dépassait en 2019 celui de 21 pays de l'UE et avoisinait celui des Pays-Bas, 7e puissance européenne.

13. G. Haberler, *The International Monetary System: Some Recent Developments and Discussions*, Princeton University Press, 1970.

14. J. M. Fleming, « On Exchange Rate Unification », *Economic Journal*, vol. 81, septembre 1971.

structures productives, de comportement en matière de revendications salariales et les orientations prises par la politique monétaire. Un différentiel nul de taux d'inflation entre deux pays garantit la stabilité du taux de change à long terme. Cette condition a été reprise par l'un des critères de convergence du traité de Maastricht. Les pays qualifiés pour l'union monétaire doivent avoir entre eux un faible écart d'inflation : les prix ne doivent pas dépasser de 1,5 point la moyenne des trois États membres qui présentent les meilleurs résultats (art. 140 du TFUE et protocoles 12 et 13).

Graphique 2

La convergence dans la désinflation avant l'euro

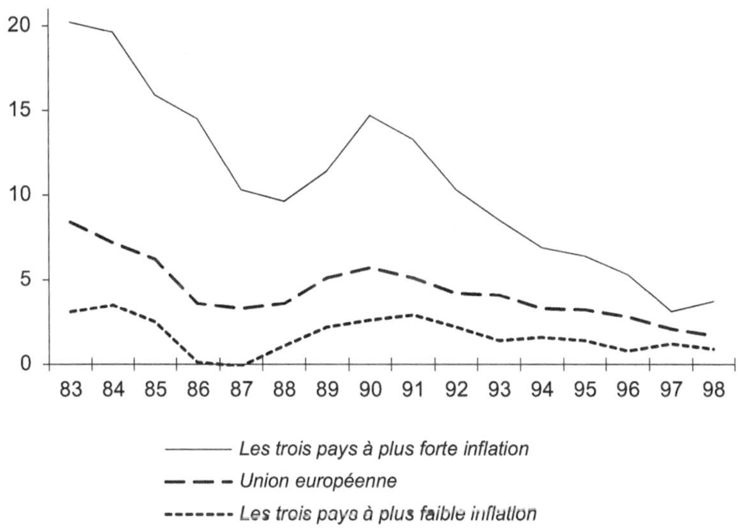

Source : Eurostat.

La convergence en matière d'inflation est vue comme la manifestation d'une même structure de préférences et d'arbitrage similaire de politique économique entre les pays membres de l'union monétaire dans un contexte où il n'y a plus d'ajustement de change possible. Cette convergence a progressé de manière significative de 1983 à 1998 avant les débuts de la zone euro (Graphique 2. Le différentiel d'inflation entre les trois pays les plus performants et les trois pays les plus inflationnistes n'est plus que de 2,8 alors qu'il était de 17,1 en 1983.

1.3. L'approche coûts-avantages : le rapport Emerson

L'approche coûts-avantages, appliquée à la monnaie unique, a été développée dans le rapport « *Marché unique, monnaie unique* »[15] publié par la Commission, en octobre 1990, sous la direction de Michael Emerson, directeur de l'évaluation économique des politiques communautaires. Ce rapport présentait l'analyse économique sous-jacente à la monnaie unique.

1.3.1. Les coûts associés à la monnaie unique

Les coûts de la monnaie unique concernent la phase de transition et surtout l'état final avec la perte d'instruments de politique économique, de recettes publiques et une vulnérabilité nouvelle de la monnaie au niveau international.

• *L'instabilité de la transition.* Le rapport Emerson a anticipé le risque d'incompatibilité entre le SME et la libéralisation totale du marché des capitaux au cours des étapes jalonnant le passage à la monnaie unique. L'ouverture et l'intégration croissante des marchés financiers sont de nature à provoquer des attaques spéculatives extrêmement puissantes qui peuvent obliger les autorités monétaires à abandonner la fixité des changes. Ce risque est jugé particulièrement fort au cours des étapes 1 et 2 du traité de Maastricht. Durant la troisième étape, où les cours des changes sont censés être irrévocablement fixes, subsiste un risque quant à la crédibilité de cet engagement « irrévocable » aussi longtemps que des monnaies nationales continueront d'exister. La période de transition doit être aussi courte que possible afin de ne pas prolonger cette instabilité d'autant qu'il y a un risque d'accélération des demandes de conversion entre les monnaies.

• *La disparition de l'instrument du taux de change.* C'est un puissant moyen d'ajustement interne qui ne sera plus actionnable. En effet, la dévaluation d'une monnaie permettait d'améliorer la compétitivité-coût de la main-d'œuvre pour maintenir l'emploi, tandis que la réévaluation d'une monnaie, en diminuant les prix des biens importés, permettait de mieux contrôler l'inflation. En l'absence de possibilité d'ajustement du taux de change nominal, un différentiel d'inflation et de productivité ne peut être compensé que par une modification du taux de change réel de façon à restaurer la compétitivité et à éviter le sous-emploi des facteurs de production (chômage, fermeture d'usines) : il s'agit d'abaisser le coût de la main-d'œuvre, pour rendre au pays sa position concurrentielle, soit procéder à une « *dévaluation interne* », ou d'inciter à la mobilité du facteur travail vers les pays plus dynamiques. Ces moyens risquent d'avoir une efficacité limitée en Europe où,

15. M. Emerson, D. Gros, A. Italianer, J. Pisani-Ferry, H. Reichenbach, *Marché unique, monnaie unique*, Économie européenne n° 44, 1990 et Economica, 1991.

traditionnellement, les salaires sont relativement rigides et la mobilité du travail faible. En outre, le mécanisme d'ajustement par les prix relatifs n'est jamais aussi rapide qu'un ajustement par les taux de change. Si ces ajustements réels s'avèrent impossibles à mettre en œuvre, le coût en termes de chômage et de baisse de la croissance potentielle peut être important. Le rapport Emerson relativise ces problèmes en constatant que les pays adhérents au mécanisme de change du SME ont déjà largement renoncé aux modifications des taux de change nominaux et entamé un processus extrêmement fort de convergence vers la désinflation.

- *La perte de l'autonomie des politiques monétaires.* Les politiques monétaires nationales disparaissent au profit de la politique monétaire unique exclusivement orientée vers la stabilisation de l'ensemble de l'économie de l'union monétaire. Or les politiques monétaires nationales pouvaient être accommodantes, neutres ou restrictives en fonction des besoins conjoncturels. Là aussi, le rapport Emerson relativise la perte de cet instrument de politique économique à partir du constat que le *« SME-asymétrique »* signifiait déjà la perte de l'autonomie de la politique monétaire pour les pays adhérents au mécanisme de change, hormis le cas de l'Allemagne qui, en tant que pays-ancre, était le seul à pouvoir exercer pleinement sa souveraineté monétaire.

- *La diminution des recettes de seigneuriage.* Le seigneuriage (également connu sous le nom de *« taxe d'inflation »*) permet aux banques centrales de financer leurs dépenses en émettant de la monnaie. Les recettes de seigneuriage, ainsi désignées en souvenir du pouvoir des seigneurs du Moyen Âge de battre monnaie[16], constituent la majeure partie des recettes d'une banque centrale. Elles proviennent de la création monétaire réalisée en contrepartie de l'absence de rémunération des pièces, des billets en circulation et parfois des réserves obligatoires constituées par les établissements de crédit auprès de la banque centrale. Plus l'inflation est élevée, plus cette source de revenu est importante. Les agents économiques, en conservant des liquidités non rémunérées, font crédit à taux zéro à leur banque centrale. Le rapport Emerson relève que les recettes de seigneuriage sont substantielles dans les pays du Sud (Portugal et Grèce et, dans une moindre mesure, Espagne et Italie) où elles représentent entre 1 et 3 % du PIB. L'abaissement du taux des réserves obligatoires dans l'UEM et la limitation de l'inflation diminueront cette ressource, ce qui obligera ces États à des ajustements budgétaires par l'accroissement des autres impôts ou par la réduction des dépenses.

- *L'instabilité imputable à l'émission d'une monnaie internationale.* La monnaie unique connaîtra les servitudes inhérentes au statut de monnaie internationale qui fait l'objet, par définition, d'une utilisation

16. Les seigneurs rognaient les pièces métalliques pour récupérer du métal précieux mais leur valeur faciale demeurait identique.

intensive en dehors de sa zone d'émission. La politique monétaire européenne sera exposée aux chocs qui déstabilisent l'économie internationale et à l'évolution des cours du dollar et du yen. Si la monnaie unique permet la stabilité au sein de la zone Europe, l'instabilité des échanges à l'égard du reste du monde risque en revanche de s'accentuer en fonction de l'appréciation ou de la dépréciation de la monnaie européenne par rapport aux devises tierces. En effet, le taux de change et le taux d'intérêt de la nouvelle monnaie seront déterminés sur le marché mondial. L'offre et la demande relative à la monnaie européenne pourront varier indépendamment de la balance des paiements des pays de l'union monétaire.

1.3.2. Les avantages de la monnaie unique

Les avantages escomptables de la monnaie unique tiennent à plusieurs éléments qui vont d'un surcroît d'efficacité microéconomique à différents facteurs de stabilisation macroéconomique :

- *La fin des incertitudes liées aux taux de change.* L'UEM supprime la variabilité des taux de change nominaux. Le risque de change disparaît et avec lui la nécessité de construire des montages financiers sur les marchés à terme pour se couvrir face à ce risque et de verser des primes au niveau des taux d'intérêt nominaux. La fixation irrévocable des cours de change amène à une égalisation complète des taux d'intérêt à court terme sur les avoirs de même nature, de même échéance et de même risque.

- *La disparition des coûts de transaction.* L'adoption de la monnaie unique fera disparaître tous les coûts directs de transaction liés aux opérations de change : commissions[17], marges de change, gestion de trésorerie et de comptabilité dans plusieurs devises au sein des entreprises, etc. Ces frais varient considérablement d'un pays à l'autre. Le rapport Emerson les estime entre 0,1 et 0,2 % du PIB dans les grands États membres et jusqu'à 1 % dans les petites économies ouvertes et dans les États dont la monnaie est faible et peu utilisée sur le plan international, soit au total de 20 à 25 milliards d'écus par an. En revanche, les banques européennes vont perdre une source de commissions évaluée à 5 % de leur revenu.

- *Un accélérateur du marché unique.* La monnaie unique est vue comme le moyen de réaliser tous les avantages attendus du marché unique en renforçant l'intégration du marché des biens et en évitant les perturbations monétaires. Selon le rapport Emerson, la concurrence sera

17. Il a été calculé par la Commission qu'un particulier qui partirait de chez lui avec 1 000 deutsche marks, 1 000 francs ou 1 000 livres et qui se rendrait dans tous les pays de l'Union européenne en changeant chaque fois l'ensemble de cette somme, aurait en poche, de retour dans son pays, 500 deutsche marks, 500 francs ou 500 livres sans avoir rien consommé.

favorisée parce que l'information sur les prix sera directement accessible et comparable. Les politiques de discrimination par les prix conduites par les grands groupes industriels ne pourront plus, par exemple, être mises en œuvre. La stabilité des changes permettra de garantir l'équilibre des contrats commerciaux entre les entreprises européennes. Le marché unique pourrait de la sorte dégager le surcroît d'efficacité et de croissance escompté lors de son lancement.

- *Un complément essentiel de l'intégration financière.* L'avènement de la monnaie unique devrait lever les dernières barrières à l'intégration du marché financier européen. En raison de leur segmentation, les marchés financiers européens ne captent qu'une part réduite des flux d'investissements mondiaux, sans commune mesure avec la puissance économique et financière des pays européens. Les grands investisseurs américains et japonais hésitent à acquérir des emprunts et des valeurs mobilières en Europe car ils leur reprochent leur *« manque de liquidité »* : ils craignent de ne pas pouvoir vendre à tout moment, dans de bonnes conditions de prix, d'importantes quantités de titres. Un marché unifié, plus large et plus liquide, amènerait à un accroissement du volume des transactions sur les titres européens. Il permettrait en outre de financer plus aisément les déséquilibres des balances des transactions courantes et les emprunts publics dès le moment où les emprunteurs seront jugés viables. La contrainte extérieure n'existera plus en effet pour un pays qui intègre l'union monétaire. Il sera simplement soumis aux contraintes de financement de sa dette publique et de maintien de sa compétitivité réelle à l'égard de ses partenaires commerciaux. La balance des paiements est collective à l'ensemble de l'union monétaire.

- *Une souveraineté monétaire commune.* L'adoption de la monnaie unique doit favoriser le passage d'un régime asymétrique à une plus grande collégialité dans les décisions prises en matière monétaire. C'est le seul moyen d'éviter que l'Europe ne se transforme en une vaste zone mark. Elle permet aux autres pays que le leader de retrouver une capacité à négocier le niveau des taux d'intérêt communs. La disparition des primes d'intérêt irait dans le sens d'une baisse des taux d'intérêt moyens dans la Communauté. Le risque qu'un pays conduise une politique monétaire non coopérative serait conjuré et permettrait la recherche d'une croissance optimale pour l'ensemble du bloc monétaire européen.

- *L'émission d'une monnaie internationale qui favorisera l'émergence d'un système monétaire multipolaire.* En raison du poids économique de l'ensemble européen, la monnaie unique va provoquer, selon le rapport Emerson, une redistribution des rôles entre les devises internationales. La monnaie européenne concurrencera le dollar dans les transactions et la facturation des contrats internationaux et comme monnaie de réserve des banques centrales pour leurs interventions sur le marché des changes. Là aussi, la monnaie unique devrait entraîner une réduction des coûts de transaction et des risques de change pour les entreprises et les banques européennes en leur permettant de travailler davantage au niveau international dans leur propre monnaie. Les banques centrales des pays membres de l'UEM devraient pouvoir réduire leurs réserves de change, puisqu'il n'y aura plus d'intervention nationale pour soutenir le cours des différentes devises européennes et que les interventions à destination du reste du monde se feront dans la monnaie commune. Le rapport Emerson chiffre à 230 milliards de dollars les économies susceptibles d'être réalisées. En tant que monnaie internationale, la monnaie unique sera demandée par des résidents non européens pour un stock en billets, estimé par le rapport Emerson, à 35 milliards de dollars. L'utilisation internationale de la monnaie européenne permettra la réalisation de recettes de seigneuriage imputable à la détention de billets qui ne portent pas d'intérêt. Le développement du poids international de la monnaie européenne est enfin, d'après le rapport Emerson, de nature à amener à un meilleur équilibre des relations économiques et monétaires internationales. Le fonctionnement du système monétaire international actuel, dominé par le dollar, est préjudiciable aux nations européennes car trop asymétrique et mal coordonné. L'UEM, en réunissant des économies de taille moyenne au sein d'un seul grand bloc, permettrait de peser sur les États-Unis et le Japon et favoriserait une meilleure coordination au niveau international, notamment dans le cadre du G7, des décisions de politique économique.

1.4. Les caractéristiques de la zone euro

Depuis le 1er janvier 2023, vingt États membres de l'UE ont l'euro comme monnaie (Carte 2) : l'Allemagne, l'Autriche, la Belgique, Chypre, la Croatie, l'Espagne, l'Estonie, la Finlande, la France, la Grèce, l'Irlande, l'Italie, la Lettonie, la Lituanie, le Luxembourg, Malte, les Pays-Bas, le Portugal, la Slovaquie et la Slovénie. Dans l'UE post-Brexit, sept pays sont en dehors de l'union monétaire : la Bulgarie, le Danemark, la Hongrie, la Pologne, la République tchèque, la Roumanie et la Suède. Quelques faits stylisés peuvent être relevés afin de donner une bonne photographie de la zone euro et de l'UE par rapport aux États-Unis et au Japon (Tableau 1).

En 2022, la zone euro représente 12,0 % du PIB mondial, soit 3,5 points de moins que les États-Unis, et 84 % du PIB de l'UE. Avec 347 millions d'habitants, les Vingt ont une population légèrement plus importante que les États-Unis mais le produit intérieur brut par habitant y est à 53 % de ces derniers, en chute relative très importante. La richesse par habitant est un peu supérieure dans la zone euro à celle du Japon pour une population et un PIB approximativement trois fois supérieurs.

Carte 2

La zone euro

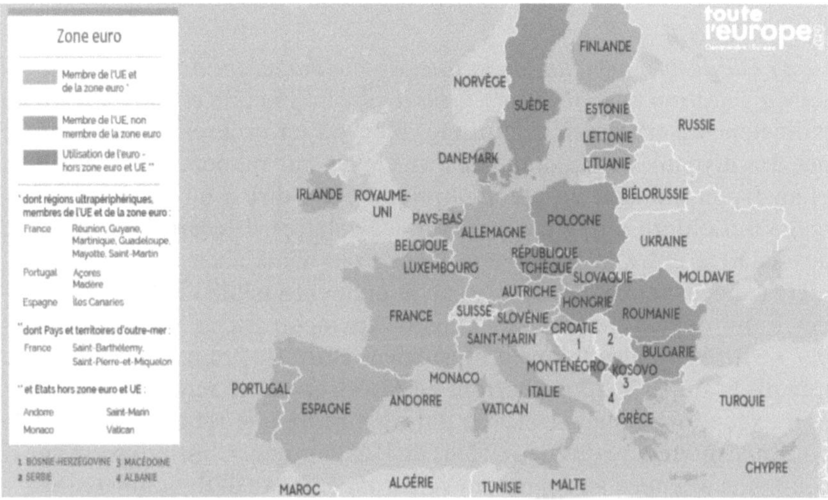

Source : https://www.touteleurope.eu

La zone euro et l'UE se distinguent des États-Unis et du Japon sur trois données structurelles :

1) *Le poids important qu'occupe la sphère publique dans l'économie*, avec une dépense des administrations publiques très nettement au-dessus des États-Unis et du Japon. C'est là une composante importante du *« modèle européen d'économie sociale de marché »* où la dépense socialisée est très importante. Les recettes fiscales sont de ce fait beaucoup plus élevés en Europe et la dépense publique y avoisine la moitié du PIB. Contrairement à ce que laisserait supposer la crise de la dette souveraine propre à la zone euro, les finances publiques (déficit budgétaire et dette publique) y sont plus saines qu'aux États-Unis et surtout qu'au Japon qui se signale par un déficit important (-7,1 % du PIB) et une dette abyssale (258 %), mais détenue par les Japonais.

2) *Un très fort taux d'ouverture sur le reste du monde*, en nette progression ces dernières années (+ 8 points en trois ans). Cette importance des échanges avec les pays tiers est un marqueur important par rapport au Japon et encore plus par rapport aux États-Unis qui sont des économies beaucoup plus fermées. L'ouverture des économies européennes les rend plus vulnérables aux aléas extérieurs et aux variations du taux de change. Un pays relativement fermé maîtrise mieux sa politique économique avec peu de fuites vers l'extérieur lorsqu'il opère une relance budgétaire. Si l'UE est très dépendante de ses échanges extérieurs, elle est aussi une puissance commerciale qui tire des bénéfices du libre-échange avec des excédents courants, mais qui sont en baisse sensible

ces dernières années. Les États-Unis sont en proie structurellement aux déficits jumeaux de la balance des transactions courantes et du budget rendus possibles par le statut de première monnaie internationale du dollar.

3) *Un désalignement sur le taux de chômage, un alignement sur le taux d'inflation avec les seuls États-Unis.* Le taux de chômage reste un indicateur discriminant. L'Europe, bien qu'en progrès, se singularise par des niveaux de chômage encore élevés par rapport aux États-Unis et au Japon qui sont en plein-emploi, c'est-à-dire à un niveau de chômage qui oblige à une progression des salaires. L'écart de croissance des salaires entre la zone euro et les États-Unis s'est creusé ces dernières années, et ce de façon particulièrement visible en 2022. Le chômage qui demeure aux États-Unis et au Japon est de type *« frictionnel »* : il résulte des temps d'ajustement entre l'offre et la demande de travail. L'année 2022 est surtout caractérisée par le retour d'une inflation exceptionnellement élevée qui a entrainé une réponse forte de la politique monétaire des deux côtés de l'Atlantique. L'inflation est beaucoup plus atténuée au Japon qui sort d'un épisode déflationniste long.

Tableau 1

Les principales caractéristiques de la zone euro à 20*

au regard de l'UE à 27, des États-Unis et du Japon en 2022

		Zone euro	UE 27	États-Unis	Japon
Population	MIO	347	447	337	125
Part du PIB mondial, volume	%	12,0	14,9	15,5	3,8
PIB nominal, prix courants	MRD €	13 500	16 100	24 500	4 040
PIB/habitant	€	38 900	36 000	72 700	32 300
Administrations publiques					
Recettes fiscales	% du PIB	46,9	46,3	34,3	38,1
Dépenses publiques	% du PIB	50,5	49,6	38,1	45,2
Solde budgétaire	% du PIB	-3,6	-3,3	-3,8	-7,1
Dette publique	% du PIB	92,5	84,8	122,0	258,0
Exportations biens/services	% du PIB	55,1	56,4	11,6	21,6
Importations biens/services	% du PIB	53,3	54,6	15,4	25,4
Taux d'ouverture	% du PIB	54,2	55,5	13,5	23,5
Solde transactions courantes	% du PIB	1,0	0,9	-3,8	2,1
Taux de chômage	%	6,8	6,2	3,6	2,6
Prix à la consommation	%	8,4	9,2	8,0	2,5

* *Y compris la Croatie qui a intégré la zone euro, le 1er janvier 2023.*

Source : European Economic Forecast, Autumn 2023.

2. La politique monétaire

La politique monétaire est commune. Elle est mise en œuvre par la Banque centrale européenne (BCE). Le traité lui donne pour mission le maintien de la stabilité des prix qu'elle apprécie par une approche économique plurielle dite *« à deux piliers »*. Pour remplir sa mission, la BCE utilise les instruments classiques d'intervention sur la liquidité bancaire. La crise financière a entraîné des évolutions de fond avec la mise en place d'une politique monétaire très accommodante, à base d'instruments *« non conventionnels »*, et d'une supervision plus poussée du secteur financier. Le retour d'une inflation élevée, en 2022, a entraîné un changement d'orientation afin de privilégier l'objectif principal assigné à la BCE par le traité : la stabilité des prix.

2.1. Le Système européen de banques centrales (SEBC) et l'Eurosystème

Le SEBC est composé de la BCE et des vingt-sept Banques centrales nationales (BCN) des pays adhérents à l'UE. Le capital de la BCE est réparti entre toutes ces BCN au prorata du poids de chaque État membre dans la population et dans le PIB de l'Union. Seuls les pays parties prenantes de la zone euro ont libéré leur part du capital, les autres n'ont versé que 3,75 % de leur contribution pour participer aux frais de fonctionnement. Les parts dans le capital servent à répartir les bénéfices et les pertes de la BCE entre les BCN ayant adopté l'euro mais aussi la part prise par ces BCN dans les mesures de politique monétaire (achats de titres). Lors de ses interventions sur le marché des titres, la BCE achète, par exemple, 16 % de titres français au prorata de la part de la Banque de France dans la clé de répartition du capital de la BCE.

Pour clarifier la situation entre pays membres et non membres de la zone euro, la qualification d'*« Eurosystème »* est donnée au sous-ensemble composé de la BCE et des BCN qui participent à la zone euro. Cette distinction entre l'Eurosystème et le SEBC a vocation à perdurer tant que les contours de l'UE et de la zone euro ne seront pas les mêmes.

Le SEBC et l'Eurosystème sont dirigés par les trois organes de décision de la BCE, tous présidés par son président assisté de son vice-président. Les missions assignées à ces trois instances sont précisées dans les statuts du SEBC qui figurent dans le traité (protocole n° 4).

- Le *Conseil des gouverneurs*, qui est l'autorité centrale du système, a pour mission de définir la politique monétaire et d'arrêter les orientations nécessaires à son exécution lors de ses deux réunions mensuelles au siège de la BCE à Francfort. Il se compose des gouverneurs des banques centrales nationales de la zone euro et des six membres de l'instance responsable de la gestion courante de la BCE ou *« directoire »*.

Le système, qui était en vigueur jusqu'au 31 décembre 2014, accordait une voix à chacun des membres, ce qui donnait autant d'importance au gouverneur de la Banque centrale d'Estonie qu'à celui de la Bundesbank. Avec les élargissements successifs de la zone euro, le Conseil des gouverneurs devenait une assemblée trop large et qui donnait beaucoup d'importance aux petits pays. C'est pourquoi, avec l'intégration du dix-neuvième membre, la Lituanie, le 1er janvier 2015, un système de rotation par groupes de pays a été mis en place, conformément aux dispositions du traité, à l'image de ce qui se pratique à la Réserve fédérale américaine (Fed) ou au FMI. Les pays sont répartis en deux groupes en fonction de la taille de leur économie et de leur secteur financier. Les cinq pays membres du premier groupe (Allemagne, Espagne, France, Italie et Pays-Bas) se partagent quatre droits de vote. Les autres pays disposent de onze droits de vote. Les gouverneurs votent à tour de rôle selon une rotation mensuelle. L'intégration du vingt-deuxième membre devrait provoquer la formation d'un troisième groupe. Les six membres du directoire conserveront toujours leur droit de vote, quelle que soit la configuration.

• Le *directoire* met en œuvre la politique monétaire conformément aux orientations et aux décisions arrêtées par le Conseil des gouverneurs. Il se compose du président, du vice-président et de quatre autres membres nommés d'un commun accord par le Conseil européen, après consultation du Parlement européen et du Conseil des gouverneurs en raison de *« leur autorité et leur expérience professionnelle dans le domaine monétaire ou bancaire »*.

• Le *Conseil général* se compose du président, du vice-président de la BCE et des gouverneurs de toutes les banques centrales nationales de l'UE. Il a repris les fonctions précédemment confiées à l'Institut monétaire européen et supervise le mécanisme de change deux (MCE II), chargé de maintenir la coopération dans le domaine du change entre les élus et les exclus de l'euro depuis le 1er janvier 1999. Cette instance se maintiendra aussi longtemps qu'il n'y aura pas une identification totale entre le SEBC et l'Eurosystème.

Au sein de l'Eurosystème, les modalités de l'articulation entre la BCE et les BCN pour l'exécution de la politique monétaire et de la politique du change sont précisées dans l'article 12 des statuts. Il stipule que *« la BCE recourt aux banques centrales nationales pour l'exécution des opérations »* et que le directoire *« donne les instructions nécessaires aux banques centrales nationales »*, conformément aux orientations du Conseil des gouverneurs. Les textes placent les BCN dans un rapport de subordination à l'égard de la BCE : elles sont les exécutantes de la politique monétaire décidée par un centre de décision unique, seul détenteur de la souveraineté monétaire.

Les opérations de l'Eurosystème sont néanmoins décentralisées, conformément au principe de subsidiarité, *« dans la mesure jugée possible et adéquate »*. Les BCN détiennent les comptes de leurs banques commerciales nationales, à partir desquels elles créent de la *« monnaie banque centrale »*, elles assurent leur refinancement, elles gèrent les réserves de change, elles participent au prorata de leur part dans le capital de la BCE aux achats de titres et elles veillent au bon fonctionnement des systèmes de paiement.

2.2. *L'objectif principal de stabilité des prix gagé sur l'indépendance du SEBC*

L'article 127 du TFUE assigne comme objectif principal au SEBC le maintien de la stabilité des prix. Sous la réserve que cet objectif soit rempli, le SEBC doit également apporter son soutien aux autres objectifs de politique économique poursuivis par l'UE (croissance, emploi, lutte contre le dérèglement climatique, stabilité financière, etc.). Le respect du mandat défini par le traité passe par l'indépendance du SEBC.

2.2.1. Quelle stabilité des prix ?

Reste à définir ce qu'il faut entendre par *« stabilité des prix »*. Les gouvernements des États membres auraient pu se saisir de cette question et indiquer quel était leur point d'équilibre, en concertation avec la Commission et la BCE. Faute d'un cadrage politique, c'est le Conseil des gouverneurs qui a donné sa définition de la stabilité : elle a été modifiée à plusieurs reprises et vise, depuis le 8 juillet 2021, *« un objectif d'inflation de 2 % à moyen terme »*. La notion de moyen terme est importante. La BCE tente d'orienter les anticipations des marchés : elle a longtemps pratiqué le *« forward guidance »* avant de l'abandonner en juillet 2022 pour privilégier une prise de décision réunion par réunion.

Cet objectif d'inflation avait été initialement fixé dans le but de lutter contre l'inflation. Si la tendance d'ensemble, depuis le lancement de l'euro, est orientée autour de cet objectif (Graphique 3), l'indice des prix à la consommation harmonisée (IPCH) présente aussi des variations extrêmes, avec des épisodes déflationnistes (indices des prix négatifs en 2009, 2015, 2016 et 2020) imputables à la baisse des prix de l'énergie, et avec un pic inflationniste à 10,6 %, en octobre 2022, imputable à la hausse de ces mêmes prix qui s'est transmise aux produits alimentaires. Une forte désinflation a suivi. C'est typiquement un choc d'offre : les chaînes d'approvisionnement ont été perturbées par la pandémie de Covid-19, l'invasion de l'Ukraine par la Russie et la crise énergétique qui en a résulté. Dès lors qu'elles ont été rétablies, l'essentiel du choc a été résorbé rapidement.

Graphique 3

Évolution de l'IPCH dans la zone euro

Source : BCE.

La cible d'inflation de la BCE a été beaucoup débattue. Le FMI avait proposé, en 2010, de la relever à 4 %[18], afin de redonner des marges de manœuvre à la politique monétaire. Cette suggestion avait été perçue, à l'époque, comme iconoclaste par une BCE conçue pour prioriser la lutte contre l'inflation. Les épisodes déflationnistes ont infléchi la définition arrêtée par la BCE, le 8 juillet 2021, qui vise un engagement symétrique autour de sa cible, *« ce qui signifie que les écarts négatifs et positifs sont également désirables »*[19]. L'objectif constitue une cible et non un plafond. Si l'IPCH continue à en être la mesure, il devra progressivement inclure les coûts des logements occupés par leur propriétaire – jusqu'alors classés hors indice. Le Conseil des gouverneurs s'engage à intégrer de plus en plus les questions liées au changement climatique dans sa politique monétaire parce qu'elles ont des effets sur la stabilité des prix et qu'elles constituent une priorité politique pour l'UE. Ces orientations diffèrent des objectifs poursuivis par la Fed et la Banque d'Angleterre, qui lient leurs décisions de politique monétaire à l'évolution d'indicateurs comme la croissance et le chômage. Elles marquent un certain affranchissement de la BCE par rapport au dogme monétariste qui avait préludé à sa création et la recherche d'une voie européenne originale par rapport aux autres grandes banques centrales.

18. O. Blanchard, *Le FMI réfléchit à la configuration future de la politique macroéconomique*, Bulletin du FMI, 12 février 2010.

19. BCE, *Le Conseil des gouverneurs de la BCE a approuvé sa nouvelle stratégie de politique monétaire*, Communiqué de presse, 8 juillet 2021.

Pour crédibiliser cet objectif de la stabilité des prix, le traité se range aux prescriptions de la nouvelle macroéconomie classique. Ce courant estime, à la suite des travaux précurseurs de Friedman, que, pour se garder des politiques discrétionnaires, il faut asseoir la politique économique sur des règles de droit et de comportement qui permettent d'établir une réputation. L'indépendance de la banque centrale à l'égard du pouvoir politique y est vue comme une condition nécessaire à la stabilité des prix[20]. Il s'agit d'éviter qu'un gouvernement, à la veille d'échéances électorales, ne relance l'inflation pour diminuer la valeur réelle de la dette publique et stimuler temporairement la croissance. Les études empiriques montraient une supériorité des performances inflationnistes des pays où les banques centrales étaient les plus indépendantes (Graphique 4), sans qu'il y ait de coût en termes de croissance, ni en termes de chômage. Dans le cadre de la zone euro, l'indépendance du SEBC est, en outre, justifiée par sa structure fédérale et par la libre circulation des mouvements de capitaux.

Graphique 4

Indépendance de la Banque centrale et inflation

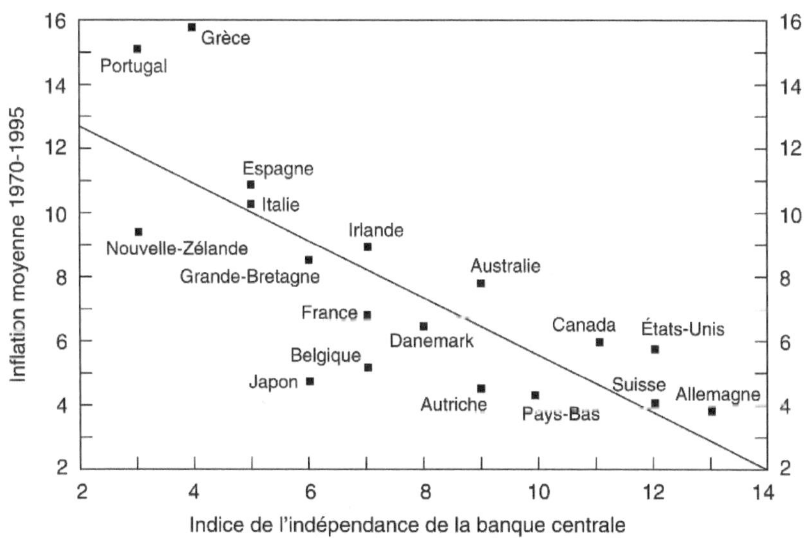

Source : Banque de France à partir des travaux de V. Grilli, D. Masciandaro et G. Tabellini (1997).

20. M. Neumann, « Central Bank Independence as a Prerequisite of Price Stability », in *European Community, The Economics of European Monetary Union,* Vol. II, 1990.

2.2.2. L'indépendance du SEBC : jusqu'à quel point ?

Le traité entoure de solides garanties les éléments de statut du SEBC qui assurent son indépendance afin de lui donner les moyens d'atteindre son objectif de maintien de la stabilité des prix.

• *Les statuts des banques centrales nationales* ont dû tout d'abord être mis en conformité avec ceux du SEBC avant son établissement (art. 131 du TFUE). La Banque de France est ainsi devenue indépendante à l'égard du gouvernement le 1er janvier 1994. L'insertion des statuts du SEBC dans un protocole annexé au traité rend par la suite très difficile toute modification des statuts d'une banque centrale qui nécessiterait un accord de tous les États signataires. La sécurité juridique des statuts du SEBC s'en trouve considérablement renforcée.

• *Le principe de l'indépendance des membres des organes de décision de la BCE et des BCN à l'égard de toute instruction* émanant des instances communautaires et des États membres est ensuite posé (art. 130). Les gouvernements s'engagent réciproquement à ne pas chercher à les influencer dans l'accomplissement de leurs missions.

• *Il est interdit à la BCE et aux BCN d'accorder des crédits aux entités publiques* (organismes de l'Union, administrations centrales nationales, autorités régionales ou locales, entreprises publiques) *et de souscrire directement aux titres de dette qu'elles émettent* (art. 123) de façon à éviter tout financement monétaire de ces organismes et à instaurer une étanchéité entre la politique monétaire, conduite par la BCE, et la politique budgétaire, gérée par les Trésors nationaux. Cette disposition était vue, notamment par l'Allemagne, comme l'interdiction faite à la BCE d'être *« prêteur en dernier ressort »* auprès des États défaillants, c'est-à-dire de créer de la monnaie pour régler leurs dettes. La crise des dettes souveraines en 2010 a montré que, si la souscription directe restait impossible, le financement indirect ne l'était pas. Le programme de rachat par la BCE aux banques de second rang d'obligations publiques grecques, irlandaises, portugaises, espagnoles et italiennes, qu'elles avaient acquises, a été déterminant pour réduire les tensions sur les marchés financiers à l'égard de ces pays. Les titres éligibles devaient au départ bénéficier d'une certaine notation afin de présenter de bonnes garanties. La BCE a su relâcher cette disposition, lorsque les agences de notation ont dégradé la dette grecque, faisant preuve de souplesse et de pragmatisme. La séparation de la politique monétaire et des finances publiques n'a pas résisté à l'épreuve des crises qui ont imposé à la BCE d'être prêteur ultime.

• *L'indépendance personnelle des membres des instances dirigeantes du SEBC* est enfin assurée par plusieurs articles des statuts de façon à les protéger de toute pression politique. Ils précisent les cas où ces membres peuvent être relevés de leurs fonctions, les recours possibles, la durée de leur mandat et son caractère reconductible ou non.

Cette durée a été fixée au minimum à cinq ans pour les gouverneurs des banques centrales nationales et à huit ans non renouvelables pour les membres du directoire. Une durée de mandat suffisamment longue et un mandat non renouvelable sont supposés donner des garanties d'indépendance personnelle en affranchissant les membres du directoire d'avoir à donner des gages aux politiques pour la reconduction de leur mandat.

En contrepartie de cette indépendance, consentie à une institution qui est politiquement irresponsable, la BCE est dans l'obligation de s'expliquer face à l'opinion et de présenter un rapport annuel sur ses activités et sur la politique monétaire suivie au Parlement européen, au Conseil et à la Commission. Le président de la BCE est auditionné quatre fois par an par le Parlement européen. Ces dispositions sont peu contraignantes dans la mesure où ces organes ont, en la matière, un pouvoir politique limité. Contrairement aux États-Unis, où le Congrès a la possibilité de modifier les statuts de la Réserve fédérale, le Parlement européen ne dispose d'aucun pouvoir de cette nature.

La BCE a néanmoins donné des gages à tous ceux qui lui demandaient plus de transparence quant à son processus de décision et à ses analyses, avec la publication, depuis janvier 2015, des comptes rendus des réunions de politique monétaire du Conseil des gouverneurs, à l'image de ce que fait la Fed avec son organe de décision, le Comité fédéral de l'*open market*, composé de cinq présidents des banques centrales régionales et des sept membres désignés par le président des États-Unis. Mais il y a une différence notable entre les deux dans la mesure où les interventions des gouverneurs de l'Eurosystème ne sont pas nominatives afin de les affranchir de toute pression nationale. Il est impossible de vérifier s'ils défendent l'intérêt commun de la zone ou ceux de leur pays. Ce changement rapproche la BCE de la pratique des autres grandes banques centrales, américaine, japonaise et anglaise. Il permet de mieux appréhender la coordination entre la politique monétaire, la politique de change et les vingt politiques budgétaires nationales et de voir dans quelle mesure les *« autres objectifs de politique économique »* interviennent dans les débats. La BCE a pâti du fait qu'elle est la première institution économique fédérale à fonctionner dans un réel vide institutionnel et démocratique, faute de construction d'une Europe politique.

2.3. Une stratégie de politique monétaire fondée sur deux piliers

Si l'objectif final de la BCE est de maintenir la stabilité des prix, l'analyse qui fonde le système de prise de décision du Conseil des gouverneurs repose sur une approche dite *« à deux piliers »*. Elle permet de surveiller les évolutions, d'afficher une stratégie vis-à-vis des marchés et de donner des indications sur l'orientation de la politique.

• Le premier pilier repose sur *l'analyse économique* des variables qui influent sur l'évolution des prix à court et à moyen terme : interaction entre l'offre et la demande, évolution du marché du travail, variation des salaires, des taux de change, des taux d'intérêt, évolution des marchés financiers, de la balance des paiements, changement climatique, etc. Le réchauffement a, par exemple, un impact direct sur les prix de produits aussi stratégiques que les denrées agricoles et l'énergie. Une synthèse de ces informations est opérée au travers de projections macroéconomiques qui constituent l'un des éléments à la disposition du Conseil des gouverneurs pour appréhender l'évolution des prix aux côtés d'analyses plus sectorielles et structurelles.

• Le second pilier procède de *l'analyse monétaire et financière* de l'inflation à partir d'indicateurs monétaires et financiers. Historiquement, ce pilier privilégiait la seule analyse monétaire qui se réfère à *« l'agrégat monétaire large M3 »*. Il comprend les pièces, les billets en circulation, les dépôts, les mises en pension, les titres du marché monétaire et les titres de créance à court terme. Sont ici suivis les composantes de M3, ses contreparties, en particulier le crédit, et son taux de croissance fixé, depuis 1999, à 4,5 %. Ce montant a été déterminé à partir d'hypothèses établies sur les prix (une progression proche de 2 %), sur la croissance tendancielle à moyen terme du PIB réel (entre 2 % et 2,5 %) et sur la vitesse de circulation de la monnaie[21] dans la zone euro (de l'ordre de 0,5 % à 1 % par an). Cette stratégie, héritée de la tradition allemande et de la théorie quantitative de la monnaie[22], est fondée sur l'idée que l'inflation suppose toujours un dérèglement de l'émission monétaire et que la maîtrise de l'évolution de la masse monétaire permet de contrôler les prix. L'efficacité de l'action de la BCE dépend de l'existence d'une relation stable entre la masse monétaire et le niveau des prix et de sa capacité à maîtriser l'agrégat retenu comme cible. La BCE a infléchi son approche, après sa revue stratégique de 2021, et indique qu'elle s'intéresse beaucoup désormais *« au fonctionnement du mécanisme de transmission monétaire et aux risques que les déséquilibres financiers et les facteurs monétaires pourraient faire peser sur la stabilité des prix à moyen terme »*[23].

---

21. Elle ne cesse de reculer. D'après le FMI, sur une base de 100 en 1960 dans l'OCDE, elle était passée à 54 en 2000 et à 45 en 2019. À la suite des différentes crises, la population s'est mise à thésauriser, accumulant les billets et laissant dormir des sommes de plus en plus importantes sur des comptes courants.

22. L'équation quantitative, soit M x V = P x Q où M = la quantité de monnaie, V = la vitesse de circulation de la monnaie, P = le niveau des prix et Q = la production annuelle.

23. BCE, *Déclaration relative à la stratégie de politique monétaire de la BCE*, 8 juillet 2021.

La BCE a fait évoluer ses analyses économique et monétaire. Elle a inversé en 2003 l'ordre de priorité entre ces deux piliers : le pilier économique a été placé devant le pilier monétaire afin de donner davantage de lisibilité à son processus de prise de décision. La primauté donnée à l'approche par les déséquilibres offre/demande et par l'évolution des coûts, d'une part, par rapport à l'approche monétariste, d'autre part, a été perçue comme une forme d'affranchissement vis-à-vis de la Bundesbank. Lors du bilan tiré de sa revue stratégique, le 8 juillet 2021, la BCE n'oppose pas les deux piliers mais souligne au contraire *les interdépendances existant entre les deux analyses »* et affirme que *« la stabilité financière est une condition préalable à la stabilité des prix »*[24].

2.4. Les instruments de la politique monétaire

La BCE dispose, comme toutes les banques centrales, de trois possibilités pour créer de la monnaie : émettre de la monnaie fiduciaire, prêter aux banques, contre la prise en pension d'actifs qui servent de caution à ces prêts, ou acheter des titres. En raison des particularités du mode de financement de l'économie européenne, qui passe plutôt par du crédit bancaire que par les marchés des capitaux, la BCE a initialement privilégié les instruments conventionnels de politique monétaire – l'action par les taux – avant que le blocage des taux et du crédit interbancaire, après la crise financière de 2008, ne l'oblige à intervenir par des mesures non conventionnelles – l'achat d'actifs et des prêts presque directs à l'économie. Elle est revenue à l'outil des taux à la mi-2022 lorsqu'il a fallu faire face à l'inflation.

2.4.1. Les taux d'intérêt directeurs

La BCE dispose classiquement des opérations d'*open market*, des facilités permanentes et des réserves obligatoires. Les deux premiers instruments permettent la fixation à très court terme de ses taux directeurs. Ils sont qualifiés ainsi parce qu'en modifiant les conditions de refinancement des banques commerciales, ils entraînent la modification générale des conditions d'emprunt de tous les agents économiques.

Les taux de la BCE encadrent le taux au jour le jour du marché interbancaire, mesuré par l'*€STER*[25] qui a remplacé le précédent indicateur l'*Eonia*, à la fin 2019, jusqu'aux taux interbancaires *Euribor* qui concernent des maturités un peu plus longues, allant d'une semaine à un an. La politique monétaire oriente les taux courts – du taux au jour le jour jusqu'au taux à un an – avant que les taux des emprunts d'État

24. *Idem.*

25. L'*€STER* ou *Euro Short-Term Rate* qui a remplacé *l'Eonia* ou *Euro Overnight Index Average*. Ces indicateurs reflètent les taux pratiqués dans les transactions interbancaires à 24 heures.

ne les relaient en tant que taux directeurs sur les taux longs – d'un an à cinquante ans (Graphique 5). Sur ces termes, l'État est considéré comme l'emprunteur le plus fiable. Si les taux courts sont les mêmes pour les pays de la zone euro, une discrimination s'opère en fonction du risque pays sur les vingt courbes qui concernent les taux longs. La courbe des taux d'intérêt permet d'observer la qualité de la transmission des impulsions données par les taux directeurs sur des taux à échéances plus longues. Théoriquement, c'est une courbe croissante, comme en 2022 où les taux longs sont supérieurs aux taux courts, mais, en 2023-2024, elle s'est inversée sur les taux les plus courts.

Graphique 5

La courbe des taux sur titres d'État français

Valeur en fin de mois, en %

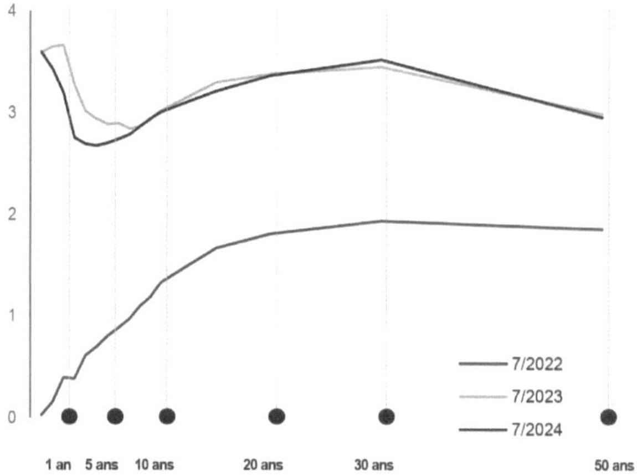

Source : Bloomberg.

• Les *opérations d'open market* consistent pour la BCE à apporter de la liquidité aux banques commerciales contre la prise en pension de titres[26], en contrepartie d'un prêt, avec promesse de rachat de ces titres. La BCE fonctionne ici à l'image des anciens Monts-de-piété[28] avec leurs prêts sur gage, c'est-à-dire leurs prêts aux particuliers moyennant le dépôt en garantie d'un objet. En élargissant la liste des titres qui sont admis en garantie du prêt octroyé – le collatéral du prêt – et en augmentant la maturité des opérations (de 3 mois à 1 an), la BCE modifie la liquidité bancaire. Elle a utilisé ces deux techniques, depuis 2008, pour faciliter le sauvetage des banques et des États, mais elle est naturellement exposée au risque de défaillance d'une contrepartie. Cette politique du collatéral est importante pour toute l'économie et, par exemple,

26. La BCE publie régulièrement la liste des titres financiers acceptés en garantie.

28. Les actuels Crédits municipaux.

pour la transition énergétique qui entraîne la dévalorisation de certains actifs comme les centrales thermiques dans les bilans financiers. La formule des prises en pension de titres recouvre des dispositifs variés en termes de fréquence des opérations (hebdomadaires à échéances d'une semaine, mensuelles à échéances de trois mois, voire jusqu'à une échéance d'un an depuis la crise), et de procédures (appel d'offres à taux variable ou à taux fixe). *L'opération principale de refinancement* (OPR) hebdomadaire à échéance d'une semaine est théoriquement le principal taux directeur de la BCE.

- Les *facilités permanentes* visent à fournir et à retirer de la liquidité en fonction des déséquilibres de trésorerie des banques commerciales en fin de journée à des taux fixés à l'avance. Si les banques présentent un déficit de liquidité, elles peuvent se refinancer à un taux d'intérêt supérieur à celui du marché interbancaire grâce à *une facilité de prêt marginal.* Si, au contraire, les banques sont excédentaires, elles peuvent placer leurs liquidités auprès de l'Eurosystème à un taux d'intérêt inférieur à celui du marché grâce à *une facilité de dépôt.* Ces deux taux encadrent les variations quotidiennes de l'*Eonia-€STR* (Graphique 6). Le taux de la facilité de prêt marginal sert de butoir-plafond tandis que le taux de la facilité de dépôt a une fonction de butoir-plancher. En temps normal, ces taux ont peu d'influence sur le refinancement des établissements de crédit : ils sont peu attractifs par rapport au taux de marché à 24 heures.

Graphique 6

Le corridor des taux d'intérêt à court terme (en %)

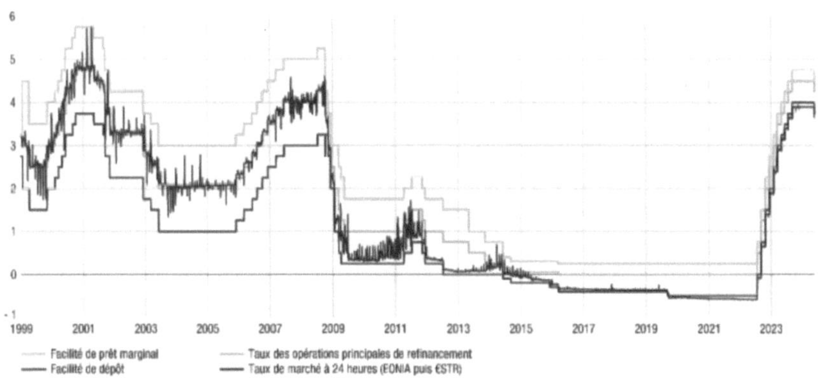

Source : Banque de France.

La paralysie du marché interbancaire avec la crise financière, imputable à l'absence de confiance entre les banques, a entraîné une hausse du recours à la facilité de dépôt qui est devenue le principal taux directeur de la BCE. Il est significatif sur ce point que l'*Eonia*, qui oscillait autour de l'OPR jusqu'en 2008, est rivé, depuis cette date, à la facilité de dépôt voire légèrement inférieur depuis la création de l'*€STR* fin 2019. La liquidité excédentaire revenait tous les soirs se placer à la BCE sur cette facilité.

Les turbulences qui ont affecté les marchés financiers ont poussé le Conseil des gouverneurs à ramener l'OPR de 4,25, en 2008, à 0,00 % en mars 2016. C'était le niveau le plus bas depuis la Seconde Guerre mondiale. Le corridor des facilités permanentes a été resserré de 200 à 75 points de base avec une facilité de dépôt qui évolue à partir de juin 2014 en territoire négatif : les banques étaient taxées lorsqu'elles laissent leurs avoirs en dépôt à la BCE. Ces taux très bas, voire négatifs, ont été maintenus en raison de la faiblesse de la croissance, de l'inflation et de la montée de l'endettement des États. Ils soutenaient la demande de crédits, étaient censés décourager l'épargne, favorisaient la consommation, l'investissement et l'emprunt. Mais ils affectaient aussi la rentabilité des banques, créaient une forme de dépendance pour les États et alimentaient les bulles spéculatives qui se formaient sur l'immobilier et les actions où le rendement des fonds investis offrait de bien meilleures perspectives. Confrontée à la progression de l'inflation, la BCE a opéré une remontée très rapide de ses trois taux directeurs en dix paliers du 27 juillet 2022 au 20 septembre 2023. Face au recul de cette dernière, elle a amorcé, le 12 juin 2024, un cycle de baisse de ses taux qui sera sans doute beaucoup plus lent.

- Les *réserves obligatoires* sont des avoirs obligatoirement constitués par les établissements de crédit auprès des BCN en proportion de leurs dépôts dans un dessein qui était à l'origine essentiellement prudentiel. En faisant varier le taux de ces réserves obligatoires, et leur rémunération, une banque centrale affecte la liquidité, les conditions d'exploitation des banques et modifie leur comportement dans la distribution des crédits. Les réserves deviennent alors un outil de politique monétaire. Cet instrument constitue un appoint à l'action sur les taux d'intérêt. En cas de création massive de liquidités, consécutive par exemple à une envolée des crédits privés, l'augmentation du taux des réserves permet d'éponger les liquidités excédentaires. À l'inverse, la diminution du taux des réserves permet d'améliorer la liquidité bancaire. De 1999 à décembre 2011, la BCE a appelé 2 % du montant des dépôts des banques commerciales en réserves, avant d'abaisser ce taux à 1 %. Ces avoirs sont rémunérés au taux du marché.

2.4.2. Les mesures non conventionnelles

La BCE a longtemps privilégié les instruments conventionnels de politique monétaire avant que leur blocage ne l'oblige à intervenir par des mesures non conventionnelles – l'achat de titres et le soutien quasi direct du crédit aux agents économiques. Elle a amorcé la normalisation de sa politique monétaire, en décembre 2021, par la réduction graduelle du rythme de ses achats d'actif, jusqu'à leur arrêt, puis elle est revenue aux instruments conventionnels fin juillet 2022.

a) Le blocage des canaux de transmission de la politique monétaire

Les taux directeurs influencent traditionnellement l'économie à travers trois canaux de transmission principaux.

- Le *canal du prix des actifs* affecte les agents économiques qui ont accès aux marchés financiers (banques, entreprises cotées en bourse). Une modification des taux directeurs affecte la courbe des taux avec une transmission qui perd en qualité au fur et à mesure que l'on tend vers des horizons plus longs. Les obligations rémunérées par un taux d'intérêt deviennent moins attractives au profit d'autres actifs, comme les actions, dont le cours va progresser.

- Le *canal du crédit* concerne tous les agents économiques qui n'ont pas un accès direct aux marchés financiers et doivent s'en remettre au crédit bancaire (ménages, PME). Les banques qui leur prêtent de l'argent répercutent sur les agents les conditions auxquelles elles-mêmes sont confrontées pour s'approvisionner en liquidité avec des conditions financières faites aux emprunteurs qui peuvent s'avérer très différentes d'un pays à l'autre de la zone euro.

- Le *canal du taux de change*, plus résiduel ici, analyse l'impact des mouvements des taux directeurs sur le taux de change. Des taux d'intérêt moins rémunérateurs provoquent des demandes de conversion en monnaies étrangères et une baisse du taux de change.

Ces canaux de transmission ont un impact très différent selon les environnements institutionnels dans lesquels ils s'inscrivent. Aux États-Unis, le marché boursier a un rôle beaucoup plus important dans le financement de l'économie que dans la zone euro où le crédit bancaire reste dominant.

Les deux premiers canaux de transmission ont commencé à se bloquer dans la zone euro avec la crise financière, lorsque les taux directeurs se sont rapprochés du niveau zéro. Ce niveau des taux extrêmement bas renvoie à ce que Keynes désignait comme la *« trappe à liquidité »*, soit une situation où la politique monétaire qui passe par les taux n'a plus de marges de manœuvre et devient inefficace : les agents préfèrent détenir leurs avoirs sous la forme de liquidités ou investir dans des actifs à meilleur rentabilité, voire spéculatifs. Le canal du crédit s'est bloqué lorsqu'il y eut une perte de confiance des prêteurs et des emprunteurs, qui craignaient que les créances douteuses ne soient trop importantes chez leurs partenaires, et un tarissement du marché interbancaire. La BCE s'est alors appuyée, comme les autres grandes banques centrales, sur des mesures de politique monétaire dites *« non conventionnelles »* afin de prendre provisoirement le relais des marchés et des banques et d'approvisionner l'économie en liquidité dans des conditions similaires au sein de la zone euro. Deux grandes familles de mesures ont été activées selon qu'elles s'appuient sur l'achat de titres ou sur des prêts.

b) L'assouplissement quantitatif *(quantitative easing – QE)*

Ces mesures visent à augmenter massivement la quantité de monnaie en circulation dans l'économie grâce à l'achat de titres par la banque centrale. Ces achats varient selon la conjoncture et provoquent une modification du bilan de l'Eurosystème qui se gonfle et se dégonfle au gré de la politique d'achats. Trois types de mesures peuvent être distingués.

À partir de 2009, la BCE a mis en place plusieurs programmes d'achats d'obligations sécurisées. Ils ont été regroupés, après mars 2015 (Graphique 7), dans le programme étendu d'achats d'actifs (*asset purchase programme,* APP) et variaient selon la conjoncture, ce qui entraînait un gonflement ou un dégonflement du bilan de la BCE. Ils portaient essentiellement sur des titres du secteur public (*public sector purchase programme,* PSPP) – à partir de la clé de répartition des BCN au capital de la BCE – mais aussi sur des obligations sécurisées (*covered bonds purchase programme,* CBPP3) et des titres du secteur des entreprises (*corporate sector purchase programme,* CSPP). Depuis juillet 2022, les achats au titre d'APP ont été arrêtés.

Graphique 7

QE - Programme étendu d'achat d'actifs (APP)

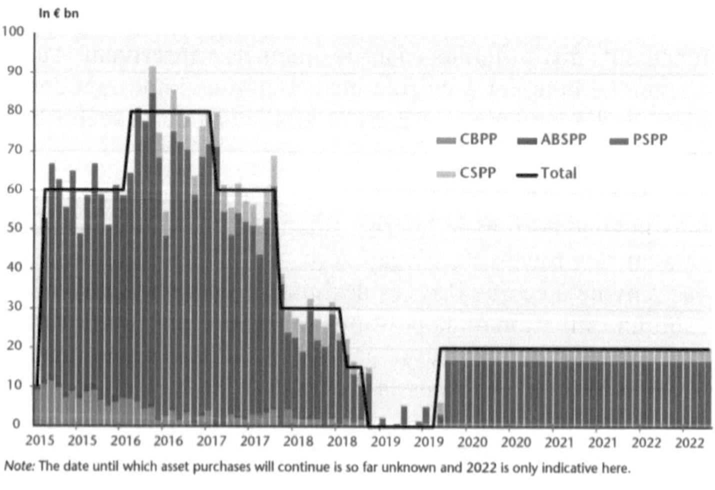

Source : BCE.

À la suite de la crise sanitaire de la Covid-19, la BCE a lancé, entre le 18 mars 2020 et jusqu'à la fin mars 2022, un programme d'achat d'urgence face à la pandémie de 750 milliards d'euros (*pandemic emergency purchase programme,* PEPP), porté à 1 350 milliards le 4 juin 2020, puis à 1 850 le 10 décembre 2020. Ce programme est terminé. Il concernait toutes les catégories d'actifs éligibles dans le cadre de l'APP qu'il venait compléter et amplifier. Il était plus flexible que ce dernier en termes de clé de répartition, de critères d'éligibilité, de garanties et plus large puisque, par exemple, les billets de trésorerie des entreprises peuvent être acceptés. Au cœur de la pandémie, entre février et septembre 2020, le FMI évaluait à 71 % les achats par la BCE de titres de la dette publique émise par les États de la zone euro.

La BCE avait annoncé, en septembre 2012, un programme de rachat de titres de dettes souveraines (*outright monetary transactions*, OMT) sur le marché secondaire concernant un seul pays, sans limitation de montant ni de durée, sous la condition qu'il soit éligible à une aide des fonds de soutien européen (le Fonds européen de stabilité financière puis le Mécanisme européen de stabilité après 2012, voir Chapitre 5). Ce programme n'a jamais été mis en œuvre mais cette seule annonce a été déterminante, de concert avec les propos forts tenus par le président de la BCE[29], pour arrêter toutes les spéculations sur l'éclatement de la zone euro, en donnant aux marchés le sentiment que l'euro était irréversible car la BCE assumerait son rôle de prêteur en dernier ressort.

c) L'assouplissement qualitatif *(credit easing)*

Ces mesures consistent pour une banque centrale à se substituer aux banques et aux marchés pour financer quasi directement l'économie à partir du constat que la liquidité n'arrive plus jusqu'à l'économie réelle. L'élargissement de la gamme des collatéraux entre dans ce cadre ainsi que les opérations de refinancement à plus long terme lancées par la BCE en décembre 2011 et février 2012 (*long-term refinancing operation*, LTRO I et II). Il s'agissait de programmes de prêt à trois ans au titre desquels les banques de second rang ont emprunté à la BCE 1 018 milliards d'euros. Les opérations ciblées de refinancement à plus long terme (*targeted long-term refinancing operation*, TLTRO III) en ont pris le relais lors des trois vagues successives lancées en 2014, 2016 et 2019. Elles visaient à fournir de la liquidité aux banques commerciales à des taux très bas afin de les inciter à prêter aux ménages (hors prêts immobiliers) et aux PME. Ces prêts renforçaient la transmission de la politique monétaire aux agents économiques et accentuaient son orientation accommodante. Depuis octobre 2022, la BCE encourage les banques à rembourser ces prêts par anticipation.

29. Cf. cet extrait du discours de Mario Draghi, président de la BCE, le 26 juillet 2012 : « *Within our mandate, the ECB is ready to do whatever it takes to preserve the euro. And believe me, it will be enough* », Global Investment Conference in London.

d) Quels effets de ces mesures ?

Avec l'assouplissement quantitatif et qualitatif, il n'y a plus séparation de la politique monétaire et des politiques budgétaires. Lors de la pandémie de Covid-19, les gouvernements ont mis en place des transferts aux ménages et aux entreprises en partie financés par des émissions de dette publique achetées par l'Eurosystème. Ainsi que l'indique Artus, *« tout se passe comme si la Banque centrale distribuait de la monnaie aux agents économiques »*, ce qui fait que *« l'indépendance des banques centrales n'a plus de sens »*[31].

Les bilans des banques centrales varient, selon que l'on est plutôt dans une phase d'achat d'actifs, et donc d'expansion de la masse monétaire en circulation, ou de remboursement des emprunts souscrits par les banques, et donc de contraction de la masse monétaire. Les bilans de la BCE et de la Fed ont été approximativement multipliés par huit entre 2008 et la mi-2022 qui est leur point historiquement le plus haut (Graphique 8) : 8 800 milliards d'euros, soit 65 % du PIB de la zone euro pour la BCE, 8 800 milliards de dollars pour la Fed, soit 36 % du PIB des États-Unis. La différence d'évolution entre les deux portent sur la période 2015-2019 où la BCE a mis en place des programmes d'achats d'actifs pour lutter contre la déflation, risque auquel la Fed n'était pas confrontée. La nouvelle phase d'expansion du bilan d'une ampleur inédite, qui s'enclenche en mars 2020, avec les plans d'urgence visant à contrer les impacts de la pandémie sur les économies, est commune aux deux et à toutes les grandes banques centrales dans le monde. Passé le point d'inflexion haut de la mi-2022, la BCE comme la Fed ont commencé à procéder à un repli graduel. Fin 2022, le bilan de la BCE n'était déjà plus que de 7 500 milliards d'euros.

Ces politiques ne sont pas dénuées de risques. Les achats des banques centrales les exposent au risque de défaillance d'une contrepartie, ce qui peut générer une nouvelle crise. La progression des liquidités favorise la hausse rapide des prix de certains actifs (actions, immobilier, etc.) et crée un effet de richesse chez les ménages qui les détiennent. D'où le reproche adressé aux politiques monétaires d'augmenter les inégalités de patrimoine. Si la politique monétaire a inévitablement des effets redistributifs, la politique budgétaire reste pour les banquiers centraux *« le meilleur outil pour lutter contre les inégalités dans la mesure où elle est plus ciblée que la politique monétaire »*[32]. Enfin, ces politiques peuvent réveiller l'inflation. La BCE procédait à la

31. P. Artus, « L'indépendance des banques centrales n'a plus de sens », *Les Échos*, 12 novembre 2020.

32. F. Villeroy de Galhau, Gouverneur de la Banque de France, « Comment repenser le rôle des banques centrales et la stabilité financière ? », *Peterson Institute for International Economics*, 13 avril 2021, p. 8.

stérilisation de ses rachats d'actifs, c'est-à-dire à la destruction de monnaie en contrepartie, afin d'en neutraliser l'impact en termes de création monétaire. Elle a toujours indiqué que ces programmes non conventionnels étaient des mesures de crise. Ils se sont éteints avec la normalisation de la politique monétaire, dès le moment où les taux directeurs ont pu redevenir le principal instrument de réglage de la liquidité dans la zone euro.

Graphique 8

Évolution des bilans de la BCE et de la Fed

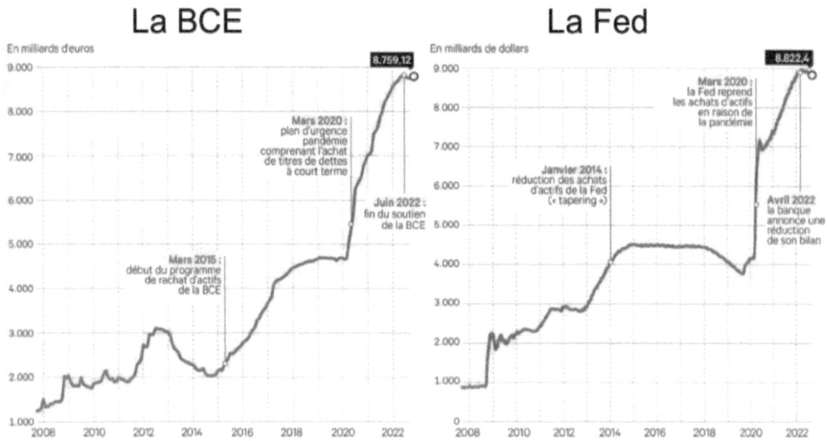

Source : Bloomberg.

e) L'instrument de protection de la transmission

Avec la réorientation de sa politique monétaire, le 21 juillet 2022, la BCE a créé un nouvel instrument. Il vise à soutenir la bonne transmission de l'orientation de la politique monétaire dans tous les pays de la zone euro, à mesure que le Conseil des gouverneurs poursuit sa normalisation. En cas de dynamique de marché injustifié qui menacerait un pays, l'Eurosystème procèdera à l'achat de titres du secteur public sur le marché secondaire, voire de titres privés, dès lors que certains critères d'éligibilité sont remplis. Le pays soutenu devra notamment respecter les procédures du Pacte de stabilité et de croissance et avoir des politiques macroéconomiques saines et soutenables.

2.5. L'objectif de stabilité financière

Cet objectif, inexistant lors des premiers pas de l'Eurosystème, s'est affirmé après la crise de 2008 jusqu'à constituer le deuxième objectif poursuivi par la BCE : la stabilité financière est une condition préalable à la stabilité des prix. Les impulsions données par la politique monétaire doivent pouvoir se transmettre correctement à tout le système bancaire de la zone euro. Il est, d'une certaine manière, la contrepartie de la monnaie unique, puisque l'essentiel de la masse monétaire est constitué par les dépôts bancaires. Les crises bancaires nationales ont des effets collatéraux sur l'ensemble de la zone, en raison des interdépendances propres au système financier. Aussi la BCE suit les évolutions du secteur bancaire et identifie les risques dans le cadre des nouvelles prérogatives que lui a conférées l'union bancaire à partir de 2014.

2.5.1. Les risques et la surveillance macroprudentielle

Lors du lancement de l'euro, les BCN avaient conservé leurs compétences en matière de surveillance prudentielle de leur système bancaire et financier national. Leurs connaissances des particularités des institutions, des réglementations, des traditions et des politiques semblaient un gage d'efficacité. La pertinence de cette répartition des tâches a été soumise à des tensions contradictoires avec la crise financière apparue en juillet 2007 aux États-Unis sur un segment de marché initialement bien délimité, les crédits *subprimes*. Les défauts de remboursement de ces prêts hypothécaires ont contaminé l'ensemble du système financier car ces crédits avaient été titrisés, c'est-à-dire transformés en titres financiers plus liquides pour une banque qu'un crédit. Les banques en difficultés, qui se voulaient européennes en période de croissance, sont redevenues nationales, lors de la crise bancaire, parce que seuls leurs gouvernements pouvaient les renflouer. Si la banque d'affaires américaine *Lehman Brothers* avait été malencontreusement sacrifié, en 2008, précipitant la crise, de nombreux établissements aux ramifications internationales étaient jugés *« too big to fail »*, sans entraîner dans leur sillage, par le jeu des créances et des dettes qui lient toutes les banques entre elles, l'ensemble du système financier. C'est le risque systémique. Dans un contexte où apparaissaient des défaillances transfrontières (cf. Dexia ou Fortis), il était difficile de garder une supervision nationale. La crise a révélé les problèmes posés par l'absence d'une surveillance des institutions financières au niveau européen. À la suite des recommandations du rapport de Larosière[33], deux instances ont été créées le 1er janvier 2011 :

- *Le Comité européen du risque systémique* (CERS), placé auprès de la BCE et dirigé par le président de la BCE, a été chargé de la surveillance macroprudentielle, c'est-à-dire de détecter la formation de bulles, soit des écarts importants entre l'évolution des prix et de la valeur réelle ou entre l'évolution des actions des entreprises et celle de leur chiffre d'affaires et de leurs bénéfices, susceptibles de dégénérer en risques systémiques.

33. J. de Larosière (Chaired by), rapport cité.

- *L'Autorité européenne de supervision* (AES) surveille les entreprises du secteur financier, favorise l'harmonisation réglementaire et la cohérence des pratiques. Elle regroupe trois Autorités : *l'Autorité bancaire européenne* (ABE), qui siège à Paris, *l'Autorité européenne des assurances et des pensions professionnelles* (AEAPP), située à Francfort, et *l'Autorité européenne des marchés financiers* (AEMF), localisée à Paris. Chacune de ces autorités coordonne le réseau des autorités nationales. En France, *l'Autorité de contrôle prudentiel et de résolution* (ACPR), adossée à la Banque de France, avec pour président le gouverneur de la Banque de France, est, depuis le 21 janvier 2010, l'organe de supervision des secteurs de la banque et de l'assurance extrêmement imbriqués puisque les banques sont souvent des assureurs et les assureurs sont aussi maintenant des banques.

La BCE suit les évolutions dans le secteur bancaire et plus généralement financier afin d'identifier les vulnérabilités, comme le niveau de créances douteuses, et de tester la capacité des institutions à affronter ces difficultés. C'est l'objet des politiques macroprudentielles : elles doivent détecter les risques systémiques et les traiter afin de préserver la stabilité financière. Considérant que le changement climatique peut être à l'origine de risques financiers à long terme, ces institutions ont notablement accru leur vigilance sur les risques climatiques portés par les banques et les assurances[34].

2.5.2. La mise en place progressive de l'union bancaire

L'idée de mettre en place une union bancaire est venue du constat qu'il existe un entrelacs de relations particulièrement nocif entre les crises bancaires et les crises des dettes souveraines. En Irlande, en Espagne, à Chypre, mais aussi en France, au Royaume-Uni, en Belgique, en Allemagne, en Italie, les États ont dû recapitaliser certaines de leurs banques pour éviter leur faillite et donc mettre à contribution les contribuables. Par la suite, les crises des dettes souveraines mettent en difficulté les banques nationales, détentrices privilégiées des titres émis par leurs États. Il s'agit de casser ce cercle vicieux en transférant au niveau européen la responsabilité de la supervision, de la recapitalisation, mais aussi de la cessation d'activité des banques sur le modèle de ce qui est fait aux États-Unis.

La toute jeune Autorité bancaire européenne (ABE), créée le 1er janvier 2011, aurait pu servir de cadre pour mettre en place cette union. Mais elle présentait le défaut de siéger à l'époque à Londres : elle avait davantage vocation à réglementer le marché unique des services financiers pour l'ensemble de l'UE que d'être un outil de gestion de crise

34. ACPR, « Les groupes bancaires français face au risque climatique », *Analyses et Synthèse* n° 101, 2019 et ACPR, « Les assureurs français face au risque climatique », *Analyses et Synthèse* n° 102, 2019.

configuré pour la zone euro. Elle a pâti également d'un déficit de crédibilité généré par sa mauvaise estimation des besoins de recapitalisation des banques européennes lorsqu'elle a organisé le premier test de résistance du secteur. Le choix de la BCE, dont le président dirige déjà le CERS, est celui de la cohérence entre une monnaie, son système bancaire et sa banque centrale qui a joué un rôle déterminant dans la gestion de la crise. L'union bancaire propre à la zone euro[35] repose sur trois piliers, qui se mettent progressivement en place, préventif pour le premier, curatifs pour les deux derniers.

- Un *Mécanisme de supervision unique* (MSU) placé sous la responsabilité de la BCE. Il surveille, depuis le 4 novembre 2014, les quelque 120 banques susceptibles de faire courir un risque à la stabilité financière de la zone[36], après avoir procédé à de nouveaux tests de résistance sur le secteur. Il est dirigé, depuis le 1er janvier 2014, par un conseil de surveillance composé d'un président, non membre du Conseil des gouverneurs de la BCE, d'un vice-président, de quatre représentants de la BCE et d'un représentant de chacun des vingt régulateurs nationaux. Ces derniers conservent un pouvoir réglementaire et discrétionnaire important qui contribue à la fragmentation de la législation bancaire dans la zone euro.

- Un *Mécanisme de résolution unique* (MRU), placé sous l'autorité du *Conseil de résolution unique* (CRU) composé des États membres, chargé d'ordonner le sauvetage d'une banque, et donc sa recapitalisation, ou sa fermeture, et donc la méthode pour supporter ses pertes. Dans les deux cas, les coûts sont répartis selon une hiérarchie bien précise qui implique en priorité les actionnaires et les créanciers de la banque, puis les gros déposants, jusqu'au *Fonds de résolution unique* (FRU), géré par le CRU. Il est approvisionné par les contributions des banques. Elles doivent y verser 1 % du montant de leurs dépôts *« couverts »*, c'est-à-dire protégés par la garantie des dépôts. Le FRU est opérationnel, depuis le 1er janvier 2016, et fonctionne de manière totalement mutualisée, depuis le 1er janvier 2024, avec un montant de ressources de 78 milliards d'euros. Depuis sa création, il n'a été sollicité qu'à deux reprises, en 2017 et en 2022. L'État italien a préféré gérer lui-même, en 2017, le sauvetage de ses banques vénitiennes. La Commission a pour projet d'élargir le champ d'intervention du CRU à des établissements de plus petite taille, afin d'éviter le plus possible le risque de contagion des faillites bancaires et la sollicitation des contribuables. Cette réforme ne suscite pas l'adhésion de tous les États membres.

---

35. Les autres États membres de l'UE peuvent y être associés.

36. Celles dont le bilan dépasse les 30 milliards d'euros ou 20 % du PIB national et celles qui reçoivent une aide européenne.

• Un *Système européen de garantie des dépôts*. Il permettrait de mutualiser leur prise en charge jusqu'à une garantie européenne fixée à 100 000 euros par client et par banque, dans un contexte où les fonds nationaux sont très vulnérables à une banqueroute nationale, et d'éviter les phénomènes de *« ruées sur les dépôts »* associés aux crises bancaires. C'est le pilier qui a pris le plus de retard car tous les pays ne disposent pas de solides systèmes nationaux de garantie des dépôts : l'Allemagne notamment craint qu'un phénomène d'aléa moral ne joue. Elle prône la réduction des risques qui passe par la mise en place des deux piliers précédents avant la mutualisation de l'assurance.

Si l'union bancaire constitue indiscutablement une avancée importante pour la zone euro, acquise, comme souvent au niveau européen, au prix de compromis alambiqués et d'une mise en place de moyen terme, des interrogations subsistent relatives à deux domaines :

– la panne de volontarisme politique de la part de certains États membres qui privilégient encore le sauvetage national de leurs banques par les contribuables et l'assurance nationale de leurs dépôts ;

– les risques pour la BCE d'être dépassée par l'ampleur de ses missions et par un conflit d'intérêts si elle était chargée du contrôle d'une banque qu'elle devrait par ailleurs renflouer.

L'Union européenne a lancé, parallèlement à l'union bancaire, la constitution d'une *union des marchés des capitaux* (voir Chapitre 2). C'est là une voie déterminante pour diversifier les sources de financement des entreprises, y compris des PME, beaucoup trop fondé en Europe sur le seul crédit bancaire. L'intégration des marchés d'actions et d'obligations rendrait aussi possible un meilleur partage des risques sur l'ensemble du marché unique, mais aussi tout particulièrement pour la zone euro, et permettrait de mieux amortir un choc de financement imputable à une crise bancaire nationale.

3. La politique de change

La politique de change de la zone euro est commune à ses États membres. Elle gère le taux de change de l'euro vis-à-vis des autres pays de l'UE – qu'ils fassent l'objet d'une dérogation ou d'une clause d'exemption – et vis-à-vis des grandes devises internationales, dollar, yen, livre sterling et renminbi. Au cours de ses vingt-cinq premières années de fonctionnement, la zone euro a pratiqué la *« négligence bienveillante »* vis-à-vis du cours de sa monnaie. Aucun objectif de change particulier n'a été assigné à l'euro qui n'a pas bénéficié de stratégie particulière de soutien pour renforcer son rôle à l'international.

3.1. Le cadre institutionnel

La politique de change de la zone euro fait l'objet d'une souveraineté partagée entre les gouvernements et la BCE. Elle doit respecter l'objectif principal de stabilité des prix (art. 119 du TFUE). Le traité affiche un souci de cohérence avec la politique monétaire dont la prééminence sur la politique de change est affirmée. La BCE a la responsabilité opérationnelle de cette politique au moyen de l'instrument des taux d'intérêt à court terme et des réserves de change.

3.1.1. Le partage des rôles entre l'Eurogroupe et la BCE

L'euro n'étant pas la monnaie unique de l'ensemble européen, il a fallu opérer un clivage au sein de l'instance politique de décision – le Conseil Écofin – entre ce qui relève des 27 et ce qui relève du sous-ensemble propre à la seule zone euro désigné ici comme *« l'Eurogroupe »*, à l'image du diptyque SEBC et Eurosystème. Le traité de Lisbonne indique que cet Eurogroupe est constitué par les *« ministres des États membres dont la monnaie est l'euro »* (art. 137 du TFUE) et prévoit l'élection de son président pour deux ans et demi à la majorité des États membres[37] effective depuis 2005 (protocole n° 14). Mais le traité précise aussi que si les ministres se réunissent entre eux, ils le font *« de façon informelle »*, ce qui réduit cette instance à un lieu d'échanges de vues investi d'aucune prérogative particulière. Institutionnellement, la référence reste le Conseil Écofin à 27 où les droits de vote des États membres extérieurs à la zone euro sont simplement suspendus pour les décisions qui touchent à son pilotage (art. 138 du TFUE). Le dispositif manque de lisibilité : l'Eurogroupe reste fondamentalement une instance qui prépare les décisions de l'Écofin. Sur cette base, le traité précise les fonctions respectives du Conseil et de la BCE.

Le Conseil Écofin a la charge de la politique du change sous la contrainte du maintien de la stabilité des prix. L'euro évoluant dans un régime de changes flexibles par rapport à la plupart des autres monnaies (dollar, yen, livre sterling, etc.), le Conseil *« peut formuler les orientations générales de politique du change vis-à-vis de ces monnaies »* (art. 219 du TFUE). Il est habilité à conclure *« des accords formels »* de change, de type Bretton Woods ou SME, entre l'euro et les monnaies des pays tiers et doit statuer à l'unanimité pour la ratification de tels accords[38]. Toutes ses décisions sont prises sur recommandation de la Commission et de la BCE, et après consultation du Parlement européen.

---

37. Cette disposition, déjà intégrée dans le traité constitutionnel, avait fait l'objet d'une application par anticipation avec la désignation, dès le 1er janvier 2005, du premier président de l'Eurogroupe.

38. Si l'euro devait être un jour inséré dans un système de parités fixes, le Conseil fixerait son cours, le modifierait et déciderait de sa sortie éventuelle de ce système.

La BCE est chargée de mettre en œuvre et de gérer quotidiennement la politique définie par le Conseil, dès lors qu'elle est compatible avec son objectif statutaire de stabilité des prix. Il y a potentiellement des risques de conflit d'interprétation entre la BCE et le Conseil. Les textes permettent potentiellement à la BCE de s'opposer à des orientations qui iraient, par exemple, dans le sens d'une dépréciation de l'euro vis-à-vis du dollar, si elle juge que cette décision, en augmentant le prix des importations, serait porteuse d'inflation. Mais aucun épisode de ce type ne s'est produit dans une zone euro confrontée plutôt à un risque de déflation. Le traité confie la double mission à la BCE (art. 127 du TFUE) de conduire les opérations de change et gérer les réserves de change sans lui assigner d'objectif quant à la valeur extérieure de l'euro. Le vide politique des premières années et la maîtrise des instruments d'action sur la politique de change ont conféré à la BCE un avantage important : la BCE a piloté la gestion du taux de change et ses premiers présidents se sont affirmés comme étant le *« Monsieur euro »*. La nomination d'un président de l'Eurogroupe à partir de 2005 n'a pas entraîné d'infléchissement. Il y a eu un *« hold up tranquille de la BCE »*[39] sur cette politique.

3.1.2. L'instrument des réserves de change[40]

Avant le lancement de l'euro, l'importance des réserves de change détenues par les banques centrales européennes trouvait sa justification dans le règlement des importations, la maîtrise de la volatilité des taux de change au sein du SME et la nécessité de contrer les attaques spéculatives. Le passage à l'euro devait engendrer des économies sur ce poste dans la mesure où le commerce entre les pays de la zone euro ne relèverait plus d'importations et d'exportations, mais d'échanges intérieurs non affectés par le risque de change. La zone euro a une plus faible ouverture sur le reste du monde que chacun des pays qui la composent pris isolément. Cela devait permettre à la BCE d'être un peu plus négligente vis-à-vis du cours de l'euro (*« benign neglect »*) et surtout d'avoir l'avantage d'utiliser sa propre monnaie pour ses interventions sur les marchés des changes. Le rapport Emerson chiffrait à 230 milliards de dollars les économies de réserves de change réalisables, sous l'hypothèse que tous les pays de l'UE adhèrent à l'euro.

L'Eurosystème disposait fin 2022 (Tableau 2) de 1 079 milliards d'euros d'avoirs de réserves : 289 milliards en devises (dollar

39. L'expression est de J. Creel, J.-P. Fitoussi, E. Laurent et J. Le Cacheux, « La politique de change de la zone euro ou le hold up tranquille de la BCE », *Revue de l'OFCE*, n° 100, janvier 2007.

40. Voir notamment L. Chitu, J. Gomes et R. Pauli, « Les évolutions des réserves de change des banques centrales et le cas de la BCE », *Bulletin économique de la BCE*, n° 7, 2019.

américain, yen, livre sterling et un peu de renminbi depuis 2017), 218 milliards en avoirs sur le FMI (position de réserve et droits de tirages spéciaux) et 572 milliards en or. Une partie seulement des réserves de change des BCN appartenant à l'Eurosystème est devenue la propriété directe de la BCE, au prorata de la part en capital qu'elles détiennent dans la BCE. Les BCN continuent de détenir et de gérer des réserves qui doivent être rapidement mobilisables pour conduire des opérations de change.

Tableau 2

L'évolution des réserves de change des principales économies

Milliards d'euros

	Zone euro		États-Unis		Japon		Chine	
	2000	2022	2000	2022	2000	2022	2000	2022
Devises	246	289	34	34	382	1 035	182	2 922
Avoirs FMI	25	218	28	183	8	65	3	48
Or	119	572	12	10	1	46	1	104
Total	390	1 079	74	227	391	1 146	186	3 074

Source : FMI.

En l'espace de vingt-trois ans, les réserves en devises ont légèrement progressé dans la zone euro mais infiniment moins qu'au Japon et surtout qu'en Chine – des pays qui ont accumulé des réserves gigantesques en contrepartie de leurs excédents commerciaux. Ces réserves leur servent de coussin de sécurité en cas de difficultés d'équilibrage de leurs balances des paiements s'ils devaient notamment y avoir des arrêts soudains dans les flux internationaux de capitaux. En Chine, où le taux de change n'est pas flottant et où la circulation des capitaux est contrainte, les réserves permettent de couvrir les paiements internationaux. Dans les pays où le taux de change est flexible, ce dernier peut absorber une partie d'un choc externe. Les États-Unis se signalent par une stabilité à un très faible niveau de leurs réserves en devises, privilège du pays qui émet la principale monnaie de réserves au niveau international. La faible progression des réserves en devises dans la zone euro tient aussi à ce statut de deuxième monnaie de réserve pour les banques centrales.

L'importance et la progression considérable des réserves en or dans la zone euro, notamment au regard de la situation des autres grandes banques centrales, peuvent sembler anachroniques. L'or est resté en grande partie la propriété des BCN membres de l'Eurosystème. Il est vu comme un élément de patrimoine national et de confiance à long terme dans la monnaie. La demande d'or a sensiblement augmenté. Beaucoup de banques centrales des pays émergents ont acheté de l'or pour diversifier leurs réserves et parce que l'or est traditionnellement une valeur-refuge en période de taux d'intérêt bas, voire négatifs, et de montée des tensions sur le plan international. La demande privée a aussi progressé notamment parce que l'or peut servir de sous-jacent à des produits financiers. La hausse significative du prix de l'or, au cours de ces vingt dernières années, a entraîné mécaniquement l'appréciation de ce poste dans les réserves des banques centrales.

Des controverses ponctuelles apparaissent concernant l'importance des réserves de l'Eurosystème. Il est difficile d'évaluer le niveau optimal des réserves de change. Dans un régime de change flottant, une règle, souvent invoquée, veut que le niveau des réserves d'un pays représente entre 20 et 30 % du montant annuel de ses importations. Un second critère suppose, depuis la crise asiatique de 1998-2001, une couverture par les réserves des mouvements de capitaux qui peuvent s'inverser rapidement dans un contexte de défiance. Au regard de ces deux critères, les réserves de change de la zone euro sont appropriées.

Ces réserves ne servent quasiment plus à intervenir sur le marché des changes. Il est significatif que l'Eurosystème ne soit intervenu que deux fois : en septembre/novembre 2000 (attentats aux États-Unis) et en mars 2011 (séisme et tsunami au Japon). La puissance de feu des banques centrales, même si elles interviennent de manière coordonnée au niveau international, est toute relative face à un marché des changes où les transactions quotidiennes atteignaient, en avril 2022, selon la BRI, 7 505 milliards de dollars.

3.2. Les relations de change avec les pays de l'UE non-membres de la zone euro

L'UE est partagée en plusieurs zones monétaires avec un noyau dur, les vingt pays de la zone euro, des pays satellites, dont la politique de change fait référence à l'euro à travers le mécanisme de change deux ou d'autres dispositifs. Ils visent à une intégration dans la zone euro ou lui sont étroitement liés. Des pays sont enfin des électrons libres, puisqu'ils ont opté pour la flexibilité des changes.

3.2.1. Le mécanisme de change deux (MCE II) : l'antichambre de la zone euro

Le SME a continué d'exister le 1er janvier 1999 sous une forme réaménagée. En effet, le traité de Maastricht avait prévu à l'origine que tous les pays de l'UE devaient passer à la monnaie *« unique »*. Lorsqu'il est apparu que certains pays ne franchiraient pas le pas, le MCE II a été créé, dans le prolongement du MCE du SME, afin de faciliter la transition des pays dérogatoires vers l'euro et d'assurer la coopération en matière de change. L'adhésion au MCE II durant deux ans est devenue le nouveau critère de convergence requis en matière de stabilité du change pour rejoindre le moment venu la zone euro.

Au démarrage de la zone euro, le Danemark et la Grèce en sont devenus membres (Tableau 3). Le Royaume-Uni et la Suède n'y ont pas adhéré. La Grèce a rejoint la zone euro dès 2001. Les élargissements de l'UE ont entraîné une augmentation mécanique des adhérents à ce mécanisme. Les nouveaux États membres devaient se mettre progressivement en phase avec l'acquis communautaire dont la zone euro est partie intégrante. Ils avaient l'obligation d'adhérer à ce mécanisme et ne pouvaient pas invoquer la clause d'*opting out*, négociée par le Royaume-Uni et le Danemark pour s'exempter de l'euro, même si l'antécédent de la Suède, qui ne l'avait pas négociée, montrait qu'une certaine souplesse pouvait jouer. Huit de ces pays sont passés par le MCE II pour adhérer par la suite à la zone euro : la Slovénie, Chypre, Malte, la République slovaque, l'Estonie, la Lettonie, la Lituanie et la Croatie. Le MCE II fonctionne comme l'antichambre de l'UEM. Restent dans ce mécanisme, depuis le 1er janvier 2023, le Danemark et la Bulgarie qui l'avait rejoint en 2020.

Tableau 3

Du MCE II à la zone euro

	Adhésion au MCE II	**Adhésion à la zone euro**
Danemark	1er janvier 1999	
Grèce	1er janvier 1999	1er janvier 2001
Estonie	28 juin 2004	1er janvier 2011
Lituanie	28 juin 2004	1er janvier 2015
Slovénie	28 juin 2004	1er janvier 2007
Chypre	2 mai 2005	1er janvier 2008
Lettonie	2 mai 2005	1er janvier 2014
Malte	2 mai 2005	1er janvier 2008
République slovaque	26 novembre 2005	1er janvier 2009
Bulgarie	10 juillet 2020	
Croatie	10 juillet 2020	1er janvier 2023

a) Le MCE II

Le MCE II fonctionne sur la base de trois instruments :

– des marges de fluctuations qui sont, tout d'abord, de ± 15 % autour des cours pivots exprimés en euros avec la possibilité, pour les pays qui le souhaitent, de négocier une bande plus étroite[42] ;

– une supervision effectuée, ensuite, par le Conseil général de la BCE qui assure pour ces pays les fonctions d'évaluation de la convergence et de gestion des réserves de change ;

– des mécanismes d'intervention qui sont, enfin, explicitement asymétriques entre une zone euro puissante et des pays qui sont comparativement de petite taille. Si la BCE a l'obligation d'intervenir sur le marché des changes, conjointement à la banque centrale de la monnaie qui serait attaquée ou affaiblie, elle a surtout la possibilité de suspendre son action dès lors qu'elle porte atteinte à la stabilité des prix dans l'union monétaire. Les BCN des pays adhérents au MCE II disposent d'un financement à très court terme mais le soutien monétaire à court terme et les opérations de *swap*, qui existaient dans le SME, n'ont pas été reconduits. Les parités sont en outre réellement ajustables. La BCE peut déclencher des négociations sur des réalignements afin d'éviter les erreurs commises dans le SME au cours de la période 1987-1992.

Ce système confère à la BCE un pouvoir d'évaluation et de prescription de la politique économique sur ces pays considérable qui n'est pas sans rappeler celui du FMI à l'échelle internationale. La BCE peut engager ou, au contraire, réserver son soutien, à partir de l'appréciation qu'elle porte sur la politique économique suivie par les candidats à l'union monétaire. Ces derniers y gagnent en crédibilité et bénéficient de primes de risque réduites sur leurs emprunts internationaux.

b) Le passage à l'euro

Le traité prévoit que ces pays font l'objet d'un examen tous les deux ans au moins pour rejoindre la zone euro ou, à leur demande, en suivant les mêmes modalités que le groupe des pays fondateurs. Ils sont évalués sur la compatibilité des statuts de leur BCN avec ceux du SEBC et de la BCE et sur les critères de convergence économique à une nuance près : les marges de fluctuation à respecter pendant au moins deux ans sont celles du MCE II, calé sur l'euro, et non celles du MCE du SME qui était arrimé sur l'écu.

La Commission et la BCE soulignent que ce passage à l'euro ne doit pas se faire prématurément mais lorsque le processus de convergence sera réalisé de manière durable et pas seulement à un moment donné. La perte de maîtrise sur la politique monétaire et sur l'instrument du

42. Les marges appliquées à la couronne danoise sont à ± 2,25.

taux de change est risquée dans la phase de rattrapage où sont ces pays : ils ont des taux de croissance et d'inflation inévitablement plus élevés que ceux de la zone euro. La maîtrise de ces instruments est, néanmoins, très virtuelle, tandis que l'intégration commerciale et financière extrêmement poussée de ces pays avec la zone euro accroît leur intérêt à la rejoindre.

3.2.2. Les régimes de change arrimés à l'euro

L'arrivée des nouveaux États membres a entraîné la mise en place d'arrangements de change d'attente, avant l'intégration éventuelle dans le MCE II, puis dans la zone euro. Il n'y a plus qu'un seul pays – la Roumanie – qui relève d'un de ces régimes de transition articulés autour de l'euro et qui requiert des interventions de sa BCN.

La Roumanie est insérée dans un régime de flottement impur avec l'euro pour référence. Sa Banque centrale nationale privilégie une cible d'inflation afin de maintenir la compétitivité de son économie sans définition formelle du cadre de ses interventions. Pour ce pays, il s'agit d'une décision unilatérale qui n'engage pas l'Eurosystème mais signifie un rattachement plus ou moins fort à l'euro.

3.2.3. Le problème posé par les pays en changes flexibles

En 2024, quatre pays membres de l'UE sont en situation de changes flexibles avec la zone euro et les pays qui lui sont liés : la Hongrie, la Pologne, la République tchèque et la Suède. Le choix de ces pays en faveur du flottement pur, plutôt que de mettre en place des solutions coopératives, pose question pour l'intégration monétaire, économique et politique européenne. Dans le cadre du référendum précédant le Brexit, le Royaume-Uni avait explicitement demandé que l'UE reconnaisse *« une pluralité de monnaies »*, au premier desquelles bien entendu la livre sterling. Cette disposition n'a pas été entérinée dès le moment où le Brexit l'a emporté. Le groupe des *« eurosceptiques »* a perdu, le 31 janvier 2020, un membre éminent, sans que la situation de ce dernier soit bouleversée en matière de change. Au sein de l'UE, l'Irlande risque d'être un peu plus déstabilisée que d'autres par l'évolution du taux de change euro/livre sterling dans la mesure où le Royaume-Uni est de loin son premier partenaire commercial.

Le forint hongrois, le zloty polonais, la couronne tchèque et la couronne suédoise devaient théoriquement rejoindre la zone euro selon les traités d'adhésion. Si les Suédois l'ont refusé par référendum, en 2003, ces pays restent liés par cet engagement initial. Le projet de monnaie *« unique »* répondait à la réalisation du grand marché dont le fonctionnement s'accommodait mal d'une instabilité des taux de change. L'existence de ces monnaies, qui évoluent en dehors de tout arrangement de change, peut poser des problèmes. L'expérience a montré que le principe communautaire qui dispose que *« chaque État membre faisant l'objet d'une dérogation traite sa politique du change comme un problème d'intérêt commun* » (art. 142 du TFUE) fonctionne mal en l'absence de mécanisme contraignant. Le marché unique n'est pas à l'abri ponctuellement d'une concurrence déloyale sur quelques branches d'activité.

Le risque existe aussi pour ces pays. Ce sont de petites économies – moins de 10 % du PIB de l'UE à 27 à elles quatre – confrontées à une double circulation monétaire. Leur monnaie nationale est difficile à utiliser dans leurs échanges hors UE. L'euro facture une partie de leurs importations de biens et doit être par conséquent détenu dans leurs réserves de change. En 2022, selon la BCE, 65,8 % des réserves de change de la République tchèque sont en euros qui est la monnaie de facturation de 65,7 % de ses importations et 81,0 % de ses exportations de biens. L'euro fonctionne aussi comme une monnaie parallèle pour les dépôts et les prêts : 23,7 % des dépôts sont en euros en Hongrie et 22,5 % des prêts. Des importateurs, des exportateurs, des déposants, des emprunteurs et des consommateurs de ces pays sont exposés aux variations du taux de change de leurs monnaies vis-à-vis de l'euro qui ne sauraient être ignorées.

3.3. La politique de change à l'égard des grandes devises mondiales

La puissance économique des pays membres de l'union monétaire confère à l'euro un statut de deuxième monnaie internationale derrière le dollar. L'abandon du système de Bretton Woods en 1973 n'a pas provoqué la fin de la prééminence de ce dernier. Les effets d'inertie jouent largement dans l'usage d'une monnaie internationale. Elle fonctionne comme une langue ou un standard technologique : si elle est largement diffusée, l'intérêt à la privilégier par rapport à toute autre monnaie est naturel. Ces effets d'inertie ont d'autant plus fonctionné que l'UE n'a pas tenté, pendant près de vingt ans, de renforcer le rôle international de l'euro. Ce n'est qu'à partir de la fin 2018[43], puis de manière encore plus affirmée, après 2021[44], qu'une stratégie plus offensive de promotion de l'euro à l'international a été mise en place afin de limiter la vulnérabilité économique de la zone aux chocs extérieurs.

3.3.1. L'euro, monnaie internationale

Une monnaie internationale remplit les fonctions classiques d'unité de compte, de moyen de paiement et de réserve de valeur en dehors de sa zone d'émission (Tableau 4). Si le degré d'internationalisation d'une

43. Commission européenne, *Vers un renforcement du rôle international de l'euro*, COM 796 final/2, 5 décembre 2018.

44. Commission européenne, *The European economic and financial system: fostering openness, strength and resilience*, COM 32/3, 19 January 2021.

monnaie varie selon la fonction considérée, ces différents usages ont plutôt tendance à s'appeler et à se renforcer mutuellement : la monnaie de facturation d'une marchandise devient souvent la monnaie de règlement de la transaction et la monnaie de règlement doit avoir été nécessairement détenue en réserves. L'euro a décliné sur la plupart des indicateurs, surtout après la crise de la dette souveraine, tout en demeurant incontestablement la deuxième monnaie internationale.

Tableau 4

Fonctions des devises internationales

Fonction	Secteur privé	Secteur officiel
Unité de compte	Facturation et cotation des marchandises	Définition des parités ou des zones cibles
Moyen de paiement	Règlement des transactions commerciales et financières internationales	Intervention sur les marchés des changes, financement des balances des paiements
Réserve de valeur	Actif de placement, encaisse de précaution	Détention de réserves de change

Source : Rapport Emerson *et alii*.

a) L'euro dans la définition des parités ou des zones cibles

L'euro est devenu, au-delà de l'UE, la monnaie de référence de la zone Europe Afrique avec quelques incursions dans le Pacifique. Son rôle régional s'est affermi. Huit cas de figure coexistent sur le plan monétaire et des changes en 2022 :

– l'« *euroïsation* » qui fait de l'euro la monnaie officielle d'un pays suite à un accord (Monaco, Saint-Marin, le Vatican, les départements français d'outre-mer) ou de manière unilatérale (Andorre, le Kosovo et le Monténégro) ;

– la Bosnie-Herzégovine qui a établi un système de caisse d'émission avec l'euro (*currency board*). La masse monétaire en circulation dans ce pays est émise à un taux de change fixe en contrepartie des réserves de change détenues par sa banque centrale en euros. La Bosnie-Herzégovine participe unilatéralement à la zone euro puisque sa banque centrale est totalement passive et se comporte comme une simple caisse de conversion des avoirs détenus en euros ;

– les pays ou les territoires qui maintiennent une parité fixe avec l'euro, soit les territoires français d'outre-mer (Nouvelle-Calédonie, Polynésie française, Wallis-et-Futuna), qui utilisaient le franc CFP (Change franc Pacifique), l'archipel des Comores, qui émettait le franc comorien, les quatorze pays africains de l'ancienne zone franc CFA[45] structurés en deux unions monétaires – Afrique de l'Ouest et Afrique centrale –, en ancrage fixe sur le franc français, le Cap Vert, Sao Tomé et Principe, en taux de change fixe avec l'escudo portugais. Tous ces pays ont opéré un transfert de leurs anciens ancrages monétaires sur l'euro ;

– le Maroc en régime de change fixe par rapport à un panier de monnaies incluant l'euro ;

– la Macédoine du Nord et la Serbie dont les monnaies s'inscrivent dans un régime de flottement contrôlé par rapport à l'euro ;

– les pays qui ont un ancrage glissant sur un panier de monnaies dont l'euro (Algérie, Botswana, Singapour, Tunisie) ;

– les pays en flottement administré ancrés sur les DTS ou un panier de monnaies où l'euro joue un rôle important (Fidji, Libye, Samoa) ;

– les autres arrangements de change faisant référence à l'euro (Chine, Koweït, Syrie, Vanuatu).

Au total, à côté des vingt pays qui ont adopté l'euro comme monnaie, il y en a une quarantaine qui lui sont liés. L'euro a un statut de monnaie régionale pour l'Europe Afrique. Les accords de coopération monétaires autour de l'euro ne sont guère éloignés des accords de coopération commerciale.

b) L'euro, monnaie de facturation et de cotation des marchandises

L'hégémonie du dollar était très nette concernant cette fonction. Lors du lancement de l'euro, il était simplement supposé, suivant *« la loi de Grassmann »*, que les potentialités de développement de l'euro étaient différentes en matière d'exportation et d'importation. En effet, les agents économiques appartenant à une importante union monétaire sont davantage en mesure d'imposer leur propre monnaie comme monnaie de facturation/règlement pour leurs exportations que pour leurs importations.

En 2022, selon la BCE[46], 57,9 % des exportations et 52,9 % des importations de biens de la zone euro étaient facturées en euros[47]. La différence entre les deux reflète l'incidence des importations en matières premières et en pétrole, facturées en dollars, dans la mesure où la

45. CFA signifiait au départ Change franc Afrique, puis Communauté financière africaine et Coopération financière en Afrique centrale. La notion de Zone franc est devenue caduque, fin 2019. L'acronyme renvoie dorénavant à *« Coopérations monétaires Afrique-France »*

46. BCE, *The International Role of the Euro*, June 2023.

47. Pour la France, 53 % de ses exportations et 44,1 % de ses importations sont facturées en euros en 2022.

cotation du baril de pétrole s'effectue dans cette monnaie. L'usage d'un étalon unique, pour des biens dont le prix est fixé sur les marchés internationaux, réduit les coûts d'information et de négociation. L'utilisation du dollar comme monnaie de cotation lui donne un avantage déterminant pour facturer les importations.

L'usage de l'euro va ici au-delà de l'union monétaire. Les petits pays de l'UE non-membres de la zone, les pays des Balkans ont une monnaie peu utilisée au niveau international. Ils s'en remettent essentiellement à l'euro afin de commercer avec l'UE mais aussi pour partie avec le reste du monde.

c) L'euro moyen de paiement

La fonction de moyen de paiement au niveau international suppose des opérations de conversion sur les marchés des changes. Selon l'enquête triennale réalisée par la BRI[48], le volume journalier d'activité sur les marchés des changes a connu un développement extrêmement fort lié à la mondialisation. Il est passé de 1 239 milliards de dollars, en 2001, à 7 505 milliards de dollars, en 2022.

La composition par devises (Tableau 5) montre que le dollar à 88,4 % (sur 200 %) reste de très loin le moyen de paiement le plus utilisé, suivi par l'euro à 30,5 %, le yen à 16,7 % et le renminbi à 7,0 %. Le couple dollar/euro reste à 23,2 % le couple de monnaies le plus traité par les opérateurs sur les marchés des changes devant le couple dollar/yen, à 19,3 %. Le couple dollar/renminbi arrive en 4e position, à 8,8 %. Selon SWIFT[49], les paiements internationaux s'effectuent, en 2022, à 41,1 % en dollars, 35,4 % en euros, 2,8 % en yens et 2,2 % en renminbis.

d) L'euro dans les actifs de placement internationaux

Pour évaluer le rôle international de l'euro en tant que monnaie d'emprunt international, il faut évaluer dans quelles monnaies sont libellées les émissions internationales d'obligations – ce qui permet d'évaluer si l'endettement dans une monnaie est perçu comme refuge de valeur – et dans quelles monnaies les banques travaillent à l'international quant à leurs prêts et leurs dépôts. Pour les obligations, il existe deux mesures (Tableau 5) :

– une définition *« étroite »* du stock d'obligations, qui porte sur les seules transactions internationales, évalue la part de l'euro à 22,0 % en 2022 loin derrière le dollar à 65,5 % ;

48. BIS, *« Triennal Central Bank Survey: Foreign exchange turnover in April 2019 »*, www.bis.org, 16 September 2019.

49. *Society for Worldwide Interbank Financial Telecommunication.*

– une mesure « *large* » du stock d'obligations, qui intègre celles émises à destination du marché intérieur, place l'euro à 32,2 % plus proche du dollar à 52,6 % que dans la mesure précédente.

Tableau 5

Le rôle international des principales monnaies

En pourcentage

	Euro	**Dollar**	**Yen**	**RMB**
Opérations de change[1] (sur 200 %)	30,5	88,4	16,7	7,0
Paiements internationaux[2]	35,4	41,1	2,8	2,2
Stock d'obligations internationales[3] (Mesure étroite)	22,0	65,5	1,8	0,6
Stock d'obligations internationales[3] (Mesure large)	32,2	52,6	1,4	0,7
Prêts internationaux des banques[3]	27,6	52,0	4,7	-
Dépôts internationaux des banques[3]	25,3	55,5	2,3	-
Réserves de change[4]	20,5	58,4	5,5	2,7

Sources : 1. BRI, enquête triennale, avril 2022. La somme est sur 200 % au lieu de 100 % parce que deux monnaies sont parties prenantes de chaque transaction. 2. SWIFT, 2022. 3. BRI et BCE, 2022-T4. 4. FMI, 2022-T4.

Le basculement en euros de la dette publique libellée dans les anciennes monnaies a joué un rôle important dans la progression de cet indicateur. Le marché des obligations émises par les Trésors publics des États membres de la zone euro est un marché considérable jusqu'à présent non consolidé et qui relevait de la responsabilité de chacun d'entre eux. Une évolution notable est en cours. Avec son plan de relance post-pandémie et divers dispositifs qui l'obligent à lever des fonds, l'UE a prévu d'émettre 800 milliards d'euro-obligations entre la mi-2021 et la fin 2026. Ces produits financiers vont se diffuser sur les marchés des capitaux et augmenter la part de l'euro dans le stock d'obligations.

L'autre mesure du rôle international de l'euro consiste à analyser les engagements internationaux des banques – prêts ou dépôts –, afin de voir dans quelle monnaie ils sont libellés. Le dollar garde une très nette suprématie puisqu'il représente 52,0 % des prêts internationaux des banques et 55,5 % de leurs dépôts mais l'euro a toujours une part de marché significative à 27,6 % des prêts et 25,3 % des dépôts internationaux des banques.

e) L'euro dans les réserves de change officielles

Le dollar représentait à la fin de l'année 2022 (Tableau 5) 58,4 % des réserves de change des banques centrales, contre 20,5 % pour l'euro. Mais le dollar subit également une lente érosion au profit d'une diversification des réserves de change en faveur de monnaies tierces.

Quelle que soit la mesure choisie, l'euro se situe dans une fourchette qui varie entre 20 et 35 % sans qu'il n'y ait eu de stratégie volontariste de la part des Européens pour promouvoir leur monnaie.

3.3.2. L'évolution du taux de change

L'évolution du taux de change de l'euro contre le dollar fait l'objet d'une attention toute particulière dans la mesure où il s'agit du couple le plus traité sur les marchés des changes entre la première et la deuxième monnaie internationale. L'euro évoluant dans un système de changes flexible par rapport au dollar, en fonction des offres et des demandes euro/dollar sur le marché, il n'y avait, lors de son lancement, aucune certitude quant à l'évolution à moyen terme de sa parité.

Graphique 9

Évolution du taux de change de l'euro par rapport au dollar

Source : BCE.

Après avoir débuté à un taux de 1 euro pour 1,17 dollar en janvier 1999 (Graphique 9), l'euro s'est déprécié jusqu'à connaître son point le plus bas à 0,8252 dollar le 26 octobre 2000, avant d'entamer, à partir de 2002, un rétablissement qui l'a conduit au niveau record de 1,5990 dollar le 15 juillet 2008. Entre les deux points extrêmes, la variation est de 94 %. Mais sur les dix dernières années, l'euro/dollar évolue dans un corridor assez stable entre 1,0 et 1,2 proche de la moyenne de très long terme à 1,1867. Le taux de change entre la principale paire de monnaies au monde est peu volatil, ce qui limite le risque de change.

Plusieurs facteurs peuvent être isolés selon qu'ils provoquent une dépréciation ou une appréciation de l'euro vis-à-vis du dollar (Tableau 6).

• Le premier ensemble de facteurs est *institutionnel*. La crédibilité ou le manque de crédibilité de la BCE et de l'Eurogroupe est susceptible de peser sur le taux de change. Le dollar dispose sur ce plan d'un avantage comparatif. Il est la monnaie d'un seul et même pays, relativement homogène sur le plan économique, et dont les mécanismes de coordination entre sa politique monétaire, sa politique budgétaire et sa politique de change sont éprouvés. Sa crédibilité s'impose davantage que celle d'une zone monétaire de vingt-cinq ans, qui est encore pour beaucoup une union monétaire plutôt qu'une union économique avec une gouvernance complexe et des intérêts parfois divergents.

Tableau 6

Le taux de change euro/dollar à partir des marchés début 2024

	Appréciation de l'euro/dollar	Dépréciation de l'euro/dollar
➢ Crédibilité ou manque de crédibilité de la BCE	X	
➢ Crédibilité ou manque de crédibilité de l'Eurogroupe		X
➢ Perspectives de croissance comparées de la zone euro et des États-Unis		X
➢ Situation comparée des transactions courantes de la zone euro et des États-Unis	X	
➢ Taux d'intérêt à court terme comparés de la zone euro et des États-Unis		X
➢ Inflation comparée de la zone euro et des États-Unis		X

• Le deuxième type de facteurs est relatif aux *perspectives conjoncturelles et aux flux internationaux de capitaux*. Les marchés estiment les perspectives de croissance respectives dans la zone euro et aux États-Unis. Un horizon plus porteur pour le climat des affaires affectera les mouvements de capitaux et les ventes d'une monnaie contre une autre. Les marchés scrutent, de part et d'autre, les déséquilibres des balances des transactions courantes (voir Encadré 2), qui révèlent la surévaluation ou la sous-évaluation d'une monnaie. Ils réagissent au différentiel des taux d'intérêt à court terme de nature à provoquer des déplacements de capitaux vers la place où ils sont les mieux rétribués. En théorie, un cycle de baisse des taux en Europe devrait entraîner une dépréciation de la monnaie européenne. L'inflation a un impact sur le taux de change. Si la BCE juge l'inflation trop forte dans la zone euro, elle poussera à l'appréciation du taux de change en augmentant ses taux d'intérêt, afin d'importer de la désinflation. Si l'inflation est perçue comme trop faible, elle abaissera ses taux en dessous des taux américains afin de provoquer une dépréciation de l'euro qui, en rendant plus chères les importations, permettra d'importer de l'inflation. Tous ces facteurs sont à pondérer et jouent un rôle inégal selon les périodes. Une crise de la dette dans un État membre, le Brexit, la guerre en Ukraine pèsent également sur le cours de la monnaie.

Encadré 2

La balance des paiements de la zone euro

La zone euro dispose d'une balance des paiements mensuelle afin de suivre les postes qui influencent la création monétaire et le marché des changes. Les BCN transmettent à la BCE les statistiques nécessaires à son élaboration. La BCE élabore le compte financier tandis que la Commission se charge du compte des transactions courantes ainsi que de la publication d'une balance des paiements pour l'UE.

Les vingt pays membres de la zone euro ont conservé leurs balances des paiements nationales. Leur disparition, parfois évoquée, trouvait sa justification dans le lien étroit qui existe entre une balance des paiements, une économie nationale et une monnaie. Ces associations étaient bousculées par la mise en place de l'union monétaire. Les balances des paiements nationales ont été maintenues afin de mesurer l'impact de l'intégration européenne sur les économies nationales (au niveau du compte des transactions courantes et des investissements directs), d'évaluer la contribution de chaque État membre au budget européen, d'avoir un instrument de pilotage de la politique économique nationale, de pouvoir établir les comptes nationaux et de remplir les obligations déclaratives de chacun des pays membres à l'égard du FMI.

Une fois ces facteurs identifiés, le taux de change euro/dollar ne doit pas être scruté de manière exclusive. Il peut être important pour certains secteurs économiques, mais indifférent pour d'autres et entraîner, selon son évolution, une redistribution entre les branches d'activité. L'indicateur le plus pertinent pour l'ensemble de l'économie de la zone euro est le taux de change effectif réel, mesuré par rapport aux devises des dix-huit partenaires commerciaux les plus importants. Cet indicateur prend en compte le poids des échanges bilatéraux avec chacun de ces pays et corrige le taux de change nominal de l'inflation cumulée dans les pays considérés. Une appréciation de l'euro de 5 % n'entraîne pas de perte de compétitivité dès lors que l'inflation progresse au même rythme dans cet ensemble.

Or cet indicateur a été sujet à des variations de bien plus faible amplitude. Il a débuté à l'indice 100, le 1er janvier 1999, est passé par son point le plus bas à 81,31 en octobre 2000, pour atteindre son point le plus haut à 114,46 en décembre 2008. Entre les deux valeurs extrêmes la variation n'est plus que de 41 %. En 2023, il est à 94,0 et indique des gains de compétitivité dès lors que le taux de change est corrigé de l'inflation.

La zone euro peut-elle adopter un comportement de *« négligence bienveillante »* par rapport aux variations de son taux de change ? Ce serait accorder bien peu d'importance à la compétitivité générale de la zone, dont le taux de change est un élément déterminant, et les effets déstabilisants pour les pays tiers, qui ont adopté l'euro comme monnaie ancre. L'intervention sur les marchés des changes doit rester parmi les options possibles d'autant que, lorsqu'il s'agit de lutter contre l'appréciation de sa monnaie, les capacités d'action d'une banque centrale sont presque illimitées.

3.3.3. Vers un système monétaire international tripolaire ?

L'histoire monétaire montre que le système monétaire international a connu ses périodes de plus grande stabilité lorsqu'il reposait sur le leadership de l'économie dominante qui assurait la fonction de *« prêteur en dernier ressort »* dans les situations de crise. La thèse développée par Krugman[50], pour dénoncer la régionalisation du commerce international autour de quelques grands blocs commerciaux, se transpose aux accords monétaires : une zone monétaire unique au niveau international serait la meilleure solution, l'optimum de second rang consisterait en son éclatement en autant de monnaies que de zones monétaires optimales et le pire des mondes possibles comporterait uniquement quelques grands blocs monétaires qui arriveraient rapidement à une confrontation préjudiciable à la croissance mondiale. Cette analyse suppose implicitement que s'il y a peu d'acteurs au niveau international, ils iront inévitablement vers un conflit monétaire et non vers l'amélioration du *« bien commun »* que constitue le système monétaire international.

Les Européens ont plutôt milité pour un rééquilibrage et une diversification de ce système afin de remettre en question *« le privilège exorbitant »* du dollar : les États-Unis peuvent financer leurs déficits en s'endettant auprès du reste du monde puisque leurs actifs sont toujours recherchés et font l'objet d'une demande. Pour le rapport Emerson,

50. P. Krugman, « The move toward free trade zones » , art. cité.

l'introduction de la monnaie unique européenne devait favoriser l'avènement d'un système tripolaire, où les blocs monétaires reprendraient les contours des grands blocs commerciaux, américain, européen et asiatique. Loin de favoriser les attitudes hostiles, un système tripolaire stimulerait plutôt la recherche de solutions coopératives au niveau international : il permettrait d'assurer une meilleure coordination entre un petit nombre d'interlocuteurs avec une prise en compte des intérêts de chacun. L'amélioration de la représentation extérieure de la zone euro fonctionnerait dans ce sens (Encadré 3). Elle lui permet de peser davantage dans les enceintes internationales malgré le handicap constitué par son absence de gouvernance politique du taux de change.

Du côté asiatique, le rapport Emerson supposait que la monnaie régionale susceptible d'émerger serait le yen. Pour que ce scénario se matérialise, il aurait fallu que le yen connaisse une diffusion en Asie et une internationalisation qui ne se sont pas produites pour des raisons historiques, politiques mais aussi économiques. Ses positions se sont plutôt affaiblies en raison des difficultés rencontrées par l'économie et le système financier japonais depuis les années quatre-vingt-dix. L'émergence de la Chine, parmi les premiers acteurs économiques au niveau mondial, semble difficilement compatible avec l'organisation d'une zone monétaire asiatique autour du yen. La Chine, avec sa monnaie le renminbi (RMB), apparaît comme le scénario le plus crédible, à moyen terme, pour structurer monétairement l'Asie. La régionalisation du RMB a commencé avec la suppression, depuis le 1er janvier 2010, des barrières douanières entre la Chine et les six principaux pays de l'ASEAN pour 90 % de leurs échanges commerciaux et avec la signature, en novembre 2020, du Partenariat régional économique global (RCEP) avec quatorze pays d'Asie et du Pacifique. Passer à son internationalisation suppose que la Chine relève trois grands défis : rendre sa monnaie convertible, mettre en place un marché financier profond, liquide, transparent et accessible aux investisseurs étrangers et enlever toutes les restrictions aux mouvements de capitaux. L'intégration du RMB dans le panier de monnaies qui composent les droits de tirage spéciaux (DTS : dollar, euro, yen, livre sterling), la monnaie du FMI, permet de faire un point d'étape dans ce processus. Le FMI avait arrêté deux critères pour cette intégration : l'importance commerciale du pays qui l'émet, critère satisfait facilement par la Chine, et une monnaie *« libre d'utilisation »*. Ce second critère ne suppose pas, au sens du FMI, la libre convertibilité et la libre circulation des capitaux mais une monnaie utilisable dans les transactions internationales par les membres du Fonds, échangeable sur les marchés des changes sans risques excessifs, avec un marché des actifs en RMB suffisamment développé. La Chine a pris suffisamment de mesures qui vont dans cette direction depuis 2010 pour que le FMI accepte d'intégrer le RMB dans les DTS depuis le 1er octobre 2016. Cette décision a incité les banques centrales à détenir davantage de réserves de change en RMB (2,7 % des réserves fin 2022). L'internationalisation du RMB suppose la poursuite de cette dynamique. En avril 2022, selon la BRI, le couple USD/RMB est le quatrième couple le plus traité par les opérateurs sur les marchés des changes, où il représente 8,8 % des transactions, loin derrière le couple USD/Yen qui figure au deuxième rang avec 19,3 %.

Le dollar, l'euro et le renminbi ont des problèmes de natures différentes à résoudre. Si ces trois monnaies paraissent les mieux placées pour participer à l'émergence d'un système tripolaire, c'est parce qu'elles feront toujours l'objet d'une demande[51] et qu'elles s'adossent sur des marchés intérieurs de grande dimension.

Encadré 3

La représentation de la zone euro dans les instances internationales

Les pays de la zone euro sont représentés au sein du G7-Finances, du G20, du FMI, de la BRI et de l'OCDE qui sont les principaux lieux où s'organisent la coordination et la surveillance au niveau international.*

Le G7-Finances est la configuration du G7 chargée de la coordination des politiques macroéconomiques et de change. La représentation de la zone euro y est assurée par les ministres des Finances d'Allemagne, de France et d'Italie, par le président de la BCE et, depuis le 1er janvier 2005, par le président de l'Eurogroupe. Cette instance est de plus en plus remplacée au niveau international par le G20 davantage représentatif de tous les acteurs de l'économie mondiale. Dans cette configuration, l'UE participe aussi aux discussions.

Le FMI est chargé d'assurer un fonctionnement harmonieux du système monétaire international et d'assister financièrement les pays qui connaissent des difficultés de balance des paiements. Il ne reconnaît que les États. Aussi les pays de la zone euro sont restés membres du Fonds à titre individuel. Leurs quotes-parts et droits de vote n'ont pas été consolidés. Le FMI a procédé à une réforme de ces quotes parts, entrée en vigueur le 26 janvier 2016, afin d'assurer une meilleure représentation des pays émergents : la part prise par la zone euro a régressé de 23,75 à 22,1 %, celle de l'UE à 27 de 28,05 à 26,25 %. Les Européens, qui disposaient de 9 sièges sur 24 à son conseil d'administration, en ont cédé 2 aux pays émergents. Le FMI a accordé un statut d'observateur permanent à la BCE. Elle participe aux réunions du conseil d'administration et du Comité monétaire et financier international. L'euro s'est substitué le 1er janvier 1999 au franc français et au deutsche mark dans la composition des Droits de tirage spéciaux (DTS), la monnaie du FMI.

La BRI est depuis 1930 « la banque centrale des banques centrales ». La BCE est devenue l'un de ses 56 actionnaires et côtoie dans son conseil d'administration les principales BCN de l'UE. Elle participe à ce titre à toutes ses

51. B. Eichengreen B., « Managing a Multiple Reserve Currency World », *University of California*, Berkeley, April 2010, http://www.econ.berkeley.edu/~eichengr/

activités et notamment au comité de Bâle chargé d'établir les règles prudentielles qui s'appliquent aux banques commerciales.

L'OCDE se présente comme un forum qui propose à ses 38 États membres un partage de leurs expériences dans le domaine économique, social et environnemental. L'UE n'a pas la qualité d'État membre mais la Commission européenne dispose d'une représentation à l'OCDE, depuis sa création en 1960, avec un statut qui va bien au-delà de celui d'un observateur. La BCE participe quant à elle aux activités du Comité de politique économique.

La zone euro est devenue un objet d'étude à part entière pour le FMI et l'OCDE qui lui consacrent régulièrement des études économiques à l'identique des rapports produits pour les pays membres.

---

* *Allemagne, Canada, États-Unis, France, Italie, Japon et Royaume-Uni.*

4. Le bilan de la zone euro à vingt-cinq ans

La réforme structurelle de très grande ampleur, que signifiait la mise en place de la zone euro, ne pouvait trouver *in fine* sa justification que dans l'amélioration de son potentiel de croissance. Après vingt-cinq ans de fonctionnement, le rattrapage vis-à-vis des États-Unis, en termes de croissance du PIB nominal, a été hypothéqué par les phases de recul très nettes lors des crises auxquelles l'économie européenne et surtout la zone euro ont été confrontées et qui n'ont pas affecté l'économie américaine. La zone euro s'est révélée malhabile à gérer les divergences économiques entre ses pays membres, ce qui la rend moins attractive pour ceux restés au dehors. Mais le grand élargissement aux PECO leur a permis un rattrapage économique très rapide et la richesse par habitant, en termes de pouvoir d'achat réel, a progressé relativement à celle d'un habitant des États-Unis.

4.1. La question du déficit de croissance

La croissance est au centre du débat public européen. L'UE est une zone à croissance lente, très éloignée des taux enregistrés dans les pays émergents. Le rattrapage des États-Unis, qui avait caractérisé les *« Trente glorieuses »*, s'est interrompu bien avant le lancement de l'euro, en 1970. Le PIB par habitant d'un Européen (UE à 15) est alors resté durablement inférieur de 30 % en moyenne à celui d'un Américain et ce jusqu'en 2000.

Les explications avancées au déficit de croissance européen sur cette période se réfèrent à la notion de *« croissance potentielle »*, qui prend en compte la croissance de l'emploi, dépendante de la démographie et des taux d'emploi, et la croissance de la productivité du travail. La part prise par chacun de ces éléments dans le retard de croissance européen a été décomposée avant le lancement de l'euro[52] (Tableau 7). Si en 1970 la différence peut être imputée au seul bas niveau de la productivité du travail dans l'UE, en 2000, *grosso modo* un tiers en dépend, un deuxième tiers est imputable à la faiblesse des heures travaillées, tandis que le dernier tiers peut être mis sur le compte de taux d'emploi plus bas. Pour une part, la différence entre l'UE et les États-Unis est imputable à des arbitrages entre le travail et le loisir différents[53] – l'UE a utilisé la hausse des gains de productivité pour augmenter le temps de loisir plutôt que le temps de travail et le revenu. Les États-Unis ont fait l'inverse. Ce résultat n'est pas toujours l'expression d'un choix librement consenti mais la traduction d'une politique malthusienne de restriction de l'offre de travail : réduction des taux d'activité pour les classes d'âge extrêmes, mise à l'écart des travailleurs les moins productifs, progression du travail à temps partiel subi et réduction du temps de travail.

Tableau 7

Les explications structurelles du retard de croissance avant le lancement de l'euro

	PIB/tête		**Productivité du travail**		**Heures travaillées/tête**		**Taux d'emploi**	
	1970	2000	1970	2000	1970	2000	1970	2000
UE (15)	69	70	65	91	101	86	104	88
États-Unis	100	100	100	100	100	100	100	100
France	73	71	73	105	99	82	102	84
Royaume-Uni	71	70	59	80	104	88	115	98

Source : Commission européenne, Base Ameco.

L'explication avancée à l'arrêt du processus de rattrapage au cours de cette période[54] est que le modèle européen de croissance d'après-guerre, fondé principalement sur l'imitation des technologies et des formes d'organisation de la production existant aux États-Unis, n'aurait pas su négocier le passage à un régime de croissance fondé sur l'innovation lorsque l'économie européenne s'est rapprochée de la frontière

52. A. Sapir, P. Aghion, G. Bertola, M. Hellwig, J. Pisani-Ferry, D. Rosati, J. Vinals et H. Wallace (dit rapport Sapir), *An Agenda for a Growing Europe*, Office des publications officielles des Communautés européennes, Luxembourg, juillet 2003.

53. O. Blanchard, « L'Europe ne va pas si mal », in *L'Europe déclassée ?* Flammarion, 2005.

54. A. Sapir *et alii*, rapport cité.

technologique. Le modèle était viable dans des économies peu ouvertes au commerce international où les rentes perçues sur le marché des biens étaient redistribuées entre les entreprises, les salariés et l'État providence. Il ne l'est plus dans une économie mondialisée. Les institutions efficientes ne sont plus les mêmes dans des économies en rattrapage que dans des économies proches de la frontière[55]. La qualité de l'enseignement supérieur, les efforts consentis en R&D, l'existence de marchés concurrentiels, qui favorisent les réallocations de main-d'œuvre et le financement des entreprises, deviennent des éléments décisifs dans une économie à la frontière technologique.

Qu'en est-il depuis le lancement de l'union monétaire ? De 1999 à 2023, le PIB de la zone euro a augmenté de 36 % contre 65 % aux États-Unis. Cet écart impressionnant doit être un peu relativisé déjà au regard de l'analyse des composantes (Graphique 10). Si l'évolution de la productivité du travail est moins dynamique dans la zone euro qu'aux États-Unis (+ 0,9 % par an sur la période contre + 1,6 %), le taux d'emploi des 15-64 ans a beaucoup progressé. La part de cette catégorie dans la population s'est néanmoins davantage contractée en zone euro qu'aux États-Unis ainsi que les heures travaillées par emploi.

Graphique 10

PIB par habitant en zone euro et aux États-Unis : évolutions entre 1999 et 2022 selon les composantes

Variation annuelle moyenne en %, contributions en points de pourcentage

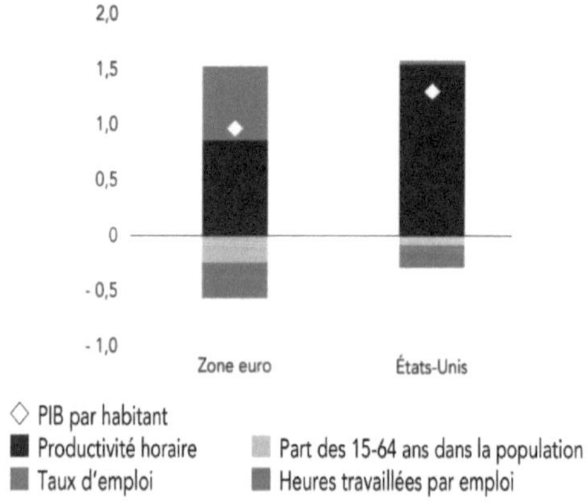

Source : Eurostat, OCDE, calculs Banque de France.

55. Cf. J. Pisani-Ferry, « Les limites des paradoxes », in *L'Europe déclassée ?* Flammarion, 2005. P. Aghion et J. Pisani-Ferry, « Réponse à nos procureurs », *Revue de l'OFCE* n° 88, janvier 2004. G. Tabellini et C. Wyplosz, *Réformes structurelles et coordination en Europe*, Conseil d'analyse économique, La Documentation française, 2004.

L'écart de croissance doit être aussi relativisé au regard de l'analyse de l'évolution du PIB par tête exprimé en Standard de pouvoir d'achat (SPA)[56] : de 1999 et 2022, il y a un rattrapage progressif des Européens (Graphique 11). Le recul important de 2004 est imputable à l'intégration des PECO – en retard de développement – qui ont effectué un spectaculaire rattrapage économique. Ils ont intégré, pour une partie d'entre eux, la zone euro, ce qui entraîne une convergence de plus en plus accentuée entre les courbes de la zone euro et de l'UE à 27. Après le pic de 2010, où le PIB par tête de la zone euro arrive à 74,5 % de celui constaté aux États-Unis, tandis que l'UE est à 69 %, arrive une phase de décrochage, jusqu'en 2015, consécutive à la crise de la dette souveraine. L'union monétaire est au cœur de cette crise dont la gravité en termes de perte de croissance et de richesse apparaît de manière nette. De 2016 à 2019, il y a une reprise du rattrapage avant un recul lors de la pandémie de Covid-19, en 2020-2021. Les Européens gèrent plus mal les crises qu'outre-Atlantique mais l'élargissement est un succès et la richesse par habitant en termes de pouvoir d'achat réel s'est appréciée relativement à celle d'un Américain.

Graphique 11

PIB par habitant relatif aux États-Unis en SPA de 1999 à 2022

En % par rapport au PIB par habitant des États-Unis = 100

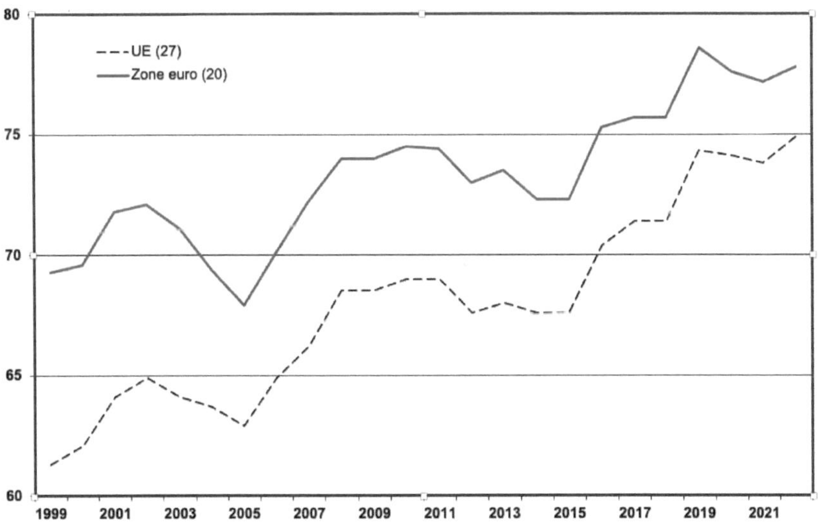

Source : Eurostat.

56. En SPA, c'est-à-dire dans une monnaie commune qui élimine les différences de niveaux de prix entre les pays et permet des comparaisons significatives du PIB en volume entre les pays.

4.2. La zone euro source de divergence entre les économies ou de convergence ?

Le débat sur la convergence économique est important dans la mesure où il est plus évident de définir une politique monétaire et une politique de change avec des économies en phase que décalées. Deux thèses diamétralement opposées se confrontaient lors du lancement de la zone euro :

- Selon la première, développée par Frankel et Rose[58], l'union monétaire allait renforcer l'intégration réelle entre les pays membres confrontés à des politiques monétaires et de change identiques. Elle permettrait d'avoir ainsi naturellement une plus forte synchronisation du cycle conjoncturel et créerait les conditions de sa propre réussite.

- L'argument diamétralement opposé était développé par Krugman et Artus. Selon Krugman[59], si l'intégration accroît la spécialisation des régions, voire des nations, il y a un risque que les chocs qui affectent un secteur d'activité déséquilibrent durablement un pays de la zone euro. Tandis que, selon Artus[60], la mise en place de politiques monétaires et de change communes, qui ne prennent pas en compte l'hétérogénéité des pays de la zone, renforce les déséquilibres en ne permettant pas la mise en place, pays par pays, de politiques adaptées.

Ces deux thèses ont été plutôt tranchées en faveur de la seconde après les crises des subprimes et de la dette souveraine qui se présentaient comme des chocs asymétriques. L'euro a aggravé les divergences. La BCE a dû composer avec des écarts significatifs de croissance avec deux périodes en opposition. Jusqu'à la crise de 2008, les pays de la périphérie, Grèce, Espagne et Portugal, avaient des taux de croissance plus élevés que l'Allemagne, la grande économie de la zone. Mais, dès 2010, l'Allemagne renouait avec la croissance tandis que ces pays restaient englués dans la crise. Le PIB de la Grèce, en 2015, était celui de 2003. L'Espagne avait le même niveau de production en 2015 qu'en 2007. Avec la pandémie de Covid-19 qui est un choc symétrique, des divergences sont apparues entre les pays de la zone euro selon la structure de leur économie. Là où les services et notamment le tourisme ont un poids prépondérant par rapport à l'industrie, le recul de production a été plus important. Le pic d'inflation de 2022 dans la zone euro renvoie aussi à des taux d'inflation différenciés selon les États membres.

---

58. J. A. Frankel et A. K. Rose, « Is EMU more Justifiable ex post than ex ante? », *European Economic Review*, 41, 1997. J. A. Frankel et A. K. Rose, « The Endogeneity of the Optimum Currency Area Criteria », *Economic Journal*, 108, 1998.

59. P. Krugman, *Geography and Trade*, Presses de l'Université de Louvain, 1991.

60. P. Artus, *L'Euro et la Banque Centrale Européenne*, Economica, 2001.

Dans ces conditions, la conduite de la politique monétaire unique constitue une véritable gageure. La BCE a initialement indiqué qu'elle ignorait cette hétérogénéité et qu'elle se déterminait en fonction de l'appréciation portée sur la situation moyenne de l'ensemble de la zone euro. La politique monétaire commune s'avérait dès lors trop expansive par rapport à la situation de « *surchauffe* » rencontrée par les pays en forte croissance. Dans le même temps, elle pouvait être trop restrictive pour ceux qui traversaient une passe plus délicate. La politique monétaire a longtemps aggravé les différences. Le blocage de l'instrument des taux d'intérêt, lorsque ceux-ci ont atteint le niveau zéro, et le passage à des politiques non conventionnelles ont permis à la BCE de faire évoluer sa doctrine et de rompre avec sa logique d'uniformité. Elle a différencié sa politique monétaire, lors de cette épisode grâce à des instruments plus flexibles et au recours à des critères d'éligibilité pour certains de ses programmes d'achat de titres.

Si des pays comme la Pologne, la République tchèque et la Hongrie ne souhaitent pas intégrer la zone euro, c'est aussi, sur le plan économique, afin de conserver les effets stabilisateurs permis par une politique monétaire indépendante et un taux de change flexible.

4.3. De l'aggravation des écarts de compétitivité entre les économies à leur resserrement

En ayant une monnaie commune, les pays membres de la zone euro n'avaient plus la possibilité de dévaluer leur change nominal et ainsi d'améliorer la compétitivité coût de leur main-d'œuvre. Cette stratégie de politique économique a été remplacée pendant la première décennie de l'union monétaire par son équivalent dans ce nouvel environnement : des politiques de restrictions salariales compétitives qui visaient à mieux maîtriser ses coûts salariaux que ses partenaires afin d'élargir ses parts de marché et d'engranger d'importants excédents extérieurs. L'Allemagne, qui était sans doute entrée dans l'euro avec une parité surévaluée, en était le chef de file. Elle a restauré sa compétitivité grâce à une stratégie de freinage de ses coûts salariaux par rapport à ses partenaires jusqu'en 2008 (Graphique 12). Cette politique salariale s'ajoutait à d'autres avantages plus structurels, comme la qualité de ses produits, sa capacité d'innovation et un tissu de PME performantes. À l'opposé, les pays du Sud (Espagne et Italie sur le graphique mais aussi Chypre, Grèce, Irlande, Portugal et l'Irlande) ont laissé déraper leurs coûts salariaux jusqu'en 2009 avant d'inverser cette tendance.

Cette maîtrise des coûts salariaux s'est traduite par des excédents courants très importants en Allemagne et dans les pays qui l'ont suivi (Autriche, Luxembourg, Pays-Bas), tandis que les pays du Sud et l'Irlande accumulaient d'importants déficits. Les soldes des balances courantes traduisent l'existence d'écarts de compétitivité entre pays partenaires. En union monétaire, ils ne peuvent être résorbés, que par la dévaluation interne fondée sur la baisse des coûts salariaux et l'amélioration de la compétitivité hors prix (productivité du travail, qualité des produits, spécialisation, etc.). C'est là bien entendu une stratégie délicate vis-à-vis des salariés du Sud, auxquels étaient demandés des efforts d'ajustements salariaux souvent de long terme. C'était aussi une stratégie contre-productive pour les pays du Nord, qui voyaient décliner une partie des débouchés de leur industrie.

Graphique 12

Coût unitaire du travail en zone euro

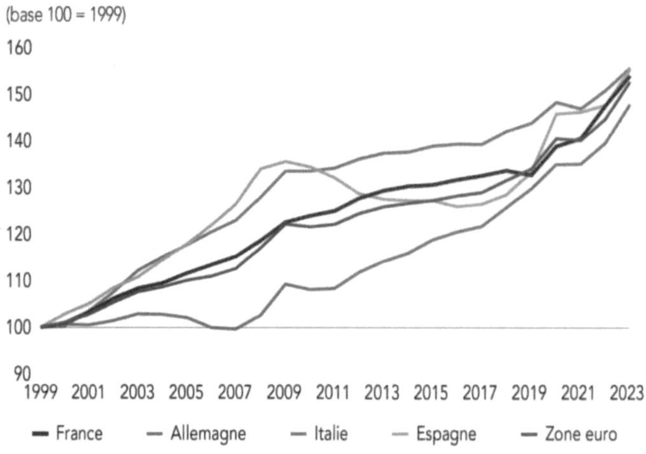

Sources : BCE, Banque de France.

Le modèle mercantiliste allemand d'une croissance tirée par les exportations et non par la demande intérieure n'était pas généralisable à l'ensemble de la zone où, pour partie, les déficits extérieurs des uns constituent les excédents des autres. L'arrêt des transferts de capitaux du Nord vers le Sud a contribué au déclenchement de la crise de la dette souveraine : les pays déficitaires ont dû procéder à des ajustements difficiles. Leur rééquilibrage a été facilité par la progression des salaires en Allemagne après 2008 et la recherche d'excédents commerciaux plutôt dans le reste du monde. La seconde phase de l'union monétaire a été marquée par une convergence progressive de l'évolution des coûts salariaux pour les grandes économies de la zone euro.

*

* *

Avec l'introduction de l'euro, qui est un symbole puissant de la souveraineté économique européenne, l'union monétaire est arrivée aux confins de l'approche fonctionnaliste des pères fondateurs de la Communauté. Il n'y a, en effet, historiquement *« jamais eu d'union monétaire durable entre de grandes nations souveraines sans une forte intégration politique »*[62]. La BCE a mis en œuvre, au fil des deux premières crises, une politique de plus en plus active et accommodante – allant bien au-delà de ses *a priori* monétaristes fondateurs – sans pour autant parvenir à atteindre sa cible d'inflation. La centralité de l'Eurosystème dans la gestion des crises en a été renforcée malgré ses appels récurrents à un soutien plus appuyé de la part des politiques budgétaires. Les crises de 2009 et de 2012-2013 ont démontré que le fédéralisme monétaire était impossible à faire vivre sans une union bancaire, un mécanisme commun de stabilisation financière, des formes de fédéralisme budgétaire et une convergence de l'évolution des coûts salariaux. Il est apparu que les pays membres de la zone euro devaient partager beaucoup plus qu'une monnaie pour assurer sa viabilité.

La pandémie de Covid-19 marque une nette inflexion. Ce n'est pas une crise financière, elle est symétrique, les outils de gestion de crise étaient opérationnels et les esprits mieux préparés aux évolutions. La politique monétaire ultra accommodante se coordonne avec une politique budgétaire désormais active tant au niveau central qu'au niveau des États membres. Les mesures non conventionnelles ont pris beaucoup d'ampleur avec une progression importante des titres de dettes publiques détenus par l'Eurosystème. La séparation politique monétaire et politique budgétaire s'en trouve inévitablement questionnée ainsi que l'entrelacs de relations entre les banques commerciales et les émetteurs souverains. La normalisation de la politique monétaire s'est opérée, à partir de l'arrêt progressif des achats d'actifs et du relèvement rapide des taux d'intérêt directeurs de la BCE, pour gérer une nouvelle crise : le pic d'inflation consécutif à la guerre en Ukraine et aux difficultés d'approvisionnement énergétique. Le retour progressif de l'inflation au niveau de son objectif de 2 % va permettre d'abaisser progressivement les taux et de donner à la politique monétaire une orientation moins restrictive. La BCE a géré des crises très contrastées en ajustant ses instruments avec pragmatisme mais elle s'est trouvée bien souvent seule, sans accompagnement budgétaire, hormis lors de la sortie de la pandémie.

62. OCDE, *UEM Faits, défis et politiques*, 1999.

CHAPITRE 4

Le système budgétaire européen et son pilotage économique

En l'espace d'une quinzaine d'années, l'économie européenne aura subi des chocs d'une rare violence et de nature très différente : répercussions de la crise des *subprimes* en 2009, crise de la dette souveraine en 2012-2013, pandémie de Covid-19 en 2020-2022, crise énergétique et choc inflationniste après l'invasion de l'Ukraine par la Russie en 2022. Les finances publiques ont été fortement mobilisées, parfois pour sauver des banques ou des pays, parfois pour éviter un collapsus de pans entiers de l'économie et l'appauvrissement de certains groupes de population. Le budget de l'UE n'a pas été mis à contribution lors des deux premières crises, où il s'agissait d'éviter une *« union de transferts budgétaires »,* et lors de la dernière, où le type de choc ne justifiait pas son intervention, alors qu'il a été fortement mobilisé et devient redistributif, lors de la crise sanitaire, pour soutenir les États membres et éviter d'aggraver les écarts entre eux. Les règles d'encadrement budgétaire ont été durcies lors des deux premiers chocs mais tout simplement suspendues lors des derniers avant d'être réactivées en 2024.

Souvent les crises ont été fondatrices pour l'intégration européenne qui n'est arrivée à franchir des paliers que dans l'adversité. Les interdépendances fortes qui existent entre les pays de l'UE sont devenues encore plus nettes et ont imposé la mise en place progressive d'une réponse budgétaire appropriée. L'UEM n'est plus une simple zone monétaire dépourvue de son pendant économique même si le chantier du rapprochement des systèmes fiscaux demeure. La gouvernance de l'UE prend forme, facilitée par le Brexit qui a rapproché les périmètres de la zone euro et de l'UE qui se chevauchent désormais à 84 %. Cette quasi-superposition a permis au budget de l'UE de devenir un budget qui intègre une fonction de stabilisation de l'activité économique avec l'émergence d'un endettement commun.

Contrairement à la politique monétaire, le système budgétaire européen n'a pas fait d'emblée l'objet d'un cadrage rigoureux par le traité. C'est l'un des domaines où subsistent des vestiges de la souveraineté nationale avec une prise de décision qui suit la règle de l'unanimité (budget européen et fiscalité). Mais en raison de leurs interdépendances, les États membres ont dû renforcer entre eux les disciplines et leur coordination. Si le budget de l'UE est un appui à la gouvernance des Vingt-Sept (1), les politiques budgétaires nationales ont conservé un rôle dominant dans le système budgétaire européen (2), où les politiques fiscales se rapprochent avec difficultés (3), tandis que l'UE et la zone euro se sont dotées de règles et d'institutions afin de coordonner leurs politiques économiques (4).

1. Le budget de l'UE

Le budget est l'outil principal d'appui à la gouvernance économique puisqu'il reflète les priorités politiques de l'UE. Il peut apporter une réelle valeur ajoutée économique en évitant les doublons, en permettant d'atteindre la masse critique propre au développement de certains projets et en ciblant des actions prioritaires transfrontières. Le budget de l'UE est limité puisqu'il représente 2,2 % des dépenses publiques des États membres, tout en étant plafonné à 1,23 % du RNB européen. Tous les sept ans, l'UE tient un débat relatif à ses priorités politiques et à leurs traductions budgétaires. Le *« cadre financier pluriannuel » (CFP)* 2014-2020 s'est achevé avec la pandémie de Covid-19. Elle a imposé un effort sans précédent et une approche novatrice dans le CFP 2021-2027 qui est accompagné d'un effort de relance spécifique dans le cadre de *« Next Generation EU » (NGEU)* et de la création de nouvelles recettes.

1.1. Les orientations privilégiées

Un budget est toujours au service d'un projet politique et économique. Tous les dix ans l'UE analyse quelle va être sa stratégie de croissance et met l'accent sur ses priorités. Sa préférence est allée historiquement vers un fédéralisme budgétaire minimaliste assez éloigné de ce qui se pratique dans les fédérations existantes. Le budget européen a été enserré dans toute une série de contraintes de nature à garantir une dépense maîtrisée et contrôlée par les États membres qui n'ont été en partie levées qu'avec NGEU.

1.1.1. Une stratégie de croissance de l'UE à moyen terme de plus en plus verte

C'est à partir de 2000 que l'UE a réfléchi pour la première fois à sa stratégie de croissance à dix ans à partir de l'identification de ses atouts mais aussi de ses retards. À l'époque, l'économie américaine prenait une sérieuse avance grâce à l'émergence de la *« nouvelle économie »* qui s'appuyait sur les technologies de l'information et de la communication. *« La stratégie de Lisbonne »* (2000-2010) misait sur l'économie de la connaissance et sur un équilibre très européen à définir entre l'économique, le social et l'environnemental. Elle a été suivie par *« Europe 2020 »* (2010-2020) qui a déplacé un peu le curseur de ce triptyque vers le développement durable. Cette orientation s'est affermie dans le *« Pacte vert »* de décembre 2019 qui donne pour mission à l'UE de relever les défis climatiques et environnementaux à horizon de 2030-2050 dans le cadre d'une société inclusive et d'une UE plus soucieuse d'affirmer sa souveraineté.

a) La stratégie de Lisbonne (2000-2010)

Avec la stratégie de Lisbonne, l'UE s'était fixée comme objectif de devenir, à l'échéance de 2010, *« l'économie de la connaissance la plus compétitive et la plus dynamique du monde, capable d'une croissance économique durable accompagnée d'une amélioration quantitative et qualitative de l'emploi et d'une plus grande cohésion sociale, dans le respect de l'environnement »*. La stratégie assignait un but à l'économie de l'UE et la plupart des politiques communes y faisaient référence. Elle se présentait comme le prototype même de la grande machinerie bureaucratique européenne avec des engagements qui s'appuyaient sur des indicateurs de suivi et une méthode afin de faire progresser les dossiers : la *« méthode ouverte de coordination »* (MOC). Beaucoup de domaines relevant de la compétence exclusive des États membres comme les politiques d'emploi, la MOC instituait une coopération entre eux afin qu'ils adoptent les meilleures pratiques. La Commission coordonnait les opérations, s'assurait de la diffusion de l'information et de la compatibilité de l'ensemble avec le marché unique.

Tous les leviers propres à impulser davantage de croissance étaient investis par la stratégie de Lisbonne. Cette croissance se voulait *« durable »* sans indicateurs de suivi dans ce domaine. Les trois axes privilégiés passaient par :

– la connaissance et l'innovation avec la volonté de porter à 3 % du PIB l'investissement en recherche et développement ;

– l'achèvement du marché intérieur afin d'offrir un espace attractif pour investir et travailler. Il s'agissait d'accélérer la transposition des directives permettant sa mise en place, notamment du marché intérieur des services, de réduire le niveau général des aides d'État et d'améliorer l'interopérabilité des réseaux de transport et d'énergie ;

– l'emploi avec le relèvement des taux d'emploi – très faibles dans l'UE par rapport aux États-Unis et au Japon à 62,7 % en 2000 tout particulièrement pour les femmes (53,7 %) et pour les plus de 55 ans (36,9 %) –, la réforme des systèmes de sécurité sociale afin de renforcer l'attrait financier du travail, la recherche de meilleures combinaisons entre flexibilité et sécurité, l'élévation du niveau général d'éducation et le développement de l'apprentissage tout au long de la vie.

Le bilan dressé pour l'année 2010 sur les principaux indicateurs montrait des progrès nets concernant les taux d'emploi des femmes et des plus de 55 ans. Mais l'UE restait en deçà de ses deux objectifs majeurs – 70 % de taux d'emploi pour l'ensemble de la population active et 3 % du PIB consacré à la recherche – avec un taux d'emploi à 68,6 % en 2010 et 2 % du PIB investis en R&D. La crise était passée par là. Les États membres s'étaient aussi insuffisamment approprié ces objectifs, peu soutenus par le budget européen.

b) Europe 2020 (2011-2020)

Europe 2020, soit la stratégie de l'UE *« pour une croissance intelligente, durable et inclusive »*, lui a succédé après son adoption par le Conseil européen du 17 juin 2010. Huit grands objectifs chiffrés orientaient l'action de l'UE sur la décennie avec des déclinaisons chiffrées pour chacun des États membres. Ils se situaient dans le prolongement de la stratégie de Lisbonne avec une inflexion plus marquée vers le développement durable et des objectifs éducatifs et sociaux explicites :

– porter à 75 % le taux d'emploi de la population ;

– investir 3 % du PIB dans la recherche-développement (R&D) ;

– réduire les émissions de gaz à effet de serre d'au moins 20 % par rapport aux niveaux de 1990, faire passer à 20 % la part des sources d'énergie renouvelable dans la consommation finale d'énergie et augmenter de 20 % l'efficacité énergétique ;

– améliorer les niveaux d'éducation en réduisant à 10 % le taux des décrocheurs et en obtenant qu'au moins 40 % des 30-34 ans soit diplômé de l'enseignement supérieur ;

– sortir au moins 20 millions de personnes de la pauvreté.

Cinq des huit objectifs de la stratégie Europe 2020 ont été atteints. Ce n'est pas le cas de ceux liés au taux d'emploi, à la lutte contre la pauvreté et à la recherche. L'objectif d'un taux d'emploi à 75 % a subi les effets de la crise de la Covid-19 apparue début 2020. Mais avec un taux d'emploi dans l'UE de 72,4 % en 2020, des progrès substantiels ont été réalisés. La distance est plus importante, par rapport aux ambitions affichées, pour l'objectif de réduction de la pauvreté (12 millions de personnes en moins) dans la mesure où la crise de la dette souveraine a provoqué une aggravation sensible en début de décennie et pour l'objectif de recherche-développement qui progresse très faiblement (2,2 %) par rapport à la stratégie de Lisbonne avec d'importantes disparités entre les États membres. L'UE continue à se laisser distancer pour les investissements en R&D.

c) Le Pacte vert pour l'Europe (2021-2030)

Le Pacte vert pour l'Europe, présenté par la Commission le 11 décembre 2019[1], est la nouvelle stratégie de recherche *« d'une croissance durable et inclusive »* à l'horizon 2030, approuvée par le Parlement et le Conseil européen. Pour orienter l'UE vers une stratégie de croissance sociale-écologique, quatre orientations sont privilégiées.

- La fixation d'un objectif climatique afin de caler les anticipations des acteurs et la planification de leurs projets d'investissement. La réduction des émissions de gaz à effet de serre doit être de 55 % en 2030, par rapport à leurs niveaux de 1990. Il s'agit de mettre l'Europe sur la bonne trajectoire qui rendra possible l'objectif de neutralité climatique du continent d'ici 2050. La Commission a proposé une batterie de mesures en 2021[2] afin d'atteindre cet objectif sur lesquelles elle a légiféré. Elles concernent le passage des voitures neuves à zéro émission d'ici 2035, une cible de 40 % d'énergies renouvelables pour 2030, la rénovation de 35 millions de bâtiments d'ici 2030, la taxe carbone aux frontières, etc. La Commission a recommandé, le 6 février 2024[3], d'accélérer cette transition verte. Elle propose de porter l'objectif de réduction des émissions de gaz à effet de serre à 90 % d'ici 2040, toujours par rapport aux niveaux de 1990, soit un objectif très proche de l'ambition finale. Cela suppose là aussi l'adoption d'une feuille de route qui décline tout une série de sous-objectifs pour les secteurs de l'énergie et des transports notamment.

- Devenir un acteur mondial de premier plan dans les domaines clés pour sa souveraineté technologique que sont la cybersécurité, l'intelligence artificielle et la 5G.

- Parachever l'Union économique et monétaire par le renforcement du rôle international de l'euro ainsi que l'achèvement de l'union bancaire et l'union des marchés des capitaux.

- Veiller à une transition équitable et inclusive, c'est-à-dire que les coûts induits ne soient pas supportés par tous ceux qui doivent consentir les efforts les plus soutenus – régions, industries et travailleurs. Un Fonds pour une transition juste a été créé pour les aider. Des objectifs ont également été assignés à l'UE afin de franchir de nouveaux paliers au niveau des taux d'emploi, des compétences et de la protection

1. Commission européenne, *Le pacte vert pour l'Europe*, COM 640 final, 11 décembre 2019. Commission européenne, *Stratégie annuelle 2020 pour une croissance durable*, COM 650 final, 17 décembre 2019.

2. https://ec.europa.eu/info/strategy/priorities-2019-2024/european-green-deal/delivering-european-green-deal_fr

3. European Commission, *Securing our future: Europe's 2040 climate target and path to climate neutrality by 2050 building a sustainable, just and prosperous society*, COM 63 final, 6-2-2024.

sociale au cours de cette décennie dans le cadre du Plan d'action sur le Socle européen des droits sociaux (voir Chapitre 5) :

– au moins 78 % de la population âgée de 20 à 64 ans devrait avoir un emploi d'ici à 2030 ;

– au moins 60 % des adultes devraient participer à des activités de formation chaque année ;

– le nombre de personnes menacées de pauvreté ou d'exclusion sociale devrait être réduit d'au moins 15 millions en 2030.

La nouvelle stratégie de croissance de l'UE vise à relever le défi climatique en préservant la cohésion sociale et en investissant dans la politique industrielle et l'achèvement de l'UEM. Deux difficultés ont été relevées : est-il possible de maintenir un objectif d'augmentation du PIB porteur de dégâts climatiques[4] ? n'y a-t-il pas une sous-estimation de la brutalité des chocs générés par la transition écologique et de la difficulté à la gérer sur le plan macroéconomique[5] ?

1.1.2. Un fédéralisme budgétaire minimaliste

La théorie du fédéralisme budgétaire tente d'affecter, à chaque domaine d'intervention (défense, éducation, transport, sécurité sociale, etc.), le niveau d'autorités responsables le plus efficace : fédéral, national, régional ou local. Chacune d'entre elles prélève ses impôts et fournit des biens publics. La concurrence entre ces autorités au sein d'une même fédération, au niveau de la pression fiscale et de la production de biens et de services publics, confrontée à la mobilité des consommateurs/contribuables/électeurs, permet d'ajuster au plus près la production de biens publics aux préférences qu'ils expriment.

a) La justification économique du fédéralisme budgétaire : les effets externes

Les politiques des États membres de l'UE, et *a fortiori* de la zone euro, ont de nombreuses interdépendances qui font que les objectifs de l'action envisagée *« ne peuvent pas être atteints de manière suffisante par les États membres (...), mais peuvent l'être mieux, en raison des dimensions ou des effets de l'action envisagée au niveau de l'Union »* (art. 5 du TUE). La théorie économique parle alors d'*« effet de débordement »* ou encore d'*« externalité »*. Il y a un effet externe au sein de l'Union chaque fois que les décisions d'un État ont des conséquences en termes de coût et de bien-être sur les autres États. Deux types d'effets externes peuvent être distingués :

---

4. E. Laurent, *Sortir de la croissance. Mode d'emploi*, Les Liens qui libèrent, 2021.

5. J. Pisani-Ferry, « Climate Policy is Macroeconomic Policy, and the Implications Will Be Significant », *Policy Brief 21-20,* Peterson Institute for International Economics, August 2021.

– *les effets externes positifs* où l'intérêt d'un État membre rejoint celui de l'Union. Les dépenses en matière de recherche et développement, d'infrastructures de transport, de télécommunication, d'environnement, effectuées par un État, contribuent au bien-être de sa population, mais aussi à celui des habitants de toute l'UE. Les autoroutes françaises ont ainsi une dimension européenne. Au niveau de l'Union, le Plan Juncker d'investissement de 2014 (Encadré 1) s'inscrit dans la lignée des plans néokeynésiens de soutien à la reprise et à la création d'emplois, créateurs d'externalités positives ;

– *les effets externes négatifs* où les décisions ou les problèmes rencontrés au niveau d'un État signifient des coûts et une nuisance pour d'autres. Les émissions de gaz à effets de serre, les réseaux criminels et mafieux, une pandémie, la concurrence fiscale, une dette publique mal maîtrisée sont des cas d'externalité négative.

Encadré 1

Le Plan Juncker

Pour répondre à la chute de l'investissement en Europe, le président de la Commission, Jean-Claude Juncker, avait lancé le 26 novembre 2014 un « Plan d'investissement pour l'Europe ». Il n'est pas sans présenter des similitudes avec « L'initiative européenne de croissance » , lancée par Jacques Delors en 1992. Il visait à mobiliser 315 milliards d'euros d'investissements supplémentaires publics et privés sur trois ans (de mi-2015 à la mi-2018), afin de stimuler la croissance économique et la création d'emplois. Il devrait être prolongé jusqu'au 31 décembre 2020 pour génèrer au total près de 500 milliards d'euros d'investissement.

La Banque européenne d'investissement (BEI) en assurait le portage par le biais de son Fonds européen pour les investissements stratégiques (EFSI), spécialement créé, le 25 juin 2015, afin d'opérer l'appariement entre les projets retenus et les financements. Les PME et les entreprises de taille intermédiaire innovantes étaient particulièrement ciblées. L'objectif était aussi que le capital-risque prenne le relais des financements bancaires en retraits pour développer les projets d'infrastructures et de recherche-développement.

Au-delà du montage financier, ce plan est intéressant sur le plan budgétaire. Il permet la mise en place d'une politique de soutien à l'activité qui implique les pays disposant de larges de manœuvre budgétaires, puisque les investissements faits dans ce cadre bénéficient des flexibilités prévues par le Pacte de stabilité et de croissance. Mais il ne met pas en péril les efforts d'assainissement des finances publiques des pays qui sont en difficulté. Il doit ainsi permettre de faire jouer des effets externes positifs propres à l'investissement et aux dépenses d'infrastructures et dont le « New Deal » du président Roosevelt aux États-Unis a été historiquement l'archétype.

Un courant néokeynésien a toujours vu dans l'UE la possibilité d'ouvrir de nouveaux horizons aux politiques de relance de la demande. Elles ne peuvent pas passer par l'intermédiaire du budget européen, soumis à une contrainte d'équilibre mais les États ont la possibilité d'y contribuer à titre individuel. L'incitation faite à la BEI, de prendre plus de risque qu'à l'accoutumé et de mobiliser les investissements privés, contourne la contrainte d'équilibre budgétaire. Le niveau européen permet de retrouver l'efficacité que la relance keynésienne a perdue au niveau national. Dans un ensemble intégré sur le plan des échanges, moins ouvert sur le reste du monde qu'un de ses pays membres pris isolément, et pleinement inséré dans le marché mondial des capitaux, l'effet multiplicateur est important. Avec ce plan, l'UE renoue avec l'Europe des projets.

L'existence d'externalités plaide pour une coordination ou pour une intervention supranationale. En effet, une décision optimale sur le plan national est sous-optimale sur le plan communautaire dès lors qu'il y a des effets de débordement entre États membres : les coûts et les avantages *nationaux* sur lesquels se fonde un État pour prendre ses décisions ne sont plus équivalents aux coûts et aux avantages *communautaires*. Or, un État maximise l'avantage national et non pas l'avantage communautaire. En conséquence, du point de vue de l'ensemble de l'Union, la production décidée par les seuls États sera insuffisante dans le cas d'effets externes positifs (l'État n'intégrera pas dans son calcul les bénéfices qui en résulteront pour les autres) et trop importante dans le cas d'effets externes négatifs (l'État n'intégrera pas les coûts subis par les autres). Le niveau d'intervention le plus efficace dans un domaine porteur d'externalités n'est plus la nation mais le niveau supranational, coordination intergouvernementale ou budget communautaire, ce qui est l'essence même du principe de subsidiarité.

b) Les budgets des fédérations : comparaison internationale

Le fédéralisme autorise des combinaisons diversifiées entre la prise de décision au niveau des autorités centrales et des autorités locales. L'allocation la plus efficace des ressources passe par un principe d'affectation simple : est privilégié *« le niveau de gouvernement le plus décentralisé capable d'internaliser toutes les externalités économiques »*[6], ce qui renvoie au principe de subsidiarité. Les fonctions sont affectées à l'échelon le plus bas, sauf si les externalités en jeu justifient leur prise en charge au niveau supérieur.

L'examen dans deux pays à structure fédérale – les États-Unis et l'Allemagne – du mode de prise en charge des grandes fonctions budgétaires qui donnent lieu à la fourniture de biens publics, comme l'éducation, la santé, le maintien de l'ordre, permet de dégager quelques constantes par rapport à ce qui se passe dans deux pays centralisateurs – la France et l'Italie – (Tableau 1) :

6. R. P. Inman, D. L. Rubinfeld, « Rethinking Federalism », *Journal of Economic Perspectives*, vol. 11, Number 4, 1997, p. 45.

– les postes *« environnement »*, *« loisirs, culture et religions »*, *« logement et équipement »* sont très décentralisés hormis l'exception italienne, de loin le pays le plus centralisateur, et une nuance sur le logement pour les États-Unis qui répartissent assez équitablement les efforts entre niveau central et niveau local ;

– les postes *« éducation »* et *« maintien de l'ordre »* relèvent d'une prise en charge très locale dans les pays à structure fédérale et d'une prise en charge par le gouvernement central dans les pays centralisés. Ce sont les vrais marqueurs de l'opposition entre les deux modes d'organisation des structures étatiques. La prise en charge locale de ces postes dans les fédérations permet de s'ajuster au plus près aux diversités des préférences ;

– les *« affaires économiques »* et la *« santé »* sont plutôt assez centralisées mais la part dévolue à une prise en charge au niveau local peut parfois s'avérer relativement substantielle ;

– la *« protection sociale »* et la *« défense »* sont du ressort quasi exclusif du budget central. Si ce résultat pouvait être attendu pour la défense, qui est le seul poste à relever unanimement à 100 % de l'autorité centrale, l'interprétation est plus complexe pour la protection sociale. Les avantages de la centralisation apparaissent ici dans la recherche de l'équité obtenue par la répartition sur une base plus large de la solidarité.

Tableau 1

Dépenses assurées par le gouvernement central (yc la sécurité sociale)
En pourcentage des postes budgétaires, 2021

	États-Unis	Allemagne	France	Italie
Environnement	0	20,0	17,0	10,5
Loisirs, culture et religions	12,1	12,0	31,5	75,1
Logement et équipement	48,5	11,3	29,8	72,3
Éducation	7,9	9,8	72,9	84,7
Maintien de l'ordre	18,9	12,5	80,2	88,3
Affaires économiques	63,2	64,0	73,4	97,6
Santé	57,2	100	92,1	68,1
Protection sociale	93,1	98,9	95,3	92,5
Défense	100	100	100	100

Source : Nos calculs à partir du FMI, *Government Finance Statistics*.

Dans les fédérations existantes, les mécanismes de sécurité sociale constituent les principaux transferts interétatiques ou interrégionaux. En dehors d'eux, il y a peu d'instruments de stabilisation pour soutenir un État, une région autonome ou un *Land* atteint par une crise sectorielle ou un choc spécifique. La faiblesse ou la contraction de leur base d'imposition est compensée par les ressources reçues des autres entités plus prospères (minima sociaux, allocations chômage, subventions, etc.). La stabilisation s'opère grâce aux flux financiers qui transitent par les systèmes fiscaux et les systèmes de sécurité sociale au niveau des budgets centraux. Cette redistribution favorise la convergence entre les États au sein d'une même fédération. C'est le principal mécanisme assurantiel qui rend viables des écarts de développement trop accusés et qui permet aussi une mobilité du travail sans heurts d'un État à un autre : un citoyen américain percevra toujours *Medicaid* et *Medicare* – les deux prestations les plus emblématiques – où qu'il aille aux États-Unis.

1.1.3. Les contraintes imposées au budget de l'UE

Au regard d'un budget d'État classique qui remplit les fonctions d'allocation des ressources, de redistribution et de stabilisation économique, depuis la classification posée par Musgrave[7], le budget de l'UE a toujours rempli les deux premières mais n'a véritablement intégré la fonction de stabilisation qu'avec la programmation 2021-2027 pour absorber le choc économique imputable à la pandémie de Covid-19. Le budget est soumis à plusieurs contraintes destinées à éviter tout dérapage de ses dépenses et à le placer dans un rapport de subordination par rapport aux États membres.

- Le budget repose sur une *rupture institutionnelle* qui ne permet pas d'optimiser la responsabilité et le contrôle démocratique. Le Parlement européen et le Conseil votent chaque année les dépenses mais pas les recettes, tandis que les Parlements nationaux votent plus de 80 % des ressources qui alimentent ce budget européen, sans pouvoir exercer un contrôle sur les dépenses. Le budget n'a aucune autonomie financière tant que l'UE ne lève pas ses propres impôts, contrairement aux États fédéraux qui collectent et répartissent les ressources fiscales. Elle est dans une situation de dépendance à l'égard des transferts venant des États membres.

- Le budget fait l'objet d'une *programmation financière par catégorie de dépenses sur plusieurs années* : cinq ans à l'origine, sept ans depuis 1993 afin de rendre les financements très prévisibles et d'éviter que les pays soient en permanence en mode négociation. Avant de réaliser une programmation, l'UE tient un débat relatif à ses priorités politiques et à leurs répercussions budgétaires. Le *« paquet Delors I »*, arrêté pour les années 1988-1992, était orienté vers l'achèvement du

7. Richard Musgrave, *The Theory of Public Finance*, McGraw-Hill, 1959.

marché unique. Il a été suivi du *« paquet Delors II »* pour la période 1993-1999, centré sur le rattrapage des économies des pays du Sud et de l'Irlande afin de préparer l'UEM. L'*« Agenda 2000 »* a organisé le financement de l'Union de 2000 à 2006 dans la perspective de l'élargissement. Les *« perspectives financières 2007-2013 »* faisaient de la relance de la croissance la priorité budgétaire. Le *« cadre financier pluriannuel 2014-2020 »* se donnait pour objectif de faire sortir l'Europe de la crise financière. Le *« cadre financier pluriannuel 2021-2027 »*, renforcé par Next Generation EU (NGEU), veut être le moteur de la relance européenne à la suite de la crise sanitaire. La durée actuelle de sept ans ne correspond pas à la durée des mandats du Parlement européen et de la Commission – ce qui ne favorise pas le débat démocratique sur les priorités en matière de dépenses. La spécialisation des dépenses par rubrique ne permet pas de redéployer les fonds. Les finances de l'UE manquent de flexibilité pour faire face à des circonstances particulières. Du coup, le hors budget s'est beaucoup développé. Des mécanismes financiers, des fonds et des banques apportent la souplesse et l'adaptation nécessaire par rapport à des objectifs bien définis : Fonds européen de développement, Banque européenne d'investissement, Mécanisme européen de stabilité, Fonds structurels et d'investissement européens, etc.

- Le budget était dénué, jusqu'en 2021, de toute *fonction stabilisatrice sur le cycle d'activité*. Il doit satisfaire à une règle d'équilibre entre ses recettes et ses dépenses (art. 310 du TFUE) : pour éviter tout déficit, les recettes s'ajustent automatiquement aux dépenses. Jusqu'à l'arrivée de NGEU – l'instrument budgétaire développé parallèlement au CFP 2021-2027 pour faire face à la situation économique et sociale exceptionnelle imputable à la pandémie de Covid-19 –, la Commission européenne pouvait juste emprunter pour prêter, pas pour subventionner. Sans possibilité de recourir au déficit budgétaire, ni à des emprunts massifs pour stabiliser l'économie européenne en cas de récession, le budget européen accompagnait le cycle économique : le budget était procyclique et non contracyclique. En 2009-2010, il n'a ainsi contribué qu'à hauteur de 5 milliards d'euros au plan de relance européen anticrise, un montant très modeste au regard des 170 milliards engagés dans les plans de relance mis en œuvre dans les différents États membres et des 25 milliards de prêts de la BEI. Dans les fédérations existantes, et notamment aux États-Unis, la situation est inverse. Les budgets des États fédérés doivent le plus souvent satisfaire à des règles budgétaires interdisant les déficits, contrairement au budget fédéral auquel est dévolue la fonction de stabilisation. Il a fallu attendre NGEU, pour que la Commission soit autorisée à emprunter 750 milliards d'euros au nom de l'UE sur le marché des capitaux avant de prêter ces fonds (360 milliards) mais aussi de subventionner les plans nationaux (390 milliards). NGEU s'inscrit dans les instruments hors budget. Ce *« pouvoir d'emprunter conféré à la*

Commission est clairement limité en termes de volume, de durée et de portée »[8]. Il est prévu une date de fin, à cette nouvelle activité d'emprunt, fixée au 31 décembre 2026, tandis que le remboursement est programmé jusqu'à la fin de l'année 2058. En ouvrant cette possibilité d'emprunt massif pour subventionner et de constitution d'une dette commune conséquente, le budget européen change de nature et intègre la fonction de stabilisation de l'économie de l'UE vis-à-vis de *« circonstances temporaires mais extrêmes »*.

• Le budget est *plafonné à 1,23 % du revenu national brut (RNB)*[9]. La modestie du budget communautaire constitue l'une des spécificités de l'UE par rapport aux fédérations existantes où le budget central représente entre 20 et 30 % du PIB (États-Unis, Allemagne, Canada, Suisse). Le budget 2023, d'un montant de 183 milliards d'euros en crédits d'engagements[10] et 169 en crédits de paiements, représente environ 1,1 % du PIB de l'UE et 2,3 % des dépenses publiques des États membres.

1.2. Les dépenses

Un large débat sur la nécessité de réorienter les dépenses du budget européen a été initié par le rapport Sapir de 2003. Il alimente depuis sa transformation très progressive : elle était déjà perceptible dans le cadre financier 2007-2013 et se prolonge lors des CFP 2014-2020 et 2021-2027. Cette évolution se fait avec mesure, sans la volonté de rupture présente dans le rapport Sapir.

1.2.1. Le rapport Sapir[11] *et la réorientation de fond du budget européen*

Le rapport Sapir sur la croissance en Europe, publié en 2003, a été rédigé à la demande du président de la Commission, Romano Prodi, qui avait souhaité *« aucun tabou »* dans ses analyses et ses prescriptions. Le rapport part du constat que si, dans les années soixante, les pays de

8. Conseil européen, *Conclusions*, Bruxelles, 21 juillet 2020, p. 3.

9. Le RNB SEC 95 a remplacé le PNB SEC 79 depuis 2002. Le RNB représente l'ensemble des revenus primaires reçus par les unités institutionnelles résidentes. Il est égal au PIB diminué des revenus primaires versés par les unités résidentes à des unités non-résidentes et augmenté des revenus primaires reçus du reste du monde par des unités résidentes. Il est conceptuellement identique au PNB au prix du marché.

10. Ces crédits engagent l'UE à affecter des moyens à des projets, contrats, lignes de dépenses au cours de l'année d'engagement ou plus tard. Ils sont opposés aux crédits de paiements qui représentent les décaissements effectifs au cours d'une année donnée, y compris pour des engagements budgétés au cours des années précédentes.

11. A. Sapir, P. Aghion, G. Bertola, M. Hellwig, J. Pisani-Ferry, D. Rosati, J. Vinals et H. Wallace (dit rapport Sapir), *An Agenda for a Growing Europe*, Office des publications officielles des Communautés européennes, Luxembourg, juillet 2003.

l'UE connaissaient un taux de croissance plus élevé qu'aux États-Unis, depuis les années quatre-vingt-dix, la comparaison s'est totalement inversée. Le niveau du PIB par tête dans l'UE se situe à 70 % du niveau américain depuis plus d'une dizaine d'années. Ses propositions de réorientation du budget européen, afin de le rendre plus favorable à la croissance, ont suscité un vaste débat.

De manière un peu provocatrice, le rapport présente le budget européen comme *« une relique historique »* à partir de quatre constats :

– la moitié de ses dépenses soutient l'agriculture, analysée comme une politique du passé, alors que très peu servent à produire des biens publics européens, en matière notamment d'enseignement supérieur, d'innovation et de recherche, qui seraient générateurs d'un surcroît de croissance économique pour l'ensemble de la communauté ;

– l'effort consenti en matière de convergence des économies est dispersé entre les pays de l'Union, voire entre les régions, tandis que les projets font l'objet d'un saupoudrage, qui empêche là aussi la dépense publique d'être efficace ;

– 90 % du budget est financé par des contributions nationales dépendantes des Trésors nationaux ;

– la procédure d'adoption des perspectives financières est pervertie par d'étroits calculs d'intérêt national et la règle de l'unanimité qui fait plus du budget européen le résultat d'un marchandage qu'un instrument financier au service des objectifs que se donne l'UE.

Face à ce diagnostic sévère, le rapport propose de réduire le poids des contributions nationales au profit d'une ressource fiscale ayant une assiette européenne et de privilégier la règle de la majorité qualifiée dans la procédure d'adoption du budget. Mais la proposition sans doute la plus radicale consiste, à partir d'une réduction drastique des fonds alloués à l'agriculture et à la politique régionale, à redéployer les dépenses du budget européen dans trois nouveaux Fonds :

– un *Fonds pour la croissance économique* spécialisé sur les objectifs de Lisbonne, recherche-développement, innovation, éducation, formation professionnelle et infrastructures (45 % du budget) ;

– un *Fonds pour la convergence* destiné aux seuls pays, et non plus aux régions, afin qu'ils améliorent leur capacité administrative et développent l'investissement en capital humain et physique (35 % du budget) ;

– un *Fonds pour la restructuration* qui faciliterait le processus de réallocation des ressources dans le secteur agricole et qui soutiendrait la mobilité des travailleurs ayant perdu leur emploi (20 % du budget).

Ces propositions ont suscité de vives critiques, y compris des commissaires européens, dans la mesure où elles conduisaient une renationalisation de la politique agricole et de la politique régionale, puisque la politique de convergence se spécialiserait exclusivement sur le rattrapage des pays en retard de développement. Il leur a été reproché un *« biais macroéconomique »* : le budget européen était reconfiguré uniquement à l'aune de théories économiques – en particulier celle de la croissance endogène – sans se soucier des coûts induits, de la transition et de leur caractère peu opérationnel sur le plan institutionnel. Le rapport Sapir a néanmoins alimenté la réflexion de fond sur le redéploiement du budget européen.

Graphique 1

Évolution des principales politiques dans le budget de l'UE

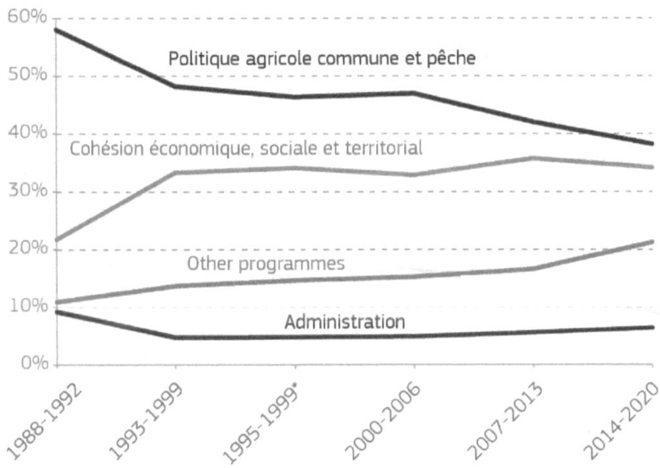

Source : Commission européenne.

La structure de ce budget évolue mais avec lenteur sans la volonté de rupture présente dans le rapport Sapir. Le budget européen ressemble à un lourd navire où les changements de cap se font très progressivement. À la suite des trois programmations qui ont jalonné les années 2000 à 2020, des déplacements ont fini par se produire (Graphique 1) : moins pour la politique agricole commune et la pêche qui ont perdu 8 points, davantage de moyens pour la recherche et la compétitivité qui gagnent eux ces 8 points. Mais les *« Ressources naturelles »* demeurent la première politique de l'UE sur la programmation 2014-2020 avec 420 milliards d'euros mobilisés sur ces sept ans – soit 39 % du budget sur l'ensemble de la période – devant la *« Cohésion économique, sociale et territoriale »*, à laquelle ont été imputés 371 milliards d'euros et 34 % des financements. Suivent la *« Compétitivité pour la croissance et l'emploi »* avec 142 milliards d'euros et 13 % du budget, *« l'Administration »* (69 milliards) et *« l'Europe dans le monde »* (66 milliards) à 6 %, tandis que *« Sécurité et citoyenneté »* clôt ce classement avec 18 milliards et 2 % du budget sur ces sept ans.

1.2.2. Le cadre financier pluriannuel (CFP) 2021-2027 couplé à Next Generation EU (NGEU)

Avant l'apparition de la crise sanitaire, la Commission travaillait sur un projet de CFP 2021-2027 susceptible de mieux prendre en compte des défis auxquels l'UE est confrontée : la lutte contre le changement climatique, les retards en matière de numérique, l'insuffisance de la recherche, la gestion des migrations, la défense et l'action extérieure. Elle revendiquait un niveau global du budget européen permettant des investissements de nature à affronter ces priorités. Avec la crise sanitaire, l'amortissement de ce choc violent est devenu aussi une priorité. Le passage à une nouvelle programmation budgétaire à la fin 2020 facilitait un redéploiement de plus grande ampleur. Au CFP classique est venu s'ajouter un effort de relance extraordinaire dans le cadre de Next Generation EU (NGEU). Le budget a été mobilisé pour devenir le moteur de la reprise mais à travers une facilité autonome par rapport au CFP.

a) Le CFP classique

Dans le cadre du CFP, ce sont 1 074 milliards d'euros de crédits d'engagement (prix de 2018), c'est-à-dire d'autorisation de dépenses échelonnées sur plusieurs exercices, qui sont budgétés sur sept ans, soit 1 % de la richesse produite. À titre de comparaison, le budget fédéral américain représente environ 21 % du PIB. Ces crédits sont quasiment stables par rapport aux perspectives financières 2014-2020, où les crédits d'engagement se sont élevés à 1 087 milliards d'euros (prix de 2018). Le bras de fer budgétaire traditionnel entre le Parlement européen, qui réclamait, au départ, une augmentation de 5 % des ressources affectées au CFP, et le Conseil européen, qui soutenait que le CFP devait contribuer à l'effort d'assainissement budgétaire, s'est conclu par l'adoption, le 17 novembre 2020, d'un CFP augmenté de 11 milliards d'euros par rapport aux propositions initiales défendues par le Conseil[12]. Sept rubriques structurent les dépenses (Tableau 2).

- La rubrique 1 – Marché unique, innovation et numérique – englobe les projets d'avenir grands bénéficiaires du redéploiement budgétaire engagé depuis le rapport Sapir. Y figurent les dépenses pour la recherche et le développement (Horizon Europe, le Fonds InvestEU – l'instrument de soutien à l'investissement), le Mécanisme pour l'interconnexion en Europe (MIE) des réseaux de transport, d'énergie et des

12. Conseil de l'UE, *Règlement du Conseil fixant le cadre financier pluriannuel pour les années 2021 à 2027*, Bruxelles, le 17 novembre 2020. L'augmentation a porté dans la rubrique 1 sur les programmes Horizon Europe (3 milliards), le Fonds InvestEU (1 milliard), dans la rubrique 2 sur les programmes de l'UE pour la santé (2,9 milliards), Erasmus+ (1,7 milliard), Europe créative (0,6 milliard), Droits et valeurs (0,8 milliard) et dans la rubrique 4 sur le Fonds pour la gestion intégrée des frontières (1 milliard). Les plafonds annuels, présentés par le Conseil, n'ont pas intégré ces modifications.

technologies numériques, les trois projets à grande échelle – Galileo[13], ITER[14] et Copernicus[15] –, le programme pour une Europe numérique (calcul à haute performance, intelligence artificielle et cybersécurité).

- La rubrique 2 – Cohésion, résilience et valeurs – se ventile en deux sous-rubriques :

– La rubrique 2a, sur la *Cohésion économique, sociale et territoriale*, soutient des actions qui visent à réduire les disparités de développement entre régions et pays de l'UE et des groupes de population spécifiques. Le Fonds de cohésion, le Fonds européen de développement régional (FEDER) et le Fonds social européen+ (FSE+) sont financés sur cette ligne. Des aides ciblent les populations les plus fragiles à travers l'initiative pour l'emploi des jeunes et le Fonds européen d'aide aux plus démunis. C'est également derrière cette rubrique qu'émarge Erasmus+ qui soutient la mobilité des étudiants, des enseignants et des apprentis.

– La rubrique 2b, *Résilience et valeurs*, réunit les enveloppes financières à destination du programme santé de l'UE, d'Eurojust – l'agence européenne chargée de la coopération judiciaire entre les États membres –, du Parquet européen et de l'Office européen de lutte antifraude (l'OLAF).

- La rubrique 3 – Ressources naturelles et environnement – rassemble les dépenses relatives à la protection de l'environnement et de la biodiversité, aux secteurs de la pêche et de l'agriculture. La politique agricole commune (PAC) repose toujours sur deux piliers : le soutien aux producteurs et le développement rural. Ce second pilier doit organiser davantage ses interventions en lien avec l'environnement et le climat et favoriser la diversification économique dans les zones rurales.

- La rubrique 4 – Migration et gestion des frontières – a été autonomisée par rapport au CFP précédent afin d'avoir une bonne lecture de toutes les mesures qui concernent la gestion des frontières extérieures, des migrations et de l'asile. Y figurent les dotations au Fonds asile et migration (FAMI) et à un nouveau Fonds chargé de mieux garantir la sécurité intérieure et la libre circulation des personnes et des biens au sein de l'UE : le Fonds pour la gestion intégrée des frontières (FGIF).

- La rubrique 5 – Sécurité et défense – constitue également une nouvelle ligne budgétaire qui vise à traiter en commun les menaces liées à l'évolution de la situation géopolitique, au terrorisme, à la radicalisation, à la cybercriminalité et à la traite des êtres humains. Deux

13. Système de positionnement par satellite.

14. Réacteur thermonucléaire expérimental international.

15. Programme européen de surveillance de la Terre auparavant nommé GMES pour *Global Monitoring for Environment and Security*.

nouveaux Fonds ont été là aussi mis en place : le Fonds pour la sécurité intérieure développera les programmes mis en œuvre dans ce cadre, tandis que le Fonds européen de la défense (FED) réunira des actions de coopération des industries de défense.

• La rubrique 6 – Le voisinage et le monde – finance l'action extérieure de l'UE et l'aide aux pays qui se préparent à adhérer. Le Fonds européen de développement, qui était jusqu'alors le principal outil de financement en direction des pays d'Afrique, des Caraïbes et du Pacifique (ACP) mais était financé hors budget, est intégré dans cette rubrique. Il est fusionné avec tous les instruments existants dans un Instrument de voisinage, de coopération au développement et de coopération internationale (IVCDCI) dont les actions sont soumises à des règles de conditionnalité et liées au respect de l'accord de Paris sur le climat et à la politique européenne concernant les migrations. Seuls demeurent l'instrument l'aide humanitaire, l'instrument d'aide de préadhésion (IA-PIII) et la Facilité européenne pour la paix.

Tableau 2

Le cadre financier pluriannuel 2021-2027

En pourcentage et en montant (milliards d'euros aux prix de 2018)

	2021	2022	2023	2024	2025	2026	2027
1. Marché unique, innovation et numérique	12,8	12,8	12,5	12,2	12,1	12,1	11,9
2. Cohésion, résilience et valeurs	32,3	33,3	34,1	35,3	36,1	37,0	37,9
2a. Cohésion économique, sociale et territoriale	*29,5*	*30,0*	*30,4*	*30,8*	*31,2*	*31,5*	*31,6*
2b. Résilience et valeurs	*2,8*	*3,3*	*3,7*	*4,5*	*4,8*	*5,5*	*6,3*
3. Ressources naturelles et environnement	35,9	34,1	33,7	33,1	32,5	31,9	31,0
Dont : dépenses liées au marché et paiements directs	*25,0*	*24,9*	*24,6*	*24,2*	*23,8*	*23,3*	*22,7*
4. Migration et gestion des frontières	1,5	1,8	2,1	2,1	2,4	2,4	2,4
5. Sécurité et défense	1,1	1,1	1,1	1,1	1,3	1,3	1,5
6. Le voisinage et le monde	9,9	10,1	9,7	9,2	8,7	8,2	8,3
7. Administration publique européenne	6,5	6,7	6,7	6,8	6,9	6,9	7,0
Total crédits d'engagement (mds)	154	153	153	153	153	155	155
Total crédits de paiement (mds)	156	155	150	150	150	150	150

Source : Conseil européen.

- La rubrique 7 – Administration publique européenne – comprend les dépenses relatives à toutes les institutions, les organes et les agences de l'UE ainsi que leurs administrations, les frais des écoles européennes et les retraites.

Les deux lignes budgétaires qui apparaissent dans ce CFP – Migration et gestion des frontières et Sécurité et défense – marquent toutes les deux l'affirmation nouvelle d'une souveraineté européenne sur les domaines stratégiques que sont la gestion de la frontière extérieure et la construction d'une réponse commune face aux menaces auxquelles l'UE est confrontée. Le budget européen se rapproche un peu de celui d'un pays standard avec ses frontières, sa défense et son rapport au reste du monde même si ces trois lignes dépassent à peine 12 % du budget.

b) NGEU : les innovations budgétaires de la relance après la pandémie de Covid-19

Le CFP est renforcé par un plan de relance NGEU de 750 milliards d'euros (cinq budgets annuels supplémentaires). Il est financé d'une manière inédite puisque la Commission est autorisée à lever des fonds sur les marchés des capitaux au nom de l'UE (Schéma 1). C'est le caractère exceptionnel et la symétrie du choc imputable à la Covid-19 qui a incité les États membres à franchir de manière temporaire ce pas dans la solidarité budgétaire. S'il est précisé que ce pouvoir d'emprunter, conféré à la Commission, est limité en termes de volume et de durée, ce plan engage les Vingt-Sept dans une dette commune remboursable jusqu'en 2058. La durée de l'emprunt et son niveau – l'encours de la dette est multiplié par 15 – font changer le budget de dimension. Le remboursement de la dette mutualisée a obligé l'Union à programmer la mise en place de nouvelles ressources propres.

Les fonds de NGEU se ventilent entre des prêts – à hauteur de 360 milliards d'euros – et des subventions – à hauteur de 390 milliards d'euros. La totalité des prêts et 80 % des subventions (312 milliards) sont affectés à la Facilité pour la reprise et la résilience (FRR). La résilience, dans la conception de la Commission, *« fait référence à la capacité de résister et de répondre aux chocs et aux défis et de se rétablir rapidement d'une manière équitable, durable et inclusive »*[16]. En ligne avec les priorités politiques de l'Union, il est fait obligation de flécher les investissements vers la transition écologique (37 % des fonds) et vers le numérique (20 %). Mais la conditionnalité ne se résume pas à ces deux axes. Les pays doivent notamment respecter l'État de droit et l'indépendance de la Justice. Les versements à la Hongrie ont été, par exemple, bloqués à ce titre.

16. European Commission, *Guidance to member stats recovery and resilience plans*, Brussels, SWD 205 final, 17 September 2020, p. 4.

Schéma 1

NGEU : 750 milliards d'euros pour la relance

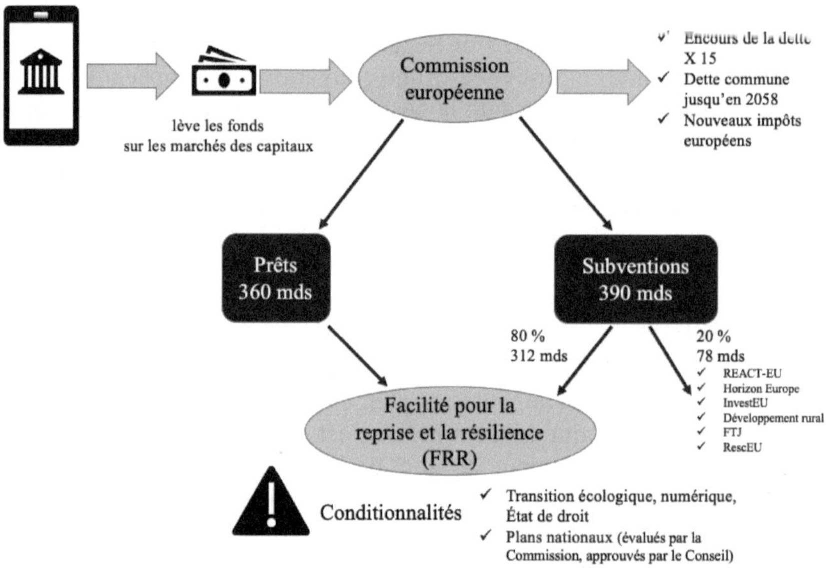

Pour recevoir un soutien financier dans le cadre de la FRR, les États membres élaborent des plans nationaux pour la reprise et la résilience (PNRR) qui détaillent leur programme de réforme et d'investissement pour les années 2021-2023. Ces plans sont rédigés avec le souci de répondre aux défis propres à chaque État membre et d'améliorer sa capacité d'ajustement. Ils font l'objet d'une évaluation par la Commission et d'une approbation par le Conseil statuant à la majorité qualifiée. Les versements s'opèrent par tranches. Les PNRR ont tous été adoptés en 2021-2022. Les fonds seront versés jusqu'en 2026[17]. Les financements au titre de NGEU ont été abondés par les subventions versées au titre d'un autre plan de relance, RePowerEU, mis en place par la Commission en mai 2022, pour soutenir les États membres dans leurs efforts de réduction de leur dépendance aux combustibles fossiles russes (économie sur la consommation, prix plafond sur le gaz et le pétrole, investissements supplémentaires dans les énergies renouvelables, diversification des sources d'approvisionnement).

Les 20 % de subventions restants (78 milliards) viennent abonder différents dispositifs européens qui avaient été sous-dotés dans le CFP

17. Pour faire le point sur les plans de relance par pays, voir les montants, les calendriers et les priorités : https://www.robert-schuman.eu/plan-de-relance-europeen

du fait de la perte de ressources imputable au Brexit : la politique de cohésion (REACT-EU), la recherche (Horizon Europe), le Fonds d'investissement (InvestEU), le développement rural, le Fonds pour une transition juste (FTJ) et le mécanisme de protection civile de l'UE (RescEU).

La clé de répartition de la FRR est déterminée afin que les pays les plus fragilisés par la pandémie de Covid-19 soient les mieux dotés. Les indicateurs mis en avant pour 2021 et 2022 dans le calcul des soutiens concernent la population, le revenu par tête et les évolutions antérieures du chômage. En 2023, la perte de PIB réel observée sur les années 2020 et 2021 s'y est substituée. Les pays du Sud (Graphique 2) sont les principaux bénéficiaires des subventions car les plus affectés par les difficultés du secteur du tourisme et un haut niveau de chômage. Ils figurent aussi parmi les plus impactés par les crises précédentes. Leur haut niveau d'endettement ne leur permettait pas de disposer de marges de manœuvre pour relancer leur économie. L'importance des subventions versées pose inévitablement des questions en termes de sélection des projets et de capacité d'absorption. Les autres États sont naturellement très regardants sur la mise en œuvre par les pays récipiendaires de vraies réformes de nature à améliorer leur capacité d'ajustement et à promouvoir une croissance durable.

Graphique 2

Répartition des subventions de la FRR entre les États membres

En milliards d'euros

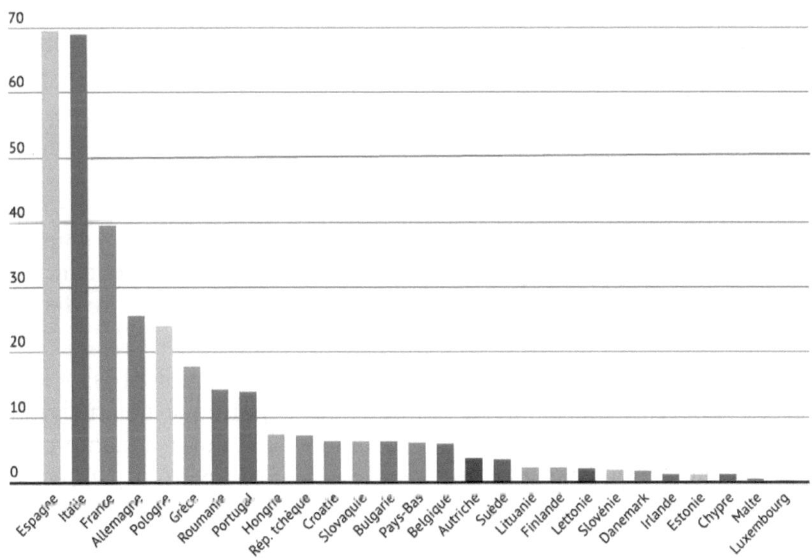

Source : Commission européenne.

Avec NGEU, l'UE a inventé un mécanisme budgétaire joint au budget classique qui est un pas important vers un changement de dimension du budget européen. Cette facilité budgétaire est la traduction aménagée d'une idée qui circulait depuis 2013 : la création d'un *« Instrument de convergence et de compétitivité »* qui inciterait aux réformes. NGEU est très redistributif entre les États membres afin d'éviter une fragmentation économique de l'UE et évolue vers une vraie union de transferts budgétaires car il laisse une place importante aux subventions. Il atténue le risque de divergences économiques entre des pays frappés très inégalement par la crise en fonction de la structure de leurs économies. Il établit une connexion avec les plans de relance des budgets nationaux qu'il coordonne et qu'il alimente en fonds et se présente à ce titre comme un budget fédéral. Il oriente la transition de l'économie européenne et notamment de l'industrie en direction de l'écologie et du numérique. Il constitue un puissant outil incitatif à la mise en œuvre de réformes structurelles, souvent en souffrance dans les États membres. Il crée une importante dette commune en euros sur un horizon proche des 40 ans. Cette dette oblige à voir aboutir la réforme du système des ressources propres.

1.3. Les recettes

Le financement du budget de l'UE est, pour reprendre les termes de la Commission, *« une combinaison opaque et extrêmement complexe de contributions provenant des budgets nationaux, de corrections et de rabais »*[18]. Cette situation est imputable à la perte d'autonomie des ressources propres et à la focalisation du débat entre les États membres sur les questions des *« soldes nets »* et du *« juste retour »*. Afin de dépasser cette problématique, la Commission et le Parlement européen militent, de manière récurrente, pour une réforme du financement de l'UE à partir de la mise en place de véritables ressources propres.

1.3.1. Les ressources propres

Au niveau des recettes, il faut dissocier les prélèvements directs, qui présentent un lien avec les politiques de l'UE, des contributions nationales qui mettent le budget européen en situation de dépendance à l'égard des États membres. Cinq types de recettes peuvent être distingués :

- Les droits de douane et la cotisation sucre constituent les *« ressources propres traditionnelles »* issues de la politique commerciale commune mise en place avec la réalisation de l'union douanière en 1968. Ils sont perçus par les États membres qui les reversent au budget de l'UE déduction faite de 25 % pour frais de perception. La

18. Commission européenne, *Le réexamen du budget de l'UE*, COM 700 final, 19 octobre 2010, p. 7.

libéralisation des échanges au niveau international a entraîné une diminution sensible de cette ressource à peu près stable au cours des vingt dernières années (13 % des recettes en 2023).

• La *« ressource fondée sur la TVA »* a été introduite, en 1979, avec l'idée de faire bénéficier la Communauté d'une ressource indirecte qu'elle partagerait avec les États membres. Elle n'est pas calculée sur les biens et les services mais sur l'assiette de la TVA dans chaque pays, plafonnée à 50 % de leur PNB afin de ne pas surimposer les pays où la consommation est la plus développée et qui sont généralement les moins prospères. La ressource TVA, qui avait suppléé aux droits de douane pour assurer le financement de l'UE, a aussi beaucoup décliné avant de se stabiliser sur les quinze dernières années (12 % des recettes en 2023).

• La *« ressource RNB »*, apparue en 1983, assure une fonction d'ajustement au sein du budget européen. C'est un transfert effectué à partir des budgets nationaux sur la base du RNB des États membres. L'UE a recours à cette contribution pour équilibrer ses recettes et ses dépenses. Son montant est fixé de façon à couvrir *ex ante* les dépenses. Elle varie donc, selon les années, entre les deux-tiers les trois quarts du budget. La ressource RNB est montée en puissance parce que jugée plus représentative de la capacité contributive réelle des États membres que la ressource TVA (64 % des recettes en 2023).

• Une nouvelle *« ressource plastique »* a fait son apparition en 2021. C'est une taxe sur les déchets d'emballages non recyclés. Elle repose sur le poids (0,80 euro par kilogramme) avec un mécanisme destiné à éviter un effet trop régressif sur les contributions nationales (4 % des recettes en 2023).

• Les *« autres recettes et surplus »* comprennent le solde de l'exercice précédent, les prélèvements opérés sur les personnels de l'UE, les contributions des pays non-membres à certains programmes, les intérêts bancaires et les remboursements d'aides de l'UE non utilisées (3 % des recettes en 2023).

À ceci s'ajoute, en 2023, une recette exceptionnelle liée au solde à régler par le Royaume-Uni après sa sortie de l'UE (6 % des recettes en 2023).

Plusieurs ressources ont tour à tour pris le relais pour assurer à titre principal le financement du budget. Il y a eu un changement en profondeur du type de ressource appelé. La ressource TVA et la ressource RNB ne sont pas de vraies ressources propres européennes mais des contributions nationales qui sont venues pallier la baisse des droits de douane. Les contributions nationales représentent 76 % des recettes du budget européen en 2023.

1.3.2. De la correction britannique aux autres rabais

Le problème du déséquilibre entre les contributions au budget de l'UE versées par les États membres et les retours obtenus au titre des politiques communautaires a été historiquement posé par le Royaume-Uni lors des Conseils européens du début des années quatre-vingt. Son Premier ministre de l'époque, Margaret Thatcher, portait la revendication du *« I want my money back »*. À l'époque, alors que l'agriculture absorbait les deux tiers du budget communautaire, la faiblesse du secteur agricole britannique ne lui permettait d'escompter que des retours limités dans un contexte où ce pays était relativement moins prospère que les autres contributeurs nets. Ce problème avait été réglé par la mise en place d'un mécanisme de compensation budgétaire en faveur du Royaume-Uni lors du Conseil européen de Fontainebleau de 1984 : les deux tiers de ses contributions nettes sont remboursés à ce pays. Le manque à gagner pour le budget européen est compensé par les autres États membres au prorata de leur RNB.

Dans les discussions, qui ont préludé à l'adoption de l'Agenda 2000, quatre des principaux contributeurs nets, l'Allemagne, les Pays-Bas, l'Autriche et la Suède, ont à leur tour demandé un rééquilibrage de leur part dans le financement au regard des retours dont ils bénéficiaient. Les assiettes RNB de ces quatre pays ont été plafonnées : ils ne financent plus que le quart de ce qu'ils payaient antérieurement au titre du manque à gagner pour le budget européen imputable au *« chèque britannique »*. Cette mesure a été complétée, en 2007, par une diminution du taux d'appel de la TVA de ces pays. Ces *« rabais sur le rabais »* sont financés par les autres États membres, au prorata de leur part dans le RNB de l'UE. La France, l'Italie et l'Espagne sont, par ordre décroissant, les pays qui ont pris en charge la part la plus substantielle de ce redéploiement.

La correction britannique a été contestée, lors des négociations budgétaires de 2007-2013, car elle a perdu en légitimité au fil du temps. Le poids de la PAC dans le budget européen a fortement régressé depuis 1984, tandis que la prospérité relative des États membres a évolué, en raison des différences de taux de croissance et des élargissements successifs de l'UE. Si, en 1984, le Royaume-Uni était l'un des pays les plus pauvres de la CE, il était, en 2008, l'un des plus riches. Lors de leur entrée dans l'Union, les nouveaux États membres n'ont pas compris pourquoi ils finançaient un rabais consenti en faveur d'un pays infiniment plus prospère qu'eux. Confronté à cette contestation, le Royaume-Uni a accepté, en 2005, un réaménagement modeste. Lors des négociations du cadre financier pluriannuel 2014-2020, le thème du chèque britannique n'a jamais été discuté car trop sensible pour un Royaume-Uni qui préparait son référendum. Le Brexit signifie naturellement la disparition de cette correction dans le CFP 2021-2027. La Commission avait envisagé de faire disparaître, dans la foulée, les corrections dont bénéficiaient l'Allemagne, les Pays-Bas, l'Autriche et la Suède qui étaient liés à l'antécédent britannique. Ces réductions ont été finalement pérennisées en contrepartie de l'acceptation par ces pays de NGEU. Elles représentent un montant annuel total de 7,6 milliards d'euros, soit 53 milliards sur cette programmation.

1.3.3. La question des soldes nets et la notion de « juste retour »

Le Brexit signifie un manque à gagner pour le budget européen car le Royaume-Uni était un important contributeur net. Les effets apparaitront au fil du temps. Au cours des premières années, le Royaume-Uni verse une contribution à la dette collective accumulée avec ses anciens partenaires européens, comme les retraites des fonctionnaires des institutions européennes. Dans le cadre de l'accord de retrait, cette contribution a été fixée à 47,5 milliards d'euros. Le Brexit a également obligé à réviser les clés RNB des Vingt-Sept. C'est sur cette base que chaque État membre doit verser un surcroît de ressources au budget de l'UE pour compenser la perte enregistrée du côté britannique.

La question de la répartition de la charge budgétaire entre les États membres revient de manière récurrente dans le débat européen. Il y a deux façons d'aborder les disparités de financement entre les différents États membres (Tableau 3) :

– comparer leur part dans le RNB européen et leur part dans le financement du budget, afin de voir s'ils financent le budget proportionnellement à leur richesse ;

– examiner leur part dans les dépenses au regard de leur part dans le financement, afin de déterminer les contributeurs nets au budget communautaire.

Le financement du budget européen est très concentré. En 2022, les cinq premiers pays financent 67,7 % du budget, tandis que les dix derniers y contribuent à hauteur de 3,6 %. La corrélation est très nette entre la taille d'un pays et son solde net. Presque tous les petits pays et les ex PECO ont un solde net négatif : ils reçoivent davantage qu'ils ne financent. L'Allemagne, la France, l'Italie et les Pays-Bas sont les principaux contributeurs nets. L'Allemagne, qui est le premier financeur du budget et dans des proportions très importantes, avait milité dans les années deux mille, pour un certain rééquilibrage de sa position budgétaire. Elle demeure néanmoins de très loin le principal bailleur de fonds de ce budget avec un solde net considérable (+14,4) et des retours plutôt limités au titre des deux principales politiques communes : les ressources naturelles et environnement (essentiellement la politique agricole commune) et la politique de cohésion. Ce n'est pas le cas de la France, autre bailleur net à ce budget (+7,6) qui est de très loin la principale bénéficiaire de la politique des ressources naturelles (17,2 %).

Tableau 3

Part des États membres dans le budget européen en 2022

En pourcentage

	Part du RNB de l'UE	Part dans le financement	Part dans les dépenses	Solde net	Ressources Naturelles et environnement	Politique de cohésion
Allemagne	24,5	23,7	9,3	14,4	11,5	6,2
France	16,7	18,7	11,1	7,6	17,2	4,8
Italie	12,1	12,9	9,6	3,3	10,3	10,4
Espagne	8,4	9,1	9,4	-0,3	12,6	8,4
Pays-Bas	6,0	4,7	2,3	2,4	1,6	0,7
Pologne	4,2	4,5	12,1	-7,6	8,8	20,7
Suède	3,5	2,9	1,4	1,5	1,7	0,7
Belgique	3,4	3,6	7,4	-3,8	1,5	2,2
Irlande	3,2	2,3	1,5	0,8	2,8	0,3
Autriche	2,8	2,5	1,5	1,0	2,1	0,8
Danemark	2,4	2,1	1,4	0,7	1,8	0,4
Roumanie	1,8	1,8	5,4	-3,6	5,2	8,3
Finlande	1,7	1,8	1,2	0,6	1,5	0,5
Rép. Tchèque	1,7	1,7	3,5	-1,8	2,2	6,3
Portugal	1,5	1,6	3,5	-1,9	2,6	5,6
Grèce	1,3	1,3	3,9	-2,6	5,3	3,2
Hongrie	1,1	1,1	4,0	-3,9	3,4	6,5
Slovaquie	0,7	0,7	2,1	-1,4	1,0	4,1
Bulgarie	0,5	0,5	1,5	-1,0	1,9	1,8
Luxembourg	0,5	0,4	1,9	-1,5	0,2	0,3
Croatie	0,4	0,4	1,4	-1,0	1,3	2,0
Lituanie	0,4	0,4	1,5	-1,1	1,4	2,0
Slovénie	0,4	0,4	0,6	-0,2	0,5	0,8
Lettonie	0,2	0,4	0,9	-0,5	0,8	1,3
Chypre	0,2	0,2	0,3	-0,1	0,1	0,3
Estonie	0,2	0,2	0,8	-0,6	0,5	1,2
Malte	0,1	0,1	0,2	0,1	0,0	0,2
UE	**100**	**100**	**100**	**0**	**100**	**100**

Source : Commission européenne, nos calculs.

La Pologne et la Hongrie sont les pays de l'Union qui reçoivent le plus au regard de leurs contributions – respectivement -7,6 et -3,9. Ces deux pays ont des retours importants au titre de la politique de cohésion (20,7 et 6,5 %). Les pays de l'arc sud européen, Portugal, Espagne, Italie, Grèce, Roumanie, sont, derrière la Pologne, les premiers bénéficiaires de cette politique. Tous les États membres éligibles au Fonds de cohésion (voir Chapitre 5) ont un solde net négatif qui témoigne des soutiens de l'UE en leur faveur. La Belgique et le Luxembourg en ont un également mais pour une raison bien différente : le budget impute à ces deux pays une part très importante du poste *« administration »* (respectivement 66 % et 20 % de ce poste), afin de leur affecter l'impact économique positif généré par l'implantation des institutions européennes sur leur territoire.

Les classements relatifs des pays, en termes de RNB et hors Royaume-Uni, ont été modifiés depuis 2018 : les grands gagnants sont la Roumanie qui gagne trois places, suivie par l'Irlande (plus deux places), la Pologne et le Portugal (plus une place). Parmi les perdants figurent notamment la Suède et la Grèce (moins une place). La politique de cohésion a indubitablement permis une forme de rattrapage dans des économies longtemps stationnaires.

La vigilance nouvelle de chaque pays, depuis les années quatre-vingt-dix, sur son solde net est au cœur de l'approche dite du *« juste retour »*. Elle a fait l'objet d'une double critique qui a porté à la fois sur les méthodes de calcul utilisées pour l'évaluer et sur leurs fondements économiques[19].

- *La critique comptable* s'est focalisée sur les choix d'affectation des contributions et des dépenses. Ils résultent de conventions comptables discutables. L'importance, par exemple, des ports de Rotterdam et d'Anvers pour le trafic des marchandises qui entrent dans le marché unique européen, conduit à surestimer les droits de douane acquittés par les Pays-Bas et la Belgique, alors que les marchandises sont souvent à destination d'autres États membres, où cet impôt sera finalement supporté par les consommateurs.

- La *critique économique* insiste quant à elle sur l'importance des interdépendances, des externalités, sur l'existence de biens publics européens et d'une valeur ajoutée collective. Les dépenses d'infrastructure, réalisées dans les pays en retard de développement, peuvent revenir aux entreprises des autres États membres qui remporteront les appels d'offres. À qui imputer les dépenses de police et de douane aux frontières extérieures de l'Union dans la mesure où certains pays, en raison de leur position géographique, n'en ont aucune, alors que d'autres

19. J. Le Cacheux, *Budget européen : les mirages du juste retour*, Notre Europe, Études & Recherches n° 41, juin 2005.

assument sur ce poste une charge importante pour l'ensemble de l'UE ? Des questions similaires se posent pour la recherche, la défense, la sécurité alimentaire, nucléaire, etc. S'il n'est pas possible de séparer clairement ce qui serait des coûts pour les uns et des avantages pour les autres, la notion de *« juste retour »* doit être dépassée.

1.3.4. Vers de nouvelles ressources propres

La Commission et le Parlement ont tenté d'imposer, de façon récurrente, la mise en place d'un impôt européen qui donnerait davantage d'autonomie fiscale au budget de l'UE. Cette évolution serait en outre plus conforme à l'esprit du traité qui stipule que le budget *« doit être intégralement financé par des ressources propres »* (art. 311 du TFUE). Mais les contributions ont pris une part croissante et représentent, en 2023, les trois quarts du budget. Le poids de la ressource RNB dans les finances des États membres les incite à calculer des taux de retour sans se préoccuper de la valeur ajoutée européenne des politiques engagées. Le traité de Lisbonne a confié à l'UE de nouvelles responsabilités dans les domaines de la politique étrangère, de l'énergie, de l'immigration et de l'espace, à moyens budgétaires constants.

a) À la recherche du bon impôt européen

Historiquement, c'est dans la perspective de l'Agenda 2000[20] (2000-2006) que la Commission s'est penchée pour la première fois sur cette question. Elle avait désigné la ressource TVA comme la seule qui *« serait envisageable de manière réaliste à moyen terme »* malgré son caractère régressif. Le Conseil européen n'avait pas entériné cette proposition mais il avait invité la Commission à étudier la question de la création de nouvelles ressources propres. Dans le cadre de la préparation des perspectives financières 2007-2013, la Commission a analysé dans une étude comparative[21] trois ressources fiscales (Tableau 4) :

- la taxation des carburants utilisés par les transports routiers et l'aviation ;
- l'application d'un taux communautaire de TVA qui viendrait s'ajouter au taux national ;
- l'instauration d'un impôt sur les sociétés.

Plusieurs critères d'évaluation intervenaient : les externalités en jeu pour chaque type d'impôt, le niveau d'harmonisation de l'assiette

---

20. Commission européenne, *Agenda 2000 : le financement de l'Union européenne*, Rapport de la Commission sur le fonctionnement du système des ressources propres, Bulletin de l'Union européenne, Supplément 2, 1998.

21. Commission européenne, *Le financement de l'Union européenne*, Rapport de la Commission sur le fonctionnement du système des ressources propres, COM 505 final/2, 6 septembre 2004.

fiscale, les liens avec les citoyens, le rendement de chaque impôt et le temps de mise en œuvre. La Commission prônait l'introduction d'une de ces ressources à l'échéance de 2014, parce qu'elle permettrait de *« renforcer le lien direct du citoyen avec le budget »* et de *« focaliser les débats sur les dépenses sur le contenu plutôt que sur les "positions nettes" du budget "national" »*. Le Conseil n'a pas donné suite.

Tableau 4

Les performances des différents prélèvements possibles

Critères	**Taxation des carburants**	**TVA**	**Impôt sur les sociétés**
Externalités	Forte, la pollution et les dégradations imputables aux transports routiers dépassent les frontières nationales	Inexistantes	Bon fonctionnement du marché intérieur et répartition plus efficace des ressources
Harmonisation de l'assiette	Importante	Incomplète	À réaliser
Liens directs avec les citoyens	Forts	Liens immédiats	Faibles
Rendement*	Satisfaisant, avec des taux communautaires inférieurs à la moitié des taux minimaux prévus par la directive sur la taxation de l'énergie	Satisfaisant, avec un taux communautaire de 1 % qui viendrait s'ajouter au taux national	Satisfaisant, si un quart des recettes venant de cet impôt est affecté au budget communautaire
Temps de mise en œuvre	À très brève échéance (entre 3 et 6 ans)	À brève échéance (jusqu'à 6 ans)	Long

* *Couvrir la moitié des besoins de financement du budget de l'UE.*
Source : À partir de la communication de la Commission.

Le débat a été relancé par la Commission en vue de la préparation du budget de l'UE 2014-2020 dans un contexte d'austérité budgétaire et avec un traité de Lisbonne qui assignait de nouvelles missions à l'UE et conférait au Parlement européen des pouvoirs accrus dans le domaine budgétaire. Six options étaient retenues comme pistes de travail :

– une taxe sur le secteur financier ;

– des recettes perçues sur la bourse d'échanges des quotas d'émission de CO_2 ;

- une taxe sur le transport aérien ;
- une TVA européenne ;
- une taxe sur l'énergie ;
- un impôt sur les sociétés.

Les critères d'évaluation de ce que serait un bon impôt sur le plan économique étaient assez similaires à ceux déjà évoqués : ils devraient être transfrontaliers par construction, avoir une assiette harmonisée, pouvoir être collectés directement par l'UE à un coût raisonnable, être justes et équitables sans requérir de corrections, ne pas avoir d'impact pénalisant sur les secteurs d'activité concernés.

La taxe sur les transactions financières a pendant un temps donné l'impression que c'était sur cet impôt que le sujet pouvait aboutir. En 2013, une coopération renforcée avait été constituée entre 10 pays[22] afin de finaliser une proposition de la Commission. Elle reposait sur deux taux : 0,01 % sur les contrats dérivés et 0,1 % sur les autres transactions avec des recettes estimées à 34 milliards d'euros par an. Mais là encore, le projet n'a pas été finalisé.

b) NGEU, un accélérateur pour de nouvelles ressources propres ?

Le plan de relance de l'économie européenne qui fait suite au choc généré par la pandémie de Covid-19 a poussé à un changement de braquet. Le Parlement européen, le Conseil et la Commission ont acté un accord institutionnel, le 16 décembre 2020, pour que les emprunts de NGEU soient remboursés à partir de nouvelles ressources propres avec un calendrier associé à leur introduction. C'est dans ce contexte que la première taxe sur les déchets d'emballages en plastique non recyclés, qui ne présentait pas de difficultés techniques, a été instituée et s'applique depuis le 1er janvier 2021. Des adaptations se sont révélées nécessaires pour la fiscalité carbone, complexe sur le plan technique et qui devait intégrer l'objectif de réduction des émissions de gaz à effet de serre d'au moins 55 % d'ici à 2030, mais aussi pour s'ajuster à l'accord OCDE/G20, du 8 octobre 2021, sur l'imposition des très grandes entreprises multinationales. La Commission a affiné ses propositions, en décembre 2021[23], puis en juin 2023[24], sur la base de trois impôts :

– le mécanisme d'ajustement carbone aux frontières (MACF) qui s'attaque au risque de fuite de carbone (voir Chapitre 2) est en phase

22. L'Allemagne, l'Autriche, la Belgique, l'Espagne, la France, la Grèce, l'Italie, le Portugal, la Slovaquie et la Slovénie.

23. Commission européenne, *La prochaine génération de ressources propres pour le budget de l'UE*, COM 566 final, 22 décembre 2021.

24. Commission européenne, *Un train de mesures adapté pour la prochaine génération de ressources propres*, COM 330 final, 20 juin 2023.

test, depuis le 1er octobre 2023, et devrait passer en phase active, en 2026. La Commission a proposé que 75 % des recettes qu'il est appelé à générer deviennent une ressource propre du budget de l'UE ;

– l'élargissement du système d'échange de quotas d'émission (SEQE), en place depuis 2005, aux secteurs du bâtiment et des transports routier, maritime et aéronautique, en 2027, va alimenter les budgets nationaux en recettes. La Commission a proposé de reporter à 2028 l'introduction de la ressource propre qui en serait tirée pour le budget de l'UE avec un taux d'appel de 30 %, eu égard à l'importante progression des recettes générées par ce type de marché ;

– la taxe GAFA, qui était initialement prévue, a dû être recalée après l'accord OCDE/G20 (voir partie 3 de ce Chapitre). La Commission a proposé que soit affectée au budget européen, au titre des ressources propres, une part des bénéfices réaffectés des très grandes entreprises multinationales, celles dont le chiffre d'affaires annuel est supérieur à 20 milliards d'euros. Et dans l'attente de cette création, la Commission propose la création d'une ressource propre statistique, soit une contribution calculée à partir des systèmes de comptabilité nationale.

La Commission note, en 2023, que les discussions sur l'ensemble de ces propositions ont peu progressé et invite le Conseil à accélérer les négociations.

2. Les politiques budgétaires nationales : encadrement, crises et mécanismes de soutien

La faiblesse du budget de l'UE et sa destination aux Vingt-Sept confèrent aux politiques budgétaires nationales le rôle dominant dans le système budgétaire de la zone euro. Des politiques décentralisées présentaient l'avantage, selon la Commission[25], de permettre la production de biens et de services publics *« mieux adaptés aux préférences de la population »*, de faire l'objet d'*« un contrôle démocratique plus efficace »* et d'entraîner une concurrence entre États qui *« stimule l'efficacité et l'innovation »*. Le rapport Emerson indiquait que les politiques budgétaires nationales devaient relever le défi qui *« consiste à doser efficacement l'autonomie, la discipline et la coordination »*[26]. Du traité de Maastricht, de 1992, au Pacte de stabilité et de croissance, adopté en 1997 et révisé à plusieurs reprises, il y a un débat constant pour savoir ce qui prime entre ces trois axes, selon la conjoncture et les problèmes du moment.

25. Commission, « Monnaie stable Finances saines : les finances publiques de la CE dans la perspective de l'UEM », *Économie européenne* n° 53, 1993.

26. M. Emerson (*et al.*), *Marché unique, monnaie unique*, *op. cité*.

2.1. La tentation initiale d'activer les politiques budgétaires nationales

Le maintien de politiques budgétaires nationales autonomes pouvait d'autant se justifier, dans la zone euro, qu'il y avait perte des instruments monétaires et du taux de change dans un contexte où le budget de l'UE est procyclique et concerne l'ensemble des pays de l'UE. Il n'a pas vocation à être spécialisé sur la seule zone euro. Les politiques budgétaires nationales devenaient le seul levier actionnable par un État à des fins de stabilisation conjoncturelle. Elles pouvaient en outre produire de meilleurs résultats en union monétaire qu'au cours du régime précédent. Deux arguments macroéconomiques étaient initialement avancés.

- Une politique budgétaire expansive ne pourra plus être mise en difficulté par un déficit des transactions courantes. Un flux financier, en provenance des États membres excédentaires, permettra d'équilibrer la balance des paiements, malgré l'augmentation de la dette publique. Les échanges internes à la zone euro deviennent assimilables aux échanges à l'intérieur d'un seul et même pays avec une balance des paiements commune à l'ensemble de l'union monétaire. Il n'y a plus de contrainte extérieure mais une contrainte de solvabilité à long terme pour les administrations publiques.

- La progression des dépenses publiques provoque une hausse du taux d'intérêt qui attire les capitaux étrangers, conformément aux enseignements du modèle Mundell-Fleming. Les demandes de conversion des devises en euros génèrent un surcroît de création monétaire qui accompagne la croissance et évite tout effet d'éviction de l'investissement privé par l'investissement public.

Toute la difficulté était, dans un scénario de ce type, de dégager un accord pour conduire une politique budgétaire expansive entre tous les pays adhérents à l'union monétaire (coordination) et de combiner cette politique avec une BCE qui privilégierait son objectif de stabilité des prix (*policy mix*). Il y avait un risque que les États membres mènent *« des politiques budgétaires transitoirement divergentes »*[27] et que, *« dans cette hypothèse, l'orientation commune des politiques économiques, mais aussi le policy mix communautaire, soient indéterminés »*. La politique monétaire commune pourrait être *« trop pénalisante pour les États conduisant des politiques budgétaires restrictives, ou à l'inverse trop laxiste pour ceux pratiquant des politiques budgétaires plus souples »*. Le traité et le Pacte ont tenté de préserver la politique monétaire de ce conflit potentiel de *policy mix*.

27. J.-C. Trichet, « L'équilibre du *policy mix* de l'UEM : une condition essentielle de réussite pour la politique monétaire unique », *Revue d'Économie Financière* n° 45, LGDJ Montchrestien, janvier 1998.

2.2. *Les instruments de dissuasion du TFUE*

L'aggravation du déficit budgétaire et de la dette publique dans un pays membre de l'union monétaire a des effets contrastés. Cela stimule l'activité chez ses partenaires commerciaux grâce à la progression de leurs exportations. Cet effet positif n'a pas été pris en compte. L'accent a été mis sur les effets nuisibles : relèvement du taux d'intérêt commun et dégradation du solde extérieur de la zone euro, qui jouent pourtant sur des montants relativement faibles, voire négligeables, dans le cas des petits pays. À terme, une situation insoutenable pour les finances publiques d'un État membre, c'est-à-dire une situation, où les prêteurs s'interrogent sur sa solvabilité et sur ses risques de défaillance, peut porter préjudice à l'indépendance et à la crédibilité de la politique monétaire commune. Elle est de nature à susciter des pressions en faveur d'un relâchement de cette politique, d'un renflouement de l'État surendetté, ou elle peut même nécessiter l'organisation de sa sortie de la zone euro.

Une première ligne de défense face à ces risques aurait consisté à laisser la dissuasion s'exercer, vis-à-vis du laxisme budgétaire, par les seuls marchés financiers sur lesquels les pays doivent lever les fonds qui vont financer leurs emprunts obligataires et bons du Trésor : les agences de notation dégradent la note des États à risque, les créanciers exigent sur les emprunts publics des taux d'intérêt plus élevés tandis que les contrats d'assurance contre le défaut de paiement deviennent plus onéreux. Les pays qui exposent leurs créanciers à un risque de crédit élevé finissent par perdre leur accès aux marchés financiers. Cette forme de dissuasion est apparue insuffisante. L'exigence de prime de risque n'a pas empêché en pratique le gonflement de la dette publique dans certains pays européens au cours des années 1980-1990. Les marchés discriminent de façon trop imparfaite les qualités de leurs débiteurs pour assurer à eux seuls la discipline des finances publiques nécessaire à l'union monétaire.

Aussi, une autre ligne de défense a été élaborée, à partir du traité, afin que les États rigoureux ne pâtissent pas de l'imprudence des politiques budgétaires conduites par ceux qui s'avéreraient plus laxistes. Le traité encadre à partir de quatre dispositions les déficits excessifs.

- Il interdit à la BCE et aux BCN de monétiser les dettes publiques (art. 123 du TFUE) en faisant par exemple *« l'acquisition directe »* des titres émis par les Trésors nationaux, afin de rendre toute dérive budgétaire plus risquée.

- Il désolidarise les États membres en cas d'insolvabilité de l'un des leurs (art. 125). Chaque État demeure seul responsable des dettes qu'il contracte. Son appartenance à l'Union ne lui ouvre pas une garantie collective sur sa dette publique. Cette absence de cautionnement mutuel entre États, ou *clause de non-renflouement* (*no bail out*), entraîne une déconnexion des taux d'intérêt à long terme d'un pays, qui présente des risques de défaillance concernant le remboursement de sa dette, des taux pratiqués par les Trésors publics du reste de la zone euro.

- Il pérennise les valeurs de référence de 3 % du PIB pour le déficit budgétaire et de 60 % du PIB pour la dette publique au-delà de l'entrée dans l'union monétaire (art. 126 et protocole sur la procédure concernant les déficits excessifs).

- Il charge, enfin, la Commission de surveiller l'évolution des finances publiques dans les États membres sur la base de ces deux critères (art. 126) et de faire un rapport au Conseil si *« elle estime qu'il y a un risque de déficit excessif »* et bien sûr si un État membre ne satisfait pas aux exigences de ces critères. À partir de ce rapport, le Conseil statue sur l'existence ou non d'un déficit excessif. Si tel est le cas, il prescrit des recommandations à l'État membre concerné afin qu'il corrige cette situation.

2.3. Le Pacte de stabilité et de croissance (PSC) et les crises

Les obligations prévues par le TFUE sont apparues insuffisantes à l'Allemagne, bien avant le lancement de la zone euro. Elle a demandé que les règles de surveillance de la discipline budgétaire soient renforcées et que la procédure concernant les déficits excessifs soit clarifiée. Le Pacte de stabilité et de croissance, adopté lors du Conseil européen d'Amsterdam de juin 1997, mettait en place deux procédures d'encadrement des finances publiques : la procédure de surveillance et la procédure de déficit excessif. Ces procédures ont été révisées à trois reprises. En 2005, il s'agissait de rendre le Pacte plus favorable à la croissance et plus perméable à l'hétérogénéité économique croissante consécutive aux élargissements de l'UE. En 2011-2013, c'est le renforcement de la surveillance et des sanctions, pour les États coupables de laxisme budgétaire, qui primait. Une nouvelle procédure d'encadrement des déséquilibres macroéconomiques a été ajoutée. Le *« two-pack »* de 2013 a renforcé la coordination budgétaire dans la zone euro et la surveillance des situations les plus dégradées. Des *« flexibilités »* et une clause de suspension du Pacte sont venues pondérer la rigidité de l'ensemble. En 2024, la nouveauté tient à l'introduction d'une approche différenciée des États membres fondée sur la notion de *« dépenses publiques nettes »*. Elle est très encadrée par des règles mécaniques.

2.3.1. Le modèle économique du Pacte

Le Pacte s'inscrit dans un mouvement de défiance à l'égard des politiques budgétaires keynésiennes de soutien à la demande, initié par le courant de la nouvelle macroéconomie classique. Après avoir placé la politique monétaire sous le verrou du traité, la politique budgétaire a été mise sous le contrôle d'une règle fixe de plafonnement du déficit, assortie d'un échéancier rigoureux et de procédures de sanctions automatiques. Il y a là une volonté délibérée de « *lier les mains* » à tout processus politique de décision.

a) Les stabilisateurs automatiques, le solde structurel et les sanctions

Sur le principe, le PSC pose en liminaire que « *chaque État membre s'engage à faire en sorte d'avoir, à moyen terme, une situation budgétaire proche de l'équilibre ou excédentaire* ». Au départ, cela renvoyait à une situation budgétaire qui offrait une marge de sécurité suffisante en cas de crise pour éviter le dépassement de la valeur de référence de 3 % du PIB, tout en permettant le libre jeu des « *stabilisateurs automatiques* ». Une récession signifie moins de recettes fiscales, dans la mesure où la base imposable liée à l'activité se contracte, tandis que les versements aux agents économiques en difficulté, sous forme d'indemnités chômage, par exemple, sont plus importants. La demande des ménages et des entreprises s'en trouve consolidée mais le déficit se creuse. Le budget reviendra à l'équilibre avec le retour de la croissance qui génère mécaniquement une augmentation des recettes fiscales et une amélioration de l'équilibre des régimes de Sécurité sociale. La notion de « *solde budgétaire structurel* » fait référence au solde budgétaire qui est corrigé de ces variations imputables à la conjoncture et duquel sont déduites également les mesures de soutien temporaires. Avec un budget initial entre + 1 % et - 1 % du PIB, selon les cas, les stabilisateurs automatiques disposaient d'une plage supposée suffisante (de - 2 à - 4 %), pour exercer une action contracyclique. Pour fonctionner de la sorte, le Pacte supposait que trois conditions soient satisfaites :

– en cas de situation conjoncturelle favorable, les États donnent la priorité à la réduction du déficit et de la dette, sans mettre en œuvre des politiques procycliques, baisse des impôts ou augmentation des dépenses ;

– lorsque survient le retournement conjoncturel et que le chômage progresse, la politique budgétaire ne doit pas être active et laisser simplement jouer les seuls stabilisateurs automatiques. L'équilibre, voire l'excédent du solde budgétaire initial, est alors une condition impérative pour que les stabilisateurs aient une marge de manœuvre suffisante pour opérer sans provoquer l'engagement d'une procédure pour déficit excessif ;

– les États doivent accepter d'être sanctionnés en l'absence de mesures probantes pour redresser leurs finances publiques.

Les pays membres n'ont pas accepté d'emblée la logique économique du Pacte. En 2003, l'Allemagne et la France, qui auraient dû être les premiers sanctionnés pour dépassement sans adoption de mesures correctrices suffisantes, ont fait pression pour que le Conseil Écofin suspende cette mesure. Il s'en est suivi une grave crise institutionnelle (Encadré 2). C'est pourquoi le Pacte version 2005 a insisté sur la nécessité de renforcer la discipline budgétaire au cours de la phase haute du cycle : c'est le moment jugé déterminant pour consolider les finances publiques et engager des réformes structurelles, par exemple celle touchant au financement des régimes de retraite par répartition, qui peuvent entraîner des économies de coût à long terme et une réelle soutenabilité de la dette.

Les sanctions du Pacte version 2011-2013 font l'objet d'une nouvelle règle de vote qui garantit leur quasi-automaticité. Les États membres ne vote plus à la majorité qualifiée une sanction à l'un des leurs mais à la *« majorité qualifiée inversée »* : la recommandation de la Commission est réputée adoptée sauf si le Conseil, statuant à la majorité qualifiée, décide de la rejeter. L'antécédent de 2003 avait démontré qu'il était très difficile de faire condamner un État par ses pairs et plus encore un grand pays. Aucun vote de cette nature n'est intervenu mais les sanctions ont été maintenues dans le Pacte 2023-2024 pour la procédure de déficit excessif.

Encadré 2

Le PSC – première mouture – à l'épreuve des faits

Le Pacte de stabilité s'est avéré, dans ses premières années de fonctionnement, peu contraignant, en raison du caractère très favorable de la conjoncture. C'est néanmoins dans cette période de forte croissance qu'ont germé les difficultés à venir dans la mesure où seuls huit des douze pays de la zone euro l'ont utilisé pour équilibrer leur budget. L'Allemagne, la France, l'Italie et le Portugal ont préféré baisser leurs impôts ou augmenter leurs dépenses.

Paradoxalement, la première recommandation du Conseil a concerné l'Irlande, en février 2001, dont le budget excédentaire était jugé trop expansionniste dans un contexte de fortes tensions inflationnistes. Une année plus tard, lorsque la Commission européenne a proposé de prescrire à l'Allemagne et au Portugal un avertissement préventif, pour risque de déficit budgétaire excessif, le Conseil, à la suite de l'intense lobbying de l'Allemagne auprès de ses partenaires, a rejeté cette proposition. Peu de temps après, le gouvernement portugais annonçait un déficit de 4,1 % du PIB pour l'année 2001 et la Commission engageait le 24 septembre 2002 la première étape de la procédure de déficit excessif envers ce pays sans que le volet préventif du Pacte ait fonctionné. Il apparaissait alors que, non seulement l'Allemagne, mais aussi la France et l'Italie ne disposaient pas de marges de manœuvre suffisantes pour laisser jouer les stabilisateurs automatiques. Aussi la Commission a reporté à 2006 pour ces pays le retour à l'équilibre budgétaire qui avait été initialement fixé à l'échéance de 2004. En contrepartie, elle leur a demandé de réduire leurs déficits structurels de 0,5 % du PIB par an.

La dégradation des finances publiques s'est néanmoins poursuivie, obligeant l'engagement de la procédure de déficit excessif à l'encontre de l'Allemagne, le 21 janvier 2003, et de la France, le 3 juin 2003. Malgré l'absence d'adoption de mesures probantes, le Conseil Écofin a décidé, le 25 novembre

2003, de suspendre les procédures engagées vis-à-vis de l'Allemagne et de la France qui en étaient au stade de la prise de sanctions pour violation durable du Pacte. Une crise institutionnelle grave s'est alors ouverte au sein du Conseil, entre ces deux grands pays et des petits pays plus vertueux, entre le Conseil et la BCE, peu encline à baisser ses taux d'intérêt dans ce contexte, entre le Conseil et la Commission, qui, en tant que gardienne des traités, a saisi la Cour de Justice contre le Conseil pour non-respect du Pacte. Par son arrêt du 13 juillet 2004, la Cour de Justice a annulé la suspension de la procédure par le Conseil, tout en indiquant que celui-ci dispose d'un pouvoir d'appréciation pour modifier les propositions de la Commission. Au début de l'année 2005, la multiplication des procédures de déficits excessifs (dix pays sur vingt-cinq) contribuait à discréditer encore plus le Pacte, d'autant qu'avec l'intégration de nouveaux États membres, la nécessité de le différencier, selon les pays, devenait impérative.

b) Du budget à la dette et à sa dynamique

Le lien entre le budget et la dette est précisé par l'équation suivante qui permet de comprendre la dynamique de la dette :

$$b_t - b_{t-1} = \left(\frac{r-g}{1+g}\right) b_{t-1} - s$$

Où b_t est le ratio de la dette publique exprimés en pourcentage du PIB à la fin de la période t, b_{t-1} sa valeur lors de l'année précédente, r est le taux d'intérêt payé sur l'encours de dette publique, g le taux de croissance du PIB et s le solde primaire (le solde budgétaire moins les versements d'intérêt afférents à la dette publique existante). L'important dans cette équation est d'analyser les interactions entre son premier terme $(r - g)$ et son deuxième s.

– Si $r - g = 0$, le ratio d'endettement reste stable dès le moment où le budget primaire est équilibré.

– Si $r - g < 0$, l'équilibre du budget primaire est déjà suffisant pour réduire le ratio dette/PIB. Ce scénario a prévalu lors de l'épisode long (2009-2022) de taux d'intérêt extrêmement faibles – voire négatifs pour certains pays – et inférieurs, hormis l'épisode Covid, à la croissance du PIB. Dans ce contexte, *« une dette élevée est compatible avec un déficit primaire »*[28]. Au cours de cette phase, les pays de l'UE ont, en outre, amélioré leur protection vis-à-vis du risque d'une remontée des taux grâce à l'augmentation régulière de la maturité moyenne de leur dette. Mais cet épisode a pris fin, à partir de la remontée des taux d'intérêt de la BCE qui débute le 27 juillet 2022 et se transmet aux taux des obligations souveraines.

28. O. Blanchard, Á. Leandro, et J. Zettelmeyer, « Redesigning EU Fiscal Rules: From Rules to Standards », Working Paper 21-1, Peterson Institute for International Economics, February 2021, p. 14.

– Si $r - g > 0$, la charge des intérêts se cumule plus vite que ne croît le PIB, le budget primaire doit permettre de dégager un excédent suffisant pour empêcher le ratio dette/PIB de s'élever. C'est sur ce scénario que les règles du Pacte avaient été élaborées à la fin des années quatre-vingt-dix. Il retrouve une nouvelle actualité avec la remontée des taux en 2022-2023. Dans un contexte où quatorze pays sur les Vingt de la zone euro ont un déficit primaire, leurs ratios d'endettement sont difficiles à contenir. Avec la réactivation du Pacte, au 1er janvier 2024, « *une consolidation drastique et immédiate serait très probablement catastrophique, à la fois économiquement, en déclenchant une récession, et politiquement* »[29]. Il s'agit donc de consolider avec doigté.

Les méthodes classiques pour diminuer la dette consistent à agir sur les différents paramètres de cette équation : essayer d'avoir le taux de croissance le plus élevé possible – ce qui augmente le dénominateur sur lequel porte la dette et améliore la perspective d'avoir un taux de croissance supérieur au taux d'intérêt –, conduire une politique monétaire accommodante avec des taux d'intérêt faibles. Les autres méthodes consistent à agir sur le solde primaire sur lequel les gouvernements ont davantage de maîtrise que sur r et g : cela suppose d'augmenter les impôts et(ou) de réduire les dépenses. Historiquement, l'inflation a aussi joué un rôle important puisqu'elle érode la valeur de la dette détenue par les créanciers. Il est enfin possible de procéder, lors d'une crise de la dette souveraine et que la question de la soutenabilité se pose, à une restructuration voire à une annulation de dette. Si certaines de ces méthodes peuvent être combinées, avoir une croissance plus soutenue et des hausses d'impôts s'avèrent incompatibles. Une progression trop forte des prélèvements tue la croissance.

2.3.2. Des règles peu appropriées face aux crises

Les États membres de la zone euro ont été confrontés à des crises très sévères et d'origines diverses dans un laps de temps très court : en 2009 (subprimes), 2012-2013 (dette souveraine), 2020-2021 (pandémie de Covid-19) et 2022-2023 (inflation consécutive à la guerre en Ukraine). Ils ont abordé ces crises dans des conditions très inégales sur le plan des finances publiques, sans avoir nécessairement le coussin de nature à les amortir. Si l'interprétation très rigide du Pacte a contribué à l'enclenchement de la deuxième crise, des leçons en ont été tirées lors de la troisième, avec la suspension de ses règles budgétaires, tandis que la dernière appelle plutôt une réponse de politique monétaire.

---

29. O. Blanchard, « If markets are right about long real rates, public debt ratios will increase for some time. We must make sure that they do not explode », *Peterson Institute for International Economics*, November 2023.

a) De la crise des subprimes à la crise des finances publiques dans la zone euro

La crise qui débute en 2007-2008 aux États-Unis part d'un segment des marchés financiers au départ très circonscrit puisqu'il s'agissait de crédits hypothécaires consentis à des ménages peu aisés, les *« crédits subprimes »*. La titrisation de ces crédits[30] et l'internationalisation du système bancaire vont entraîner une contamination de la défaillance de ces ménages à l'ensemble du système financier. La récession très violente de l'année 2009 (Graphique 3) concerne tout autant les États-Unis que l'UE et la zone euro. Mais alors que les États-Unis renouent avec la croissance dès 2010, la zone euro retombe en récession en 2012-2013 dessinant un *« W »* plus ou moins accentué selon les pays, à l'exception de la Grèce confrontée à des problèmes plus structurels.

Graphique 3

Comparaison des taux de croissance du PIB réel entre l'Europe et les États-Unis : les deux récessions européennes (en %)

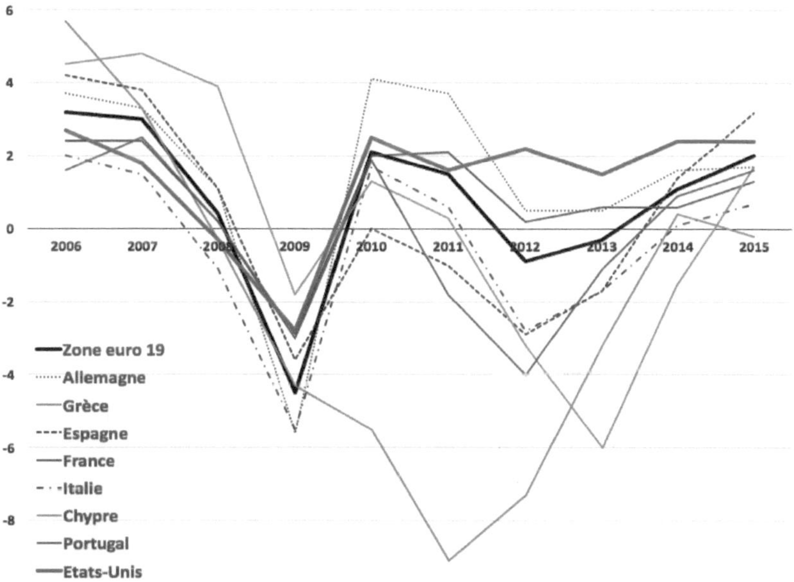

Sources : Eurostat et OCDE.

Après le choc de 2008, les finances publiques se sont partout profondément dégradées. Les seuils prévus par le Pacte ont été très vite dépassés d'autant plus que certains pays sont entrés dans la crise en étant à la limite sur le plan budgétaire (France, Portugal), voire très au-

30. La transformation de ces crédits en titres financiers qui circulent contrairement aux crédits qui restent dans le bilan d'une banque jusqu'à son remboursement.

delà (Grèce). Dans la zone euro, le solde budgétaire est passé de -0,6 % en 2007 à -6,3 % en 2009 (Tableau 5), tandis que la dette publique y progressait de 64,9 % à 78,3 %. La tendance est identique dans l'UE. Elle est nettement plus accentuée au Royaume-Uni, aux États-Unis et au Japon où la contribution des déficits publics au soutien de la croissance a été plus marquée et surtout plus durable.

Confrontés au dépassement des critères, en 2009, les États membres de la zone euro ont réagi par l'augmentation des impôts, des coupes dans les dépenses et le durcissement du Pacte en 2011-2013 afin de revenir rapidement dans les clous, là où les autres pays, au niveau international, ont continué à laisser jouer à leurs budgets sa fonction contracyclique. La promptitude de l'assainissement budgétaire exigée dans la zone euro a tué la croissance. D'où une seconde récession en 2012-2013 pour la seule zone euro tant sa gestion macroéconomique a été inappropriée. L'union monétaire a été victime de l'idéologie anti-keynésienne qui a préludé à sa construction.

Tableau 5

Les finances publiques après la première récession de 2009 dans quelques pays clés

En % du PIB

	Solde budgétaire					Dette publique				
	2007	**2008**	**2009**	**2010**	**2011**	**2007**	**2008**	**2009**	**2010**	**2011**
Allemagne	0,2	-0,2	**-3,2**	**-4,2**	-1,0	64,9	66,7	72,4	81,0	78,3
France	-2,5	-3,2	**-7,2**	**-6,8**	-5,1	64,4	68,1	79,0	81,7	85,2
Italie	-1,5	-2,7	**-5,3**	**-4,2**	-3,5	99,8	102,4	112,5	115,4	116,5
Espagne	2,0	-4,4	**-11,0**	**-9,4**	-9,6	35,5	39,4	52,7	60,1	69,5
Irlande	0,3	-7,0	**-13,8**	**-32,3**	-12,6	23,9	42,4	61,8	86,8	109,1
Grèce	-6,7	-10,2	**-15,2**	**-11,2**	-10,2	103,1	109,4	126,7	146,2	172,1
Portugal	-2,8	-3,6	**-10,2**	**-11,2**	-7,4	62,7	71,6	83,1	96,2	111,4
Chypre	3,2	0,9	**-5,5**	**-4,8**	-5,7	53,9	45,1	53,9	56,3	65,8
Zone euro 19	-0,6	-2,2	**-6,3**	**-6,2**	-4,2	64,9	68,5	78,3	83,8	86,0
Royaume-Uni	-3,0	-5,0	**-10,7**	**-9,6**	-7,7	43,5	51,7	65,7	76,6	81,8
UE 28	-0,9	-2,4	**-6,7**	**-6,4**	-4,5	57,8	60,9	73,0	78,5	81,0
États-Unis	-2,9	-6,6	**-11,6**	**-12,2**	-10,7	62,0	75,9	89,7	94,6	107,7
Japon	-2,4	-1,9	**-8,8**	**-8,7**	-8,8	167,0	171,2	188,8	193,3	209,4

Sources : Eurostat et OCDE.

En 2010, tous les pays de la zone euro faisaient l'objet d'une procédure de déficit excessif. La crédibilité du Pacte était atteinte dans la mesure où il devait précisément éviter, aux yeux notamment de l'Allemagne, que la zone euro ne se retrouve confrontée à ce type de situation. Trois critiques lui étaient, à l'époque, adressées :

– la focalisation excessive sur les seuls critères de finances publiques a fait négliger d'autres indicateurs de déséquilibres macroéconomiques comme les écarts de compétitivité, la formation de bulles et l'accumulation de dettes privées ;

– la difficulté à imposer à certains États membres une correction de leur comportement dans la phase haute du cycle ;

– l'inefficacité de la dissuasion par le Pacte dans la mesure où la procédure de déficit excessif n'a jamais été appliquée jusqu'à son terme, ce qui fait que la sanction est venue finalement des marchés.

b) La mauvaise gestion publique : le cas de la Grèce (et du Portugal)

La Grèce connaissait de profonds déséquilibres macroéconomiques avant la crise – déficit des transactions courantes (-13,9 % du PIB en moyenne entre 2005 et 2009), du budget de l'État (-8,4 % du PIB en moyenne entre 2005 et 2009), augmentation relativement importante de ses coûts salariaux – sans que cela ait modifié l'attitude des prêteurs à son égard au moins jusqu'à la fin 2008 où ses taux d'intérêt à long terme restent encore rivés sur les taux allemands. Le voile est levé avec la crise, qui entraîne une chute de son taux de croissance (de 4 % en moyenne dans les années 2005 à 2007 à -0,3 % en 2008 et -4,3 % en 2009), et avec l'annonce, en novembre 2009 par le gouvernement nouvellement élu de Georges Papandréou, d'une manipulation du chiffre du déficit budgétaire par ses prédécesseurs, brutalement réévalué de 6 % à 12,7 % pour l'année 2009, pour être finalement porté à 15,2 % par Eurostat (Tableau 5).

Les agences de notation et les marchés ont réagi brutalement à cette annonce : dégradation de la note attribuée à la dette souveraine grecque, forte progression des taux d'intérêt sur ses obligations qui doivent s'acquitter d'une importante prime de risque, et spéculation à la hausse sur les contrats d'assurance de paiement (*Credit Default Swaps* ou *CDS*), qui permettent à l'acheteur d'un emprunt d'État de s'assurer contre le risque de non-remboursement ou au spéculateur – qui ne possède pas d'emprunts d'État – de parier sur son non-remboursement. Le risque que la Grèce fasse défaut est devenu tangible avec les effets de contagion que cela induisait sur les banques engagées auprès de ce pays mais aussi sur l'Irlande, le Portugal, l'Espagne, voire l'Italie. C'est alors toute l'union monétaire qui est en danger dans un contexte où il n'existe pas de mécanisme d'assistance financière entre les États membres de la zone euro alors que cette facilité avait été mise en place pour les non-membres : la Hongrie, la Lettonie et la Roumanie notamment y avaient eu recours.

Après des semaines d'atermoiements, marquées par les tergiversations de l'Allemagne qui invoquait la clause de non-renflouement (l'article 125 du TFUE) et craignait une sorte d'aléa moral généralisé – soit la multiplication d'attitudes irresponsables –, *un premier plan d'aide* à la Grèce qui prévoyait la mise à disposition de 110 milliards d'euros de prêts sur les années 2010-2013, versés en plusieurs tranches, a été activé en mai 2010 sur une base intergouvernementale, en l'absence de mécanisme de soutien, et avec le concours du FMI (80 milliards en provenance des États membres de la zone euro et 30 milliards du FMI). Il a été conditionné à des engagements stricts de la Grèce en matière d'assainissement budgétaire. La BCE a participé à l'effort en activant des mesures non conventionnelles d'achat de titres de dettes publiques auprès des banques de second rang.

Mais le problème grec s'est révélé plus ardu à résoudre malgré la faiblesse du poids de ce pays qui ne représentait que 2,5 % du PIB de la zone euro. Les ajustements sont plus difficiles à réaliser dans un pays qui appartient à une zone monétaire que dans un pays autonome. Pour restaurer sa compétitivité, il peut procéder seulement à une dévaluation interne par la baisse des salaires, ce qui est infiniment plus compliqué à faire accepter socialement qu'une dévaluation externe qui passe par le réaménagement du taux de change. En outre, les réformes à conduire en Grèce étaient de nature structurelle, et donc à conduire sur le moyen terme, afin de lui redonner de la compétitivité, relancer un peu de production manufacturière, améliorer le consentement des Grecs à l'impôt, lutter contre le clientélisme, diminuer le budget militaire, réformer le système de retraite. Un resserrement du budget à court terme remet en question la croissance et, sans croissance, la dette explose. En 2011, la dette était évaluée à 172 % du PIB par le FMI, un niveau jugé non viable. Pour lancer de nouveaux soutiens sous le contrôle de la *« troïka »* (la Commission, la BCE et le FMI), il a fallu au préalable faire accepter aux investisseurs privés un effacement de leurs dettes de 50 %, soit un défaut partiel de l'État grec, tandis qu'un nouveau programme d'austérité était mis en œuvre (réduction du coût du travail de 15 %, baisse du salaire minimum de 22 %, suppressions d'emplois dans le secteur public, etc.). En contrepartie, *un deuxième plan d'aide* de 130 milliards d'euros a été débloqué en mars 2012 pour les années 2012-2015 en plusieurs tranches (109 milliards pour le Fonds européen de stabilité financière et 21 milliards pour le FMI). La BCE a poursuivi son programme d'achat de titres de dette publique. L'austérité imposée à la Grèce a tenté de restaurer sa compétitivité par la manière forte au prix d'un assèchement complet de la demande intérieure et d'une récession sans fin. Après six années consécutives de recul de la croissance, le PIB réel, fin 2014, était inférieur de 26 % à son niveau de 2008. Le taux de chômage atteignait un pic de 27,5 % en 2013.

Dans ce contexte, une nouvelle formation politique – Syriza – a connu une progression fulgurante à partir d'une critique radicale de la politique d'austérité imposée par la troïka. Le FMI avait lui-même regretté, en janvier 2013, des erreurs de calcul des multiplicateurs budgétaires[31] et donc une mauvaise appréciation des effets de l'austérité sur la croissance. En janvier 2015, alors que les premiers indices d'une amélioration de la situation économique apparaissaient, permettant un retour provisoire de la Grèce sur les marchés, Syriza remporte les élections sur un programme de rupture avec la troïka. À peine en place, le nouveau gouvernement perd immédiatement son accès aux marchés et les banques grecques l'accès au refinancement de la BCE – conditionné à l'acceptation d'un programme d'ajustement – tandis que les comptes publics se dégradaient en raison d'une mauvaise collecte de l'impôt. Seule demeurait la ligne de liquidité d'urgence de la BCE. Confrontées à des sorties importantes de capitaux, les autorités grecques se trouvèrent dans l'obligation de demander une prolongation du plan d'aide et d'imposer un contrôle des mouvements de capitaux. Sous la menace d'une sortie de la zone euro, un accord finit par être conclu avec l'Eurogroupe, le 14 août 2015, avec à la clé *un troisième plan d'aide* de 86 milliards d'euros versé en plusieurs tranches par le Mécanisme européen de stabilité (MES) sur la base de plusieurs mesures sur lesquelles la Grèce s'était engagée : réformes du système de retraite, recapitalisation des banques, programme de privatisation, etc. La BCE a rouvert l'accès à ses financements, mais le FMI a renoncé à participer au tour de table en l'absence d'une restructuration significative de la dette grecque qu'il jugeait non viable. Ce plan s'est terminé avec succès en août 2018. La Grèce a retrouvé un accès aux marchés financiers avec, à la fin 2019, des taux d'emprunt extrêmement bas, proche de l'Italie, a renoué avec de la croissance et des excédents primaires, tandis que son chômage était en baisse continu (17,3 % en 2019). Elle a remboursé une partie de sa dette au FMI, tandis que la Bourse d'Athènes, en plein rattrapage, a connu, en 2019, la plus forte progression enregistrée par les Bourses mondiales grâce aux gains des valeurs bancaires.

Le Portugal se signalait aussi par des finances publiques mal maîtrisées au début de la crise – mais dans des proportions infiniment moindres que la Grèce – et une dette du secteur privé importante, soit des crédits et des titres de créance des sociétés non financières et des ménages qui dépassaient les 200 % du PIB après 2009 (Graphique 4). Placé sous-programme d'ajustement, depuis un prêt de 78 milliards d'euros octroyé en 2011, ce pays a appliqué avec discipline les mesures d'austérité imposées par la troïka au prix de trois années de récession et d'une explosion du chômage. Le Portugal a pu revenir sur les marchés pour lever des fonds en mai 2013 et regagner de l'autonomie. Il a opté ensuite pour un soutien de sa demande intérieure par la stimulation de l'investissement et des baisses d'impôts sur les classes moyennes. Il est sorti de la procédure de déficit excessif en 2016 avec une reprise nette

31. O. Blanchard et D. Leigh, « Growth Forecast Errors and Fiscal Multipliers », *IMF Working Paper 13/1*, January 2013.

de la croissance et une baisse du chômage (6,5 % en 2019). Mais ce pays doit trouver le modèle économique qui lui permettra de prospérer au sein de la zone euro.

c) Les crises irlandaise, espagnole et chypriote : difficultés des banques, bulles immobilières et dettes privées

Les ressorts de la crise irlandaise de novembre 2010 n'ont rien de commun avec ceux de la crise grecque. En 2007, la dette publique de l'Irlande s'élevait à 23,9 % de son PIB avec un budget à +0,3 % du PIB (Tableau 5), après les forts excédents engrangés en 2006 (+2,9 %). L'explication de la crise est à chercher dans l'euphorie qui a caractérisé la période d'expansion : le bas niveau des taux d'intérêt dans la zone euro a entraîné une explosion du crédit et de l'investissement dans l'immobilier résidentiel. Après 2009, la dette du secteur privé en Irlande dépasse les 250 % du PIB (Graphique 4). L'éclatement de la bulle financière et l'effondrement des prix ont mis en difficulté les banques irlandaises. Elles n'ont évité la faillite que grâce à leur refinancement par la BCE et à leur renflouement par l'État irlandais, ce qui a fait bondir le déficit budgétaire à -32,3 % du PIB, en 2010, et la dette publique à 86,8 % du PIB. Il y a eu transfert de la dette bancaire à la dette publique.

Les enchaînements ont été dès lors les mêmes qu'en Grèce : dégradation de la note et envolée des taux d'intérêt, tandis que le gouvernement irlandais mettait en place des plans de rigueur extrêmes (baisse du salaire minimum, des prestations sociales, suppression de 8 % des emplois publics, réduction des salaires des nouveaux fonctionnaires, baisse des retraites, augmentation de l'impôt sur le revenu, des taxes sur les carburants, de la TVA). Le plan d'aide de la troïka de 67,5 milliards d'euros et les mesures d'austérité imposées à sa population n'ont pas empêché l'Irlande de maintenir son très faible impôt sur les sociétés, à 12,5 %, qui fait d'elle la tête de pont des multinationales américaines vers le marché intérieur européen. En 2010, l'Irlande a renoué avec la croissance et, en 2013, avec les excédents courants. Le pays a eu dès lors de nouveau accès à un financement par les marchés financiers. Il est sorti de la procédure pour déficit excessif, en 2015, et a rejoint les pays proches de l'équilibre de plein-emploi avec un taux de chômage de 5 % en 2019.

La crise en Espagne a procédé de mécanismes relativement similaires à ceux de l'Irlande : une situation des finances publiques saine, en 2007 (excédent budgétaire à 2 % du PIB, dette publique à 35,5 %), une économie très dépendante du secteur de l'immobilier financé par les banques (dette privée supérieure à 200 % en 2009), avec parfois le concours des régions autonomes, la formation d'une bulle immobilière qui, lorsqu'elle éclate en 2008, entraîne une réduction drastique des mises en chantier, l'augmentation des créances douteuses dans le système bancaire et des difficultés pour certaines des régions autonomes à se financer puisque leurs ressources fiscales se tarissent. La nationalisation des caisses d'épargne et de *Bankia*, la quatrième banque du pays, a permis d'éviter leur faillite. Le Mécanisme européen de stabilité a mis à disposition, en décembre 2012 et février 2013, les sommes relatives à deux prêts concédés au Fonds espagnol d'aide au secteur bancaire, d'un montant de 41 milliards d'euros pour recapitaliser les banques en difficulté. Certains épargnants ont dû aussi assumer une part des pertes. Plusieurs plans d'austérité se sont succédé avec d'importantes réformes du marché du travail, des retraites et une augmentation de la fiscalité indirecte. La conjoncture extrêmement délicate (récession de 2009 à 2013) a provoqué une envolée du chômage (26,1 % en 2013) et des difficultés importantes pour rester en deçà des limites assignées par le Pacte. L'Espagne n'est sortie qu'en 2019 de la procédure de déficit excessif mais, là aussi, c'est un succès, avec des taux sur sa dette très bas – à peine supérieurs à ceux de la France – et une baisse considérable du chômage (14,1 % en 2019).

Graphique 4

L'évolution de la dette du secteur privé au cours de la crise

En % du PIB

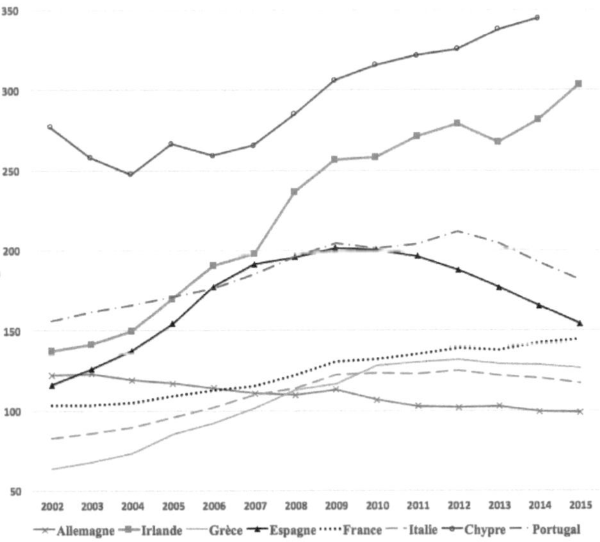

Source : Eurostat.

La crise à Chypre est aussi celle d'une économie dont les finances publiques étaient maîtrisées. L'île a été affectée par une bulle immobilière liée au développement de l'infrastructure touristique et par un surdimensionnement bancaire dû à son statut de place « *offshore* » pour les investisseurs russes ; les actifs détenus par les banques chypriotes représentaient 7,5 fois le PIB lorsque la crise éclata, en 2013, et la dette privée y dépassait les 300 % du PIB (Graphique 4). L'exposition à la Grèce des deux principales banques du pays, *Bank of Cyprus* et *Laiki*, a aggravé leurs pertes (accumulation de créances douteuses privées et effacement partiel de la dette publique grecque en février 2012). Leur sauvetage par l'État chypriote était de nature à rendre sa dette publique insoutenable. Le plan d'assistance financière de 10 milliards d'euros, mis en place en mars 2013 par la troïka, a imposé la fermeture de la banque *Laiki* et la mise en œuvre d'un prélèvement sur les dépôts supérieurs à 100 000 euros. Il a été accompagné d'un plan d'ajustement structurel (augmentation de l'impôt sur les sociétés, privatisation des entreprises publiques, report de l'âge de la retraite, gel des pensions des fonctionnaires, etc.) et d'un prêt du Mécanisme européen de stabilité. En 2015, le pays a renoué avec la croissance et a pu sortir de la procédure de déficit excessif.

En Irlande, en Espagne et à Chypre les ressorts de la crise n'ont rien à voir avec le laxisme budgétaire. La crise dans ces pays est d'abord et avant tout une crise bancaire et immobilière, comme cela l'a été également en Islande, à Dubaï ou aux États-Unis. L'amalgame a pourtant souvent été fait avec la Grèce. L'idée d'une mauvaise gestion publique s'est imposée dans le débat politique et a justifié un durcissement des règles budgétaires. Plus efficaces par rapport aux problèmes identifiés lors de ces crises, des *« flexibilités »* et un nouveau volet sur le traitement des déséquilibres macroéconomiques ont été introduits dans la dernière version du Pacte. L'union bancaire constitue la réponse la plus pertinente pour prévenir et pour gérer les défaillances bancaires (voir Chapitre 3), tandis que la mise en place d'un mécanisme d'assistance financière au sein de la zone euro a permis d'assurer un relais aux pays en difficulté avant qu'ils retrouvent leur accès au marché financier.

d) La pandémie de Covid-19 : les règles suspendues

La crise qui démarre début 2020 est liée à la propagation d'un virus avec cette fois-ci la finance en amortisseur du choc. Elle touche des économies déjà fragilisées par les crises précédentes et qui ont, pour certaines d'entre elles, accumulées un endettement important. Le choc – asymétrique à l'origine avec un épicentre en Chine – est très vite devenu symétrique lorsque l'épidémie est devenue une pandémie. Il a fallu limiter les mobilités, les échanges et confiner, ce qui a déréglé les chaînes d'approvisionnement et les circuits économiques. Le choc de départ est un choc d'offre : le taux d'utilisation des capacités de production est réduit sensiblement par le confinement mais la capacité de production demeure intacte – au moins dans un premier temps – ce qui permet d'espérer une remise en route rapide, s'il n'y a pas trop de répliques. Aucune économie ne portait une quelconque responsabilité vis-à-vis de cette nouvelle crise.

Les secteurs d'activité et les actifs apparaissent inégalement touchés par le recul de la production : très sensible pour certaines branches (transports aériens, maritimes, tourisme, hôtellerie-restauration, commerce, évènementiel), presque neutre pour d'autres (administration, bâtiment), tandis que quelques-unes affichent un surcroît d'activité (santé, industrie pharmaceutique, numérique, fabrication de vélos, etc.). Le choc d'offre s'est très vite couplé à un choc de demande avec un fléchissement de la consommation vécu là aussi de manière très inégale – nouvelle pauvreté qui affecte certains actifs (intérimaires, saisonniers, contrats à durée déterminée, travailleurs au noir), tandis que les plus aisés voient leur taux d'épargne et leur détention de liquidité sensiblement progresser. Le climat d'incertitude pèse sur les plans d'investissement des entreprises confrontées pour certaines à des rentrées insuffisantes pour assurer leur survie. Le dispositif anti-crise qui a été activé dans la zone euro et dans l'UE a consisté à agir sur cinq leviers :

- *Des politiques budgétaires nationales très expansives.* Si un certain nombre de pays européens sont là aussi entrés dans cette crise avec des finances publiques déjà à la limite (Tableau 6) – comme l'Espagne, la France et la Belgique –, un enseignement majeur a été tiré de la gestion de la crise des subprimes : les États membres doivent accepter conjoncturellement un haut niveau de déficit et surtout veiller à ne pas retirer prématurément leur soutien budgétaire. Partout, le potentiel productif a été maintenu par un soutien important à la trésorerie des entreprises (apports de fonds propres, ouverture de lignes de crédit, garanties de prêts, reports d'impôt et de charges) et par un soutien à l'emploi sous forme de prise en charge du chômage partiel à travers le dispositif européen SURE[32]. Le Conseil a activé d'emblée, le 23 mars 2020, la clause dérogatoire générale du Pacte qui suspend les règles budgétaires – mais non les procédures – afin que les États puissent conduire des politiques budgétaires très expansives. De fait, le déficit budgétaire dans l'UE est passé de -0,5 % en 2019 à -6,7 % en 2020 et la dette publique a progressé de 79,2 à 91,7 %. Comme lors de la crise des subprimes, la dégradation des finances publiques a été nettement plus prononcée aux États-Unis, au Japon et au Royaume-Uni.

- *Une politique monétaire très accommodante.* Les émissions d'obligations souveraines ont très fortement progressé dans la zone euro. Ces titres ont été achetés en grande partie par l'Eurosystème (programme d'achat lié à la pandémie, PEPP). L'Eurosystème a financé également les prêts des banques aux entreprises (opérations ciblées de refinancement à très long terme, TLTRO). La politique monétaire a pris en charge le soutien aux budgets des États et aux entreprises.

---

32. L'instrument européen de soutien temporaire à l'emploi en situation d'urgence (SURE) a ouvert une ligne de prêt de 100 milliards d'euros pour financer ces dispositifs à destination des salariés et des travailleurs indépendants.

Tableau 6

Les finances publiques dans quelques pays clés 2019-2023

En % du PIB

	Solde budgétaire					Dette publique				
	2019	2020	2021	2022	2023*	2019	2020	2021	2022	2023*
Allemagne	1,5	-4,3	-3,6	-2,5	-2,5	58,9	68,8	69,0	66,1	63,6
France	-3,1	-10,1	-6,5	-4,8	-5,5	97,4	114,9	113,0	111,9	110,6
Italie	-1,5	-9,4	-8,7	-8,6	-7,4	134,1	155,0	147,1	140,5	137,3
Espagne	-3,1	-10,1	-6,7	-4,7	-3,6	98,2	120,3	116,8	111,6	107,7
Irlande	0,5	-5,0	-1,5	1,7	1,7	57,0	58,1	54,4	44,4	43,7
Grèce	1,1	-9,8	-7,0	-2,5	-1,6	180,5	207,0	195,0	172,7	161,9
Portugal	0,1	-5,8	-2,9	-0,3	1,2	116,6	134,9	124,5	112,4	99,1
Belgique	-3,0	-9,0	-5,4	-3,6	-4,4	97,7	111,9	107,9	104,3	105,2
Zone euro 20	-0,6	-7,0	-5,2	-3,7	-3,6	85,9	99,2	96,6	92,4	90,0
UE 27	-0,5	-6,7	-4,7	-3,4	-3,5	79,2	91,7	89,0	84,8	82,9
États-Unis	-6,4	-14,8	-11,5	-4,2	-8,4	108,5	130,1	125,5	122,0	122,5
Japon	-3,0	-9,1	-6,2	-4,1	-5,4	236,3	258,7	255,4	258,0	252,1
Royaume-Uni	-2,3	-13,0	-7,9	-4,6	-5,9	85,5	105,8	105,3	100,4	97,4

* Prévisions, printemps 2024.

Source : Eurostat.

- *Un assouplissement des règles relatives aux aides d'État.* Cette mesure est possible dans le cadre du droit européen de la concurrence lorsqu'il s'agit de remédier à une perturbation grave de l'économie d'un État membre. Elle est indiscutable quand tous les pays de l'UE sont affectés.

- *Une politique d'achat et de certification européenne des vaccins.* Une politique d'achat de vaccins a été mise en place au niveau central afin de réaliser des économies d'échelle, tandis que l'Agence européenne du médicament a eu la charge de les tester avant de leur délivrer une autorisation de mise sur le marché unique.

- *Une relance budgétaire européenne de sortie de crise.* Le plan de relance européen NGEU (750 Mds d'euros, 5 % du PIB de l'UE) a été mis en place. Il alimente pour partie les plans nationaux de relance avec un fléchage des dépenses sur la transition climatique, le numérique, l'atténuation des disparités entre les économies d'Europe du Nord et celles du Sud.

e) La guerre en Ukraine et le choc sur l'offre d'énergie

L'économie européenne sortait à peine de la pandémie avec un rétablissement très progressif du commerce international que l'invasion de l'Ukraine par la Russie, le 24 février 2022, provoquait un choc sur l'offre d'énergie qui s'est transmis aux produits alimentaires. Ces ruptures des chaînes d'approvisionnement ont entraîné un pic inflationniste de 10,6 %, en octobre 2022, dans la zone euro qui se résorbe depuis avec la diversification des approvisionnements de l'UE soutenue notamment par le plan REPowerEU de la Commission européenne.

Comme tout choc d'offre symétrique, la réponse de politique économique appropriée n'est pas à chercher du côté de la politique budgétaire, hormis les dispositifs visant à réduire l'impact sur les ménages les plus modestes (bouclier tarifaire, chèque énergie, etc.), mais du côté de la restauration de l'offre et de la politique monétaire, avec le relèvement des taux directeurs de la BCE. Les finances publiques des États membres et le Pacte de stabilité et de croissance ont montré des vulnérabilités au cours et à la sortie de cette accumulation de crises :

– une orientation budgétaire procyclique, peu favorable à l'investissement, à la croissance et qui privilégie les dépenses courantes ;

– une complexité et une certaine inadaptation des règles budgétaires qui engendre leur transgression, une difficulté d'appropriation et d'adhésion politique ;

– une grande hétérogénéité de la dette publique et des positions budgétaires à la sortie avec un niveau très élevé de la dette dans certains États membres (Tableau 6).

Il était impératif, avec la réactivation du Pacte, d'aller vers des finances publiques saines et viables mais qui permettent d'investir massivement dans plusieurs secteurs d'activité dans les années à venir.

2.3.3. Le Pacte saison 4 : entre différenciation et règles mécaniques

La dernière version du Pacte se donne pour objectif de *« réduire les taux d'endettement et les déficits d'une manière progressive, réaliste, durable et propice à la croissance, tout en protégeant les réformes et les investissements dans les domaines stratégiques tels que le numérique, l'écologie, le social ou la défense »*[33]. Elle a été adoptée le 23 avril 2024. La Commission a indiqué en tenir compte dès cette même année. L'Allemagne marque encore une fois de son empreinte cet instrument, sur la base toujours d'une ligne économique *« ordo libérale »*, centrée sur la responsabilité de chaque pays, la mise en pilotage automatique des procédures budgétaires à partir de règles mécaniques. La principale nouveauté tient dans une approche différenciée selon les pays. Les modifications apportées par la directive et les deux règlements qui constituent le *« paquet »* législatif du nouveau PSC concernent la consolidation des exigences applicables aux cadres budgétaires

33. Conseil de l'UE, « Réexamen de la gouvernance économique : le Conseil et le Parlement parviennent à un accord sur une réforme des règles budgétaires », Communiqué de presse, 10 février 2024.

des États membres, le remplacement de la procédure de surveillance (volet préventif du pacte), des modifications apportées à la procédure de déficit excessif (volet correctif), tandis que la procédure de surveillance des déséquilibres macroéconomiques est maintenue en l'état.

a) Les exigences applicables aux cadres budgétaires des États membres

La manipulation du chiffre du déficit budgétaire en Grèce, en 2009, avait jeté le discrédit sur un système d'encadrement budgétaire qui reposait sur une confiance dans l'exactitude et la pertinence des statistiques produites par les États membres. Deux dispositions avaient été adoptées, dès 2010, afin d'éviter à l'avenir ce type de situation :

- Le renforcement des prérogatives d'Eurostat. L'Office statistique de l'UE n'a plus simplement un rôle de diffusion de l'information statistique transmise par les États membres mais de certification des données[34]. Pour cela, Eurostat peut accéder aux comptes de toutes les entités publiques, lors de visites méthodologiques, afin de les vérifier et de contrôler les procédures.

- La possibilité de prise de sanctions en cas de manipulation des statistiques. La Commission peut mener toutes les enquêtes qu'elle juge nécessaires dans un État membre lorsqu'elle a des soupçons dans ce domaine. S'il est établi qu'un État a fait des déclarations erronées, il peut encourir une amende jusqu'à 0,2 % de son PIB.

Le cadre de gouvernance économique de la politique budgétaire avait été également renforcé à cette même époque avec la création de Conseils budgétaires nationaux consultatifs et indépendants dans tous les États membres[35], suivie par celle du Comité budgétaire européen (CBE), le 1er novembre 2015, par une décision de la Commission européenne[36] dont il constitue *« un organe consultatif indépendant »*. Ses cinq membres sont choisis et nommés directement par la Commission, après consultations du Conseil et du Parlement européen. Le CBE contribue, à titre consultatif, à l'exercice des fonctions de la Commission et du Conseil en matière de surveillance budgétaire multilatérale. Ses missions ont été précisées dans le nouveau Pacte. Elles consistent à :

– évaluer la mise en œuvre du cadre de gouvernance budgétaire de l'Union ;

– juger de la bonne adéquation des orientations budgétaires prises au niveau de la zone euro et au niveau national dans le cadre des règles du Pacte. Il s'agit d'établir une cohérence horizontale entre les

34. Règlement UE n° 679/2010 du Conseil du 26 juillet 2010.

35. Le Haut Conseil des finances publiques en France, créé le 17 décembre 2012, placé auprès de la Cour des comptes et présidé par le premier président de la Cour.

36. Décision (UE) 2015/1937 de la Commission du 21 octobre 2015.

décisions adoptées au niveau de chaque État membre afin de dégager une orientation budgétaire globale pour la zone ;

– fournir des avis sur la mise en œuvre du Pacte, y compris sur la mise en place des clauses dérogatoires ;

– coopérer étroitement avec les institutions budgétaires nationales indépendantes, en vue de promouvoir les échanges de bonnes pratiques ;

– formuler des suggestions sur son évolution future.

Les exigences de l'UE relatives aux cadres budgétaires des États membres ont été renforcées afin de mieux répondre aux besoins de la bonne conduite de la politique budgétaire : existences de systèmes nationaux de comptabilité publique fiables, de normes de présentation communes, de données de bonne qualité et de haute fréquence (trimestrielle), de règles et de procédures pour établir les prévisions sur des bases réalistes afin que soit élaborer un tableau de bord correct et que puisse être effectué un bon suivi des évolutions relatives au déficit et à la dette, insistance mise sur l'existence d'organismes indépendants vis-à-vis des autorités budgétaires nationales en charge d'évaluer ou de réaliser les prévisions macroéconomiques. Toute latitude est laissée aux États membres sur le choix du type d'organisme en fonction de leur structure administrative et de leur paysage institutionnel respectifs. Ils ont vocation à intégrer les risques macrobudgétaires liés au changement climatique, à assurer une bonne couverture des organismes divers qui entrent dans le périmètre des administrations publiques, à étendre leurs réflexions au-delà du cycle budgétaire annuel, dans la mesure où beaucoup de mesures ont des incidences sur un horizon plus lointain, et à prendre en compte les engagements conditionnels.

b) La procédure de surveillance budgétaire : le volet préventif

Cette procédure a remplacé celle présente dans la version précédente du Pacte qui a été abrogée. Tous les États membres élaborent un *« plan national budgétaire structurel à moyen terme »* d'une durée de quatre ou cinq ans. C'est sur cet horizon que chaque pays prend l'engagement, négocié avec la Commission, de suivre une *« trajectoire de référence »* personnalisée afin d'abaisser sa dette et son déficit. L'indicateur qui est suivi est celui des *« dépenses annuelles nettes »*. La trajectoire peut être allongée jusqu'à sept ans dès lors qu'un pays met en place des réformes et effectue des investissements propres à améliorer son potentiel de croissance. Ce cadre général appelle plusieurs précisions :

– le *« plan national budgétaire structurel à moyen terme »* est le document préparé par le ministère de l'Économie et des Finances de chaque État membre pour le 30 avril qui marque la dernière année du plan déjà en vigueur. Par la suite, un rapport annuel précise, à la même date, l'état d'avancement de sa mise en œuvre. Le plan national indique quels sont les engagements budgétaires, sur la base de quelles réformes, de quel programme d'investissement à horizon de quatre ou cinq ans et les corrections apportées aux déséquilibres excessifs pointés par la procédure relative aux déséquilibres macroéconomiques. Les hypothèses macroéconomiques et les prévisions à la base de son élaboration sont précisées. Le plan est accompagné de l'avis du Conseil budgétaire national. Il est évalué par la Commission et approuvé par le Conseil qui peut formuler des recommandations en cas de non-respect par l'État membre de ses engagements ;

– les *« dépenses annuelles nettes »* sont les dépenses publiques dont sont déduits les versements d'intérêts, les dépenses relatives aux programmes de l'UE et des éléments cycliques (recettes discrétionnaires, dépenses d'allocations chômage) afin d'avoir une vision épurée des dépenses ;

– la *« trajectoire de référence »* est la trajectoire pluriannuelle de diminution des dépenses nettes proposée par la Commission pour donner une orientation à chaque État membre dès lors que ses indicateurs de finances publiques – dette publique et déficit public – dépassent les valeurs de référence définies par le traité (60 % pour la dette, 3 % pour le déficit).

La trajectoire doit garantir la soutenabilité de la dette. Elle est différenciée selon la situation propre à chaque État membre puisque leur situation de départ est contrastée. À partir de là plusieurs ratios ont été introduits pour baliser l'effort à consentir et pour cadrer toutes les éventualités rendant les règles très complexes. Quatre garanties sont demandées à la trajectoire de référence, les deux premières pour assurer la viabilité de la dette, les deux dernières pour sauvegarder la résilience du déficit.

Le ratio projeté de la dette des administrations publiques au PIB doit diminuer d'un montant annuel moyen minimal de :

a) 1 point de PIB tant que le ratio de la dette publique au PIB dépasse 90 % ;

b) 0,5 point de PIB lorsque le ratio de la dette des administrations publiques sur le PIB est compris entre 60 % et 90 %.

L'ajustement budgétaire s'effectue, quant à lui, jusqu'à ce que l'État membre atteigne un niveau de déficit qui lui assure *« une marge de résilience en termes structurels »* :

a) cette marge de sécurité a été fixée à 1,5 % du PIB, c'est-à-dire que les pays poursuivent leur ajustement budgétaire jusqu'à un niveau en deçà de la valeur de référence de 3 % du PIB prévue par le traité afin de constituer un coussin budgétaire en cas de choc défavorable ;

b) l'amélioration du solde primaire structurel pour atteindre ce niveau est fixée entre 0,25 et 0,4 point de PIB par an.

Trois remarques peuvent être faites à ce processus d'ajustement budgétaire :

– la référence au solde structurel demeure. Or c'est, pour les économistes, un indicateur perçu comme instable, fortement tributaire du mode de calcul utilisé. Selon les méthodologies retenues par les organisations internationales et les hypothèses faites sur la sensibilité des différentes recettes et dépenses à une variation de l'activité, les évaluations divergent[37] ;

– quelques investissements ont été sortis de la garantie de viabilité de la dette – ceux liés aux prêts de la facilité pour la reprise et la résilience ainsi qu'au cofinancement national des fonds de l'Union en 2025 et 2026 – mais pas les investissements publics liés au climat, ce qui n'est pas en phase avec les objectifs que s'assigne l'UE dans le cadre du Pacte vert ;

– l'ajustement imposé s'annonce sévère. Des simulations ont été faites par Zettelmeyer, Darvas et Welslau[38] qui montrent que, dans l'hypothèse d'un ajustement sur sept ans, sept pays de l'UE devront maintenir durant toute la période une réduction annuelle de leurs déficits primaires de 0,4 % et que dix pays devront maintenir des excédents primaires à long terme de plus de 2 %.

La Commission est chargée de mettre en place un *« compte de contrôle »* pour enregistrer les écarts de dépenses nettes par rapport à la trajectoire de référence. Elle peut effectuer des missions pour ce contrôle dans les États membres qui font l'objet de recommandations et s'adjoindre, le cas échéant, les services des représentants de la BCE. La *« clause dérogatoire générale »*, activable en cas de chocs majeurs dans la zone euro et l'UE comme lors de la pandémie de Covid-19, est toujours présente. Elle permet de s'écarter de la trajectoire de dépenses nettes sans remettre en cause la viabilité budgétaire à moyen terme. Elle est doublée de *« clauses dérogatoires nationales »* qui peuvent être également activées.

c) La procédure de déficit excessif (PDE) : le volet correctif

Sept États membres de l'UE dont la France relève d'une PDE depuis la décision du Conseil en date du 26 juillet 2024. Son déclenchement s'opère dans trois cas de figure :

– la dette franchit le seuil des 60 % du PIB ;

---

37. Le SEBC et la Commission européenne appliquent des méthodes différentes qui aboutissent à des *« niveaux qui diffèrent sensiblement sur de nombreuses années »*. BCE, « Encadré 6 : le solde budgétaire structurel considéré comme un indicateur de la situation budgétaire sous-jacente », *Bulletin mensuel*, septembre 2014, p. 85-88.

38. J. Zettelmeyer, Z. Darvas, L. Welslau, « Assessing the Ecofin compromise on fiscal rules reform », *Bruegel*, 21 December 2023.

– la position budgétaire n'est pas proche de l'équilibre ou excédentaire ;

– les écarts enregistrés dans son compte de contrôle dépassent 0,3 point de PIB par an ou 0,6 point de PIB cumulé.

La Commission doit prend en compte *« tous les facteurs pertinents »*, dans l'appréciation portée sur la situation de chaque État membre, ceux qui impactent la dette, son financement, la croissance mais aussi l'augmentation éventuelle de la dépense publique dans le domaine de la défense et des contributions liées à la solidarité internationale. Le Conseil décide s'il y a ou non un déficit excessif. En cas de confirmation de ce dernier, il adresse des recommandations à l'État membre concerné, afin qu'il corrige sa politique par l'adoption de mesures appropriées dans un délai de six mois. Deux cas de figure se présentent :

- Si la PDE est ouverte sur la base du critère du déficit, la correction à apporter dans les dépenses nettes passe par une amélioration du solde budgétaire structurel de 0,5 % point de PIB par an. Une clause transitoire a été négociée afin de prendre en compte la montée des taux d'intérêt souverains dans les pays de l'UE depuis la mi-2022 : l'augmentation des charges d'intérêts ne sera pas prise en compte pour apprécier si le déficit baisse bien à cette hauteur, d'ici à 2027, afin de soulager temporairement les pays très endettés. *« Cela facilitera la vie des gouvernements actuels qui ont négocié le compromis, mais compliquera celle de leurs successeurs, sans aucun gain... il n'est pas logique de mesurer ces exigences d'ajustement d'une manière qui inclut les paiements d'intérêts »*[39].

- Si la PDE est ouverte sur la base du critère de la dette, l'exigence d'ajustement est moindre : il suffit de corriger les écarts cumulés du compte de contrôle.

Des mises en demeure sont prévues en cas d'inaction. Et si un État membre ne respecte toujours pas ses obligations, il peut être mis à l'amende. Son montant s'élèverait jusqu'à 0,05 % du PIB pour une période de six mois avec la possibilité de réitérer l'opération de six mois en six mois pour le cas où aucune action correctrice suivie d'effets n'est engagée.

Dans les versions précédentes du PSC, un dispositif de mise à l'amende existait déjà (le montant était fixé une fois pour toute à 0,2 % du PIB) sans qu'il n'ait jamais été mis en œuvre. Il est toujours apparu contre-productif et politiquement inapproprié d'imposer des sanctions à un pays confronté à la récession, l'austérité budgétaire, un chômage élevé et qui pouvait être *« sous-programme »*, sauf à le mettre encore

39. J. Zettelmeyer, Z. Darvas, L. Welslau, « Assessing the Ecofin compromise on fiscal rules reform », art. cité.

davantage en difficulté et à s'exposer à un mouvement de rejet de l'intégration européenne.

Par ailleurs, le *« two-pack »* (deux règlements), qui avait été mis en place le 30 mai 2013, pour surveiller les situations budgétaires les plus dégradées, est maintenu. Il impose un encadrement plus drastique aux pays qui sont sous assistance financière d'un ou de plusieurs autres États membres, du Mécanisme européen de stabilité, voire du FMI. Le two-pack donne un cadre réglementaire à la pratique qui s'était instaurée avec la troïka en Grèce, en Irlande, au Portugal et à Chypre. Le pays en crise doit mettre en place, de concert avec la Commission et la BCE, un programme d'ajustement dont les progrès et les difficultés font l'objet d'un suivi, avec des échanges de vues avec sa représentation parlementaire. Ce dispositif se maintient tant qu'il n'a pas remboursé au moins 75 % de l'assistance financière reçue.

d) La procédure de surveillance des déséquilibres macroéconomiques (PDM)

Le Pacte de 2011 avait instauré une nouvelle procédure de surveillance qui porte sur les déséquilibres macroéconomiques. Elle est maintenue en l'état dans le Pacte 2024 avec un mécanisme de détection et la possibilité d'aller jusqu'à des sanctions.

- La détection repose sur l'examen par la Commission d'un tableau de bord composé de 14 indicateurs principaux (Tableau 7), comme le solde des comptes courants, l'évolution des coûts salariaux, des taux de change réels effectifs, de la dette privée, des prix de l'immobilier, des taux d'activité, du chômage de longue durée, etc. Aucun indicateur lié au changement climatique ne figure dans ce tableau. Lorsque le seuil fixé pour un indicateur est franchi, une alerte est déclenchée.

- La Commission a la charge de faire un *Rapport sur le mécanisme d'alerte* (RMA) qui est le point de départ de la PDM suivante, afin de traiter le déséquilibre identifié, susceptible de mettre en péril le fonctionnement de la zone euro. Sur recommandation de la Commission, le Conseil peut demander à l'État membre concerné d'engager une action correctrice dans un délai donné. Un excédent courant supérieur à 6 % constitue, par exemple, un déséquilibre économique (et non 4 % comme sur la partie déficit). Mais l'Allemagne, l'Irlande et les Pays-Bas qui connaissent des excédents courants substantiels et persistants ont toujours été considérés comme *« en déséquilibre »* et non *« en déséquilibre excessif »*. Il n'y a pas eu d'incitations à les résorber sous la forme, par exemple, d'une croissance plus forte des salaires dans ces pays, ce qui aurait facilité le rééquilibrage sur l'ensemble de la zone. La Commission n'a pas exercé son droit d'engager une procédure pour déséquilibre excessif. Le nouveau Pacte tente d'améliorer ce point en intégrant dans le plan national budgétaire structurel à moyen terme les corrections à apporter aux déséquilibres excessifs.

Tableau 7

Tableau de bord

Indicateurs	Définition	Seuils fixés
Solde des comptes courants	Échanges de biens, de services, de revenus et transferts (moyenne sur 3 ans)	De -4 % à + 6 % du PIB
Position extérieure nette	Bilan en termes de stocks du patrimoine financier et monétaire d'un pays vis-à-vis de l'extérieur.	-35 % du PIB
Part de marché des exportations	Évolution du ratio des exportations par rapport à la demande mondiale.	-6 %
Coûts salariaux	Indice des coûts salariaux unitaires nominaux (2010 = 100), variation en % sur 3 ans	+/-9 % Z€ 12 % hors Z€
Taux de change effectif réel	Par rapport à 42 partenaires commerciaux (variation en % sur 3 ans)	+/- 5 % Z€ +/-11 % hors Z€
Flux de crédit aux agents privés	Prêts et titres accordés aux entreprises et aux ménages autres que les actions	14 % du PIB
Dette des agents privés	Contrepartie en termes de stocks des flux de crédit	133 % du PIB
Prix de l'immobilier	Évolution annuelle de l'indice des prix du logement	6 % par an
Dette publique		60 % du PIB
Taux de chômage	Moyenne sur 3 ans	10 %
Engagements du secteur financier	Total non consolidé (variation en % sur 1 an)	16,5 %
Taux d'activité	% de la population de 15-64 ans (variation sur 3 ans en points de pourcentage)	-0,2 %
Taux de chômage à long terme	% de la population active de 15-74 ans (variation sur 3 ans en points de pourcentage)	0,5 %
Taux de chômage des jeunes	% de la population active âgée de 15-24 ans (variation sur 3 ans en points de pourcentage)	0,2 %

Source : Commission européenne.

- Si l'État membre ne met pas en place les mesures correctives préconisées par le Conseil, un dépôt rémunéré, égal à 0,1 % du PIB, peut lui être imposé. Il sera converti en une amende annuelle au cas où la situation resterait non corrigée après deux recommandations successives.

2.4. *Le Traité sur la stabilité, la coordination et la gouvernance (TSCG) au sein de l'UEM et la pseudo « règle d'or »*

Peu de temps après le lancement de la troisième réforme du Pacte par le *« six-pack »*, en 2011, et avant même l'adoption du *« two-pack »*, en 2013, 25 des 27 États membres[40] de l'UE signaient, le 2 mars 2012, le traité sur la stabilité, la coordination et la gouvernance (TSCG) au sein de l'UEM, parfois qualifié de *« traité budgétaire européen »*. Le TSCG est entré en vigueur le 1er janvier 2013.

La plus-value économique de ce traité par rapport au six-pack, dont il reprend les principaux ratios, n'était guère évidente : la Commission elle-même avait jugé ce traité, au départ, *« superflu »*. Mais le nouveau Pacte n'avait fait l'objet d'aucun débat ni vote dans les Parlements nationaux alors qu'il infléchissait en profondeur les politiques budgétaires nationales. La légitimité démocratique de cet instrument était discutable notamment en cas d'alternance politique. La raison d'être du TSCG tenait à la volonté allemande qu'il y ait un engagement politique sans ambiguïté de la part de tous les États contractants en faveur de l'équilibre budgétaire sur la base d'un texte plus concis que le six-pack (il tient en seize articles) et qui procède d'un traité intergouvernemental – malgré sa non-intégration dans le cadre juridique de l'UE. Il était vu également comme la contrepartie à la mise en place d'une assistance aux pays en difficulté. Le TSCG est lié au traité qui institue le Mécanisme européen de stabilité (MES), signé un mois auparavant, le 2 février 2012 : l'assistance apportée dans le cadre du MES à un État membre est conditionnée à la ratification du TSCG par ce dernier. L'intérêt de ce texte tenait essentiellement à ses articles 3 et 4 qui développaient les deux règles budgétaires sur lesquelles se fondait le Pacte de troisième génération :

– l'article 3 impose une règle d'équilibre budgétaire, voire d'excédent, et considère qu'elle est respectée avec un déficit structurel limité à 0,5 % du PIB, pouvant aller jusqu'à 1 % si la dette est inférieure à 60 %. Il contraint les États membres à intégrer cette règle dans leur droit national par des dispositions constitutionnelles ou d'une valeur juridique suffisante pour en garantir le respect[41] ;

– l'article 4 impose un rythme de réduction de l'endettement d'au moins 1/20e par an dès lors que le ratio de dette d'un État membre dépasse les 60 %.

Concernant cette dernière règle, le TSCG peut sembler quelque peu anachronique. Il n'y est plus fait référence dans le Pacte versus 4. La règle du 1/20e est restée secondaire et n'a jamais été appliquée car il

40. Sans le Royaume-Uni et la République tchèque.

41. La France n'a pas révisé sa Constitution et a inscrit cette règle budgétaire dans une loi organique. Le Conseil constitutionnel en contrôle l'application.

fallait éviter qu'elle *« n'entraîne des ajustements de grande ampleur »*[42]. Mal calibrée, elle aurait impliqué des efforts trop importants au regard du niveau des ratios d'endettement de certains pays. Elle est devenue de fait inutilisable et a été fort sagement oubliée.

Le TSCG était souvent présenté comme le Traité qui instaurait la *« règle d'or »* des finances publiques, ce qui est discutable. La vraie règle d'or des finances publiques indique qu'il est légitime de financer des investissements publics par du déficit budgétaire puisqu'ils serviront sur de nombreuses années, voire au-delà d'une vie d'homme. Les générations futures remboursent légitimement une dette qui a permis de mettre en place des infrastructures et des équipements publics dont elles profitent également. Or, avec une limite du déficit structurel fixée dans le TSCG à 0,5 % du PIB, la dette publique tend vers zéro, ce qui veut dire que l'on n'investit plus pour les générations futures.

2.5. Le Mécanisme européen de stabilité (MES) et la gestion de crise

Les pays non membres de la zone euro bénéficiaient d'un mécanisme de soutien financier en cas de difficultés de balance des paiements. Il avait été notamment activé pour la Lettonie, la Hongrie et la Roumanie. Les pays membres de la zone euro n'en avaient paradoxalement aucun. Le premier plan de secours pour la Grèce a ainsi été financé sur la base d'un accord intergouvernemental soutenu par le FMI lorsqu'il est apparu que ce pays ne pouvait plus accéder dans des conditions normales au financement par les marchés financiers.

C'est seulement le 10 mai 2010, soit quelques jours après l'adoption du premier plan d'aide à la Grèce, que l'UE et la zone euro se sont dotées dans l'urgence de deux mécanismes de soutien provisoire en faveur des États menacés d'un défaut de paiement. Ils pouvaient être abondés par des emprunts auprès du FMI et le soutien de ses experts. Ils ont été relayés en 2012 par un mécanisme pérenne.

- Le *Mécanisme européen de stabilisation financière* (MESF) permettait à la Commission européenne de lever jusqu'à 60 milliards d'euros afin de financer des prêts aux États membres de l'UE en difficulté. Les prêts étaient assortis d'une stricte conditionnalité, afin de limiter l'aléa moral, dans le cadre des programmes d'ajustements structurels de l'UE et du FMI.

- Le *Fonds européen de stabilité financière* (FESF) est aussi un instrument de soutien de transition. C'est une société privée de droit luxembourgeois détenue par les pays de la zone euro avec un conseil d'administration qui est ici tout simplement l'Eurogroupe. Cet instrument, dont les actionnaires sont les États, a coiffé les prêts bilatéraux

42. OCDE, *Zone euro*, Études économiques, Synthèse, juin 2016, p. 38.

ou les garanties de prêts octroyés aux pays en difficulté. Sa capacité de prêts a été fixée à 440 milliards d'euros. Conformément aux vœux allemands, il ne s'agissait pas d'une *« union de transferts budgétaires »* : il n'était pas question de subventions mais d'une garantie au prorata de la contribution de chacun. Le FESF était par conséquent compatible avec la clause de non-renflouement. L'octroi de prêts à un pays en difficulté était subordonné à une stricte conditionnalité. Ses activités de prêt ont cessé le 30 juin 2013, mais il s'éteindra lorsque l'Irlande, le Portugal et la Grèce auront remboursé tous leurs prêts.

• Le *Mécanisme européen de stabilité* (MES) a été institué par un traité intergouvernemental signé le 2 février 2012, lié au TFUE[43] et au TSCG. Il a pris le relais du MESF et du FESF, le 8 octobre 2012, mais avec le statut d'une organisation intergouvernementale de droit public propre aux pays membres de la zone euro qui en sont les actionnaires, – au prorata de leurs parts dans le capital de la BCE –. Les décisions au sein du MES sont prises à l'unanimité par son Conseil des gouverneurs qui est l'Eurogroupe. Une procédure d'urgence peut être activée qui nécessite une majorité à 85 %. Cette disposition donne un droit de veto à l'Allemagne, à la France et à l'Italie, mais prive les petits pays, sauf à former une coalition, d'un pouvoir de blocage. À la différence du FESF, qui fonctionnait sur une garantie directe des États, le MES dispose d'un capital de 700 milliards d'euros. C'est le capital le plus élevé de toutes les institutions financières internationales. Au cours de la crise de la dette, il a aidé cinq pays avec succès en dépensant 295 milliards d'euros. Sa palette d'instruments est la suivante :

– l'octroi de prêts dans le cadre d'un programme d'ajustement macroéconomique. C'est l'outil qui a été utilisé en direction de l'Irlande (décembre 2013), du Portugal (mai 2014), de la Grèce (août 2015) et de Chypre (mars 2016) ;

– l'achat d'obligations des États membres sur le marché de la dette primaire et secondaire (inutilisé) ;

– l'ouverture d'une ligne de crédit à titre préventif (inutilisé) ;

– la recapitalisation des institutions financières via des prêts aux gouvernements. C'est l'outil utilisé en direction de l'Espagne (décembre 2013) ;

– la recapitalisation directe des institutions financières (inutilisé).

Le MES est un *« super FMI »*. Il se présente comme le prêteur en dernier ressort pour la zone euro qui se finance sur les marchés –

43. Le TFUE a dû être modifié par l'ajout d'un troisième paragraphe à l'article 136. *« Les États membres dont la monnaie est l'euro peuvent instituer un mécanisme de stabilité qui sera activé si cela est indispensable pour préserver la stabilité de la zone euro dans son ensemble. L'octroi, au titre du mécanisme, de toute assistance financière nécessaire, sera subordonné à une stricte conditionnalité. »*

contrairement à ce dernier – et à des conditions avantageuses grâce à sa bonne notation. Si le MES assure le relais en matière d'assistance financière, le temps qu'un pays retrouve l'accès au marché financier, il ne dispose néanmoins pas d'une licence bancaire, ce qui lui interdit un refinancement auprès de la BCE. Sa structure intergouvernementale entraîne des procédures de décision lentes et complexes, ce qui peut s'avérer inadapté à la réactivité requise par une crise financière. Son soutien se veut peu attrayant quant au niveau de ses taux et versé par tranches afin de limiter l'aléa moral. Sa mise en œuvre fait l'objet d'une double conditionnalité pour les États qui y ont recours : ratification du TSCG et mise en œuvre d'un programme d'ajustement structurel macroéconomique négocié avec la troïka ou son équivalent.

Les États membres de la zone euro, qui ont redécouvert avec les crises que le risque de défaut d'un pays existe[44], se sont dotés d'un pare-feu afin de renforcer, dans les pays en difficulté, la soutenabilité de la dette et d'éviter la contagion à l'ensemble de la zone euro. Avec le MES, la zone euro avait pris l'option de doubler les interventions du FMI par un Fonds européen relativement similaire, quoique doté d'instruments plus larges et de moyens financiers plus importants, avant de s'orienter avec NGEU vers un peu plus de fédéralisme budgétaire.

3. La politique fiscale : entre coordination et concurrence

La fiscalité est devenue une question européenne, voire internationale pour certains impôts, en raison de ses interactions avec l'euro, le marché intérieur et la libre circulation des capitaux. Elle a toujours été une source de conflits entre la Commission et le Conseil, et, au sein du Conseil, entre les États membres, dans l'un des derniers domaines où la prise de décision s'effectue selon la règle de l'unanimité. Les pays européens tenaient à conserver cet espace de souveraineté. Mais il est apparu de plus en plus illusoire avec l'érosion de leur base d'imposition la plus mobile (le capital), consécutive à un processus de concurrence, d'évasion, voire de fraudes fiscales, et la récupération des pertes fiscales sur leur base la plus captive (le travail et la consommation). Ce redéploiement des structures fiscales touche à ses limites. Les systèmes fiscaux des pays européens doivent trouver de nouveaux équilibres entre efficacité économique et équité, tout en permettant aux États de conserver leur capacité à lever des impôts. La crise de la dette souveraine a augmenté la sensibilité aux pratiques fiscales dommageables.

44. L'Allemagne a fait trois fois défaut sur sa dette souveraine dans les cent dernières années. L'Autriche, la Grèce, l'Italie, le Portugal et l'Espagne ont aussi expérimenté au moins une fois un défaut sur leur dette souveraine depuis 1824. La dernière banqueroute de la France remonte au 30 septembre 1797 avec la banqueroute des deux tiers.

Les dissensions entre pays européens sur ces questions n'ont été dépassées que grâce à la pression des États-Unis, du G20 et à la fourniture par l'OCDE d'une boîte à outils pour tenter de contrôler les pratiques les plus nocives.

3.1. Les différences des fiscalités nationales

En 2021, le total des recettes fiscales dans l'UE à 27 atteignait en moyenne 40,7 % du PIB, en hausse sur les dix dernières années (+2,5 points depuis 2011) et à un niveau sensiblement plus élevé qu'aux États-Unis ou au Japon, où ce ratio était respectivement, selon l'OCDE, à 26,5 % et à 34,1 %. Le poids de la fiscalité et les dépenses publiques qui lui sont liées font partie des éléments structurants du modèle européen d'*« économie sociale de marché »*. C'est là un marqueur important des économies européennes.

En tête du classement des Vingt-Sept pour le niveau de ses recettes fiscales (Tableau 8), figurent le Danemark (48,1 %), suivi par la France (45,1 %), la Belgique (43,6 %), l'Autriche (43,3 %), l'Italie (43,3 %), la Finlande (43,0 %), la Suède (42,8 %), l'Allemagne (41,1 %), des pays qui relèvent du modèle nordique et du modèle continental d'État-providence, dont l'offre très large de biens et de services publics permet de justifier de ce niveau de prélèvement. Les taux les plus bas sont observés en Irlande (21,1 %) et dans certains nouveaux États membres à la périphérie de l'UE, soit la Roumanie (26,5 %), Malte (29,9 %), la Lettonie (30,4 %), la Bulgarie (30,7 %), la Lituanie (32,2 %), l'Estonie (33,5 %) qui transposent chez eux le modèle de développement économique irlandais fondé sur l'attractivité fiscale.

Le classement établi pour les recettes fiscales en pourcentage du PIB est quasiment le même que celui établi pour les dépenses de protection sociale en pourcentage du PIB (voir Chapitre 5). Le lien est direct entre les prélèvements obligatoires et l'importance de la couverture sociale. La structure fiscale se partage entre approximativement trois tiers, au niveau de l'UE et de la zone euro, un tiers pour les impôts directs, un tiers pour les impôts indirects et un tiers pour les cotisations sociales. Derrière apparaît une importante diversité entre les États membres. L'opposition de fond s'établit autour du mode de financement de la Sécurité sociale. Il y a coexistence entre deux systèmes :

– les systèmes d'assurances sociales *« bismarckiens »* dont les prestations sont financées par des cotisations patronales et salariales (République tchèque, Slovaquie, Slovénie, Roumanie, Allemagne, Espagne, Autriche, Pologne, Estonie, Pays-Bas, Grèce, France, Lituanie) ;

Tableau 8

Niveau et structure des recettes fiscales des pays de l'UE en 2021

	Recettes totales % du PIB	Structure fiscale en % des recettes totales		
		Impôts directs[1]	Impôts indirects[2]	Cotisations sociales
Allemagne	**41,1**	33,5	27,1	39,5
Autriche	**43,3**	32,2	32,5	35,4
Belgique	**43,6**	38,3	31,7	30,1
Chypre	**36,0**	28,8	39,8	31,5
Espagne	**38,4**	32,3	32,3	35,4
Estonie	**33,5**	24,9	40,4	34,7
Finlande	**43,0**	39,6	32,5	27,9
France	**45,1**	30,1	37,2	32,6
Grèce	**39,4**	23,9	43,4	32,8
Irlande	**21,1**	51,4	33,4	15,1
Italie	**43,3**	34,9	34,0	31,1
Lettonie	**30,4**	23,3	44,9	31,9
Lituanie	**32,2**	30,3	38,1	31,7
Luxembourg	**38,6**	41,5	31,1	27,4
Malte	**29,9**	46,0	33,9	18,1
Pays-Bas	**39,7**	34,7	32,2	33,1
Portugal	**35,4**	27,3	43,1	29,5
Slovaquie	**35,9**	22,2	34,5	43,3
Slovénie	**38,2**	22,2	34,9	43,0
Zone euro 19	**41,1**	**33,2**	**32,5**	**34,3**
Bulgarie	**30,7**	21,8	49,3	28,8
Croatie	**35,6**	15,7	53,6	30,7
Danemark	**48,1**	67,6	32,3	0,1
Hongrie	**33,9**	16,7	52,4	30,9
Pologne	**36,8**	22,8	41,9	35,3
République tchèque	**35,9**	21,4	32,6	46,0
Roumanie	**26,5**	19,5	40,8	39,7
Suède	**42,8**	43,1	50,7	6,3
UE 27	**40,7**	**33,6**	**34,0**	**32,5**

1. Impôts sur le revenu, le patrimoine et les bénéfices des sociétés.

2. Impôts sur la production et les importations.

Source : Eurostat.

– les systèmes de Sécurité sociale universels, ou *« beveridgiens »*, qui tirent leurs ressources des impôts directs avec des cotisations sociales relativement faibles (Danemark, Suède, Irlande, Malte, Luxembourg, Finlande).

Les autres pays combinent à des degrés divers le financement par les cotisations sociales et par l'impôt. Ces disparités des structures fiscales sont le produit de l'histoire sociale des pays européens et de délicats compromis nationaux. Elles rendent illusoire, voire impossible, un éventuel rapprochement des structures fiscales qui fragiliserait les États membres et n'aurait de plus aucune justification théorique.

L'hétérogénéité fiscale est forte entre les pays qui partagent l'euro. Il n'y a pas de coordination particulière en matière de politique fiscale pas plus qu'il n'y a de recherche d'une certaine convergence, alors que ces pays ont un environnement économique plus homogène.

L'opposition entre les anciens et les nouveaux États membres n'est pas non plus conclusive tant la trajectoire de ces pays peut être différente. De nouveaux États membres comme Chypre, la Croatie, la Hongrie, la Pologne et la République tchèque sont dans une situation relativement similaire à celles de l'Espagne, de la Grèce et du Portugal, des pays qui relèvent, comme eux, du Fonds de cohésion, réservé aux États membres dont le PNB par habitant est inférieur à 90 % de la moyenne communautaire.

Tous les pays *« de la cohésion »* ont en commun l'importance prise par leurs impôts indirects au regard de leurs impôts directs, ce qui constitue la marque de pays en retard de développement pour lesquels la légitimité de l'impôt est moins forte. Les pays hors zone euro se signalent sur ce plan par les taux les plus élevés, proches ou même dépassant les 50 % des recettes totales (Hongrie, Suède et Bulgarie).

3.2. L'harmonisation de la taxe à la valeur ajoutée (TVA)

Les impôts sur la consommation posaient des problèmes particuliers dans le processus de marché unique. Les formalités relatives à leur apurement étaient acquittées lors du franchissement des frontières qui y trouvaient en partie la justification de leur existence. Il constituait une entrave aux échanges qui empêchait les transactions entre pays de la Communauté d'avoir la même fluidité que les transactions au sein d'un même pays. Les différences de taux entre les États membres peuvent générer des distorsions de concurrence de nature à compromettre le bon fonctionnement du grand marché et à atténuer la capacité de certains États à maintenir le niveau de recettes issues jusqu'alors de ces impôts. La Commission, guidée par une volonté constante de tendre vers une unification fiscale dans ce domaine, a buté de façon récurrente sur une résistance du Conseil qui a entraîné une simple harmonisation de la fiscalité sur la consommation.

3.2.1. La diversité dans l'application de la TVA avant le marché unique

Les impôts sur la consommation se répartissent entre la TVA et les droits d'accise perçus sur la vente de certains produits : le tabac, l'alcool, le café, le thé, les huiles minérales et les produits pétroliers. Tous les acteurs économiques ne sont pas dans la même situation vis-à-vis de la TVA. Les producteurs y sont *« assujettis »* : ils la collectent pour le compte de l'État en l'ajoutant au prix de leurs biens et services avant de retrancher de cette somme la TVA qu'ils supportent sur leurs achats. Leur calcul économique se fonde sur des prix hors taxes alors que les *« non-assujettis »*, c'est-à-dire les particuliers, les administrations, les communes, les hôpitaux, les banques et les assurances (assujettis partiels), paient cet impôt sur leur consommation et raisonnent sur des prix toutes taxes comprises. Si tous les pays de la Communauté avaient mis en place un système de TVA, la Commission constate, lorsqu'elle ouvre ce dossier, en 1987, que leurs modalités d'application étaient marquées par une forte diversité :

– entre le nombre de taux en vigueur. Si cinq taux étaient appliqués en France (5,5 %, 7 %, 18,6 %, 28 %, 33,3 %), il en existait deux en Allemagne (7 % et 14 %), six en Belgique, deux au Royaume-Uni, etc. ;

– dans la dispersion entre le taux réduit et le taux majoré, élevée pour certains États, faible pour d'autres. Le rapport allait d'un à six en France alors qu'il n'était que d'un à deux en Allemagne ;

– dans les pratiques fiscales. Les pays européens avaient multiplié les régimes spéciaux et les droits à déduction ou à récupération particuliers. Les secteurs exonérés de la taxe au titre de l'intérêt général (services publics postaux, activités des organismes de radiotélévision, etc.) ou du fait des difficultés techniques à l'appliquer (services de télécommunications, secteur immobilier, services financiers et d'assurances, etc.) n'étaient en outre pas les mêmes ;

– dans les classements des biens et services qui peuvent relever du taux majoré dans un pays et du taux réduit ailleurs. Certains produits sont frappés du taux zéro et par là même subventionnés (journaux, livres, produits alimentaires) en Belgique, au Danemark, en Irlande et au Royaume-Uni ;

– au regard de l'importance de cet impôt dans les recettes de l'État. Des pays comme la Grèce, l'Irlande et le Portugal étaient fortement tributaires des impôts sur la consommation qui représentaient de loin leur première source de rentrées fiscales.

Dans les échanges intracommunautaires, lorsqu'une marchandise est exportée, la TVA appliquée est celle du pays de consommation. Elle est détaxée dans le pays d'origine et elle est frappée par la TVA du pays dans lequel elle entre. Ce système a le mérite de la neutralité : indépendamment du marché sur lequel le produit est vendu, sa charge d'impôt indirect est la même que celle des produits locaux. La fiscalité indirecte n'introduit pas de distorsions de concurrence.

Lorsque la Commission ouvre ce dossier, ce mode de perception de la taxe lui apparaît incompatible avec le marché unique puisqu'il suppose des contrôles douaniers aux frontières pour vérifier la nature et les quantités de marchandises qui pénétraient sur un territoire national. Il y a une frontière fiscale qui marque le passage d'une souveraineté à une autre en matière de régime d'imposition. La suppression de toute formalité douanière ou fiscale au passage des frontières intracommunautaires, au 1er janvier 1993, réclamait une évolution de ce système. En outre, les différences de taux pratiqués par les pays membres sur un même bien étaient susceptibles d'inciter les non-assujettis à l'acquérir dans le pays où sa charge fiscale était la plus faible.

3.2.2. La transformation du système proposée par la Commission en 1987

Pour permettre la suppression des contrôles aux frontières, la Commission a proposé, en 1987, une nouvelle formule qui reposait sur trois dispositions.

- Les taux de TVA applicables seraient tout d'abord non plus ceux du pays de consommation mais ceux du pays de production, en fonction du principe d'origine. Le même produit qui sera vendu sur un marché local peut avoir une charge d'impôt indirect différente en fonction de son lieu de provenance. Ce système permet de traiter les échanges entre pays membres comme des échanges au sein d'un même pays et de supprimer les contrôles aux frontières.

- Le rapprochement ensuite des taux de TVA et d'accise qui est la condition permissive au passage à une imposition fondée sur l'origine des biens et des services. Les taux de TVA seraient ramenés à deux dans tous les pays de l'UE avec un taux normal et un taux réduit qui devaient s'inscrire dans des fourchettes de 14 à 20 % et de 4 à 9 %. Les taux d'accise seraient alignés sur la moyenne européenne.

- L'introduction, enfin, d'un mécanisme de compensation dans la mesure où la TVA est un impôt supporté par les consommateurs dont le produit budgétaire doit revenir à l'État de consommation et non pas à l'État d'où provient un bien ou un service. Pour restituer la TVA perçue au pays consommateur, la Commission proposait la mise en place d'un compte central de compensation qui était crédité ou débité sur la base des déclarations des assujettis.

Ces propositions devaient s'appliquer du jour au lendemain selon une approche dite du *« big bang »*.

Le Conseil Écofin a rejeté ces propositions en 1989. Le rapprochement des taux de TVA lui semblait insuffisant pour éviter des distorsions de concurrence entre des pays dont les taux de taxation diffèrent.

Les non-assujettis, qui font leurs arbitrages économiques sur des prix TTC, auraient été incités à acquérir des biens dans les États où ils sont le moins imposés favorisant ainsi une défiscalisation compétitive. Le mécanisme de compensation risquait, par ailleurs, de n'être pas d'emblée suffisamment fiable pour procurer aux États des recettes budgétaires similaires à celles qu'ils obtenaient par le circuit classique. L'accord auquel le Conseil est parvenu sur un régime transitoire a permis à la fois un relatif statu quo et la suppression du contrôle aux frontières.

3.2.3. Le régime transitoire de TVA de 1993 toujours en vigueur

Le régime transitoire de TVA a démarré le 1er janvier 1993 pour une durée qui devait être initialement de quatre ans. Il a été prolongé à de multiples reprises depuis[48] et demeure toujours en vigueur. Ce régime repose sur quatre principes.

- Le taux de TVA applicable continue à être celui du pays de consommation. Pour les véhicules de transport et la vente par correspondance, le taux du pays de destination prime sur celui du lieu d'achat.

- Un rapprochement des taux moins directif que dans les propositions de la Commission puisqu'il passe par la fixation de minima à 15 % pour le taux normal de TVA et à 5 % pour le taux réduit. Les États membres disposent, à leur convenance, d'un ou de deux taux réduits. Ces derniers ne peuvent s'appliquer que sur des biens et services couchés sur une liste de vingt-deux postes, amendable tous les deux ans, qui figure à l'annexe III de la directive TVA du 26 novembre 2006 régulièrement révisée. Elle comprend des biens de première nécessité (produits alimentaires, distribution d'eau, produits pharmaceutiques), des biens culturels (livres, périodiques, droit d'admission aux spectacles, etc.) et des services à forte intensité de main-d'œuvre (travaux de rénovation de logement, lavage de vitres, coiffure, services de restaurant[49], etc.), afin de favoriser la lutte contre le travail au noir, la création d'emplois et la baisse des prix dans ces branches d'activité qui ne font pas l'objet d'échanges transfrontaliers et n'entraînent pas de distorsion de concurrence au sein du marché unique. Les pays qui appliquent des taux zéro ou des taux super réduits (inférieurs à 5 %) pour des raisons d'intérêt social ont été autorisés à les maintenir[50]. La

---

48. La directive TVA de 2006 est l'une des rares à avoir comme date de fin de validité le 31/12/9999.

49. Le Conseil Écofin a ajouté à cette liste, en 2009, à la demande de la France, le secteur de la restauration après de longues années de blocage de la part de l'Allemagne qui craignait les effets de contagion de cette mesure. La restauration bénéficie, en France, depuis le 1er juillet 2009, du taux réduit en lieu et place du taux normal.

50. La France a, par exemple, un taux super-réduit de 2,1 % qui s'applique aux médicaments remboursables et à la presse.

multiplication de ces derniers a enlevé au taux réduit minimal de 5 % une partie de son sens.

- Des fourchettes communes de taux ont été arrêtées pour les produits soumis à des droits d'accise perçus lors de l'achat.

- Les déclarations de TVA, qui ne peuvent plus être réalisées aux frontières, sont faites directement par les entreprises lorsqu'elles livrent des marchandises ou des prestations de services dans les autres États membres. Elles déclarent leurs clients et le montant de leurs ventes. Les entreprises qui reçoivent ces marchandises s'acquittent de la taxe à partir d'une déclaration périodique. Au sein de l'UE, les notions d'acquisition et de livraison se substituent à celles d'importation et d'exportation.

3.2.4. À la recherche d'un nouveau modèle de perception de la TVA pour le XXIe siècle

Le système de 1993 devait être transitoire. Trente ans plus tard, ce système anachronique – car fondé sur le franchissement des frontières nationales par des marchandises – existe toujours. Si la Commission a multiplié les initiatives, jusqu'en 2011, pour faire prévaloir un système définitif fondé sur le principe du pays d'origine, elle s'est heurtée à des refus tout aussi systématiques du Conseil dans un domaine qui requiert l'unanimité. Le régime provisoire n'en rencontre pas moins des difficultés croissantes pointées dans les bilans régulièrement établis par la Commission. De nombreux reproches lui sont adressés :

– il n'est pas adapté à l'évolution des technologies et aux nouveaux modèles commerciaux apparus avec le développement de l'économie numérique. L'imposition devient complexe dans le cas d'une plateforme implantée au Luxembourg qui permet des achats de vidéo, de musique en ligne, du streaming depuis les autres États membres ;

– il entraîne une inégalité de traitement entre les opérations nationales et les opérations transfrontières, ce qui génère une distorsion de concurrence ;

– il est trop complexe et ouvre ainsi la porte à des interprétations diverses du lieu de taxation, des régimes particuliers, des dérogations, d'où une absence de sécurité juridique et des difficultés pour les opérateurs qui doivent maîtriser la législation de tous les pays de l'UE ;

– il ne permet pas aux entreprises européennes de tirer tous les bénéfices attendus du marché unique car il repose sur un modèle douanier à base de frontière fiscale mais sans les contrôles qui vont avec ;

– il engendre une fraude encore très importante, bien qu'en régression, estimée par la Commission européenne à 61 milliards en 2021[51] ;

– il impose aux États un cheminement lourd et contraignant pour toutes modifications affectant leurs taux réduits.

La crise de la dette souveraine a consolidé le front du refus des États membres quant à une évolution vers le principe d'origine. Il supposerait une prise de risques sur une recette fiscale très importante car reposant sur une consommation relativement captive. À la recherche de nouvelles rentrées budgétaires, les États ont, après 2008, pour beaucoup d'entre eux, relevé leurs taux de TVA, parfois dans des proportions importantes (Espagne, Irlande, Chypre, Portugal), et, pour le taux normal, à des niveaux qui vont bien au-delà du minimum de 15 %.

Confrontée à cette situation, la Commission a pris acte de ce blocage politique avec l'abandon officiel, en 2011[52], d'un système qui serait fondé sur l'origine, avant de revenir sur cette position dès 2016. Elle a, dans un premier temps, réorienté son action vers l'amélioration du système existant afin de répondre à certaines critiques dont il faisait l'objet. Des initiatives ont été prises pour faciliter l'accès à l'information (mini-guichet unique, portail web), l'interprétation de la législation de l'UE (forum d'échanges de vues) et la lutte contre la fraude avec la création d'*Eurofisc*. En 2016, la Commission a tenté de relancer un système fondé sur l'origine avec un nouvel habillage, à partir d'un *plan d'action* qui a donné lieu à un projet de directive[53], en 2018, sur la base de trois principes :

- Une taxation depuis le pays d'origine sur la base de la taxe qui a cours dans le pays de destination, ce qui rend le système neutre localement. Le fournisseur facture la TVA à son acquéreur au taux en vigueur dans le pays où le bien arrive.

- Le transfert de la TVA perçue par l'administration fiscale du pays d'origine vers le pays de consommation des biens ou des services, ce qui suppose d'améliorer la coopération et l'assistance mutuelle entre les administrations fiscales et un renforcement d'Eurofisc.

- La liberté totale rendue aux États membres pour la fixation des taux réduits (nombre, niveau, liste des biens et services concernés).

51. Dont 9,5 milliards pour la France. European Commission, *VAT Gap in the EU*, Report, 2023.

52. Commission européenne, *Vers un système de TVA plus simple, plus robuste et plus efficace, adapté au marché unique*, COM 851, 6 décembre 2011.

53. Commission européenne, *Proposition de directive en ce qui concerne l'introduction de mesures techniques détaillées pour le fonctionnement du système de TVA définitif pour la taxation des échanges entre les États membres*, COM 329 final, 25 mai 2018.

Cette proposition est restée lettre morte. Depuis, la Commission a concentré à nouveau son action sur l'amélioration du dispositif existant à partir d'un nouveau *plan d'action*[54], en 2020, qui vise à simplifier, réformer la TVA sur le *e-commerce* et à améliorer les contrôles, grâce aux outils digitaux et à la coopération administrative.

3.3. La fiscalité de l'épargne : de la fraude fiscale à la fin du secret bancaire

Avec la libéralisation des mouvements de capitaux, en 1990, et l'arrivée de l'euro, en 1999, la fiscalité de l'épargne est devenue une donnée stratégique : elle affecte l'attrait des différentes places financières et la localisation des produits d'épargne. Le problème qui était posé à l'UE allait bien au-delà de ses frontières pour impliquer les États au niveau mondial dont le modèle économique est celui des paradis fiscaux, en particulier ceux présents en Europe. Dans sa liste noire des paradis fiscaux, que le Conseil européen actualise régulièrement[55], aucun État membre n'apparaît alors que plusieurs d'entre eux – Irlande, Belgique, Luxembourg, Malte et Pays-Bas – devraient y figurer. C'est la notion de menace externe qui a été retenue pour dresser cette liste adoptée à l'unanimité et non sur la base de critères de transparence et de concurrence fiscale équitable. La coopération d'un certain nombre de territoires comme Monaco, Andorre ou le Liechtenstein, a entraîné leur retrait de cette liste. L'impulsion décisive pour faire avancer cette question sur le plan international et européen est venue des États-Unis, du G20 et de l'OCDE.

3.3.1. La diversité de taxation de l'épargne avant le lancement de l'euro

Au cours du débat sur la directive de 1988, qui organisait la liberté de circulation des capitaux à partir du 1er juillet 1990, plusieurs pays s'étaient inquiétés qu'elle n'entraîne une délocalisation de l'épargne. Pour l'éviter, la Commission avait proposé, en 1989, une harmonisation de la fiscalité de l'épargne par l'introduction d'un prélèvement à la source au taux de 15 % sur les intérêts des obligations et des dépôts bancaires et un renforcement de la coopération entre les administrations fiscales. Ces propositions, dans un domaine qui requiert l'unanimité, avaient été rejetées par le Conseil du fait de l'exercice par le Luxembourg de son droit de veto au motif d'un risque de déplacement des capitaux vers des pays tiers aux fiscalités plus avantageuses.

54. Commission européenne, *Un plan d'action pour une fiscalité équitable et simplifiée à l'appui de la stratégie de relance*, COM 312 final, 15 juillet 2020.

55. *https://www.consilium.europa.eu/fr/policies/eu-list-of-non-cooperative-jurisdictions/*

Le lancement de l'euro a entraîné, dix ans après cette première tentative d'harmonisation, la formalisation des mêmes craintes dans un contexte de forte concurrence entre les places financières européennes, voire mondiales. Avec l'élimination du risque de change et la convergence des taux d'intérêt dans la zone euro, le critère fiscal devient un élément d'appréciation essentiel de la rentabilité des fonds investis. La situation des pays européens était très disparate en 1998 au moins à trois niveaux sur le petit échantillon de pays retenu ici (Tableau 9).

• Seules l'Espagne et la France pratiquaient parmi ces sept pays le relevé de coupon, c'est-à-dire la communication des revenus de l'épargne des agents économiques par les banques aux administrations fiscales, ce qui permet un recoupement avec leurs propres déclarations. Ce n'était pas le cas de l'Allemagne, de la Belgique, de l'Italie, du Luxembourg et du Royaume-Uni, où ces informations n'étaient pas transmises. Ce secret bancaire limitait considérablement la taxation de l'épargne dans ces pays. Il rendait possible la fraude fiscale.

Tableau 9

La fiscalité de l'épargne dans les principaux pays de l'UE en 1998

	Relevé de coupon	Dividendes d'action		Intérêts d'obligation		Plus-values de cession de valeurs mobilières	
		Résidents	Non-résidents	Résidents	Non-résidents	Résidents	Non-résidents
Allemagne	Non	RAS 26,84 %	RAS 26,84 %	RAS 32,25 %	0 %	0 %	0 %
Belgique	Non	RAS 15,45 %	RAS 15,45 %	RAS 15,45 %	RAS 15,45 %	0 %	0 %
Espagne	Oui	RAS 25 %	RAS 25 %	RAS 25 %	0 %	20 %	0 %
France	Oui	IR et AF	RAS 25 %	25 %	0 %	26 %	0 %
Italie	Non	RAS 12,5 %	10,8 %	RAS 12,5 %	12,5 %	15 %	15 %
Luxembourg	Non	RAS 12,5 %	12,5 %	Progressif	0 %	0 %	0 %
Royaume-Uni	Non	17,25 %	17,25 %	20 %	RAS 20 %	40 %	0 %

RAS : Retenue à la source (libératoire ou non, assortie ou non d'un avoir fiscal et d'un crédit d'impôt). IR : Impôt sur le revenu (taux marginal global 64 %). AF : avoir fiscal.

Source : D'après P. Bollon et F. Sorin, « Comparaison européenne : la France isolée », *Revue Banque* n° 593, juin 1998.

• Les taux d'imposition divergeaient fortement d'un pays à l'autre pour les principaux produits d'épargne des résidents. Les dividendes d'actions étaient les plus imposés en France à cause du recours à la taxation par l'impôt sur le revenu dont les taux marginaux sont élevés en dépit de l'existence d'un avoir fiscal. La fiscalité des intérêts d'obligation était la plus élevée en Allemagne, voire au Luxembourg qui a un barème progressif suivis de l'Espagne et la France. Mais cette hiérarchie n'a pas une grande signification en l'absence de relevé de coupon dans les deux premiers pays cités. Les plus-values de cession de valeurs mobilières étaient fortement taxées au Royaume-Uni et, dans une moindre mesure, en France, en Espagne et en Italie, alors qu'elles étaient quasiment exonérées dans les autres pays.

• Les non-résidents, enfin, n'étaient pas soumis au même traitement que les résidents sur les intérêts d'obligation et les plus-values de cession de valeurs mobilières. Ils étaient exonérés sur la foi en général d'une simple déclaration de non-résidence dans le pays où ils détenaient ces actifs. Or les non-résidents sont soumis juridiquement aux obligations déclaratives de leur pays de résidence. Cela supposait qu'ils déclarent les gains perçus dans ce pays – ce qui n'était jamais fait – et constituait une source de fraude fiscale.

3.3.2. La marche vers l'échange automatique et obligatoire d'informations sur les particuliers sous pression américaine

Avant le lancement de l'euro, la Commission a tenté de prévenir tout mouvement de concurrence fiscale en imposant des minima. Les discussions au sein du Conseil Écofin ont longtemps buté sur un veto du Royaume-Uni et du Luxembourg avant que ne soit adoptée, le 3 juin 2003, la directive sur la *« fiscalité des revenus de l'épargne sous forme de paiements d'intérêts »* qui ne concernait qu'un des produits de l'épargne – les intérêts – et les seules personnes physiques. Elle est entrée en vigueur le 1er juillet 2005 avec, comme souvent dans les domaines sensibles en matière européenne, un montage alambiqué assorti d'une longue période de transition. Les États membres étaient scindés en deux blocs :

• Trois pays, l'Autriche, la Belgique et le Luxembourg, maintenaient leur secret bancaire. Ils prélevaient une retenue à la source sur les intérêts versés aux non-résidents de 15 % pendant les trois premières années, 20 % pendant les trois années suivantes et 35 % par la suite. Ces pays conservaient 25 % de la taxe prélevée et transféraient les 75 % restants à l'État de résidence des contribuables en respectant leur anonymat. La retenue à la source rendait, en effet, possible le maintien du secret bancaire. Des dispositions identiques étaient appliquées dans cinq pays tiers européens (la Suisse, le Liechtenstein, Saint-Marin, Monaco et Andorre) et dans les territoires dépendants ou associés du

Royaume-Uni et des Pays-Bas (les îles anglo-normandes, l'île de Man et les territoires des Caraïbes).

• Les autres États membres mettaient en œuvre l'échange automatique d'informations entre leurs administrations fiscales nationales afin que les non-résidents soient taxés dans leur pays d'origine. L'échange automatique est beaucoup plus efficace que l'échange fonctionnant *« sur demande »*, c'est-à-dire seulement en cas d'enquête administrative ou de justice sur des soupçons de fraude dont l'exécution dépend du bon vouloir des États. Avec l'échange automatique, c'est une masse importante de renseignements qui sont systématiquement transmis chaque année (identité du titulaire du compte avec des précisions sur le compte, sur l'établissement financier et des informations au sujet de l'activité financière).

L'Autriche, la Belgique et le Luxembourg conditionnaient leur passage au régime commun à la conclusion d'accords d'échange automatique d'informations avec les pays tiers européens.

Les limites de ce système sont apparues dès février 2008 avec la révélation, par les services secrets allemands, d'une liste de contribuables originaires de ce pays accusés de fraude fiscale, en raison du placement de leurs fonds au Liechtenstein. La Commission a regretté, dans son rapport d'évaluation du fonctionnement de la directive présenté dans la foulée au Conseil, son champ trop étroit : elle ne s'appliquait qu'aux intérêts et aux seules personnes physiques, à l'exclusion des sociétés et de constructions juridiques, comme les trusts ou les fondations qui permettent de détenir anonymement des fonds.

Les Européens qui s'acheminaient vers une progression très graduelle ont été bousculés par la crise financière et la montée en première ligne des États-Unis. Si le G20 avait missionné l'OCDE sur les questions fiscales dès 2001 – à travers son émanation *le Forum mondial* (sur la transparence et l'échange de renseignements à des fins fiscales) – ses travaux se sont singulièrement accélérés, à partir de 2009, lorsque le G20 a fait de la coopération dans le domaine fiscal une priorité politique. Face à la réduction sensible des recettes fiscales au niveau mondial, il devenait urgent de renforcer l'efficacité de la perception des impôts. Les États-Unis ont apporté également une contribution forte à l'imposition de l'échange automatique d'informations comme standard international. Après une affaire de fonds dissimulés par les contribuables américains en Suisse auprès de la banque UBS, ils ont adopté une loi extraterritoriale dite FATCA (*Foreign Account Tax Compliance Act*[56]), entrée en vigueur le 1er janvier 2014. Elle exige que les banques et autres institutions financières du reste du monde identifient leurs clients et investisseurs d'origine américaine et informent régulièrement

56. Loi sur la conformité fiscale des comptes étrangers.

les autorités fiscales américaines de leurs avoirs et de leurs revenus financiers. Après avoir accepté de coopérer avec les États-Unis, la Suisse et certains États membres de l'UE se sont trouvés dans l'obligation d'étendre cette coopération fiscale à leurs partenaires européens.

Dans le cadre du Forum mondial, 49 pays ont signé, le 29 octobre 2014, un accord de passage à l'échange automatique de données fiscales sur les contribuables du monde entier à partir de 2017 (possession d'un compte bancaire à l'étranger, perception de revenus ou d'intérêts, achat de parts de sociétés, etc.), parmi lesquels les pays de l'UE. L'approche progressive des Européens était dépassée par l'imposition d'une norme plus exigeante au niveau mondial. La nouvelle directive du 9 décembre 2014, sur *« l'échange automatique et obligatoire d'informations dans le domaine fiscal »*, est la traduction législative de cet engagement international. Elle impose aux institutions financières européennes de déclarer tous les comptes, tous les revenus pertinents et tous les produits de ventes d'actifs financiers des contribuables non-résidents.

Graphique 5

Le succès de l'échange automatique d'informations bancaires

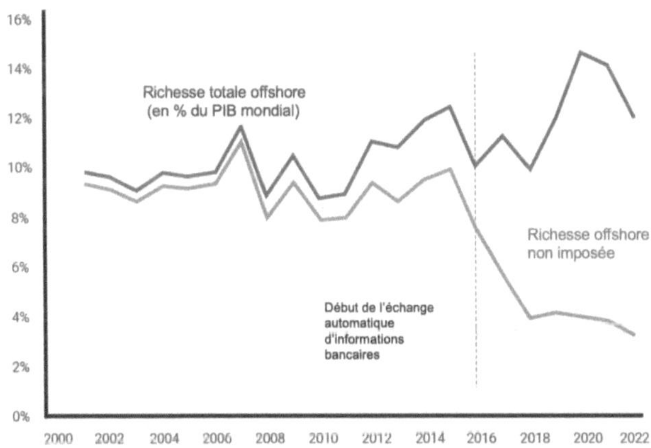

Source : EU Tax Observatory https://www.taxobservatory.eu

Les premiers échanges automatiques d'informations ont débuté en 2017-2018 en Europe (UE à 28, Andorre, Gibraltar, Guernesey, Jersey, île de Man, îles Vierges britanniques, Islande, Liechtenstein, Monaco, Norvège, Saint-Marin, Suisse). Au 14 février 2024, plus de 90 pays en appliquaient, à des degrés divers, les différents standards au niveau international[57] dont le Canada, la Chine, la Corée du Sud, les États-Unis, le Japon et la Russie. Avec ces échanges, le secret bancaire pour les

57. NCD par juridiction - Organisation de coopération et de développement économiques (oecd.org)

particuliers n'existe plus en Europe grâce à la mise en place de cette norme quasi mondiale d'échange automatique de renseignements. La richesse offshore non imposée est en forte baisse au niveau international (Graphique 5) : de 9,5 % du PIB mondial, en 2014, à 3,5 %, en 2022. La localisation de la gestion des richesses s'en est trouvée profondément modifiée au niveau international avec une baisse très importante de la part prise par la Suisse et les autres paradis fiscaux européens et la progression très forte des paradis fiscaux asiatiques.

3.4. L'impôt sur les sociétés (IS) : concurrence fiscale et érosion des recettes

La fiscalité européenne sur les sociétés s'est longtemps focalisée sur le choix de la bonne méthode afin d'éviter la double imposition des bénéfices d'une entreprise dont les filiales sont localisées dans plusieurs États membres et rapatrient leurs bénéfices. La directive *« sociétés-mères et filiales »* de 1990, modifiée à plusieurs reprises de manière substantielle[58], règle ce problème au niveau du marché unique, ainsi que les conventions fiscales passées sous l'égide de l'OCDE. Les États membres ont le choix entre exonérer de l'impôt national les bénéfices rapatriés dans la société-mère ou déduire de l'impôt national l'impôt versé à l'étranger par les filiales. Mais insensiblement, le risque de *« double imposition »* a laissé place à une *« double non-imposition »*, selon l'expression de l'OCDE, dès lors que les multinationales ont mis en place des stratégies d'optimisation fiscale agressives afin de faire apparaître leurs bénéfices là où ils sont les moins taxés.

3.4.1. Quelles approches pour comparer l'IS dans les États membres ?

Les systèmes d'imposition des sociétés ont été conçus il y a près d'un siècle à une époque où l'activité internationale des entreprises était moins dense, avec des modèles d'organisation structurés autour du franchissement physique des frontières par des biens matériels. La mondialisation a engendré une fragmentation entre différents pays des chaînes de valeur des multinationales, dont les échanges sont de plus en plus immatériels, tandis que se développait une économie numérique porteuse de nouveaux défis pour les systèmes fiscaux. Au sein de l'UE, l'impact de la fiscalité des entreprises est très important dans un grand marché où les libertés d'établissement et de prestations de services constituent la règle. Cet impact est encore plus décisif pour les pays membres de la zone euro qui proposent aux entreprises un environnement plus homogène. L'IS intervient dans les décisions de localisation des activités économiques et des bases d'imposition avec une mise en concurrence des États membres.

58. En 2003, 2006, 2011 et 2014.

Pour apprécier la compétitivité respective de leurs systèmes fiscaux, une première approche, assez fruste, consiste à confronter leurs taux d'imposition. Le spectre des taux maximums d'imposition à l'IS apparaît extrêmement étendu en 2022 (Graphique 6) : de 9 % en Hongrie à 35 % à Malte, le rapport va de 1 à presque 4. Les derniers élargissements ont augmenté le nombre de pays qui jouent de la concurrence fiscale. Certains PECO ont adopté la stratégie de l'Irlande qui consiste à compenser son éloignement de l'épicentre du marché unique par un impôt faible à 12,5 % qui lui permet d'être la plateforme d'accueil des bénéfices des multinationales américaines. La fiscalité devient la source d'un avantage comparatif. Le clivage dans ce domaine est important entre les anciens et les nouveaux membres. Sur les dix dernières années, la stabilité d'ensemble masque quelques évolutions fortes à la baisse : la Hongrie a ainsi réduit son taux de 11,6 points et la France de 10,3.

Une deuxième approche, plus pertinente, examine si les taux portent bien sur la même assiette taxable. En l'absence d'assiette commune, la comparaison des taux peut s'avérer fallacieuse. Pour une entreprise, mieux vaut avoir un profit taxé à 30 % mais évalué à 10 grâce à des règles d'amortissement, de provisions et de déductions généreuses, qu'un profit imposé à 20 % mais estimé à 20 en raison de règles moins favorables. La chute des taux observée est ainsi parfois compensée par un élargissement de la base d'imposition. Aussi la Commission tente de faire avancer la définition d'une *« assiette commune consolidée pour l'impôt sur les sociétés »* (ACCIS) qui permettrait de proposer aux multinationales une fiscalité simplifiée et harmonisée. Elle réduirait les possibilités d'exploitation des disparités des systèmes fiscaux et constituerait un outil de lutte contre les transferts de bénéfice.

La dernière approche tient pour relativement fictifs les taux conséquents d'IS affichés par certains anciens États membres comme la Belgique, le Luxembourg, voire dans une moindre mesure les Pays-Bas, en présence chez eux de dispositifs fiscaux préférentiels à destination des multinationales. Ils ont pour effet de réduire la base fiscale dans les autres pays où est souvent réalisée l'essentiel de l'activité économique de ces entreprises. Ce problème a été pointé dès 1998 dans le rapport de l'OCDE sur la *« concurrence fiscale dommageable – un problème mondial »* qui a entraîné la création du Forum mondial, adossé à cet organisme, et dans l'UE d'un groupe *« Code de conduite »* chargé d'identifier et de mettre fin à ces pratiques sous l'égide du Conseil.

Dans son rapport rendu en 1999 (rapport Primarolo), soixante-six pratiques dommageables étaient identifiées, leur démantèlement programmé dans les cinq ans, tandis que les États s'engageaient à ne pas en mettre en place de nouvelles. Mais la Belgique, le Luxembourg, les Pays-Bas et l'Irlande, dont le modèle économique reposait sur ces régimes fiscaux préférentiels, ont négocié un report pour les mesures les plus emblématiques et bloqué par la suite toute évolution.

Graphique 6

Les taux effectifs maximums d'imposition sur les sociétés en 2022 (en %)

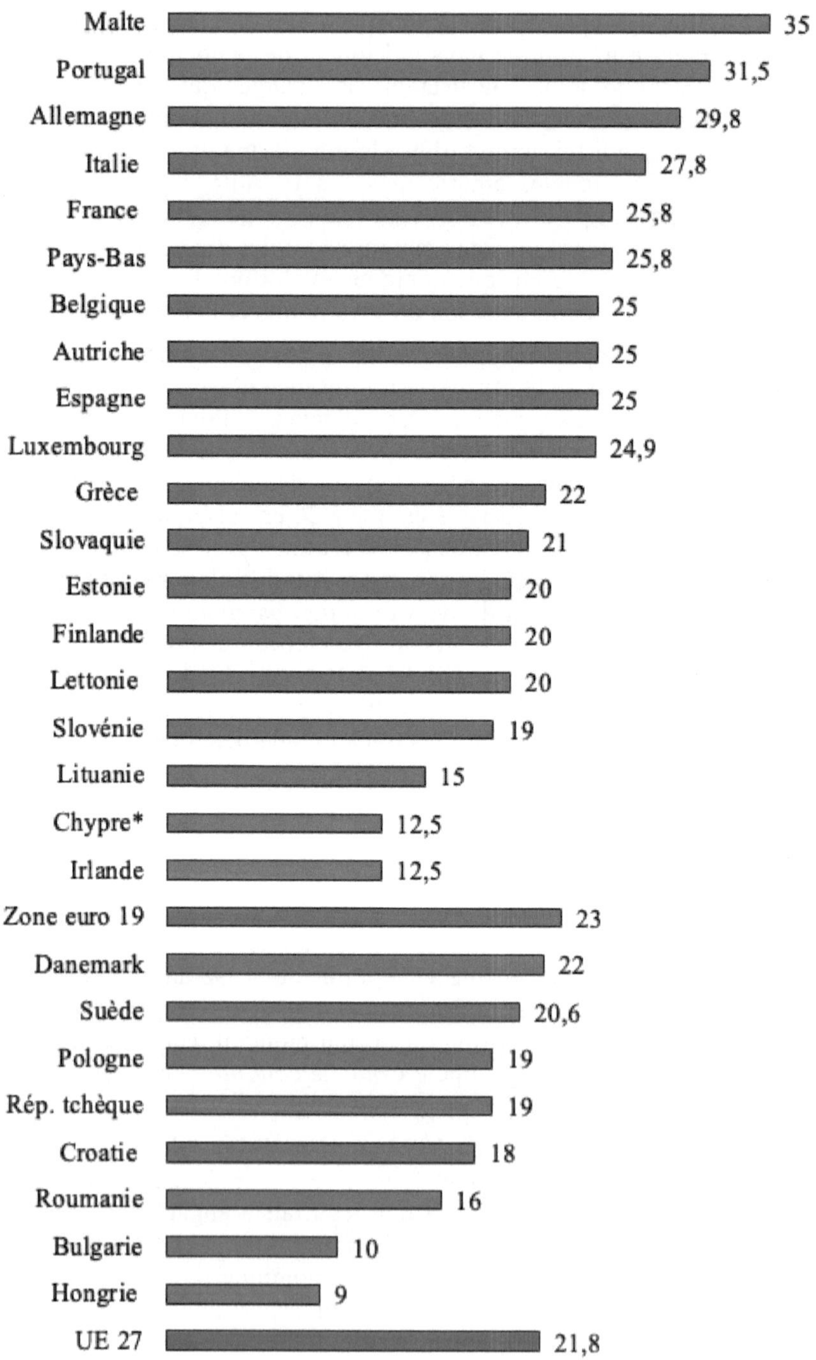

** 2021 pour Chypre.*

Source : OCDE.

3.4.2. La lutte contre l'optimisation fiscale agressive

Le sujet est revenu à l'agenda politique après la crise de la dette souveraine. L'OCDE a lancé, en 2013, un plan pour *« lutter contre l'érosion de la base d'imposition et le transfert de bénéfice »*[59], ou plan BEPS (*Base Erosion and Profit Shifting*), à partir du constat d'un découplage croissant entre le lieu où les entreprises exercent leurs activités et investissent et le lieu où les bénéfices sont déclarés à des fins fiscales. L'OCDE relève que les filiales domiciliées dans les juridictions à faible fiscalité déclarent un taux de bénéfice presque deux fois supérieur à celui de leur groupe. Cette évolution a été facilitée par la progression des échanges immatériels entre les filiales d'une même entreprise multinationale : licences de marques, brevets et prix de transfert[60]. Le scandale des *« LuxLeaks »*, en novembre 2014, a révélé que plus de trois cents entreprises multinationales avaient obtenu de l'administration des impôts luxembourgeoise des *« rescrits fiscaux »* (ou *« tax rulings »*), c'est-à-dire une approbation juridique de leurs méthodes de calcul de l'impôt, notamment de leurs prix de transfert, qui permettaient de l'évasion fiscale. Cette dernière est légale sauf à être requalifiée par les autorités de la concurrence en aides d'État. L'évasion consiste à *« tirer parti de toutes les subtilités d'un système fiscal ou des asymétries entre deux ou plusieurs systèmes fiscaux afin de réduire ou de contourner les obligations fiscales »*[61]. Trois ans plus tard, en novembre 2017, le scandale des *« Paradise Papers »* qui concernait cette fois-ci quatre mille rescrits fiscaux passés par les Pays-Bas entre 2012 et 2016 avec des entreprises multinationales montrait l'ampleur du problème.

En effet, l'évasion aboutit à une profonde injustice fiscale dans la mesure où les entreprises multinationales peuvent exploiter les failles et les disparités des législations, mais non les entreprises qui ne travaillent pas ou peu à l'international et les particuliers, dont la contribution à l'impôt va être relativement de plus en plus importante. En outre, des États membres voient se tarir leurs revenus fiscaux venant de l'IS alors que le chiffre d'affaires et les bénéfices de ces multinationales sont générés sur leur territoire. Le manque à gagner est évalué par l'OCDE entre 4 et 10 % des recettes totales de l'IS. Afin de neutraliser ces pratiques, trois voies sont conjointement explorées.

• Au niveau international, un accord a été trouvé, en 2015, dans le cadre de l'OCDE et du G20 sur un ensemble de 15 actions destinées à

59. OCDE, « Lutter contre l'érosion de la base d'imposition et le transfert des bénéfices », 2013.

60. Prix des transactions entre deux entreprises appartenant à une multinationale.

61. Commission européenne, *Proposition de directive du Conseil modifiant la directive 2011/16/UE en ce qui concerne l'échange automatique et obligatoire d'informations dans le domaine fiscal*, COM 25 final, 28 janvier 2016.

outiller les gouvernements dans leur lutte contre l'évasion fiscale pour s'assurer de la bonne adéquation entre le lieu de création de valeurs et le lieu de taxation. L'action 13, par exemple, documente les prix de transfert à partir d'une déclaration pays par pays. Il s'agit d'exiger des multinationales, dont le chiffre d'affaires est supérieur à 750 millions d'euros, des statistiques d'activité pour chaque pays où elles sont implantées (nombre d'employés, impôts payés, profits réalisés, chiffre d'affaires)[62], afin d'encadrer leurs prix de transfert et de taxer ces entreprises là où la valeur est produite. Le pays où cette déclaration est faite doit partager ces informations avec les autres États membres. La Commission a adopté, en 2016, un programme législatif qui a repris largement les 15 actions de l'OCDE/G20.

- Le Conseil Écofin a de son côté généralisé *« l'échange automatique et obligatoire d'informations dans le domaine fiscal »* entre les États membres, déjà adopté pour les particuliers, aux entreprises et aux rescrits fiscaux, par la directive du 6 octobre 2015, entrée en vigueur le 1er janvier 2017. Elle devrait permettre d'améliorer la transparence fiscale.

- La Commission européenne a, enfin, lancé, à partir de sa direction générale de la concurrence, des enquêtes approfondies concernant certains rescrits. Les avantages fiscaux sélectifs accordés à Fiat au Luxembourg et à Starbucks aux Pays-Bas, en 2015, et à Apple en Irlande, en 2016, ont été les premiers à être déclarés illégaux au regard des règles de l'UE en matière d'aides d'État[63] : les déclarations fiscales de ces entreprises sont sans rapport avec la réalité économique de leur activité et leur donnent un avantage significatif par rapport aux autres entreprises. L'évasion fiscale est ici requalifiée en avantages fiscaux illégaux. Mais les sommes à récupérer vont aux États qui se sont rendus complices de cette fraude. Le Parlement européen et la Commission ont incité les pays de l'UE qui en subissent les conséquences à réclamer une partie de ces sommes dès lors que *« les risques commerciaux, les ventes et les autres activités (...) auraient dû être enregistrés sur leur territoire »*[64].

---

62. McDonald's avait, par exemple, déclaré entre 2009 et 2013, dans sa filiale luxembourgeoise qui comptait 13 salariés, un chiffre d'affaires de 3,7 milliards d'euros et n'avait payé au Luxembourg que 16 millions d'euros d'impôt.

63. Le tribunal de l'UE a annulé, le 15 juillet 2020, le remboursement par Apple des 13 milliards d'euros d'avantages fiscaux imposé par la Commission à l'Irlande. La Commission a fait appel devant la CJUE, le 25 septembre 2020. Dans cette affaire, Apple a le soutien de l'Irlande qui ne veut pas de ce remboursement.

64. Commission européenne, *Aides d'État : l'Irlande a accordé pour 13 milliards d'euros d'avantages fiscaux à Apple*, Communiqué de presse, Bruxelles, 30 août 2016, p. 4.

3.4.3. De la taxation des GAFAM à celle des multinationales au niveau mondial

Parmi les entreprises multinationales, celles du numérique – les GAFAM américaines (Google, Apple, Facebook, Amazon, Microsoft)[65] – se sont particulièrement signalées en lançant de nouveaux défis aux systèmes fiscaux nationaux. Le principe de la territorialité de l'impôt est battu en brèche par ces géants de l'Internet qui n'apportent pas la contribution qui devrait être la leur aux finances publiques des États-nations européens où ils exercent leur activité – ce qui reporte la charge de la fiscalité sur les autres entreprises et sur les particuliers. Les GAFAM peuvent être économiquement très actifs dans des territoires sans y avoir d'*« établissement stable »* qui déclenche la taxation. Ils mettent les États en concurrence dans le but de minimiser leurs impôts. La Commission européenne évaluait, en 2017, le taux d'imposition de leurs profits entre 8,5 et 10,1 %, alors qu'il se situait dans une fourchette de 20,9 à 23,2 % pour des entreprises plus classiques.

Les discussions au sein du Conseil Écofin ont porté sur la mise en place d'une taxe spécifique, là où le chiffre d'affaires de ces entreprises est généré, plutôt que là où elles sont domiciliées fiscalement. Elles ont buté sur des divergences d'intérêt entre États membres, en particulier avec l'Irlande, dans un contexte où les États-Unis agitaient la menace de rétorsions commerciales. La France a pris le risque d'instaurer seule une taxe de 3 % sur le chiffre d'affaires des grandes entreprises du numérique (plus de 750 millions d'euros de chiffre d'affaires mondial dont plus de 25 millions réalisés en France), votée le 11 juillet 2019, dans l'attente d'un accord au niveau européen et (ou) au niveau de l'OCDE.

Au regard des externalités en jeu, qui imposent l'accord le plus large possible, l'OCDE/G20 ont été saisis de cette question pour outiller les gouvernements membres de leur *« Cadre inclusif sur le BEPS »* afin de taxer les activités numériques des GAFAM mais aussi des multinationales qui ont des activités numériques importantes. Les profits *« routiniers »*, générés par les activités classiques des entreprises (production, distribution, recherche et développement, etc.), étaient dissociés des profits *« résiduels »* générés, par exemple, par les revenus de licence ou de marque. Ces derniers devaient être l'objet de la taxation avec une clé de répartition à déterminer entre les différents pays où l'entreprise exerce son activité.

Une évolution sur ce dossier est venue du changement d'administration américaine en 2021. Les États-Unis, devenus favorables à une taxation, ont donné une impulsion politique décisive à sa nouvelle orientation. À leur demande, le périmètre a été élargi des GAFAM aux

65. Et sans doute dans un proche avenir les BATX chinoises (Baidu, Alibaba, Tencent et Xiaomi).

« multinationales les plus profitables ». Un pré-accord global entre 131 des 140 membres du Cadre inclusif a été obtenu le 1er juillet 2021. Tous les grands pays en étaient signataires. Le champ d'application a été étendu aux cent multinationales dont le chiffre d'affaires annuel dépasse 20 milliards d'euros avec la possibilité d'abaisser ce seuil à 10 milliards d'ici sept ans.

Le concept forgé par l'OCDE de profit résiduel – cible de cette taxation – et sa répartition sont précisés dans *le premier pilier* du pré-accord. Il s'agit du bénéfice au-delà de 10 % : le quart de ce surplus est affecté aux pays à partir d'une clé de répartition fondée sur le lieu où le chiffre d'affaires est réalisé, communiqué par les entreprises aux administrations fiscales. *Le second pilier* arrête le taux pratiqué : au moins 15 % pour cet impôt minimum mondial sur les sociétés. Il s'appliquerait aux entreprises qui réalisent un chiffre d'affaires supérieur à 750 millions d'euros. Les multinationales qui paient un taux plus bas – comme celles domiciliées en Hongrie, en Irlande ou à Jersey – s'acquitteraient de la différence. Deux exemptions ont été négociées qui concernent les industries extractives et minières ainsi que les services financiers.

L'accord définitif, qui était attendu pour la fin juin 2024, risque de prendre plus de temps que prévu – s'il voit le jour. Les États-Unis souhaitent rendre obligatoire et non facultative la réglementation des prix de transfert proposée par l'OCDE pour des raisons de sécurité juridique. C'est un domaine où les conflits d'interprétation sont nombreux. Des règles plus permissives peuvent permettre aux entreprises multinationales de transférer artificiellement leurs profits imposables. L'Inde et la Chine entendent garder leur propre réglementation. Il faut aussi s'assurer que l'assiette fiscale déclarée par les multinationales traduit bien l'activité menée dans un pays sous peine de constituer une échappatoire à l'imposition.

Sur ce sujet, les Européens sont à nouveau confrontés à un scénario de type FATCA : les États-Unis de concert avec l'OCDE tentent de définir les termes d'un accord sur un sujet qui les divise. Parmi les neuf pays non-signataires du pré-accord figuraient trois pays de l'UE : l'Estonie, la Hongrie et l'Irlande. En raison de l'avancée des négociations, la Commission européenne a gelé son projet de taxe GAFAM[67] qui devait constituer une des nouvelles ressources propres à déployer pour rembourser NGEU. Il pourrait être réactivé en cas d'échec. Le chantier en cours en matière fiscale au niveau européen et international est inédit. C'est là un défi à relever pour la survie des États et de l'UE au XXIe siècle face au défi climatique, à la transformation numérique des économies et à l'optimisation fiscale agressive des multinationales.

67. Elle l'avait transformé en une taxe digitale à assise plus large afin de moins cibler les seules multinationales américaines.

4. Vers une véritable gouvernance économique de l'UEM ?

Les États membres de la zone euro se sont privés de deux instruments de politique économique, la politique monétaire et la politique de change, tandis que leurs politiques budgétaires nationales sont encadrées par le Pacte, réactivé en 2024 dans une version qui marque le retour de règles mécaniques mais avec une approche différenciée. Or, ces pays ne constituent pas une zone monétaire optimale et ne disposent pas d'un vrai budget central pérenne susceptible d'assurer la stabilisation. La succession de crises, auxquelles la zone euro a été exposée, a aggravé les divergences entre les États membres et a imposé la nécessité d'une coordination européenne des politiques économiques pour faire face aux chocs économiques.

4.1. La gouvernance par les règles : le dogme fondateur

L'architecture institutionnelle de la zone euro est inspirée par le courant de la nouvelle macroéconomie classique qui invite à une grande prudence dans l'utilisation active des instruments de politique économique sur un mode keynésien. Cette approche consacre une gouvernance par les règles et le *« constitutionnalisme économique »*, soit l'inscription de la politique économique dans la loi. La préférence donnée, par ce corpus théorique, à la politique monétaire constitue la marque du *policy mix* de la zone euro.

4.1.1. L'influence de la nouvelle macroéconomie classique

La nouvelle macroéconomie classique se présente, dans les prolongements des travaux de Friedman, comme un corpus critique de la théorie keynésienne. Elle dénie toute efficacité aux politiques discrétionnaires de relance à partir de l'hypothèse que les agents forment des *« anticipations rationnelles »* : ils ont la capacité de prévoir les effets des politiques de soutien de la demande et les vouent ainsi à l'échec (Lucas[68]). Tout se passe comme si les agents, à partir d'une parfaite maîtrise de l'information économique et sociale, pouvaient décrypter immédiatement les conséquences des décisions de politique économique et les vider de leur efficacité opérationnelle, dès le moment où ils tentent, par avance, de s'y adapter. Ces anticipations rationnelles sont en effet *« autoréalisatrices »* : les attentes des agents économiques induisent de leurs parts des comportements qui entraînent la validation effective de ces attentes (cours des monnaies, inflation). Dès lors, la seule façon de redonner de l'efficacité aux politiques économiques consiste à les *« constitutionnaliser »*, c'est-à-dire à les définir en fonction de règles stables qui fixent les anticipations des agents (Kydland et

68. R. Lucas, « Expectations and the Neutrality of Money », *Journal of Economic Theory*, vol. 4, 1972.

Pescott[69]). La reconduction de ces règles de période en période permet d'établir une *« réputation »* (Barro et Gordon[70]) et de transférer sur les agents le coût du non-respect de la règle.

Les règles fondatrices de la zone euro relèvent directement de cette analyse théorique tant au niveau de la politique monétaire que de la politique budgétaire. Deux types de règles doivent être distingués :

- *Les règles de droit.* Pour être crédible, la politique économique doit s'inscrire dans la loi. L'indépendance de la BCE à l'égard du pouvoir politique et la priorité donnée à la maîtrise de l'inflation figurent dans le traité qui lui interdit le financement monétaire direct d'un déficit budgétaire. Le TSCG contraint les États membres à intégrer une partie ses dispositions dans leur droit national par des dispositions constitutionnelles ou d'une valeur juridique suffisante pour en garantir le respect.

- *Les règles de comportement.* Elles se fondent sur une conception manichéenne des politiques menées par les États membres où sont opposés les bons aux mauvais comportements. Des incitations doivent être créées en faveur des premiers, avec des moyens financiers à la clé, tandis qu'une prévention très active permet de contrôler les seconds à partir de nombreux indicateurs, avec *in fine* la menace de sanctions. Les dépenses annuelles nettes et la trajectoire de référence pour calibrer leur diminution sont ainsi encadrées par le PSC. Chaque plan budgétaire structurel à moyen terme d'un État membre fait l'objet d'une validation par la Commission et le Conseil. Toute la procédure budgétaire est mise en pilotage automatique avec une coordination, assurée dans le cadre du Semestre européen, ce qui traduit une forme de défiance quant à la volonté de certains pays endettés, voire de la Commission de maîtriser leurs finances publiques.

4.1.2. L'asymétrie en faveur de la politique monétaire

La marque du système de gouvernance de la zone euro réside dans l'asymétrie marquée en faveur de la politique monétaire. Il est le prototype même des préconisations récentes de la recherche sur la politique macroéconomique telles qu'elles résultent des travaux de Taylor[71] : la politique monétaire est plus efficace que la politique budgétaire pour stabiliser la conjoncture parce que ses délais d'action sont plus courts et qu'elle est plus facile à réajuster. La politique budgétaire ne devrait

---

69. F. Kydland et E. Prescott, « Rules Rather than Discretion: the Inconsistency of Optimal Plans », *Journal of Political Economy*, vol. 85, n° 3, 1977.

70. R. Barro et D. Gordon, « Rules, Discretion and Reputation in a Model of Monetary Policy », *Journal of Monetary Economics*, vol. 12, n° 1, 1983.

71. J. Taylor, « Reassessing Discretionary Fiscal Policy », *Journal of Economic Perspectives*, 14(3), 2000.

intervenir, au-delà du jeu des stabilisateurs automatiques, que lorsque les marges de manœuvre de la politique monétaire ont été épuisées.

• La première particularité de la zone euro est que *le pivot de son policy mix est la BCE*. Toutes les règles ont été définies de façon à assurer la prééminence de ses arbitrages et de sa préférence pour la stabilité des prix, afin d'éviter un conflit avec les politiques budgétaires. Si la politique du change est censée suivre les orientations générales données par l'Eurogroupe, la BCE en a pris très vite le contrôle. Entre une politique monétaire unique, défendue par une institution puissante, et des politiques budgétaires décentralisées, coordonnées de manière informelle par l'Eurogroupe, le déséquilibre était patent. Dans la zone euro, toutes les règles ont été historiquement élaborées afin d'éviter l'inflation. Il a fallu attendre que l'impératif de la transition écologique et numérique s'affirme, que l'UE s'engage dans une politique industrielle et commerciale plus stratégique et volontariste pour qu'interviennent d'autres objectifs de politique économique sur lesquels la primauté de la BCE est moins évidente.

• Le deuxième dogme qui a longtemps prévalu concerne *l'orientation et le calibrage de la politique monétaire*. Elle devait être fonction de la situation macroéconomique globale de la zone euro avec des achats de titres équilibrés par pays. Elle présentait les avantages mais aussi les défauts d'une moyenne : restrictive pour certains, trop expansive pour d'autres, elle pouvait être en déphasage avec la conjoncture d'une économie de la zone et l'orientation donnée à sa politique budgétaire. Cette situation se retrouvait exacerbée dans les petits pays en difficulté qui ne pouvaient infléchir qu'à la marge l'orientation de la politique monétaire commune. Avec la crise de la dette souveraine, puis avec la pandémie, la BCE s'est progressivement affranchie de contraintes excessives sur plusieurs de ses programmes massifs d'achat de titres publics. Ses interventions ont davantage pris en compte la diversité des situations et de l'exposition des États membres.

• La troisième originalité de la zone euro concernait *l'absence d'un véritable budget central* qui constitue un puissant mécanisme d'assurance contre les retards de développement, les particularités des dotations naturelles (ressources, climat, insularité), la trop forte spécialisation sectorielle de certains pays, les décalages de conjoncture et les évolutions divergentes en matière de compétitivité. Les transferts entre territoires rendent viable la coexistence d'économies différenciées. Un budget central amortit de 15 à 20 % d'une récession régionale. La zone euro a traversé les deux premières crises de 2009 et de 2011-2013 sans disposer d'un mécanisme de cette nature utilisable à des fins de stabilisation conjoncturelle. C'est uniquement pour sortir de la pandémie de Covid-19 que l'UE s'est dotée avec Next Generation EU d'un outil budgétaire transitoire qui permet d'effectuer des transferts vers les pays les plus endettés afin qu'ils investissent dans l'avenir.

4.2. Comment faire face à un choc économique ?

Les chocs économiques sont d'origines variées : les catastrophes naturelles, les guerres, les migrations, les crises sociales, sanitaires, financières ou sectorielles, les difficultés d'approvisionnement énergétique, les changements de technologie ou les variations intempestives des cours des monnaies sont à l'origine d'autant de perturbations face auxquelles les économies doivent être stabilisées. La zone euro a été confrontée à ses premiers chocs financiers, pandémiques et économiques qui ont mis en évidence des failles importantes dans son dispositif anti-crise.

4.2.1. Chocs économiques et réponses de politique économique

Comme en géologie, où une onde de choc se répercute sur un environnement plus ou moins étendu, les chocs économiques peuvent concerner toute la zone euro, auquel cas il s'agit d'un choc symétrique, ou ne toucher qu'un pays, une région ou un secteur d'activité. La perturbation est alors asymétrique. Les chocs ont une incidence sur la demande ou sur l'offre. Les *chocs de demande* agissent sur l'une ou l'autre des composantes de la demande globale, consommation et investissement, tandis que les *chocs d'offre* affectent les coûts de production des entreprises et modifient leur compétitivité. Si l'utilisation de la dépense publique est efficace, en cas de choc de demande, elle ne l'est plus en cas de choc d'offre car elle contribue à l'appréciation des prix et réduit la profitabilité des entreprises. Seule une modification des prix relatifs permettra alors à l'économie de s'ajuster.

Les réponses de politique économique doivent être différenciées en fonction du type de choc subi (Tableau 10). La politique monétaire commune est *a priori* adaptée pour traiter des chocs symétriques, couplée à une coordination des politiques budgétaires nationales en cas de choc de demande, mais elle est inopérante face aux chocs asymétriques puisqu'elle doit prendre en compte les intérêts de l'ensemble de la zone. La politique budgétaire nationale est en revanche appropriée pour amortir un choc spécifique dès lors qu'il a un impact sur la demande, coordonnée éventuellement aux autres politiques budgétaires nationales. Les services de la Commission ont calculé qu'une perte de 100 de revenu dans une région de l'Union est compensée à hauteur de 30 à 40 par les seuls budgets allemands et français[72].

---

72. J. Pisani-Ferry, A. Italianer et R. Lescure, « Stabilization Properties of Budgetary Systems: a Simulation Analysis », in *The Economics of Community Public Finance*, rapport cité.

Tableau 10

Chocs économiques et réponses de politique économique

		Chocs	
		Demande	**Offre**
Chocs	**Symétrique (commun)**	Politique monétaire commune Coordination des politiques budgétaires nationales	Politique monétaire commune
	Asymétrique (spécifique)	Politique budgétaire nationale Coordination des politiques budgétaires nationales	Mobilité du travail Flexibilité des salaires Réformes structurelles

Les estimations réalisées, lors de la mise en place du Pacte, par la Commission[73], le FMI[74], l'OCDE[75] et l'OFCE[76] convergeaient pour expliquer qu'une plage de +1 à -3 % était *a priori* suffisante afin que les stabilisateurs automatiques aient assez de latitude pour fonctionner. Si cette prévision s'est avérée fondée, lors de la crise de 2009, pour l'Allemagne, la France et l'Italie, les situations de l'Espagne, de l'Irlande et d'un certain nombre de petits pays ont démontré que cette plage de 4 points pouvait s'avérer insuffisante – comme cela a été également le cas aux États-Unis et au Japon –. La pandémie de Covid-19 confirme cette sous-estimation importante de la plage laissée aux stabilisateurs automatiques dans un contexte où la règle des 3 % avait été suspendue. En 2020, les quatre principaux pays de la zone euro ont laissé filer leur déficit budgétaire dans une fourchette allant de 7,5 à 9,6 points, soit des valeurs assez similaires à celles des États-Unis et du Japon.

De tous les chocs, ce sont les chocs d'offre asymétrique qui entraînent la réponse la plus complexe car, si l'on s'en tient au critère proposé par Mundell pour déterminer les contours d'une zone monétaire optimale, ils nécessitent des ajustements par de purs mécanismes de marché

73. M. Buti, D. Franco et H. Ongena, « Budgetary Policies during Recessions: Retrospective Application of the Stability and Growth Pact to the Post-War Period », *Economic Paper* n° 121, Commission européenne, mai 1997.

74. FMI, « L'UEM et l'économie mondiale », *Perspectives de l'économie mondiale*, octobre 1997.

75. OCDE, « Zone euro », *Études économiques*, vol. 16, 2002.

76. B. Coquet, H. Le Bihan, F. Lerais et H. Sterdyniak, « UEM : le bout du tunnel ? », *Lettre de l'OFCE* n° 169, 12 novembre 1997.

(flexibilité des prix et des salaires, mobilité du travail) qui sont délicats à mettre en œuvre.

4.2.2. Le problème posé par les chocs d'offre asymétrique

Face à un choc sur l'offre asymétrique qui affecte un ou plusieurs pays de la zone euro, comme la Grèce, l'Irlande, le Portugal et l'Espagne après 2009, les politiques monétaire et de change, conçues en fonction des intérêts de l'ensemble de la zone, ne font *a priori* l'objet d'aucune inflexion, ou, insuffisamment, au regard du recul de production enregistré par le ou les pays concernés. C'est dans ce cas de figure que la perte de l'instrument du taux de change, de l'autonomie de la politique monétaire et du recours temporaire à d'importants déficits publics se fait le plus durement sentir.

Les politiques budgétaires sont inefficaces face à ce type de choc, qu'elles soient coordonnées ou non coordonnées parce qu'il s'agit de procéder à la nécessaire adaptation de l'économie et non d'obtenir des financements. L'ajustement à ce type de choc permanent, pour des économies structurellement plus inflationnistes que celles de leurs partenaires, s'opérait jusqu'au lancement de la zone euro par une variation du taux de change. La dévaluation d'une monnaie, au sein du SME, entraînait une baisse des salaires réels, générée par la progression des prix des produits importés, sans modifier les salaires nominaux. Les dévaluations étaient à ce titre une composante importante des politiques de revenus. Les salariés acceptaient cet infléchissement de leur pouvoir d'achat parce qu'ils étaient victimes de l'illusion monétaire. L'appréciation isolée des salaires en France en 1981-1982 avait, par exemple, été gommée par plusieurs dévaluations du franc qui ont remis les coûts français au niveau du reste du monde et absorbé les gains de pouvoir d'achat consentis. La manipulation du taux de change n'en demeurait pas moins un moyen d'ajustement de mauvaise qualité. À long terme, une dévaluation provoque une recrudescence de l'inflation, sous la forme de rattrapage des pertes de pouvoir d'achat, qui affecte à nouveau la compétitivité et l'équilibre extérieur. L'association de la dévaluation à l'inflation et au déséquilibre extérieur a suffisamment été dénoncée pour relativiser la perte de l'instrument du taux de change.

Quel est néanmoins l'instrument susceptible de le remplacer ? Mundell voyait dans l'amélioration du fonctionnement du marché du travail un substitut à la flexibilité des changes. Cette hypothèse a donné lieu à de nombreux travaux comparatifs entre l'UE et les États-Unis sur la mobilité du travail et la flexibilité des salaires.

La mobilité du travail entre les États fédérés aux États-Unis est presque trois fois supérieure à la mobilité du travail en France et en

Allemagne[77]. Au cours des années 1970-1990, plus de la moitié de l'ajustement intervenu aux États-Unis pendant la première année qui suivait un choc a pris la forme de migrations[78], tandis que les ajustements s'opèrent davantage dans l'UE par une variation des taux d'activité[79] : entrées-sorties de la population active des femmes, des jeunes, des travailleurs de plus de cinquante ans et travail à temps partiel. Si l'on s'en tient à ces analyses, la faible mobilité du travail dans l'UE hypothéquerait la réussite de l'union monétaire. Ce raisonnement néglige néanmoins les chocs que pourraient déclencher des mouvements migratoires intempestifs entre des pays de la zone euro qui y sont mal préparés. Une faible mobilité du travail en Europe[80] permet aussi de stabiliser la base imposable et d'éviter une polarisation excessive des activités qui rendrait les économies nationales plus vulnérables aux chocs asymétriques.

L'ajustement par la flexibilité des salaires réels est dans l'UE environ la moitié de celui constaté aux États-Unis[81]. Le mode de formation des salaires accentue les déséquilibres régionaux au sein de l'UE. Les régions les moins développées et les plus touchées par le chômage sont aussi celles qui sont marquées par la rigidité la plus élevée des salaires[82]. Or, en union monétaire, un pays qui connaît une inflation supérieure à celle de ses partenaires doit abaisser son taux de change réel, fondé sur les coûts et sur la productivité de sa main-d'œuvre, pour être à nouveau compétitif. La flexibilité des salaires et les gains de productivité se substituent au blocage du taux de change. La politique des revenus prend une importance tout à fait stratégique au sein de la politique macroéconomique d'où le rôle crucial joué par les modes de fixation institutionnels des salaires (voir Chapitre 5).

4.3. La coordination européenne des politiques économiques

La coordination des politiques économiques passe par l'établissement d'un diagnostic commun, favorisé par l'existence d'instances où

77. B. Eichengreen, « Labor Markets and European Monetary Unification », in *Policy Issues in the Operation of Currency Unions*, publié sous la direction de P. R. Masson et M. P. Taylor, Cambridge University Press, 1993.

78. O. J. Blanchard et L. Katz, « Regional Evolutions », *Brookings Papers on Economic Activity* n° 1, 1992.

79. J. Decressin et A. Fátas, « Regional Labor Market Dynamics in Europe », *European Economic Review*, vol. 39, décembre 1995.

80. H. Erkel-Rousse, art. cité.

81. P. R. G. Layard, S. J. Nickell et R. Jackman, *Unemployment, Macroeconomic Performance and Labour Market*, Oxford University Press, New York, 1991.

82. F. Abraham, « Regional Adjustment and Wage Flexibility in the European Union », *International Economics Research* Paper n° 95, Katholieke Universiteit Leuven, Centrum voor Economische Studien, janvier 1994.

les politiques sont débattues, puis par la mise en place, grâce à des procédures, des objectifs arrêtés. À la suite de la crise des finances publiques dans les États membres, la coordination a été renforcée notamment pour les pays de la zone euro dans le cadre du semestre européen. Les parlements nationaux élaborent leur projet de budget en l'inscrivant de plus en plus dans une perspective européenne.

4.3.1. Les instances

La BCE et l'Eurogroupe pourraient parfaitement poursuivre des buts contradictoires et entrer en conflit. Pour éviter ce risque, des contacts informels ont lieu : participation de la BCE aux réunions du Conseil Écofin, lorsque celui-ci délibère sur des questions relatives aux objectifs et aux missions du SEBC, et à toutes les réunions de l'Eurogroupe, possibilité pour le président de l'Eurogroupe de participer, sans voter, au Conseil des gouverneurs. Le dispositif était, au départ, sommaire sans obligation de résultat, si ce n'est la bonne intelligence des deux parties. Il a été complété par la suite.

Les diverses formations du Conseil et la Commission européenne s'appuient sur les avis et la capacité d'expertise de cinq Comités techniques, susceptibles de faire émerger des diagnostics communs. La BCE participe à deux d'entre eux. Ces Comités peuvent tous formuler des avis, soit à la demande du Conseil ou de la Commission, soit de leur propre initiative.

- *Le Comité économique et financier*, où siègent deux représentants de chaque État membre de l'UE, de la Commission et de la BCE, suit la situation économique et financière des États (orientations de politique économique, déficits publics, contrôle prudentiel, satisfaction des critères de convergence pour les États faisant l'objet d'une dérogation), ainsi que leurs relations financières avec les pays tiers et les institutions internationales (mouvements des capitaux, difficultés de balance des paiements, accords de change).

- *Le Comité de politique économique*, où siègent quatre représentants de chaque État membre de l'UE, de la Commission et de la BCE, surveille les politiques structurelles menées dans chaque pays sur les marchés du travail, des produits et des services, ainsi que des tendances en matière d'évolution des coûts et des prix.

- *Le Comité budgétaire européen consultatif et indépendant*, créé plus tardivement, le 1er novembre 2015, où siègent un président et quatre membres qui sont des experts internationaux réputés et indépendants nommés par la Commission (le président et un membre), par le président du Comité après consultations (les trois autres), a la charge d'établir une cohérence horizontale des décisions de suivi budgétaire et de dégager une orientation budgétaire globale pour la zone euro. Il coopère avec les conseils budgétaires nationaux.

• *Le Comité de l'emploi*, où siègent deux représentants de chaque État membre de l'UE et de la Commission, suit les évolutions en matière d'emploi et de marché du travail dans chaque pays.

• *Le Comité de la protection sociale*, où siègent deux représentants de chaque État membre de l'UE et de la Commission, promeut la coopération en matière de politiques et de protection sociale.

4.3.2. Des lignes directrices aux Programmes nationaux de réforme

Les États membres doivent considérer leurs politiques économiques et d'emploi comme des questions d'intérêt commun. Le traité a mis en place deux procédures de coordination pour les pays de l'UE. Elles ne sont pas contraignantes et relèvent de la pression par les pairs exercée dans le cadre d'une surveillance multilatérale des politiques.

• L'article 121 du TFUE concerne *la procédure de coordination économique*. Il prévoit que le Conseil Écofin surveille les évolutions économiques dans chacun des États membres de l'UE dans le cadre des procédures du PSC et élabore, à la majorité qualifiée, *« les grandes orientations de politique économique des États membres et de l'Union »* (GOPE). Si les GOPE ne sont pas juridiquement contraignantes, elles n'en ont pas moins une signification politique et peuvent donner lieu à des avis publics du Conseil, dès le moment où un État membre s'écarterait trop des orientations collectivement souhaitables.

• L'article 148 du TFUE concerne *la procédure de coordination des politiques d'emploi*. Le Conseil des ministres du travail et des affaires sociales adopte à la majorité qualifiée *« des lignes directrices, pour l'emploi »* (LDE). Le Conseil évalue chaque année l'application des LDE, sur la base de *« plans d'action nationaux »* mis en œuvre par les États membres, auxquels il peut adresser des recommandations.

La Commission synchronise les GOPE et les LDE dans des *« lignes directrices intégrées »* (LDI) qui arrêtent les orientations politiques dans les domaines économique, social et environnemental (Encadré 3). Les LDI assurent la mise en cohérence d'ensemble des politiques macroéconomiques, microéconomiques et des politiques d'emploi. Elles doivent être conformes aux préconisations du Pacte de stabilité et de croissance. Les premières LDI ont été adoptées, en 2010. Alors que les GOPE restent inchangées, les LDE peuvent faire l'objet d'une reformulation annuelle. Chaque État membre de l'UE s'approprie l'ensemble pour construire son *« programme national de réforme »* (PNR) annuel[83] qui présente ses réformes économiques, sociales et environnementales.

83. Pour la France, le PNR 2023 https://www.tresor.economie.gouv.fr/Articles/2023/05/15/presentation-du-programme-national-de-reforme-2023

Il permet d'engager un débat au niveau national avec les instances parlementaires et les partenaires sociaux. La Commission élabore, à partir des PNR, un *« programme communautaire »* qui couvre toutes les actions engagées par l'UE. Chaque année, les États membres établissent un rapport de suivi, tandis que la Commission rédige un rapport d'évaluation.

Encadré 3

LDI 2023

Ligne directrice n° 1 *: garantir la qualité et la viabilité des finances publiques.*

Ligne directrice n° 2 *: résorber les déséquilibres macroéconomiques.*

Ligne directrice n° 3 *: réduire les déséquilibres dans la zone euro.*

Ligne directrice n° 4 *: optimiser le soutien à la R&D et à l'innovation, renforcer le triangle de la connaissance et libérer le potentiel de l'économie numérique.*

Ligne directrice n° 5 *: stimuler la demande de main d'œuvre.*

Ligne directrice n° 6 *: renforcer l'offre de main d'œuvre et améliorer l'accès à l'emploi ainsi que l'acquisition de qualifications et de compétences tout au long de la vie.*

Ligne directrice n° 7 *: améliorer le fonctionnement des marchés du travail et l'efficacité du dialogue social.*

Ligne directrice n° 8 : *promouvoir l'égalité des chances pour tous, favoriser l'inclusion sociale et combattre la pauvreté*

4.3.3. Le Semestre européen de coordination

Les États membres de la zone euro se livrent à un exercice annuel de coordination budgétaire au sein du *« Semestre européen »*, soit le calendrier qui gère les navettes et les échanges de vue sur les projets de budget des États membres entre la Commission, le Conseil européen, le Conseil Écofin), l'Eurogroupe, le Parlement européen et les Parlements nationaux, avant leur adoption pour le 31 décembre.

La Commission avait proposé, dès 2002, d'établir une feuille de route pour coordonner les politiques économiques et de l'emploi à partir d'un *« cycle de coordination »*. Il a été mis en place, en 2005 mais avait pâti de l'absence d'un calendrier contraignant et d'une faible association des parlements nationaux à cette démarche. Après la crise financière et les errements du Pacte, il est apparu nécessaire de renforcer le processus. Le Conseil a approuvé la création du Semestre européen, opérationnel depuis le 1er janvier 2011 pour l'UE. Au regard des interdépendances très fortes qui existent entre les pays de la zone euro, il a été plus particulièrement approfondi pour ces seuls pays : c'est là une étape vers une forme de fédéralisme budgétaire coordonné. Il s'agit de dégager une orientation budgétaire générale pour la zone euro et de s'assurer de sa compatibilité avec les plans budgétaires propres à chaque pays. À la suite du *« Rapport des cinq présidents »* de 2015, le calendrier du Semestre a été remanié par la Commission sous une forme qui a pris effet pour l'année 2016. La proclamation du Socle européen des droits sociaux en 2017 (voir Chapitre 5) a marqué une inflexion importante du Semestre qui a intégré le tableau de bord social qui lui est lié (indicateurs concernant les marchés du travail, la protection et l'inclusion sociale publiés par Eurostat).

Le cycle débute en novembre (Tableau 11), au niveau européen, avec la publication par la Commission de l'*« examen annuel de croissance »* (EAC) et du *« rapport sur le mécanisme d'alerte »* (RMA) : elle recense les défis auxquels la zone euro est confrontée et identifie les déséquilibres présents dans chaque État membre, à partir du rapport conjoint sur l'emploi (RCE) et de la procédure de surveillance des déséquilibres macroéconomiques (PDM). Sur cette base, la Commission dégage les priorités économiques, budgétaires et sociales pour la zone euro pour l'année à venir. Ces recommandations font l'objet d'une adoption par le Conseil. La Commission procède, au regard de ces orientations, à un bilan approfondi de la situation de chaque État membre *(« rapports pays »)*.

Les États membres élaborent, d'ici à la fin avril, deux documents qui doivent s'inscrire dans la perspective ainsi tracée : leur *« programme national de réforme »*, qui trace les grandes lignes de leurs intentions de réforme, et leur *« rapport annuel sur leur plan national budgétaire structurel à moyen terme »*, conçu dans le cadre du volet préventif du Pacte de stabilité et de croissance. Les pays placés sous assistance financière relèvent d'un programme d'ajustement structurel qui leur est propre. En mai, la Commission produit des *« recommandations par pays »* (RPP) concernant les réformes prioritaires à mettre en œuvre afin d'accroître le potentiel de croissance et la création d'emplois. Après un examen par le Conseil et un dialogue avec le Parlement européen, le Conseil européen adopte les RPP finales fin juin-début juillet.

Le second semestre concerne les seuls États membres de la zone euro. Leurs gouvernements doivent remettre pour le 15 octobre leurs projets de loi de Finances à la Commission qui se donne jusqu'au 30 novembre pour les juger conformes, ou non avec la trajectoire budgétaire agréée au printemps. Avant que les Parlements nationaux n'adoptent le budget d'ici au 31 décembre, les parlementaires disposent d'avis et d'éventuelles propositions de nouvelles orientations émanant de la Commission qu'ils ont toute liberté de suivre ou d'ignorer.

Le Semestre européen a constitué une avancée importante pour la gouvernance économique de l'UEM. Il renforce la coordination et donne aux Parlements nationaux d'autres sources d'informations et éléments d'appréciation pour remplir leurs missions d'évaluation et de contrôle. Il les implique dans les affaires européennes en les obligeant à aller au-delà de contraintes purement nationales.

Tableau 11

Le semestre européen de coordination

Zone euro	Novembre-Décembre	Examen annuel de la croissance durable (EACD) Rapport sur le mécanisme d'alerte (RMA) Rapport conjoint sur l'emploi (RCE) Recommandations pour la zone euro
UE	Janvier	Adoption des recommandations pour la zone euro et des conclusions de l'EACD, du RMA et du RCE
	Février	Rapports pays par État membre (Programme de réforme et déséquilibres)
	Mars	Adoption du RCE et des priorités économiques sur la base de l'EACD
	Avril	➢ Programme national de réforme ➢ Rapport annuel sur leur plan national budgétaire structurel à moyen terme
	Mai	Recommandations par pays (RPP)
	Juin-Juillet	Examen des RPP et adoption des RPP finales Après un dialogue avec le Parlement européen
Zone euro	Octobre	Projet de budget
	Novembre	Avis sur les projets de budget
	Novembre	Examen des avis sur les projets de budget
	31 décembre	Adoption du budget

- (gris clair) Du ressort de la Commission européenne
- (gris foncé) Du ressort du Conseil européen et du Conseil des ministres
- (blanc) Du ressort des États membres

Le Semestre inscrit le parcours d'adoption des budgets nationaux dans un cadre européen, afin de vérifier la pertinence des hypothèses retenues, la cohérence temporelle des projets du printemps à l'automne et les externalités qui peuvent jouer d'un pays à l'autre. Il permet de multiplier les échanges : Commission, Conseil Écofin, Eurogroupe, Conseil européen, Parlement européen et Parlements nationaux. Cette réforme confère à la Commission européenne un rôle prescriptif particulièrement déterminant dans l'adoption des budgets nationaux et plus exposé politiquement.

4.4. *Un budget propre à la zone euro pour « Compléter l'UEM européenne »*[84] *?*

L'incomplétude de la zone euro est apparue lors des crises de 2008-2009 et de 2011 comme son dysfonctionnement majeur dans la mesure où aucun budget central n'a pu corriger par des transferts les divergences d'évolution entre les économies et les chocs asymétriques dont elles faisaient l'objet. Ce n'est pas faute, pour autant, de ne pas avoir été intégré dans la réflexion de départ. La création d'un vrai budget fédéral s'inscrit dans une histoire de plus de quarante-cinq ans, marquée par des approches très opposées sur le rôle des finances publiques dans l'intégration monétaire européenne.

La première approche, incarnée par le rapport MacDougall[85] de 1977, concluait sur la nécessité d'accroître sensiblement la taille du budget central comme étant un préalable à toute union monétaire (de 0,7 % alors, à 5-7 % du PIB communautaire, voire 9-10 % si la politique de défense commune était intégrée). Elle raisonnait sur des rapports équilibrés entre la politique budgétaire et la politique monétaire. La vocation stabilisatrice et redistributive des finances publiques centrales y était affirmée. L'histoire des États fédéraux était appelée à l'appui de cette thèse. L'évolution s'y est partout accompagnée d'un accroissement du poids des dépenses fédérales au détriment de celles des instances régionales.

La deuxième approche, portée par la Commission[86] après 1993, va à l'encontre de la philosophie du rapport MacDougall en postulant qu'un budget de 2 % du PNB communautaire suffit à accompagner l'union monétaire et en optant implicitement pour un régime asymétrique dominé par le pôle monétaire. La fonction stabilisatrice des finances publiques est renvoyée à des mécanismes assurantiels qui viendraient en appoint du budget communautaire, sous la forme par exemple d'un

84. Il s'agit d'une reprise du titre du Rapport des cinq présidents de 2015.

85. D. MacDougall *et alii*, *Report of the Study Group on the Role of Public Finance in European Integration*, Office des publications officielles des CE, Luxembourg, 1977.

86. Commission des CE, *Monnaie stable - Finances saines, les finances publiques de la Communauté dans la perspective de l'UEM*, rapport cité. Divers auteurs, « The Economics of Community Public Finance », *European economy*, Special issue n° 5, 1993.

système d'assurance chômage européen. Une mise en garde est faite contre la recherche dans l'histoire d'« *un modèle optimal préétabli* ». La Commission observe que les États nations ont connu également une évolution extensive (prise en charge de nouvelles fonctions) et intensive (les activités anciennes étant assumées de façon toujours plus complète et plus efficace) de leurs domaines d'intervention et des budgets y afférant, au cours du XXe siècle. Ce développement n'est pas propre aux budgets fédéraux et impose de ne pas transposer mécaniquement au budget de l'UE leur évolution historique.

La position des instances européennes a notoirement évolué sur cette question après la crise de la dette souveraine qui a montré la difficulté à faire fonctionner un fédéralisme monétaire sans des formes de fédéralisme budgétaire. La mise en place du MES, en 2012, a marqué une inflexion, même si l'Allemagne a pris soin de s'assurer qu'il n'engendrait pas une évolution vers une union de transferts budgétaires. Le débat a franchi un cap lorsque le président du Conseil européen, de concert avec la Commission, ont porté deux propositions alternatives, fin 2012, afin de tendre vers une *« Union économique et monétaire véritable et approfondie »* [87]. La première concernait la création d'un système partiellement communautarisé d'assurance chômage en complément des régimes nationaux (voir Chapitre 5). La seconde projetait d'instaurer une *« capacité budgétaire propre à l'UEM »*, tout en notant que cela supposerait une évolution sur le plan parlementaire afin de garantir sa pleine légitimité démocratique. Ce budget de la zone euro devait être essentiellement dévolu à la stabilisation macroéconomique avec pour fonctions de faciliter les ajustements aux chocs asymétriques et les réformes structurelles qui améliorent la compétitivité et le potentiel de croissance. La Commission européenne recommandait également la création d'une capacité budgétaire spécifique à la zone euro à moyen terme (cinq ans)[88], financée à partir de ressources propres et pouvant recourir en dernier ressort à l'emprunt, afin de soutenir les réformes structurelles dans les pays en difficulté. Elle soutenait aussi la création d'un fonds d'amortissement de la dette publique subordonnée à une stricte conditionnalité[89] et l'émission de bons du Trésor européens (eurobonds).

---

87. H. Van Rompuy, *Vers une véritable union économique et monétaire*, Rapport, 5 décembre 2012.

88. Commission européenne, *Projet détaillé pour une Union économique et monétaire véritable et approfondie : lancer un débat européen*, Communication de la Commission, Bruxelles, COM 777 final, 28 novembre 2012.

89. Cette proposition avait été faite en 2011 par le conseil allemand d'experts économiques. La dette publique serait divisée en deux parties : la première, équivalente à 60 % du PIB, resterait de la responsabilité de chaque État membre tandis que la seconde,

Ces propositions ont été réitérées, en 2015, dans le Rapport des cinq présidents (du Conseil, du Parlement, de la Commission, de la BCE, de l'Écofin) afin de *« Compléter l'Union économique et monétaire européenne »*[90], relayé là aussi, pour sa mise en œuvre, par une contribution de la Commission[91]. Il proposait à l'UEM de se déployer dans quatre dimensions : vers l'union économique, vers l'union financière, vers l'union budgétaire et vers l'union politique. Dans le domaine des finances publiques, le rapport demandait la mise en place d'un *« mécanisme de stabilisation budgétaire pour la zone euro »*, à partir du constat que toutes les unions monétaires matures en disposent afin de mieux absorber les chocs asymétriques. C'est une évolution qualifiée de *« naturelle »*, à envisager sur le long terme, comme il apparaît aussi naturel de créer un Trésor de la zone euro. Une option possible pour le mécanisme budgétaire était qu'il s'appuie sur le Fonds européen pour les investissements stratégiques en finançant des investissements propres à la zone euro. Il devait fonder son action sur quatre principes directeurs :

– ne pas amener à des transferts en sens unique permanents entre pays ;

– maintenir les incitations pour les États membres à mener des politiques budgétaires saines et à adopter des réformes structurelles ;

– être élaboré dans le cadre de l'UE afin de maintenir la compatibilité avec les politiques conduites par cette dernière ;

– ne pas se substituer au MES comme instrument de gestion de crise mais viser plutôt à faire progresser la résilience de la zone euro et de ses États membres.

Le terrain était donc préparé pour l'adoption, fin 2020, de Next Generation EU qui se différencie néanmoins sur plusieurs points importants de ces projets. C'est un instrument temporaire et non permanent dont la taille est sans commune mesure avec un budget fédéral. Il est adossé au cadre financier pluriannuel 2021-2027 avec un horizon qui n'est pas le même que ce dernier – quatre ans dans un cas, sept ans dans l'autre –. NGEU concerne l'ensemble de l'UE et pas seulement les pays de la zone euro, ce qui n'en fait pas un instrument de réglage du *policy-mix*. La BCE n'est pas partie prenante du processus même si les

---

qui regrouperait la part dépassant le plafond, resterait de la responsabilité de remboursement de chaque État membre mais serait versée à un Fonds d'amortissement qui émettrait ses propres obligations et serait gérée collectivement par tous les États participants.

90. Commission européenne, Rapport préparé par J.-C. Juncker, en étroite collaboration avec D. Tusk, J. Dijsselbloem, M. Draghi et M. Schulz (Rapport des cinq présidents), *Compléter l'Union économique et monétaire européenne*, 22 juin 2015.

91. Commission européenne, *Communication relative aux mesures à prendre pour compléter l'Union économique et monétaire*, COM(2015) 12 final, 21 octobre 2015.

banquiers centraux ont appelé de leurs vœux à la création d'un instrument budgétaire afin de soulager la politique monétaire dans sa gestion des crises de l'Eurozone. NGEU n'est pas un outil généraliste, contrairement à un budget fédéral, mais un instrument très ciblé sur la transformation structurelle de l'économie européenne vers la transition écologique et numérique et la restauration de son potentiel de croissance. Ce sont là des biens publics européens. La défense commune en constitue un autre. Au regard des transformations structurelles à réaliser, la mise en place d'une capacité budgétaire commune pour les financer de façon pérenne apparaît incontournable[92] [93].

*

*   *

Les vingt-cinq premières années de fonctionnement des finances publiques de l'UEM ont été gérées en deux séquences très différentes. Pendant les dix premières années, les États membres ont tenté de cumuler les avantages d'une monnaie commune avec une autonomie budgétaire, fiscale et salariale. Chacun a conduit sa politique sans se soucier de ses effets sur ses partenaires et a demandé au budget européen des retours similaires à ses contributions. Avec la crise de 2008-2009, il est apparu aux marchés financiers qu'une union monétaire dépourvue de mécanismes de gouvernance économique, de fédéralisme fiscal et budgétaire n'était pas soutenable. À la crise de change, qui n'aurait pas manqué de se produire, si les États européens avaient conservé leurs propres monnaies, s'est substituée une crise de la dette souveraine, en 2011, en Grèce avec des menaces de dissémination dans les pays les plus en difficulté. La crise a démontré aux pays de la zone euro qu'ils avaient atteint un tel niveau d'interdépendance que seule la recherche de solutions coordonnées était pertinente. Les États membres de l'UEM ont échafaudé dans la douleur un dispositif de sortie de crise cohérent fondé sur les quatre leviers que sont l'union bancaire, la surveillance budgétaire et macroéconomique par le Pacte, le Mécanisme européen de stabilité et le programme OMT de la BCE.

92. M. Buti, « When will the European Union finally get the budget it needs? », *Analyse*, Bruegel, décembre 2023.

93. E. Letta, *Much more than a Market*, April 2024.

La pandémie de Covid-19 a posé d'autres défis aux finances publiques européennes et a imposé la mise en place d'un dispositif très différent : les règles du Pacte ont été d'emblée suspendues, ce qui a permis des déficits plus importants et plus durables que lors de la crise de 2008, mais en deçà de celui des États-Unis, alors que le recul de la production, en 2020, avait été plus conséquent dans l'UE. Les États membres disposaient aussi, il est vrai, de systèmes de protection sociale de meilleure qualité pour amortir la crise que ceux présents outre-Atlantique et d'un mécanisme européen de réassurance chômage. Un plan de relance pour l'UE générateur d'une dette commune et de transferts entre États membres a été lancé. Cette crise a contribué à aggraver la situation des finances publiques des États membres mais avec des différences importantes entre eux.

C'est dans ce contexte que le Pacte de stabilité et de croissance a été réactivé, depuis le 1er janvier 2024, dans une formule sensiblement modifiée. Il impose des règles très contraignantes et risque de provoquer une consolidation drastique probablement difficile à gérer, à la fois économiquement, en déclenchant une récession, et socialement, en nourrissant une défiance vis-à-vis de l'intégration européenne. Le plan de relance européen arrivera progressivement à son terme dans un contexte où les taux d'intérêt de la dette souveraine pèseront davantage dans les budgets publics. Face à cette altération des capacités de financement, il y a une envolée des besoins de financement en particulier pour la défense, après l'invasion de l'Ukraine par la Russie, le 24 février 2022, et pour la transition climatique. L'équation des finances publiques dans l'UE et ses États membres sera complexe à résoudre dans les prochaines années. L'UE doit l'anticiper afin de ne pas se construire uniquement dans les crises.

CHAPITRE 5

La cohésion économique et sociale

La construction européenne a longtemps privilégié la dimension économique par rapport à la dimension sociale. L'approche fonctionnaliste, adoptée par les fondateurs, a favorisé une intégration économique sectorielle (CECA, CEEA, PAC, etc.), sans qu'elle soit accompagnée par la construction d'un espace social européen. Les politiques d'aménagement du territoire et de solidarité restaient du domaine national. Il faut attendre le milieu des années quatre-vingt pour qu'apparaisse, avec le lancement du processus de marché unique et l'élargissement aux pays du Sud, une amorce de rééquilibrage des interventions communautaires au profit de la cohésion économique et sociale. Elle renvoie simultanément à une dimension géographique, à travers la réduction des disparités entre les États membres et les régions, et à une dimension sociale dont la référence est le modèle européen d'*« économie sociale de marché »*[1]. Il se définit, selon la Commission européenne, par l'existence dans les différents pays d'un système universel de protection sociale, de réglementations pour corriger les carences du marché et de systèmes de dialogue social.

Les insuffisances de l'Europe sociale n'en sont pas moins apparues manifestes dès le moment où l'intégration économique s'est accélérée. Les dynamiques de la mondialisation, qui engendre une mise en concurrence généralisée du travail peu qualifié, de l'élargissement aux PECO, dont les coûts du travail et la protection sociale accusent un retard important sur les autres États membres, du marché unique, qui impose des libertés de circulation parfois difficiles à faire coexister avec le maintien d'un haut niveau de protection sociale, montraient la nécessité de repenser l'articulation de l'économique au social. Mais c'est la récurrence des crises avec leurs graves retombées sociales qui a provoqué une réaffirmation de l'ambition sociale de l'UE. Un tournant a été pris au Sommet de Göteborg, en 2017, avec la proclamation du Socle européen des droits sociaux. Ce Socle et le plan d'action qui lui a été associé, en 2021, participent à la relance de l'économie européenne

---

1. Commission européenne, *Premier rapport sur la cohésion économique et sociale 1996*, Office des publications officielles des Communautés européennes, 1996.

après la pandémie de Covid-19. Cette crise sanitaire a imposé davantage l'intervention de l'UE sur des questions qui relevaient jusqu'alors de la compétence nationale comme la santé, le soutien au chômage et la reprise d'emploi.

L'intégration européenne doit composer avec des déséquilibres prononcés des marchés du travail et des modèles sociaux (1) qui ont pu être soutenables grâce à la construction progressive d'un espace social et de l'emploi au niveau de l'UE (2) et à la politique de cohésion (3).

1. L'hétérogénéité de l'espace européen

L'UE condense en son sein les défis posés par la mondialisation. Les écarts, d'un État membre à l'autre, des performances des marchés de l'emploi, des coûts du travail et des régimes de protection sociale sont importants en raison des élargissements aux PECO, qui présentaient un retard de développement, et à la suite des chocs économiques qui avaient pour beaucoup d'entre eux une dimension asymétrique. Dans ce contexte, il est complexe de bien calibrer les interventions sociales afin de garder l'économie européenne tout autant des écueils du dumping social comme de normes sociales insoutenables au regard du développement économique de certains pays.

1.1. Les disparités de chômage, de coût du travail et de protection sociale

L'UE présente un paysage social contrasté. La persistance d'un chômage élevé, conjuguée à une offre de travail limitée sur certains segments de la population, ont servi d'explication principale à la faiblesse de la croissance potentielle en Europe par rapport aux États-Unis. L'amélioration des performances du marché de l'emploi est l'axe privilégié pour maintenir le niveau de la protection sociale. Les trois stratégies de croissance successives déployées par les Européens à l'échelle de trente ans – Lisbonne en 2000, Europe 2020 en 2010 et le plan d'action sur le Socle européen des droits sociaux à l'horizon 2030 – ont fait de l'augmentation des taux d'emploi dans l'UE une orientation prioritaire avec également un objectif de réduction de la pauvreté pour les deux dernières stratégies.

1.1.1. Les résultats des marchés de l'emploi nationaux

À la suite de la crise financière, puis celle de la dette souveraine, les trajectoires suivies par les pays de l'UE et plus particulièrement par ceux de la zone euro ont été particulièrement divergentes au niveau des marchés du travail. Le choc s'avère plus symétrique et moins violent en 2020-2021 lors de la pandémie. L'Allemagne, la France, la Grèce et l'Espagne partaient, par exemple, d'un même taux de chômage en 2007 à 8,3 %. Depuis, l'Allemagne a fait sensiblement reculer son taux de chômage (-3,8 points). Il s'établit en 2022 à 4,5 % (Tableau 1). La France avec un taux de 7,3 en 2022 (-1 point) connaît des difficultés structurelles à sortir d'un chômage important et persistant. La Grèce et l'Espagne ont été frappées par une progression très forte du chômage : à son point le plus haut, en 2013, +19,2 points en Grèce, avec un taux de 27,5 %, +17,8 points en Espagne avec un taux de 26,1%, avant que le chômage ne régresse (12,5 % en Grèce en 2022, 12,9 % en Espagne). Dans le même temps, d'autres pays de la zone euro ne s'éloignaient guère du plein emploi (Autriche, Pays-Bas), tandis que des pays hors zone euro (Bulgarie, Hongrie, Pologne et République tchèque) voyaient leur chômage décroître jusqu'à connaître des pénuries de main-d'œuvre.

Quel que soit le pays considéré, la corrélation est toujours forte entre taux d'emploi[2] élevé et taux de chômage faible (Allemagne, Pays-Bas, Danemark, Hongrie), et taux d'emploi faible et taux de chômage élevé (Espagne, Grèce, Italie, Croatie). La population active est plus nombreuse dans les pays où ses chances d'accéder à l'emploi sont plus réelles et où l'emploi est plus diffus. Les pays d'Europe du Nord ont globalement des taux d'emploi beaucoup plus forts que ceux d'Europe du Sud, en particulier chez les femmes et chez les travailleurs de plus de 55 ans. L'opposition anciens-nouveaux États membres n'est pas probante. La ligne de partage sur les marchés du travail se construit davantage autour d'une opposition Europe du Nord-Europe du Sud avec la France dans une situation intermédiaire, en raison notamment de la faiblesse des taux d'emploi de ses 55-64 ans. Les données relevées pour l'année 2022 marquent une très nette amélioration par rapport à celles des années 1990. Une partie du retard de croissance européen était alors imputée à ces taux d'emploi relativement bas par rapport à ceux des États-Unis qui signifiaient un potentiel de travail inexploité et des groupes de population pris en charge par la population en activité. Les taux d'emploi de l'UE à 27 ont dépassé depuis celui des États-Unis grâce à la priorité donnée à cet objectif au niveau des politiques d'emploi dans les États membres à travers les stratégies de croissance de l'UE conduites à dix ans : la stratégie de Lisbonne (2000-2010) et Europe 2020 (2011-2020).

La stratégie de Lisbonne accordait une place importante à l'amélioration quantitative de l'emploi en fixant des objectifs de relèvement des taux d'emploi et d'allongement de la durée de la vie active à l'horizon 2010 : porter le taux d'emploi global des 15-64 ans à 70 %, celui des femmes à 60 % et celui des 55-64 ans à 50 %. Europe 2020, qui lui a succédé, assignait un objectif de taux d'emploi des 20-64 ans dans l'UE de 75 %. Ce taux est finalement, en 2020, de 72,4 %, un peu en retrait par rapport à 2019, en raison des effets de la crise sanitaire.

2. Le taux d'emploi est la proportion de personnes disposant d'un emploi parmi celles en âge de travailler (15 à 64 ans ou 20 à 64 ans selon les statistiques).

Tableau 1

Structures des marchés de l'emploi nationaux en 2022 des pays de la zone euro, de l'UE à 27 et de quelques pays tiers

	Taux d'emploi des 20-64 ans	Taux d'emploi des femmes	Taux d'emploi des 55-64 ans	Taux de chômage	Taux de chômage de longue durée[1]	Taux de chômage des moins de 25 ans
Allemagne	80,7	76,8	73,3	4,5	1,0	6,0
Autriche	77,3	73,4	56,4	4,8	1,3	9,5
Belgique	71,9	68,1	56,6	5,6	2,3	16,4
Chypre	77,9	72,1	65,0	6,8	2,3	18,2
Croatie	69,7	65,0	50,1	7,0	2,4	18,0
Espagne	65,7	64,1	57,7	12,9	5,0	29,8
Estonie	81,9	80,4	73,7	6,8	1,3	18,6
Finlande	78,4	77,8	71,2	6,8	1,5	14,2
France	74,0	71,2	56,9	7,3	2,0	17,3
Grèce	61,1	55,9	51,9	12,5	7,7	31,4
Irlande	78,2	72,6	66,7	5,7	1,3	10,1
Italie	64,8	55,0	55,0	8,1	4,6	23,7
Lettonie	77,0	75,5	69,5	6,9	2,0	15,3
Lituanie	79,0	78,6	69,8	6,0	2,3	11,9
Luxembourg	74,8	71,5	46,6	4,6	1,3	17,6
Malte	81,1	74,1	54,5	2,9	1,0	10,7
Pays-Bas	82,9	79,0	73,1	3,5	0,7	7,6
Portugal	77,1	74,3	65,1	6,2	2,8	19,1
Slovaquie	76,7	72,6	64,1	6,7	4,1	19,3
Slovénie	77,9	74,3	55,2	4,0	1,6	10,1
Euro 20	**74,0**	**69,8**	**62,5**	**6,8**	**2,7**	**14,6**
Bulgarie	75,7	71,8	68,2	4,3	2,3	10,7
Danemark	80,1	77,4	72,9	4,5	0,5	10,6
Hongrie	80,2	75,3	59,6	3,6	1,1	10,6
Pologne	76,7	70,2	56,4	2,9	0,6	10,8
Rép. tchèque	81,3	73,7	72,9	2,2	0,6	6,8
Roumanie	68,5	59,1	46,7	5,6	2,2	22,8
Suède	82,2	79,2	77,3	7,5	1,9	21,7
UE-27	**74,6**	**69,3**	**62,3**	**6,2**	**2,4**	**14,5**
États-Unis	71,3	66,5	63,5	3,6	-	8,1
Japon	78,4	72,5	78,1	2,6	-	4,3
Royaume-Uni	75,6	72,2	64,8	3,7	-	10,5

1. 12 mois et plus, en pourcentage de la population active totale.

Sources : Eurostat et OCDE.

Le plan d'action sur le Socle européen des droits sociaux intégré dans le Pacte vert pour l'Europe s'inscrit dans la lignée de cette politique avec la fixation d'un objectif de 78 % pour le taux d'emploi des 20-64 ans dans l'UE à l'échéance 2030. Il est, en 2022, de 74,6 %.

Pour l'année 2022, les disparités des taux de chômage restent très accusées : de 2,2 % en République tchèque à 12,9 % en Espagne, les écarts vont de 1 à 6. Le poids du chômage est supporté essentiellement par les chômeurs de longue durée et par les jeunes. Ces deux formes du chômage apparaissent, au même titre que la faiblesse des taux d'emploi, comme des signaux d'une dégradation plus générale du marché du travail. Pour l'ensemble de l'UE, l'indicateur d'exposition relative des jeunes au chômage, défini par le rapport entre le taux de chômage des jeunes et le taux de chômage de la population active, est à peu près égal à 2. Les pays qui dépassent nettement ce ratio font porter prioritairement l'ajustement de leur marché du travail sur les jeunes (Belgique, Chypre, Croatie, Espagne, Estonie, Finlande, Irlande, Italie, Luxembourg, Portugal, Bulgarie, Suède). Le taux de chômage des jeunes atteint des niveaux très élevés en Grèce (31,4 %), en Espagne (29,8 %) et en Italie (23,7 %), contrairement à l'Allemagne qui privilégie traditionnellement leur insertion (6,0 %). Un constat identique peut être effectué sur le taux de chômage de longue durée, plus élevé dans les pays où la situation est la plus dégradée avec des chômeurs dont la durée de recherche s'allonge inévitablement.

L'évaluation des performances en matière de chômage entre les pays de l'UE, et tout particulièrement pour les pays qui partagent une même monnaie, montre l'influence des facteurs réels sur l'emploi. Avec un environnement équivalent sur le plan de la politique monétaire et de la politique de change, les résultats peuvent être sensiblement différents d'un pays à l'autre. Ils tiennent notamment à la spécialisation des économies, au fonctionnement des marchés du travail, à la qualification de la main-d'œuvre et aux mouvements migratoires. Les économies ont été à la fois très inégalement exposées et ont absorbé de manière assez dissemblable les chocs économiques auxquels elles ont été confrontées.

Les bons résultats de pays comme l'Allemagne, les Pays-Bas, le Danemark, la République tchèque et la Pologne tiennent à des raisons profondément différentes. Tous ces pays sont proches d'un chômage de type frictionnel avec des difficultés de recrutement. Un marché européen du travail un peu plus efficace (voir Chapitre 2), à l'image des États-Unis, permettrait d'atténuer ces disparités et ces tensions. Mais la mobilité de la main-d'œuvre reste assez faible dans l'UE : 3,9 % des Européens en âge de travailler vivent dans un autre État membre.

Parmi les grandes économies, l'Allemagne est la seule à avoir un taux de chômage de plein emploi, malgré une légère dégradation en 2021-2022. Cette situation est imputable à sa démographie et aux réformes connues sous le nom de l'Agenda 2010, lancé en 2003 par le chancelier Schröder, qui s'est décliné dans les quatre lois Hartz (2003-2005). Elles ont profondément transformé son marché du travail. La première (janvier 2003) a assoupli le droit des licenciements et le travail intérimaire. La deuxième (avril 2003) a facilité le travail atypique, avec la création d'un statut d'auto-entrepreneur et de mini-jobs. La loi Hartz III (avril 2004) a réformé le système d'indemnisation du chômage : le versement des indemnités est conditionné à ce qu'un chômeur prenne un emploi *« acceptable »*. Enfin la loi Hartz IV (janvier 2005) a redéfini le régime d'assistance sociale sur fonds publics. Les personnes incapables de travailler relèvent de la seule assistance sociale.

Les Pays-Bas et le Danemark relèvent du modèle nordique de politiques d'emploi, mélange de flexibilité et de sécurité, ou *« flexisécurité »*, d'utilisation du temps partiel, de formation et de soutien aux chômeurs, à condition qu'ils recherchent activement un travail, avec une gestion très égalitaire des hommes et des femmes sur le marché du travail. Ces pays ont misé sur *« l'économie de la connaissance »* qui combine innovation technologique, effort de recherche-développement et investissements en éducation.

Les bonnes statistiques des marchés du travail hongrois, tchèque et polonais tiennent, enfin, à la forte intégration de ces deux pays dans les chaînes de valeur européennes mais aussi aux migrations d'une partie de leur population active vers d'autres pays de l'UE.

1.1.2. Les coûts du travail

Le coût de la main-d'œuvre correspond aux dépenses totales engagées par les employeurs pour leurs salariés. Il englobe la rémunération, notamment les salaires et traitements en espèces et en nature, les cotisations de sécurité sociale à la charge des employeurs, les frais de la formation professionnelle et d'autres dépenses telles que les frais concernant les recrutements et les vêtements de travail ainsi que les impôts relatifs à l'emploi déduction faite des subventions perçues.

En 2023 (Graphique 1), le coût horaire de la main-d'œuvre dans l'industrie et les services varie, dans l'UE à 27, de 9,3 euros en Bulgarie à 53,9 euros au Luxembourg, soit un rapport de 1 à 5,8, en nette diminution depuis 2007 où il variait de 1 à 18. Dans la zone euro, le rapport n'est plus que de 1 à 4. Si les coûts horaires les plus faibles sont observés dans les PECO, leur rattrapage est net. Au clivage Est-Ouest se superpose une opposition Nord-Sud avec la Croatie, la Grèce, le Portugal, Malte, Chypre, l'Espagne, la Slovénie, voire l'Italie, dans une situation proche des PECO. La France et l'Allemagne sont au coude-à-coude. La Suède est le seul pays à voir ses coûts de la main-d'œuvre baisser, en 2023, malgré la poussée d'inflation. Deux explications sont avancées à ces différences de coût du travail.

Graphique 1

Coûts horaires de la main-d'œuvre dans l'industrie et les services en 2023 (en euros)

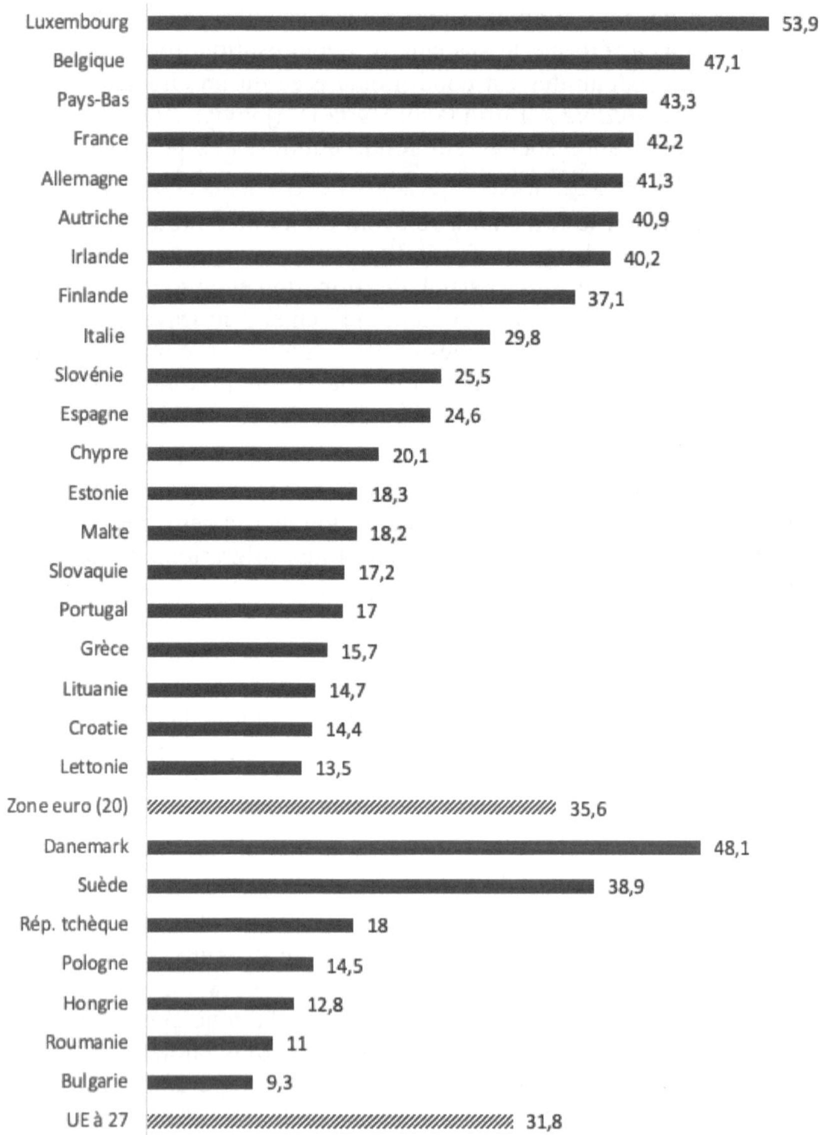

Source : Eurostat.

• *L'explication par le retard de développement.* Les pays de l'Est et du Sud ont une protection sociale moins complète et une productivité du travail plus faible. Ils sont en rattrapage économique et social : si leurs coûts du travail sont nettement plus bas, ils progressent aussi plus vite, ce qui se traduit par un taux d'inflation un peu plus élevé dans ces pays. L'effet Balassa-Samuelson montre que, dans les pays en retard de développement, la hausse des coûts de la main-d'œuvre dans le secteur exposé à la concurrence internationale (l'industrie), justifiée par la progression de la productivité, se diffuse au reste de l'économie et notamment au secteur des services, protégé de la concurrence et où la productivité est relativement stagnante. La hausse des prix permet de financer la progression des salaires dans ce secteur. Les États membres à faibles coûts salariaux relèvent tous du Fonds de cohésion.

- *L'explication par la géographie économique.* Tous ces pays font partie des plus excentrés de l'épicentre du marché unique qui dessine un arc de cercle depuis les Pays-Bas, la Belgique, l'Allemagne, le Luxembourg, la France, l'Autriche jusqu'au nord de l'Italie. Des coûts salariaux relativement plus faibles constituent un avantage comparatif, faute de bénéficier des externalités positives imputable à la concentration de la production dans les pays du centre de l'UE, qualifiée par l'école de la géographie économique[3] d'*« effet d'agglomération »*. Des écarts de coûts sont plus que compensés par la proximité des marchés, la densité géographique des infrastructures de réseaux, des fournisseurs, des sous-traitants et de la main-d'œuvre bien formée, autant de facteurs qui facilitent la diffusion des nouvelles technologies et qui permettent un haut niveau de qualité des produits et de productivité. Les pôles de croissance existants ont ainsi tendance à se renforcer, ce qui accentue les disparités. Les pays en retard de développement pâtissent au contraire d'importants handicaps dans tous ces domaines et de leur position périphérique, que de faibles coûts du travail ne compensent que partiellement pour des segments spécifiques de l'industrie.

À partir d'un exemple simple présenté par Krugman[1], il est possible d'expliquer cette faiblesse relative des coûts du travail des pays de la périphérie par rapport à ceux du centre de l'UE. Soit un grand pays central C et un pays périphérique P qui produisent un même bien. Les coûts de production sont élevés dans le pays C, tandis que les frais de transport et les frais commerciaux y sont faibles, dans la mesure où ce pays constitue l'essentiel du marché de ce bien. Le pays P a une configuration diamétralement opposée avec un marché intérieur restreint, des coûts de production faibles et des frais de transport et des frais commerciaux élevés pour atteindre le marché éloigné du pays C. Si ces deux pays se constituent en marché unique, la production se concentrera tout entière, selon Krugman, dans le pays où le coût total sera le plus faible. Ce processus renforce la spécialisation des économies nationales.

3. P. Krugman, *Geography and Trade*, Presses de l'Université de Louvain, 1991.

Si l'on suit cette approche, les pays les plus excentrés de l'UE devraient toujours se maintenir à un niveau des coûts salariaux relativement plus faible que ceux du cœur de l'Europe, afin de pouvoir s'acquitter de frais de transport et de frais commerciaux qui seront toujours plus élevés. Plus la totalité du coût pour accéder aux pays du centre sera faible, plus l'intérêt de l'implantation dans les pays de la périphérie et plus les détournements de demande à leur profit augmentent. La diversité industrielle qui caractérise actuellement l'UE reposerait sur un équilibre subtil et fragile des structures de coût entre son centre et sa périphérie. Néanmoins, cette explication n'est pas suffisante en soi. Des pays comme le Danemark, la Suède, la Finlande, qui sont également éloignés de l'épicentre du marché unique, n'en ont pas moins des coûts du travail parmi les plus élevés, sans doute parce que ces pays ont investi dans l'économie de la connaissance. Les investissements consentis en capital humain et en R&D justifient ce haut niveau des coûts de la main-d'œuvre.

1.1.3. Les différents modèles de protection sociale

La protection sociale est l'une des composantes du modèle européen d'*« économie sociale de marché »*. Les dépenses, qui y sont consacrées, représentaient en moyenne 29,9 % du PIB dans l'UE à 27 en 2021 (Tableau 2). Les dépenses sont les plus faibles en Irlande, dans les États baltes, en Roumanie, Hongrie, à Malte, en Bulgarie et en Slovaquie. Les pays qui dépensent le plus – France, Autriche, Allemagne, Italie, Finlande, Pays-Bas, Danemark, Belgique, Espagne – figurent parmi ceux aux coûts du travail les plus élevés. Entre les deux groupes, le rapport va approximativement de 1 à 1,8, en diminution par rapport à 2007 où ce rapport s'établissait de 1 à 2,5. Ces écarts reflètent les différences de niveau de vie, mais aussi les structures démographiques, l'histoire des systèmes de protection sociale et l'économie générale de leur financement. Le classement établi ici est très proche de celui réalisé pour les recettes fiscales en pourcentage du PIB (voir Chapitre 4).

Les dépenses de protection sociale par habitant s'élèvent en moyenne à 9 805 euros par an en standard de pouvoir d'achat (SPA). L'écart varie de 1 à 4,3 entre la Bulgarie et le Luxembourg, les deux pays situés aux extrêmes de la distribution, avec là aussi un resserrement de l'écart par rapport à 2007 où cet écart allait de 1 à 10. Mais les dépenses consacrées par les nouveaux États membres post 2004 (UE à 13), à 5 326 euros en moyenne, sont significativement en deçà des dépenses des anciens États membres (UE à 14), à 10 617 euros. Ces différences peuvent constituer une incitation à la mobilité intra-UE, même si l'accès à certaines prestations sociales des citoyens originaires de ces pays ne leur est pas garanti dans les autres États membres, comme le soulignent deux arrêts de la CJUE[4].

Mais ce ne sont paradoxalement pas les pays qui dépensent le plus en protection sociale qui ont systématiquement les meilleurs taux de risque de pauvreté après transferts sociaux. Cet indicateur concerne la proportion de personnes dont le revenu disponible se situe en dessous du seuil de risque de pauvreté, fixé à 60 % du revenu disponible équivalent médian national et après transferts sociaux. Dans l'UE à 27, 16,8 % des individus ont un revenu disponible inférieur au seuil de pauvreté. Les taux de risque de pauvreté les plus bas apparaissent dans les pays d'Europe centrale (République tchèque, Slovénie, Slovaquie, Hongrie, Pologne) – qui ne figurent pas en tête de ceux ayant les dépenses sociales les plus élevées – mais aussi en Finlande, Danemark, Belgique et Irlande. Le trio de tête des pays aux dépenses les plus élevés (France, Autriche, Allemagne) apparaît après eux, signe de sociétés moins inclusives. La cartographie des taux de pauvreté les plus élevés souligne les difficultés particulières de l'arc méditerranéen, soit l'Espagne, l'Italie, la Grèce et le Portugal qui voisinent avec la Roumanie, la Bulgarie et les États baltes dans les pays situés au-delà du cap des 20 % de risque de pauvreté.

La stratégie Europe 2020 était la première à assigner à l'UE un objectif de sortie de pauvreté fixé à au moins 20 millions de personnes. À la fin 2019, le recul n'était que de 12 millions. Les chiffres de 2021 montrent que la situation est restée assez stable sur le front de la pauvreté dans l'UE malgré la pandémie de Covid-19. Dans le cadre du Plan d'action sur le Socle européen des droits sociaux, associé au Pacte vert pour l'Europe, l'UE persiste dans cette voie avec la fixation d'un nouvel effort de réduction fixé à 15 millions de personnes d'ici à 2030.

La part des prestations vieillesse exprimée en pourcentage du PIB souligne un autre paradoxe : l'importance de l'effort social consenti en direction de cette catégorie par les pays du Sud méditerranéen affectés par une pauvreté importante. La Grèce à 16,4 %, l'Italie à 16,3 %, le Portugal à 14,2 %, l'Espagne à 13,9 % figurent en tête du classement, mais aussi l'Autriche à 15 % et la France à 14,9 %, qui se singularisent également par des dépenses très élevées, à l'opposé d'un pays comme l'Irlande, dont la population est jeune, et qui a, de tous les pays de l'UE, la part la plus faible, à 4,5 %, suivi par Malte, les États baltes, la Slovaquie et Chypre. La part prise par cette branche des assurances sociales est très inégal selon les États membres.

4. L'arrêt Dano du 11 novembre 2014 et l'arrêt Jobcenter Berlin du 15 septembre 2015.

Tableau 2

Les niveaux de protection sociale dans l'UE en 2021

	Dépenses totales de protection sociale (% du PIB)	Dépenses totales de protection sociale par habitant en SPA[1]	Taux de risque de pauvreté après transferts sociaux (%)	Part des prestations vieillesse (% du PIB)
Allemagne	31,9	12 757	16,0	12,2
Autriche	33,0	12 691	14,7	15,0
Belgique	30,0	11 439	12,7	12,6
Chypre	22,3	6 590	15,4	8,8
Croatie	22,2	4 912	19,2	9,8
Espagne	28,1	7 331	21,7	13,9
Estonie	17,4	4 870	20,6	8,1
Finlande	31,2	10 905	10,8	13,4
France	35,8	12 226	14,3	14,9
Grèce	27,1	5 523	19,6	16,4
Irlande	13,6	8 015	12,9	4,5
Italie	31,8	9 627	20,1	16,3
Lettonie	18,5	4 478	23,4	7,9
Lituanie	15,8	5 488	20,0	7,1
Luxembourg	21,9	16 159	18,1	9,6
Malte	17,9	5 923	16,9	6,4
Pays-Bas	30,8	12 688	14,4	12,1
Portugal	26,8	6 371	18,4	14,2
Slovaquie	19,4	4 348	12,3	8,5
Slovénie	25,1	7 069	11,7	10,0
Zone euro 20	**31,0**	**10 500**	**17,0**	**13,3**
Bulgarie	18,9	3 768	22,1	7,8
Danemark	30,7	12 476	12,3	11,8
Hongrie	17,8	4 485	12,6	7,0
Pologne	22,9	6 151	14,8	10,8
Rép. tchèque	21,9	6 894	8,6	8,9
Roumanie	16,6	4 274	22,5	8,8
Suède	27,8	10 437	15,7	10,6
UE 27	**29,9**	**9 805**	**16,8**	**12,9**

1. Les standards de pouvoir d'achat (SPA), exprimés en euros, prennent en compte le niveau général des prix. Ils permettent une comparaison en termes réels entre les pays.

Source : Eurostat.

Les nouveaux États membres relèvent bien du socle commun propre au modèle social européen, malgré leur retard de développement et leurs ressources mobilisables plus faibles. Les caractéristiques de ce modèle peuvent être affinées à partir de la typologie, proposée par Gøsta Esping-Andersen[5]. Cinq grandes familles sont distinguées selon les objectifs poursuivis par les systèmes sociaux, la place assignée à l'État, aux familles, aux syndicats, le rapport au marché et à l'emploi.

- *Le régime libéral de protection sociale ou modèle anglo-saxon* (Irlande, Royaume-Uni et Chypre) repose sur l'assistance sociale et des minima constituant un ultime filet de sécurité. Les citoyens sont dépendants des mécanismes de marché pour assurer leur sécurité d'existence et leur protection sociale. Les transferts en espèces sont destinés en priorité aux actifs. Du côté du marché du travail, les mesures d'activation sont importantes et conditionnent l'accès à l'emploi régulier. Ce modèle est caractérisé par des syndicats faibles, une dispersion importante des salaires et une proportion élevée de bas salaires. Le risque de pauvreté après transferts sociaux demeure élevé dans ces pays qui acceptent une inégalité importante.

- *Le régime social-démocrate ou modèle nordique* (Danemark, Finlande, Suède et Pays-Bas) est caractérisé par des taux d'emploi élevés, le plus haut niveau de dépenses sociales, des prestations diversifiées et d'un montant élevé, fondées sur le principe de l'universalité de la couverture sociale, conçu comme partie intégrante de la citoyenneté. Sur le marché du travail, l'activation des dépenses passives est la norme : il existe des incitations fortes à la reprise d'activité, par des mécanismes fiscaux notamment et si nécessaire par des aides. Des syndicats puissants garantissent une pyramide des salaires resserrée dans ces sociétés fondées sur l'égalité et la cohésion. La richesse créée est utilisée pour limiter la pauvreté.

- *Le régime « conservateur-corporatiste » ou modèle continental* (Allemagne, Autriche, Belgique, France et Luxembourg) est fondé sur une vision catégorielle de la société où les différences de protection confortent l'hétérogénéité des statuts vis-à-vis de l'emploi. L'importance des prestations sociales versées dépend pour le salarié et ses ayants droit, dans la tradition bismarckienne, des droits acquis sur le marché du travail grâce aux cotisations sociales, notamment pour les allocations chômage et les pensions retraite. Bien que les adhésions soient en déclin, les syndicats restent puissants et régulent par des conventions collectives les salariés non syndiqués.

---

5. G. Esping-Andersen, *Les trois mondes de l'État-providence*, 2e édition, PUF, Collection le Lien social, avril 2007 (première édition anglaise en 1990). G. Esping-Andersen, « L'État social sans travail », in *Comparer les systèmes de protection sociale en Europe du Sud*, vol. 3, Rencontres de Florence, MIRE, Paris, juillet 1997.

• *Le modèle méditerranéen* (Grèce, Italie, Portugal, Malte et Espagne), proche du modèle continental, s'en différencie par la concentration des dépenses sociales sur les pensions retraites et par une grande hétérogénéité des droits selon les catégories socioprofessionnelles. Ce système d'État providence, fondé sur une protection élevée de l'emploi, des aides aux familles et des retraites anticipées, maintient à l'écart du marché du travail les femmes, les jeunes et les travailleurs âgés. La structure des salaires est fortement comprimée et couverte, dans le secteur officiel, par des conventions collectives.

• *Le modèle est-européen* (Estonie, Hongrie, Lettonie, Lituanie, Pologne, République tchèque, Slovaquie, Slovénie) s'était historiquement développé, avant la Seconde Guerre mondiale, dans la filiation bismarckienne. Sous l'emprise de l'URSS, un modèle communiste universaliste de droits sociaux a été mis en place garantissant à tous l'emploi, l'accès aux soins de santé et le versement des pensions retraites. La transition vers l'économie de marché, après 1990, s'est traduite par une montée du chômage dans ces pays avant que la situation ne s'inverse en raison des délocalisations mais aussi des migrations d'une partie de leur main-d'œuvre.

La crise du modèle social européen, générée par la globalisation, la concurrence par les coûts du travail, le redéploiement de la division internationale du travail, s'est traduite différemment dans les pays de l'UE, selon leurs régimes sociaux. Le modèle continental a été le plus fragilisé et le plus difficile à réformer. Les réformes des États providence dans les États membres réorientent les systèmes sociaux afin de les rendre plus favorables à l'emploi. Les âges de départ à la retraite sont également un peu partout différés afin de garantir leur financement à long terme.

1.2. Les risques induits par les écarts de développement

Il est difficile de faire coexister des systèmes socio-fiscaux différents dans un marché unique qui garantit les libertés de circulation des travailleurs, des biens, des services et des capitaux. La mise en concurrence de ces systèmes peut se traduire par une stratégie délibérée de *« moins-disant »* social et fiscal, qui signifie une régression du modèle européen d'*« économie sociale de marché »*. Face à cela, la tentation d'imposer des normes sociales élevées, c'est-à-dire de tendre vers le *« mieux-disant »* social, s'avère tout aussi problématique dans la mesure où elle aggraverait les handicaps des pays de l'Est et du Sud. Entre les deux, des solutions équilibrées doivent être recherchées qui passent par un usage loyal des avantages concurrentiels des uns et des autres.

1.2.1. Le « moins-disant » social et fiscal : une concurrence déloyale

Le marché unique attise la concurrence traditionnellement liée à l'économie de marché dans la mesure où les États membres bénéficient de libertés de circulation et d'établissement ainsi que d'un cadre juridique commun. Dans le sous-ensemble constitué par la zone euro, s'y ajoute une plus importante homogénéité des conditions macroéconomiques, ainsi que la recherche d'une inflation très faible : la concurrence ne peut plus passer par les taux de change (dévaluation compétitive ou dépréciation compétitive) et par les taux d'inflation (désinflation compétitive). Dans cet environnement, les politiques de compétitivité-coût ont pris beaucoup d'importance pour attirer les localisations, notamment dans les petits pays de l'UE. Elles peuvent entraîner des délocalisations d'entreprise dans le cadre de la réorganisation des chaînes de valeur au niveau européen, voire mondial. Deux formes de concurrence déloyale apparaissent dans l'UE : le dumping social et le dumping fiscal.

- *Le dumping social* tient à l'usage par les pays européens où les coûts de main-d'œuvre sont les plus bas de cet avantage comparatif pour concurrencer les pays plus avancés sur le plan social, par la délocalisation de l'activité ou des travailleurs. Dans l'*« affaire Hoover »*, qui a révélé publiquement ce risque en 1993, le transfert de l'activité productive de la France vers l'Écosse était justifié par des coûts salariaux inférieurs de 37 % et par la signature avec les syndicats écossais d'un accord prévoyant un recrutement exclusif sur contrat à durée déterminée, un gel temporaire des salaires et un engagement de paix sociale.

La *« modération salariale négociée »* fait partie intégrante du dumping social et peut constituer, au niveau d'un pays, une stratégie de politique économique lorsqu'il y a fixation d'objectifs de progression des salaires inférieurs à ceux de ses concurrents directs. Les Pays-Bas ont été le premier pays à instituer une politique de restriction salariale compétitive avec la signature des accords de *Wassenaar* en 1982, qui gelaient les salaires et développaient le travail à temps partiel, afin de stimuler la création d'emplois. La contrepartie négociée auprès des salariés néerlandais tenait à la réduction du temps de travail à 37,5 heures. Ce pacte pour l'emploi, qui a fonctionné jusqu'en 1997, a permis une réduction importante du taux de chômage mais au prix d'un détournement de demande vis-à-vis de ses partenaires européens. Par la suite, plusieurs pays de l'UE ont reproduit le modèle néerlandais avec des variantes au niveau des instruments privilégiés : recours à un pacte social national, à des clauses d'indexation spécifique des salaires selon les branches, augmentation de la TVA et baisse en contrepartie des cotisations sociales, etc.

La directive sur les travailleurs détachés de 1996 a été le vecteur d'une forme de dumping social sur certains segments du marché du travail avant sa révision en 2018. La nouvelle directive (voir Chapitre 2), entrée en vigueur le 30 juillet 2020, permet d'éviter toutes formes de concurrence déloyale par la fixation des principes qu'à travail égal, la rémunération doit être égale sur un même lieu de travail quel que soit le pays d'origine du salarié et que ce sont les conventions collectives du pays d'accueil qui s'appliquent (primes, remboursements, etc.).

Graphique 2

Salaires minimaux en pourcentage du salaire médian brut, 2019

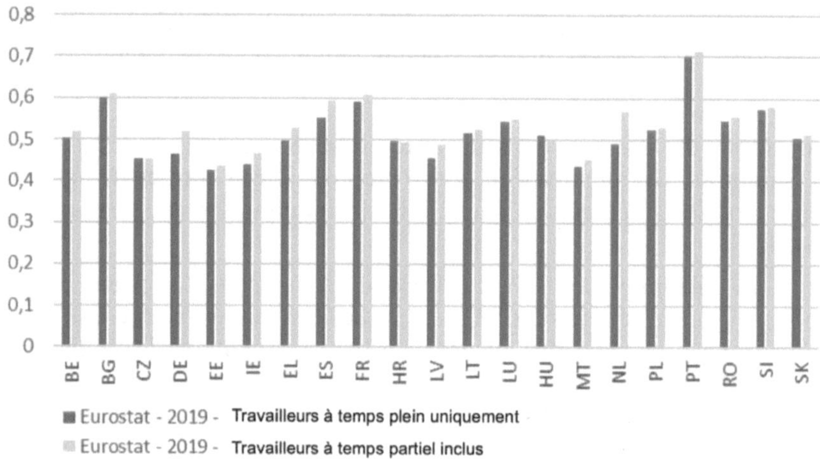

Source : Eurostat.

Le salaire minimum trouve une nouvelle forme de justification dans sa capacité à protéger la main-d'œuvre locale et à faire mieux converger les bas salaires entre les États membres. La directive *« relative à des salaires minimaux adéquats dans l'Union européenne »* du 19 octobre 2022 est fondée sur le constat que les salaires minimaux légaux, dans les vingt et un États membres où ils existent, sont dans certains cas trop bas par rapport aux autres salaires (inférieurs à 60 % du salaire médian brut, cf. Graphique 2) et ne suffisent pas à assurer une vie décente (inférieurs dans neuf États au seuil du risque de pauvreté). Dans ce contexte, la directive vise à s'assurer du *« caractère adéquat des salaires minimaux pour les travailleurs, dans l'objectif de contribuer à la convergence sociale vers le haut et de réduire les inégalités salariales »*[6]. Elle établit des exigences minimales à l'échelle de l'UE et définit des obligations procédurales et des valeurs de référence afin d'évaluer si les salaires minimaux légaux sont bien adéquats et si les travailleurs ont bien un accès effectif à ces salaires. Les partenaires sociaux sont associés à ce processus de fixation et d'actualisation qui encourage les

6. Directive (UE) 2022/2041 du Parlement et du Conseil, *Journal officiel de l'Union européenne*, 25 octobre 2022.

négociations collectives. C'est là un champ d'intervention nouveau pour l'UE qui souligne sa volonté de donner des orientations au marché du travail.

• *Le dumping fiscal* tient à la mise en concurrence des systèmes fiscaux pour la localisation de la base d'imposition. L'impôt sur les sociétés en est le vecteur principal (voir Chapitre 4) dans la mesure où le capital est plus mobile que le travail. Les États suivent les prédictions de la courbe de Laffer : la réduction des taux d'imposition élargit, grâce aux délocalisations, leur base imposable. Cet effet joue moins dans les économies de grande taille. La baisse des taux d'imposition attire relativement peu de nouveaux investisseurs, par rapport à ceux déjà installés, pour lesquels cette baisse constitue un *« effet d'aubaine »* et entraîne une contraction des recettes fiscales. Les États perdent insensiblement leur liberté de structurer leur système d'imposition : la pression fiscale se déplace sur le travail, plus captif. Les politiques budgétaires et les politiques sociales de certains États membres peuvent être fragilisées par l'érosion de leur base d'imposition.

Les grands pays sont les plus déstabilisés par l'absence de coordination en matière sociale et fiscale. Le dumping social et le dumping fiscal sont les prototypes mêmes des politiques non coopératives. Ils s'inscrivent dans la lignée des politiques de dévaluation compétitive, si préjudiciable à l'équilibre économique et politique des années trente. Si plusieurs pays en concurrence directe tentent de réduire un peu plus que leurs partenaires leur progression des salaires et leur fiscalité, une spirale à la baisse risque de s'enclencher, avec de la déflation, une crise des États providence et un repli de la demande intérieure.

1.2.2. Le « mieux-disant » social : l'aggravation des handicaps des pays en retard de développement

Aux antipodes du cas précédent, l'harmonisation des situations sociales imposée par le haut, sans tenir compte des écarts de développement, se révélerait tout aussi nocive. Les pays en retard de développement, qui ont une offre en biens collectifs, de type infrastructures et éducation, inférieure à celle des États de l'UE plus développés, qui sont éloignés de l'épicentre du marché unique, se verraient imposer des normes sociales exigeantes. Un scénario possible consisterait, par exemple, à imposer à ces pays des critères de convergence sociale mal calibrés aux regards de leurs handicaps naturels, des restructurations auxquelles ils doivent procéder et d'une productivité du travail plus faible que dans les anciens États membres. Cette politique aggraverait les handicaps de ces pays et hypothéquerait leur rattrapage. L'expérience de la réunification allemande a montré que la convergence accélérée des salaires et des systèmes sociaux, sans que soit prise en compte une productivité du travail qui allait de 1 à 3 entre l'Ouest et l'Est, a conduit à la désindustrialisation et au chômage, en dépit de transferts budgétaires massifs. Au niveau de l'UE, les disparités seraient d'autant plus accusées qu'une redistribution d'une telle ampleur n'est pas envisageable.

Aussi l'UE a longtemps été très prudente vis-à-vis de toute tentation d'un rapprochement des salaires et des normes sociales par le haut d'autant plus que ce domaine est à la limite de ses compétences et que les statistiques montraient l'existence d'une convergence naturelle. La progression des coûts du travail et des dépenses de protection sociale a été nettement plus forte dans les nouveaux États membres depuis leur entrée dans l'Union. Les écarts se resserrent. Si ce rattrapage naturel prend inévitablement du temps, il permet aussi à ces pays de procéder à des adaptations de structures et à des mises à niveau graduelles de leurs systèmes sociaux-fiscaux économiquement soutenables. Un autre argument invoqué notait que la faiblesse des coûts du travail dans les pays en retard de développement constituait l'avantage comparatif essentiel dont ils disposaient – avec, pour certains d'entre eux, la faiblesse de l'impôt sur les sociétés –, dans un contexte où les territoires sont aussi en concurrence au niveau mondial pour accueillir la localisation des entreprises. Ces pays pouvaient permettre le maintien dans l'UE de segments de la chaîne de valeur qui auraient été sinon transférés en Asie, et ainsi garantir la compétitivité et le maintien d'une maîtrise européenne sur les secteurs concernés. Les délocalisations d'entreprises étaient, enfin, vues comme des substituts à l'immigration qui pourrait entraîner des chocs économiques et sociaux dans les pays les plus avancés de l'UE et y provoquer une baisse du salaire réel des non-qualifiés.

La position de la Commission européenne s'est progressivement infléchie dans ce domaine avec les tensions qui sont apparues sur certaines branches d'activité concernant le détachement des travailleurs, avec les pénuries de main-d'œuvre dans les pays du groupe de Visegrad jusqu'à limiter leur croissance potentielle et avec la montée en puissance de la question des bas salaires. La polarisation des marchés du travail, l'essor du travail atypique dans le secteur des services autour des plateformes numériques et la pandémie de Covid-19 qui a touché des secteurs employeurs de salariés à bas salaires ont obligé l'Union à avancer dans ce domaine, à lutter contre les distorsions de concurrence et à inciter à une amélioration de la situation des travailleurs à bas salaire. La directive sur les salaires minimaux de 2022 est la traduction de délicats équilibres à définir entre conditions socio-économiques, niveau de la productivité, réduction de la pauvreté au travail, partage de la prospérité et convergence vers le haut du modèle social européen. La détermination du niveau *« adéquat »* est inévitablement complexe tant les intérêts et la position des États membres divergent mais il y a là un élément important du soutien nouveau apporté par l'UE aux travailleurs les plus précaires de concert avec l'adoption de la directive sur les travailleurs des plateformes en 2024.

2. La construction de l'Europe sociale et de l'emploi

Les politiques sociales et de l'emploi à l'échelle européenne ne sont pas la transposition des politiques sociales et de l'emploi nationales qui se sont construites historiquement autour d'équilibres et de compromis ténus entre les groupes sociaux de chacun des États membres et d'une grande diversité de pratiques. Le principe de subsidiarité justifie la prééminence de la souveraineté nationale sur les questions sociales et d'emploi. Mais l'intégration européenne progresse. Elle s'est construite autour de trois piliers : le droit européen, le dialogue social entre les partenaires sociaux au niveau européen et la coordination des politiques d'emploi au niveau de l'UE.

2.1. Le droit européen

Dans le traité de Rome, la politique sociale se résumait à la mise en place du Fonds social européen. Il faut attendre le sommet de Paris de 1972, pour que les chefs d'État et de gouvernement, après avoir décidé la création d'une Union économique et monétaire, à la suite du rapport Werner, se prononcent en faveur d'une relance de l'Europe sociale. En 1974, le Conseil des ministres adopte un programme d'action dans le domaine social et approuve l'utilisation de l'article 100 du traité de Rome (art. 115 du TFUE), relatif au rapprochement des législations, pour édicter une série de directives touchant à différentes dimensions du social. Ces mesures législatives, sans être d'un apport négligeable, ne s'intégraient pas dans une stratégie européenne d'ensemble. Celle-ci n'émerge qu'à la fin des années quatre-vingt, avec la relance du projet de grand marché. Mais ce n'est que très progressivement que la politique sociale a été intégrée dans les traités tandis que plusieurs textes successifs de référence ont permis d'orienter les objectifs sociaux de l'Union jusqu'au dernier en date, le Socle européen des droits sociaux de 2017.

2.1.1. La politique sociale dans le traité de Lisbonne

Lors de la rédaction du traité de Maastricht de 1992, une nouvelle procédure d'élaboration des règles sociales avait été proposée par les syndicats européens et les pays du Nord, afin de contourner le travail de sape du Royaume-Uni qui vidait la législation communautaire de son contenu et la discréditait aux yeux de l'opinion publique d'une majorité d'États membres. Un protocole sur la politique sociale avait été intégré au traité et signé par les douze États membres mais il excluait la participation du Royaume-Uni de l'accord sur la politique sociale qui lui était annexé. Cette clause d'« *opting out* » conduisait à la formation d'une Europe sociale à géométrie variable. L'arrivée au pouvoir d'un gouvernement travailliste au Royaume-Uni s'est traduite par son ralliement à ce texte. Il a ainsi pu être incorporé au traité d'Amsterdam de 1997 et repris dans les traités suivants. Le traité de Lisbonne de 2007 autonomise cette partie dans un titre X dédié à la politique sociale. Il comporte un nouvel article qui consacre le rôle clé des partenaires sociaux et renforce le dialogue social (art. 152 du TFUE). Trois domaines de la politique sociale sont distingués qui appellent à des possibilités différentes de légiférer pour l'UE.

• Les domaines situés *hors du champ communautaire* tels que les rémunérations, les droits d'association, de grève et de *lock-out*[7]. Ils demeurent de la compétence exclusive des États membres.

• Les domaines qui appellent un *vote à la majorité qualifiée* du Conseil après consultation du Comité économique et social (Encadré 1) et du Comité des régions. Ils concernent la santé et la sécurité des travailleurs, les conditions de travail, l'information et la consultation des travailleurs, l'intégration des personnes exclues du marché du travail, l'égalité des chances et de traitement entre hommes et femmes sur le marché du travail, la lutte contre l'exclusion sociale et la modernisation des systèmes de protection sociale. Le traité de Lisbonne a étendu la majorité qualifiée aux prestations sociales pour les travailleurs se déplaçant au sein de l'UE.

• Les domaines pour lesquels le Conseil statue à *l'unanimité*, après consultation du Parlement européen, du Comité économique et social et du Comité des régions. Sont placées derrière ce verrou la sécurité sociale et la protection sociale des travailleurs, la protection des travailleurs en cas de résiliation du contrat de travail, la représentation et la défense collective des intérêts des travailleurs et des employeurs, y compris la cogestion, les conditions d'emploi des ressortissants des pays tiers en séjour régulier.

Le traité de Lisbonne intègre d'autres apports en matière sociale : il fixe des objectifs sociaux à l'UE, il donne force juridique à la Charte des droits fondamentaux des travailleurs, il élargit la majorité qualifiée aux prestations sociales pour les travailleurs mobiles, il dote les services d'intérêt économique général (SIEG) d'un fondement juridique afin de permettre la définition des principes qui régissent leur mise en œuvre et leur fonctionnement. Il comporte également deux dispositions affectant le processus de décision de nature à infléchir les politiques de l'UE dans un sens plus social.

• Le traité prévoit la possibilité pour le Conseil de décider à l'unanimité de passer à la majorité qualifiée pour trois des domaines réservés à une prise de décision à l'unanimité : la protection des travailleurs en cas de résiliation du contrat de travail, la représentation et la défense collective des intérêts des travailleurs et des employeurs, les conditions d'emploi des ressortissants des pays tiers en séjour régulier. Cette

---

7. Littéralement, le droit de fermeture d'usine.

Encadré 1

Le Comité économique et social

Le Comité économique et social (CES) est un organe purement consultatif, créé par le traité de Rome (art. 301 à 304), où siègent les représentants de la société civile. Ses membres, au nombre de 329, sont contingentés par nationalité et nommés pour un mandat de cinq ans (renouvelable) par le Conseil statuant à l'unanimité, à partir de listes présentées par chaque État membre. Ils sont divisés en trois groupes : employeurs, travailleurs et « activités diverses » (artisans, agriculteurs, consommateurs, économie sociale, professions libérales, etc.). Le CES est organisé en six sections spécialisées dans les principaux domaines couverts par le traité :

- *Agriculture, développement rural, environnement*
- *Union économique et monétaire, cohésion économique et sociale*
- *Emploi, affaires sociales, citoyenneté*
- *Relations extérieures*
- *Marché unique, production et consommation*
- *Transports, énergie ; infrastructures, société de l'information*

Son avis est sollicité à titre obligatoire ou facultatif par le Parlement européen, le Conseil ou la Commission. Le CES dispose également de la possibilité d'émettre un avis, de sa propre initiative, dans les cas où il le juge opportun.

« clause passerelle » est un élément de flexibilité malgré l'imposition de l'unanimité pour l'activer.

- Le traité comporte une *« clause sociale transversale »*. Le nouvel article 9 du TFUE demande à l'Union de prendre en compte dans la définition et la mise en œuvre de ses politiques et actions *« les exigences liées à la promotion d'un niveau d'emploi élevé, à la garantie d'une protection sociale adéquate, à la lutte contre l'exclusion sociale ainsi qu'à un niveau élevé d'éducation, de formation et de protection de la santé humaine »*. Cette disposition qui affirme la finalité sociale de l'UE permet d'imposer à toutes les réglementations et directives adoptées dans le champ économique un test de compatibilité avec les exigences sociales du traité qu'elle énonce. La principale difficulté liée à son utilisation tient à la complexité de son objet qui renvoie à une grande diversité d'acteurs et d'intérêts. La question de l'emploi est limitée à sa dimension quantitative, indépendamment d'une approche qualitative concernant la nature des emplois créés.

2.1.2. Le Socle européen des droits sociaux

Le Socle européen des droits sociaux est un ensemble de principes et de droits essentiels qui ont fait l'objet d'une proclamation conjointe par le Parlement européen, le Conseil et la Commission lors du sommet de Göteborg le 17 novembre 2017. Son but est de doté l'UE pour le XXIe siècle de marchés du travail et de systèmes de protection sociales équitables et qui fonctionnent bien. Il s'appuie sur les droits sociaux déjà énoncés dans l'acquis de l'Union, soit, outre la législation, essentiellement deux chartes – la Charte communautaire des droits sociaux fondamentaux des travailleurs, adoptée en 1989, et la Charte des droits fondamentaux de l'UE, proclamée en 2000 –. Comme elles, ce socle n'a pas de valeur juridique contraignante mais il vise à relancer et à orienter l'Europe sociale après les crises qui ont affecté la zone euro.

La *Charte communautaire des droits sociaux fondamentaux des travailleurs*, communément appelée *« Charte sociale »*, adoptée le 9 décembre 1989 par onze États membres sur douze, après le refus britannique de signer ce texte, se présentait comme une déclaration politique générale de principes et d'intentions, dépourvue d'effets juridiques immédiats. Elle dégageait un socle de règles afin de fonder le modèle européen de droit du travail et d'encadrer le futur marché de l'emploi. De grands principes étaient fixés sur plusieurs thématiques : libre circulation, emploi et rémunération, amélioration des conditions de vie et de travail, protection sociale, liberté d'association et de négociation collective, formation professionnelle, égalité de traitement entre les hommes et les femmes, information, consultation et participation des travailleurs, protection de la santé et de la sécurité dans le milieu du travail, protection des enfants, des adolescents, des personnes âgées et des personnes handicapées.

De tous ces thèmes, le programme d'action sociale pour la mise en œuvre de la Charte n'a pu faire progresser que les questions liées à la protection de la santé et de la sécurité dans le milieu de travail parce que l'Acte unique permettait de légiférer à la majorité qualifiée sur cette question. Les tentatives pour légiférer dans les autres domaines listés par la Charte et définir des normes minimales, à charge pour les législations nationales d'établir des règles plus favorables, ont buté sur une obstruction et une révision systématique des textes à la baisse par le Royaume-Uni. La Charte sociale a déçu tous ceux qui s'attendaient à ce qu'elle définisse les principes fondateurs de droits sociaux européens. Elle s'attachait exclusivement aux *« travailleurs »* dans la seule perspective d'assurer le bon fonctionnement du marché européen du travail.

La *Charte des droits fondamentaux de l'UE* concerne tous les citoyens européens. Elle a fait l'objet d'une proclamation solennelle au Conseil européen de Nice, du 7 décembre 2000, et a été reconnu par le traité de Lisbonne qui lui a conféré un caractère contraignant en lui donnant *« la même valeur juridique que les traités »* (art. 6 du TUE). La

Pologne, le Royaume-Uni puis, par la suite, la République tchèque ont obtenu que la CJUE ou leurs propres juridictions ne puissent pas se prévaloir de la Charte et notamment de son chapitre IV dédié à la solidarité. La Charte se décline en six mots qui sont aussi ses six chapitres : dignité, libertés, égalité, solidarité, citoyenneté, justice. Elle délivre un message politique sur les droits fondamentaux mais est de ce fait moins axée sur les marchés du travail et la protection sociale.

Le *Socle européen des droits sociaux* de 2017 recherche un nouvel équilibre entre l'économique – marché unique et zone euro – et le social après les crises économiques et financières de 2009 et de 2011-2013. Il prend acte des évolutions rapides des marchés de l'emploi et des sociétés liées au changement climatique, à la mondialisation, à la révolution numérique et aux mutations qui affectent les modèles de travail et les évolutions démographiques. La volonté est *« de servir de guide »* afin *« de relever les défis actuels et futurs et de satisfaire les besoins essentiels de la population, et pour faire en sorte que les droits sociaux soient mieux consacrés et mis en œuvre »*[8]. Les vingt principes du socle se déclinent en trois chapitres qui réaffirment certains des droits déjà présents dans l'acquis de l'UE : égalité des chances et accès au marché du travail (4 principes), conditions de travail équitables (6 principes), protection sociale et inclusion sociale (10 principes) (Tableau 3).

La mise en œuvre du Socle européen des droits sociaux relève toujours de l'action des États membres qui demeurent responsables des politiques sociales et de l'emploi. Mais la Commission dispose aujourd'hui, outre les Fonds européens (FSE+, FEDER, Fonds pour une transition juste, Fonds européen d'ajustement à la mondialisation, Erasmus+), d'instruments qu'elle peut mettre en place ponctuellement ou de manière pérenne afin de soutenir et d'orienter leur action (SURE, EASE, REACT-EU, volet social d'InvestEU). Elle peut aussi inciter les États membres à progresser à partir du tableau de bord social. Les données sont devenues un outil essentiel pour peser sur les politiques mises en œuvre. Le site Eurostat met en ligne[9], dans ses tableaux sur les politiques de l'UE, une batterie très sophistiquée d'indicateurs sociaux sur les trois chapitres du socle. Ils permettent une analyse fine et un diagnostic partagé afin de bien calibrer les politiques publiques et de formuler des recommandations sur les actions à réaliser au niveau des États membres dans le cadre du Semestre européen et des plans nationaux de relance et de résilience dans le cadre de Next Generation EU. Le Socle européen des droits sociaux sert aussi de cadre de référence aux initiatives législatives comme la directive de 2019 sur l'équilibre entre vie privée et vie professionnelle des parents et des aidants, celle relative

8. Conseil de l'UE, *Proposition de proclamation interinstitutionnelle sur le socle européen des droits sociaux*, Com 251 final, 20 octobre 2017, p. 5.

9. https://ec.europa.eu/eurostat/fr/web/main/data/database

aux conditions de travail transparentes et prévisibles, adoptée la même année, la directive sur les salaires minimaux adéquats de 2022 qui impose aussi aux États membres dans lesquels la part des travailleurs couverts par des conventions collectives est inférieure à 80 % d'établir un plan d'action pour y parvenir et la directive sur les travailleurs des plateformes de 2024 qui bénéficieront d'une présomption réfutable de salariat.

Tableau 3

Socle européen des droits sociaux : 3 chapitres pour 20 principes

Égalité des chances et accès au marché du travail	1. Éducation, formation et apprentissage tout au long de la vie
	2. Égalité entre les hommes et les femmes
	3. Égalité des chances
	4. Soutien actif à l'emploi
Conditions de travail équitables	5. Emplois sûrs et adaptables
	6. Salaires
	7. Informations concernant les conditions d'emploi et protection en cas de licenciement
	8. Dialogue social et participation des travailleurs
	9. Équilibre entre vie professionnelle et vie privée
	10. Environnement de travail sain, sûr et adapté, et protection des données
Protection sociale et inclusion sociale	11. Accueil de l'enfance et aide à l'enfance
	12. Protection sociale
	13. Prestations de chômage
	14. Revenu minimum
	15. Prestations et pensions de vieillesse
	16. Soins
	17. Inclusion des personnes handicapées
	18. Soins de longue durée
	19. Logement et aide aux sans-abri
	20. Accès aux services essentiels

Source : Commission européenne.

Un plan d'action est associé au Socle[10]. Il assigne notamment trois objectifs chiffrés à l'UE intégrés dans le Pacte vert pour 2030 auquel il donne un pendant emploi-social (voir Chapitre 4) : 78 % de taux d'emploi à atteindre pour les 20 à 64 ans, 60 % d'adultes en formation chaque année et la réduction d'au moins 15 millions du nombre de personnes menacées de pauvreté ou d'exclusion.

2.1.3. La jurisprudence de la Cour de justice et le retour du politique

Les difficultés pour légiférer dans le domaine social avaient conduit la Cour de justice de l'Union européenne (CJUE) à intervenir pour faire valoir une hiérarchie des normes et se substituer ainsi au législateur. Dans les arrêts Laval (11 décembre 2007) et Viking (18 décembre 2007), la CJUE a simultanément reconnu le droit fondamental pour les syndicats à mener une action collective mais a validé les pratiques amenant à davantage de concurrence sociale, au nom de la prééminence des libertés associées au marché unique des services : liberté d'établissement et liberté de prestations de services.

Le litige qui a opposé la fédération suédoise des ouvriers du bâtiment à Laval, une société lettone qui louait de la main-d'œuvre à des entreprises travaillant en Suède, tenait au refus de cette dernière d'appliquer la convention collective suédoise, au profit de l'application des conditions de salaire et de travail lettones. L'affaire Viking concernait le changement de pavillon d'un navire de pêche finlandais en navire estonien afin d'appliquer des normes inférieures aux membres d'équipage. Dans les deux cas étaient clairement posés le problème du dumping social mais aussi la fragilité des pays où le modèle social est plutôt fondé sur les conventions collectives que sur la loi. Cette interprétation de la Cour a été confirmée dans l'arrêt Rüffert (3 avril 2008) où les ouvriers d'un sous-traitant polonais, opérant sur le chantier de la construction d'une prison en Allemagne, n'avaient pas reçu la rémunération minimale prévue par la convention collective. La CJUE a estimé qu'une telle convention n'avait pas vocation à une application générale mais surtout *« qu'une telle exigence fait perdre à ces entreprises l'avantage concurrentiel qu'elles tirent de leurs coûts salariaux moins élevés. L'obligation de respecter les conventions collectives représente dès lors une entrave pour les personnes physiques ou morales provenant d'États membres autres que la République fédérale d'Allemagne ».* La Cour validait l'usage de coûts du travail plus faibles en tant qu'avantage comparatif. Elle légitimait le recours à un certain dumping social comme une forme normale de la concurrence au sein du marché unique. Dans l'arrêt concernant le Grand-duché du Luxembourg (19 juin 2008), la

10. Commission européenne, *Plan d'action sur le socle européen des droits sociaux*, Com 102 final, 4 mars 2021.

CJUE a, en outre, estimé que le contrôle administratif des entreprises étrangères constituait une restriction à la libre prestation des services.

Ces décisions montraient l'importance prise par la CJUE dans l'édiction des normes concernant la construction de l'Europe sociale et, en creux, les carences de sa gouvernance politique. Elles ont accéléré l'adoption et la révision de deux directives, qui impactent les conditions de la mobilité des travailleurs au sein de l'UE (voir Chapitre 2), car le politique souhaitait reprendre la main sur la jurisprudence dans ce domaine :

– la directive sur les travailleurs intérimaires du 5 décembre 2008 a imposé l'égalité de traitement concernant *« les conditions essentielles de travail et d'emploi »* (rémunération, durée du travail, etc.) ;

– la révision de la directive sur le détachement des travailleurs de 1996 s'est faite en deux temps dans le sens d'un renforcement des contrôles par les autorités nationales. La nouvelle directive révisée du 15 mai 2014, puis celle en date du 28 juin 2018, ont fixé un certain nombre de principes : à travail égal, rémunération égale sur un même lieu de travail, application des conventions collectives du pays d'accueil (primes, remboursements, etc.) et limitation du détachement à 12 mois.

Ce retour du politique est un fait marquant. Il montre que l'UE peut promouvoir d'autres normes que la concurrence sociale et les libertés de circulation.

2.2. Le dialogue social européen

Depuis 1985, un dialogue social s'est amorcé entre les représentants des employeurs et les syndicats, regroupés dans des organisations au niveau européen. L'Acte unique lui a fourni une assise institutionnelle : il a donné à la Commission un rôle d'impulsion du dialogue entre les partenaires sociaux afin de déboucher sur des relations conventionnelles, y compris des accords. Cette approche a été confortée par le traité de Maastricht qui a mis en place une procédure permettant aux partenaires sociaux de légiférer par l'adoption d'accords-cadres dans les domaines qui relèvent de la compétence européenne.

2.2.1. Les partenaires sociaux au niveau européen

Parmi les trois plus importantes organisations socioprofessionnelles européennes, deux représentent les intérêts des employeurs et une ceux des salariés.

• *Le Centre européen des entreprises à participation publique et des entreprises d'intérêt économique général* (CEEP), créé en 1961, constitue l'organisation patronale représentative des entreprises du secteur public ou gestionnaire d'un service d'intérêt économique général. La Norvège et la Turquie sont parties prenantes du CEEP aux côtés des pays de l'UE où existe ce type d'entreprises. Le noyau dur des affiliés comprend les anciens monopoles d'État (gaz, électricité, téléphone, transports publics), les travaux publics et certains groupes financiers ou d'assurance. Le CEEP a été affaibli par la vague de privatisations mais quelques nouveaux États membres (Hongrie, Pologne et République tchèque) lui ont fourni un nombre important de nouveaux adhérents.

- *BusinessEurope*, anciennement *Union des industries de la CE* (UNICE), a été fondée en 1958 et a changé de dénomination en 2007. Cette organisation regroupe 40 fédérations patronales nationales de 35 pays[11] (outre l'UE, les pays membres de l'AELE et la Turquie). Sur certaines négociations, BusinessEurope est associé à l'Union européenne de l'Artisanat et des petites et moyennes entreprises (UEAPME) qui fédère 82 organisations membres. Au sein de BusinessEurope, la recherche du consensus est privilégiée, ce qui est parfois incompatible avec la conciliation d'intérêts contradictoires.

- *La Confédération européenne des syndicats* (CES) n'a été officiellement constituée qu'en 1973. Elle s'est substituée à l'union régionale des organisations adhérentes à la Confédération internationale des syndicats libres (CISL), d'obédience social-démocrate, longtemps concurrente sur le plan international de la Fédération syndicale mondiale (FSM), proche des anciens régimes communistes. La CGT française, qui appartenait, par exemple, à la FSM, a dû se retirer de cette organisation afin de pouvoir s'affilier à la CES en mars 1999. La CES rassemble 89 organisations syndicales nationales réparties dans 39 pays[12] ainsi que 10 fédérations syndicales européennes. Elle pâtit de son caractère très composite, des clivages entre les pays où les négociations sont interprofessionnelles et ceux où elles sont structurées par branches, et des oppositions entre les partisans d'une régulation sociale par voie législative et ceux qui préfèrent la négociation. La prise de décision au sein de la CES se fait sur la base d'une majorité qualifiée des deux tiers. La stratégie poursuivie par la CES est de parvenir à des conventions collectives européennes. Néanmoins, l'impulsion donnée au dialogue social européen, au détriment parfois de l'échelon national, ne fait pas l'unanimité en son sein.

Ces trois organisations ont amorcé de 1985 à 1992 un dialogue social, sous l'impulsion de Jacques Delors, au cours des entretiens dits de *« Val Duchesse »*. Cette période a été peu féconde. Les avis adoptés sont vagues, sans caractère contraignant pour les organisations socioprofessionnelles au niveau national, sur des thèmes très larges comme la croissance économique, les mutations technologiques, l'économie européenne, avant que le travail ne soit recentré sur l'éducation et la formation. Un seul accord-cadre a été signé au cours de cette période le 6

11. Pour la France, le MEDEF.

12. Pour la France, la CFDT, la CFTC, la CGT, FO et l'UNSA.

septembre 1990 entre le CEEP et la CES. Il invite les entreprises publiques à la concertation pour améliorer la formation professionnelle et pour mettre en œuvre de nouvelles politiques en matière de santé et de sécurité au travail. Conscients des lacunes du travail effectué, le CEEP, l'UNICE et la CES ont soumis à la Conférence intergouvernementale (CIG), qui préparait la modification du traité, une proposition conjointe. Elle a abouti à la rédaction de l'accord sur la politique sociale annexé au traité de Maastricht dans un sens qui fait des partenaires sociaux européens des colégislateurs avec le Conseil.

Par ailleurs, au niveau de l'UE, les partenaires sociaux participent à deux instances de dialogue social :

– le *dialogue macroéconomique*, mis en place en 1999, entre le Conseil, la Commission, la BCE et les partenaires sociaux européens afin d'améliorer la relation entre l'évolution des salaires et la politique monétaire ;

– le *sommet social tripartite* pour la croissance et l'emploi, institué officiellement en 2003, assure le dialogue social entre la présidence du Conseil, la Commission et les partenaires sociaux européens sur les politiques en faveur de la croissance et de l'emploi.

2.2.2. L'association des partenaires sociaux à l'élaboration de la politique sociale

L'entrée en vigueur du traité de Maastricht, le 1er novembre 1993, a changé les enjeux du dialogue social. L'accord sur la politique sociale qui lui était annexé, par la suite intégré au traité d'Amsterdam, prévoit une procédure d'association très étroite des partenaires sociaux à l'élaboration du droit social européen. La Commission a pour tâche de prendre des initiatives dans le domaine de la politique sociale (Schéma 1), sur lesquelles elle consulte les partenaires sociaux pendant six semaines, avant de décider si la mise en œuvre d'une action communautaire est souhaitable. Les partenaires sociaux font alors l'objet d'une seconde consultation durant à nouveau six semaines sur le contenu de l'action envisagée. À ce stade, deux voies sont possibles :

• *La voie de la consultation* est relativement traditionnelle. Elle maintient les partenaires sociaux dans un rôle de consultants afin que les actions engagées soient appropriées aux réalités économiques et sociales. La proposition de la Commission est alors soumise au Conseil qui l'adopte à la majorité qualifiée ou à l'unanimité selon le domaine de la politique sociale concerné.

• *La voie de la négociation* est beaucoup plus novatrice. Elle consiste pour les partenaires sociaux à se saisir du projet afin d'aboutir à un accord dans un délai maximal de neuf mois. Passé ce délai, soit un accord a été conclu et mis en place par l'adoption d'une directive ou en fonction des usages nationaux, soit un délai supplémentaire est négocié, ou bien encore un constat d'échec est dressé avec possibilité de retour à la voie réglementaire traditionnelle. Au niveau communautaire, les partenaires sociaux ont ainsi le pouvoir de se substituer au législateur. Cette situation n'est pas sans créer des tensions avec le Parlement européen qui est dépossédé de ses compétences dans le domaine social.

Depuis l'instauration de ces deux procédures, la négociation directe entre les partenaires sociaux de la réglementation communautaire a abouti par huit fois à la signature d'un accord-cadre : sur le congé parental (1996), avec une révision en 2009, sur le travail à temps partiel (1997), les contrats à durée déterminée (1999), le télétravail (2002), contre le stress au travail (2004), sur le harcèlement et la violence au travail (2007), sur des marchés du travail inclusifs (2010) et sur la numérisation avec des développements sur les modalités de connexion et de déconnexion (2020).

Ces accords sont ensuite soit repris par des directives du Conseil, à la demande conjointe des partenaires sociaux, soit appliqués *« selon les procédures et pratiques propres aux partenaires sociaux et aux États membres »* (art. 155 du TFUE). Les trois premiers accords ont été officialisés sous la forme de directives européennes. Les accords sur le télétravail, sur l'apprentissage tout au long de la vie et sur le stress au travail sont les premiers accords que les partenaires sociaux ont mis eux-mêmes en œuvre. La portée de ces textes n'est pas négligeable. L'accord-cadre sur le congé parental constitue un droit social européen qui allait au-delà de la législation alors en place dans certains pays de l'Union : la Belgique, le Luxembourg et l'Irlande n'avaient pas de législation sur le congé parental. La Charte des droits fondamentaux de l'UE l'a repris dans son chapitre Solidarité. L'accord-cadre sur le temps partiel veut contribuer à *« l'élimination des discriminations à l'égard des travailleurs à temps partiel »* et *« au développement des possibilités de travail à temps partiel »*. L'accord-cadre sur le recours aux contrats à durée déterminée précise qu'ils doivent être une réponse *« circonstanciée »* aux besoins des employeurs et des salariés et reconnaît le contrat à durée indéterminée comme la forme *« générale »* des relations de travail. Il améliore la situation dans les pays du Sud et dans certains secteurs en créant des prescriptions minimales là où existaient des vides juridiques. L'accord sur le télétravail affirme qu'il doit être volontaire et que les télétravailleurs doivent bénéficier des mêmes droits et des mêmes conditions de travail que le personnel effectuant un travail comparable dans les locaux de l'entreprise. Il accorde des protections spécifiques aux télétravailleurs en matière de respect de la vie privée et d'installation et d'entretien du matériel. L'accord sur le stress au travail favorise la prise de conscience par les employeurs, les salariés et leurs représentants d'un problème d'intérêt commun pour lequel la responsabilité de l'employeur est affirmée.

Schéma 1

Mise en œuvre de la politique sociale

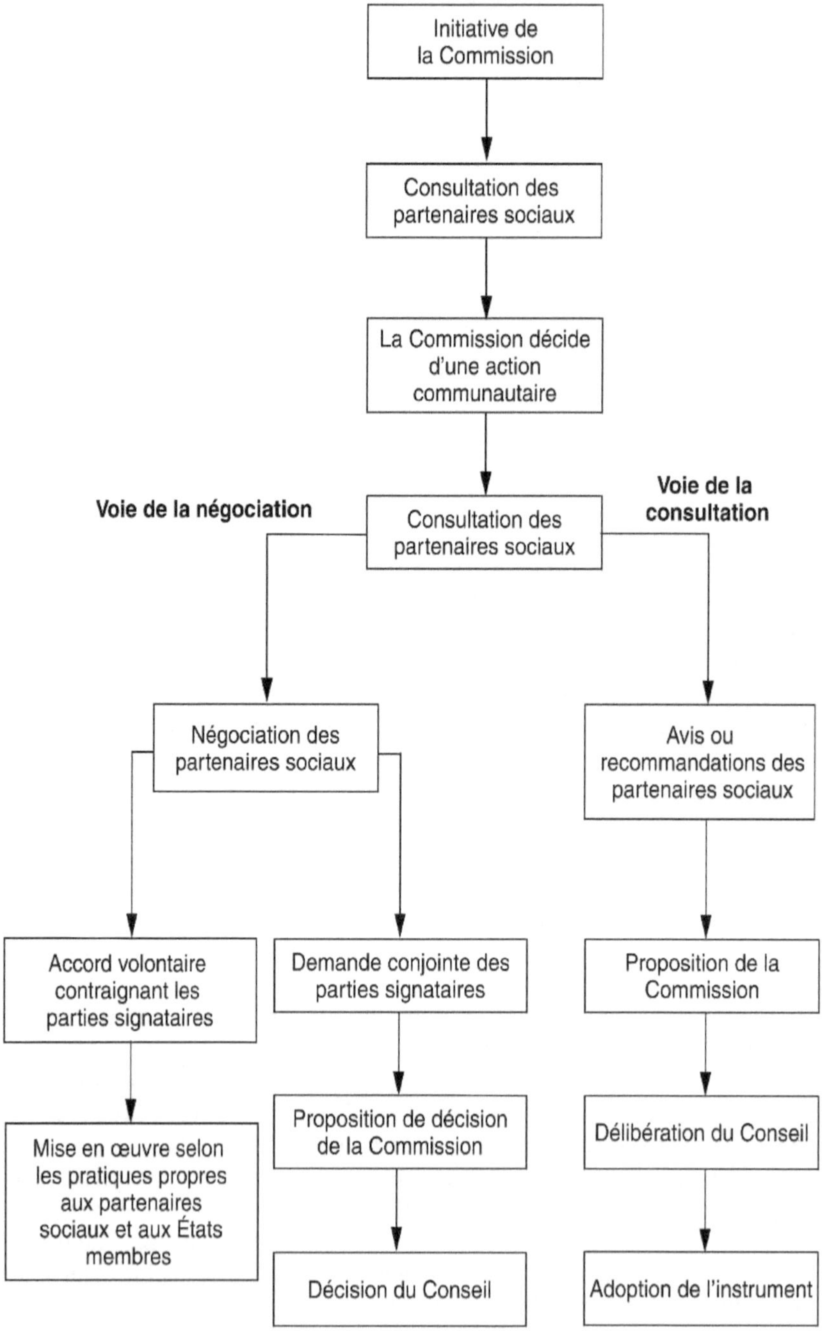

Source : Commission européenne.

Encadré 2

L'information et la consultation des salariés et l'affaire Renault Vilvorde

Le programme d'action sociale pour la mise en œuvre de la Charte comportait une proposition de directive visant à la mise en place de comités d'entreprise dans les sociétés européennes. Confrontée à la règle de l'unanimité, cette directive a été bloquée. Néanmoins, de grandes entreprises (Volkswagen, Thomson Multimedia, Renault, BP, etc.) avaient commencé à mettre en place des comités de groupe avec un souci d'image sociale et pour faciliter la diffusion de la culture d'entreprise.

L'accord sur la politique sociale annexé au traité de Maastricht a permis son adoption par onze des douze pays membres de la Communauté (le Royaume-Uni étant exclu) le 22 septembre 1994. Entré en vigueur deux ans plus tard, il institue des comités d'entreprise européens (CEE) dans les entreprises de dimension communautaire, c'est-à-dire qui emploient au moins 1 000 travailleurs dans l'ensemble de la Communauté, tout en ayant des établissements de 150 salariés dans au moins deux États membres différents. L'affaire Hoover de 1993, avec le transfert de l'activité productive de la France vers l'Écosse justifié par un moins-disant social, a joué un rôle d'accélérateur dans l'adoption de cette directive. À la fin 2001, 650 CEE étaient recensés dans l'Union. Un tiers des entreprises concernées disposaient de cette structure. Cette directive s'est néanmoins avérée peu contraignante et prêtant à des interprétations tendancieuses : elle impose notamment une information et une consultation des salariés « en temps utile » en cas d'événement grave, sans définir ces termes. « L'affaire Renault Vilvorde » a montré les insuffisances de ce texte.

En 1996, Renault décide la fermeture de son usine de Vilvorde en Belgique déclenchant l'un des premiers mouvements de mobilisation relative des salariés européens, au niveau de cette entreprise, et sa condamnation pour défaut d'information de son Comité d'entreprise. Cette affaire, révélatrice des risques associés aux mouvements de fusion, de délocalisation et de restructuration d'entreprises, a poussé la Commission à lancer une nouvelle action communautaire sur « l'information et la consultation des salariés dans les pays de l'Union ». Le projet concernait les entreprises de plus de 50 salariés et imposait un dialogue avec les travailleurs afin qu'ils puissent réagir aux projets des directions. Si l'information et la consultation n'étaient pas respectées, les décisions prises en matière de contrats de travail étaient considérées comme nulles. L'organisation patronale européenne ayant refusé de négocier ce texte, il a suivi la voie classique de la consultation. Fin 1998, la Commission a transmis une proposition de directive au Conseil. Elle a été combattue pendant trois ans par le Royaume-Uni et l'Irlande avant d'être adoptée le 5 février 2002 moyennant, d'une part, une application très progressive de ce texte à ces deux pays de 2005 à 2008, et la disparition, d'autre part, de la clause de suspension des licenciements si l'information et la consultation n'avaient pas été respectées.

Des normes minimales sont ainsi fixées au niveau européen. Cette ébauche des grandes lignes d'un droit social est importante avec les élargissements. Face à des problèmes de plus en plus transnationaux, l'UE s'impose dans certains domaines comme le niveau pertinent de prescription d'un socle de droits sociaux.

2.3. La Stratégie européenne pour l'emploi (SEE)

Si le traité de Rome indique que la Communauté a pour mission de promouvoir *« un niveau d'emploi et de protection sociale élevé »* (art. 2), il a fallu attendre le traité d'Amsterdam de 1997 pour qu'un titre particulier soit consacré à l'emploi qui est devenu le titre IX du traité de Lisbonne. Il affirme l'objectif de parvenir à *« un niveau d'emploi élevé »* dans une UE qui se signale par un chômage important et des taux d'emploi médiocres chez les jeunes, les travailleurs âgés et les femmes. Il met surtout en place une procédure de coordination (art. 148 du TFUE) pour développer cette politique.

2.3.1. Le dispositif prévu par le traité

La Stratégie européenne pour l'emploi (SEE) n'est pas axée sur la réduction du chômage mais sur l'augmentation du potentiel d'emplois de l'économie européenne dans la mesure où la corrélation est forte entre taux d'emploi élevés et taux de chômage faibles. Elle vise à ce que l'emploi soit plus diffus, les marchés du travail plus ouverts et plus dynamiques. La coordination des politiques d'emploi s'inspire de la procédure déjà à l'œuvre dans le cadre de la surveillance multilatérale des politiques économiques (art. 121 du TFUE) avec l'utilisation de la MOC. Le dialogue entre les États membres permet l'échange d'informations et la mise en évidence des pratiques exemplaires *(« best practice »)*, tandis que les analyses comparatives et l'évaluation sont à la base de l'étalonnage de leurs performances respectives *(« benchmarking »)*, afin de susciter une émulation entre eux.

La MOC s'appuie sur un calendrier et une procédure définis par le traité : une réunion annuelle du Conseil européen est prévue afin d'examiner la situation de l'emploi dans l'Union. À partir du diagnostic posé, le Conseil adopte à la majorité qualifiée *« des lignes directrices dont les États membres tiennent compte dans leurs politiques de l'emploi. Ces lignes directrices sont compatibles avec les grandes orientations adoptées en application de l'article 121 »*. Chaque État membre établit un rapport annuel sur leur mise en œuvre. Il est transmis au Conseil et à la Commission qui peuvent s'appuyer sur les avis et la capacité d'expertise d'un groupe de travail consultatif, *le Comité de l'emploi*, créé par le traité d'Amsterdam (art. 150 du TFUE). Le Conseil évalue chaque année l'application de ces lignes directrices pour l'emploi (LDE) et peut adresser des recommandations aux États membres. À partir de ce matériau, la Commission établit un rapport annuel sur l'emploi dans l'UE.

2.3.2. Son fonctionnement et son évolution

Ce titre *Emploi* a été mis en œuvre par anticipation dès le Conseil de Luxembourg de décembre 1997. Les quatre *« piliers »*, arrêtés pour 1998, et confirmés jusqu'en 2002, concernaient l'amélioration de l'employabilité, le renforcement de l'égalité des chances, le développement de l'esprit d'entreprise et la capacité d'adaptation des entreprises et des travailleurs. Ils se déclinaient en un certain nombre de LDE modifiées chaque année par le Conseil.

Les premières évaluations se sont révélées très décevantes. Les États membres se sont livrés à un simple travail de reclassement de leurs mesures nationales derrière les rubriques des LDE, en investissant uniquement les piliers qui répondaient à leurs objectifs de politique intérieure. Il n'y avait pas de redéploiement des actions dans les directions souhaitées par les institutions européennes. En outre, cet exercice s'est davantage apparenté à une juxtaposition de l'existant qu'à une réelle coordination des politiques d'emploi au niveau européen. Les liens établis avec les actions du FSE étaient notamment très flous.

La SEE a donc été révisée une première fois en 2003, afin d'en faire un instrument de la Stratégie de Lisbonne, puis une seconde fois en 2005, pour assurer une mise en cohérence entre les politiques d'emploi et les orientations macroéconomiques. Pour cela, les LDE et les Grandes orientations de politique économique (GOPE) ont été fusionnées au sein de lignes directrices intégrées (LDI).

Alors que les GOPE restent valables dans le temps, les LDE doivent être théoriquement reformulées chaque année mais elles restent souvent stables. Elles ont été révisées notamment, en 2017, pour s'aligner sur les principes du Socle européen des droits sociaux, en 2020, pour s'ajuster à la crise de la Covid-19, aux transitions écologiques, numériques et intégrer davantage les objectifs de développement durable des Nations unies. En 2022, elles ont été à nouveau modifiées en profondeur afin de tirer les conséquences de la pandémie et de densifier les aspects liés à l'équité dans la transition écologique. Depuis, elles sont stables. Les quatre LDE prévues pour 2024 visent à :

– stimuler la demande de main-d'œuvre (LD 5). Pour ce faire les États membres doivent réduire les obstacles à l'embauche, favoriser le travail indépendant, la croissance des microentreprises, veiller à ce que la fiscalité pèse moins sur le travail et associer les partenaires sociaux dans la fixation des salaires minimums ;

– renforcer l'offre de main-d'œuvre et améliorer l'accès à l'emploi, les qualifications et les compétences (LD 6). Il s'agit ici d'encourager les citoyens à acquérir les compétences afin d'accompagner les transitions technologiques et environnementales ;

– améliorer le fonctionnement des marchés du travail et l'efficacité du dialogue social (LD 7). L'accent est ici mis sur toutes les mesures visant à assurer la fluidité du marché du travail, l'incitation à l'activité, en collaboration avec les partenaires sociaux ;

– promouvoir l'égalité des chances pour tous, favoriser l'inclusion sociale et combattre la pauvreté (LD 8). Cette ligne souligne la nécessité de lutter contre les discriminations, de favoriser une inclusion active à partir des systèmes de protection sociale et de garantir la fourniture des services essentiels en direction des enfants et des populations à risque.

Les LDI sont ensuite déclinées pour chaque État membre dans le *« programme national de réforme »* (PNR), qui fait la synthèse du débat conduit entre les instances parlementaires, les partenaires sociaux et les citoyens. Le tout s'inscrit dans le cadre du Semestre européen (voir Chapitre 4), soit le cycle politique synchronisé entre l'UE et les États membres.

2.4. Vers une flexisécurité européenne ?

Le nouvel environnement macroéconomique constitué par la zone euro confère un surcroît d'importance aux mécanismes de formation des salaires dans les pays qui en sont membres. La politique des revenus reste l'un des derniers lieux d'exercice de la souveraineté nationale dans le domaine économique. Elle est particulièrement stratégique pour assurer la compétitivité à long terme d'économies dont les taux de change ont été verrouillés. Après des débuts compliqués, l'UE a beaucoup incité les États membres à la mise en place d'un cadre approprié, au niveau des institutions du marché du travail, de nature à permettre la convergence et la compétitivité avec des résultats très inégaux.

2.4.1. Quelle politique des salaires pour la zone euro ?

Le modèle de base, en matière de négociation collective, a été développé en économie fermée par Calmfors et Driffill[13] en 1988. Pour ces deux auteurs (Graphique 3), les systèmes de négociations extrêmes – avec des procédures de négociation très décentralisées au niveau des entreprises et des établissements ou, au contraire, extrêmement centralisées – sont les plus performants car ils conduisent à une modération des salaires réels et à un taux de chômage plus faible. Au niveau de l'entreprise, les syndicats prennent en compte, lors de revendications salariales, la possibilité pour la clientèle de se tourner vers des produits parfaitement substituables fournis par d'autres entreprises de la branche. Ce risque n'existe plus au niveau des négociations de branche où toutes les entreprises qui fabriquent un même produit sont confrontées à la même progression de leurs coûts de revient. Les augmentations de salaire plus fortes sont répercutées sur les consommateurs. Il y a

13. L. Calmfors et J. Driffill, « Bargaining Structure, Corporatism and Macroeconomic Performance », *Economic Policy* n° 6, 1988.

redistribution des branches qui pratiquent la modération salariale en faveur de la branche où les rémunérations progressent. Les syndicats de branche n'ont aucun intérêt à faire preuve de modération. La centralisation parfaite des négociations aboutit quant à elle à une plus forte modération des salaires réels que la décentralisation complète, parce que les syndicats et les employeurs intègrent les effets exercés sur les autres secteurs de l'économie (externalités négatives) : chaque augmentation de salaire dans l'économie contribue à faire monter le niveau général des prix et à réduire le revenu disponible réel de l'ensemble des travailleurs.

Graphique 3

Relation entre centralisation et niveau du salaire réel

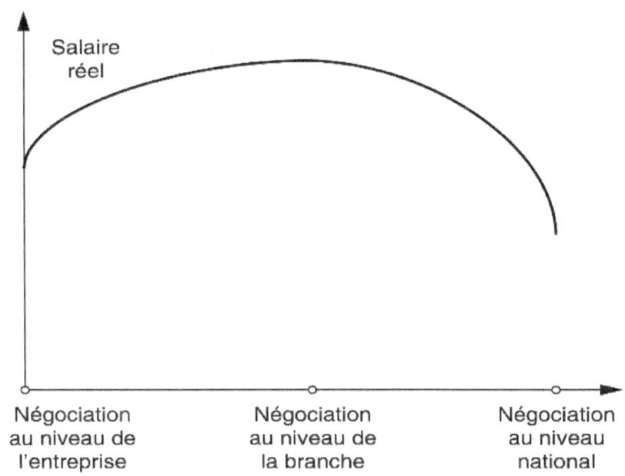

La mise en place de la zone euro entraîne deux changements par rapport à ce paradigme, le premier va dans le sens d'un dérapage des salaires et de l'inflation, tandis que le second opère en sens inverse, avec le développement d'une forte concurrence par les coûts salariaux :

- La zone euro introduit un nouvel interlocuteur, la BCE, en charge de la maîtrise de l'inflation sur l'ensemble de l'union monétaire mais qui a en face d'elle de multiples confédérations syndicales. Cukierman et Lipi[14] ont montré que l'augmentation du nombre des syndicats fait que chacun d'eux n'internalise qu'une fraction des effets de son comportement de revendication salariale sur l'inflation et sur la fonction de

14. A. Cukierman et F. Lippi, « Central Bank Independence, Centralization of Wage Bargaining, Inflation and Unemployment: Theory and some Evidence », *European Economic Review*, vol. 43, 1999.

réaction de la banque centrale, alors qu'un seul syndicat internaliserait complètement les effets d'une augmentation des salaires sur l'inflation.

• La zone euro génère aussi un surcroît d'ouverture des économies les unes sur les autres. Dès le moment où des produits d'autres pays membres peuvent se substituer aux produits d'origine nationale, les négociations centralisées/coordonnées et les négociations nationales de branche sont confrontées à la même mise en concurrence que les négociations au niveau de l'entreprise. La courbe s'aplatit dans des économies ouvertes les unes sur les autres. Les syndicats peuvent internaliser, au niveau des négociations menées sur l'ensemble de l'union, le développement de cette concurrence par les coûts salariaux et modérer leurs revendications salariales.

Ces différences de comportement ont coexisté au cours des vingt-cinq années d'existence de la zone euro, ce qui a parfois entraîné des évolutions très divergentes des coûts salariaux et une vraie difficulté pour la banque centrale à conduire une politique monétaire appropriée aux besoins de l'ensemble de la zone. L'Allemagne sert ici de point de référence en matière de modération salariale. Les négociations salariales s'y déroulent entre des syndicats de salariés forts et des associations d'employeurs qui le sont tout autant. Elles visent à maintenir les salaires mais aussi la profitabilité des entreprises exportatrices et leur compétitivité. Deux épisodes peuvent être relevés où il y a eu une aggravation sensible des divergences par rapport à ce point de référence :

– les années 2000-2010 (Graphique 4) avec une évolution très modérée des salaires en Allemagne contrairement aux pays d'Europe du Sud et à l'Irlande, où la coordination a été infiniment plus faible et le dérapage des salaires très net ;

– les années 2021-2023 (Graphique 5) où il y a à nouveau une divergence du même ordre venant de pays d'Europe du Sud, de l'Irlande, mais aussi du Luxembourg et de la Lituanie toujours par rapport à l'Allemagne accompagnée dans la modération par les grands pays.

Dans ce contexte, permettre la compatibilité d'évolutions aussi disparates au sein d'une même union économique et monétaire est complexe. Le président du Conseil européen demandait, dès 2012, la création d'un *« Instrument de convergence et de compétitivité »* [16] qui chapeauterait des contrats entre les États membres et la Commission afin de mettre en œuvre de réformes structurelles afin de *« favoriser le rééquilibrage, l'ajustement et, par là même, la croissance »* entre les pays de l'UEM.

16. H. Van Rompuy, *Vers une véritable union économique et monétaire*, Rapport cité. Communication de la Commission, *Vers une Union économique et monétaire véritable et approfondie : création d'un instrument de convergence et de compétitivité*, COM 165 final, 20 mars 2013.

Graphique 4

Évolution des coûts salariaux unitaires (2000-2016)

2000 = 100

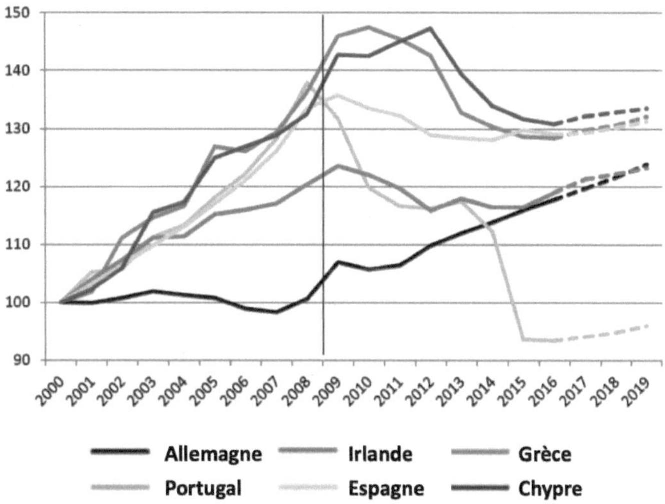

Source : EC European Economic Forecast, Autumn 2017.

Graphique 5

Évolution des coûts salariaux unitaires 2020-2023

2020 = 100

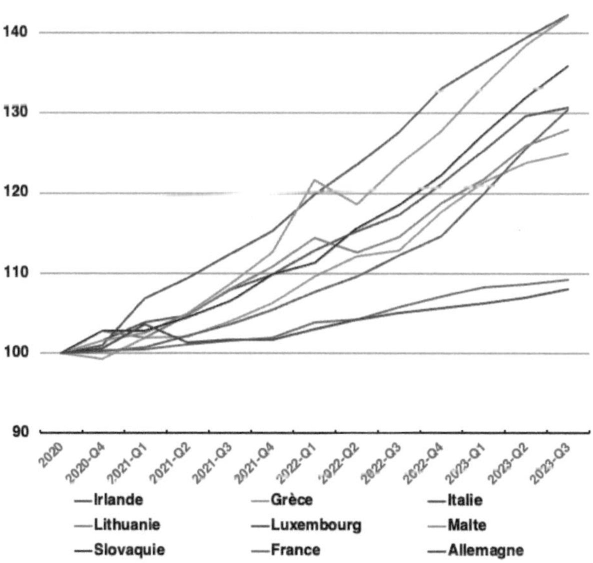

Source : Eurostat.

La France notamment a progressivement réformé son marché du travail en pas moins de sept textes législatifs de 2004 à 2021[18] pour mettre en place une flexisécurité à la française avec la primauté donnée à l'accord d'entreprise par rapport à l'accord de branche sur un grand nombre de sujets – hormis ceux réservés à un socle minimal de garanties de la branche. Ces réformes expliquent vraisemblablement que les évolutions des coûts salariaux unitaires y soient très similaires à celles de l'Allemagne, au cours de la phase de tensions inflationnistes de 2021-2023.

2.4.2. Du système européen d'assurance chômage au soutien financier à l'assurance chômage des États membres face à la pandémie

Dans la réflexion qui s'était engagée après la crise de la dette souveraine afin d'aller vers une véritable UEM, figurait le volet social. La Commission a par la suite approfondi les pistes susceptibles de renforcer la dimension sociale de l'UEM, afin de la rendre viable et de favoriser son acceptation par les opinions publiques. Elle reconnaît, d'une manière assez inédite par rapport à sa production intellectuelle passée, que l'emploi et les systèmes de protection sociale sont indispensables à son bon fonctionnement, bien qu'ils relèvent essentiellement de la responsabilité des États membres. Cette démarche aboutira à la proclamation, en 2017, du Socle européen des droits sociaux.

Parmi les propositions alors avancées par la Commission figurait notamment la création d'un *système européen d'assurance chômage*[19]. Il était présenté comme l'un des rares mécanismes sensibles aux différences de conjoncture d'un pays à l'autre et qui permet d'absorber des chocs asymétriques. Des principes simples devaient être respectés pour légitimer sa création et limiter l'aléa moral :

– ne pas donner lieu à des transferts unidirectionnels et permanents entre pays ;

– ne pas être conçu comme un instrument visant à réduire les inégalités de revenus ;

– faire que chaque pays soit tour à tour bénéficiaire net et contributeur net du mécanisme ;

– ne pas réduire l'incitation à élaborer des politiques budgétaires saines et à remédier à des faiblesses structurelles.

18. Lois Fillon de 2004, Bertrand de 2008, Sapin de 2013, El Khomri de 2016, ordonnances Pénicaud de 2017, loi Pénicaud de 2018, décrets Borne de 2021.

19. Commission européenne, *Renforcer la dimension sociale de l'Union économique et monétaire*, COM 690 final, 2 octobre 2013.

La Commission se référait notamment au système américain d'assurance chômage, « *où un fonds fédéral rembourse 50 % des allocations excédant la durée standard à concurrence d'un maximum donné, sous réserve que le chômage ait atteint un certain niveau et continue d'augmenter* ». Elle note que cette évolution imposerait une modification du traité et une intégration politique renforcée propre à légitimer sur le plan démocratique ce type de dispositif.

Plutôt qu'un système de réassurance chômage, c'est finalement vers un mécanisme de soutien temporaire au financement de l'assurance chômage des États membres que la Commission s'est orientée, en mai 2020, pour faire face à la pandémie de coronavirus avec l'initiative *SURE* (Soutien pour atténuer les risques de chômage en situation d'urgence[20]). SURE se présentait comme un instrument de prêts aux pays en difficulté doté de 100 milliards d'euros et financé grâce à l'émission d'obligations sociales par l'UE. Il soutenait les dispositifs de chômage partiel mis en place dans les États membres afin que les salariés conservent leur emploi et que les entreprises puissent poursuivre leur activité et redémarrer dès le moment où les conditions seraient à nouveau réunies. Les travailleurs indépendants ont également été ciblés par les mesures de remplacement des revenus. Sa mise en place a été facilitée par la confrontation de l'économie de l'UE à un choc symétrique et par son mécanisme de financement – des prêts et non des contributions ouvrant à des prestations –, ce qui a permis de dépasser les oppositions entre les pays du Nord et les pays du Sud sur l'assurance chômage.

Avec la reprise d'activité, la Commission a soutenu cette fois-ci le passage à des politiques actives du marché du travail avec le dispositif *EASE*[21] introduit dans le cadre du plan d'action sur le Socle européen des droits sociaux. Il s'agissait là aussi de mesures temporaires d'incitation à l'embauche et de soutien à la transition des secteurs touchés par la crise vers les secteurs en expansion – l'écologie, le numérique, la santé et les soins. Les jeunes, les adultes peu qualifiés et les personnes issues de l'immigration ont été notamment ciblés au travers des mesures d'apprentissage, des possibilités de perfectionnement et de reconversion professionnels. Si les marchés du travail et les systèmes de protection sociales demeurent toujours du ressort des États membres, la Commission a beaucoup incité à leur modernisation en activant ponctuellement des mécanismes pour orienter l'action.

---

20. *Support to mitigate Unemployment Risks in an Emergency*. Règlement (UE) 2020/672 du 19 mai 2020 portant création d'un instrument européen de soutien temporaire à l'atténuation des risques de chômage en situation d'urgence (SURE) engendrée par la propagation de la Covid-19 (JO L 159 du 20 mai 2020).

21. Commission européenne, *Recommandation de la Commission concernant un soutien actif et efficace à l'emploi (EASE) à la suite de la crise de la Covid-19*, C 1372 final, 4 mars 2021.

3. La politique de cohésion

Dès le traité de Rome, les États membres jugent nécessaire *« de renforcer l'unité de leurs économies et d'en assurer le développement harmonieux en réduisant l'écart entre les différentes régions »* (préambule). Dans ce but, ils se sont dotés d'une politique régionale élargie, à partir de l'Acte unique de 1986, à une politique de cohésion appréhendée comme la contrepartie des contraintes du marché unique pour les pays du Sud et les régions défavorisées. Elle a franchi un nouveau palier avec l'élargissement aux PECO et s'est focalisée sur le renforcement de la compétitivité économique. La politique de la cohésion est, avec 30,7 % du budget européen pour la programmation 2021-2027, la deuxième politique de l'UE. Au regard des objectifs affichés par le Pacte vert pour l'Europe et le Socle européen des droits sociaux, elle promeut une compétitivité compatible avec le développement durable et axée sur la transition numérique. Ses moyens ont été abondés de 47,5 milliards d'euros par NGEU au moyen de l'instrument REACT-EU[22] (Soutien à la reprise en faveur de la cohésion et des territoires d'Europe) afin de soutenir les efforts de sortie de la crise sanitaire.

3.1. Les instruments et les objectifs

Le traité indique que *« l'Union développe et poursuit son action tendant au renforcement de sa cohésion économique, sociale et territoriale. En particulier, l'Union vise à réduire l'écart entre les niveaux de développement des diverses régions et le retard des régions les moins favorisées »* (art. 174 du TFUE). La politique de la cohésion est un instrument volontariste de traitement des inégalités économiques et sociales. Il implique des transferts budgétaires entre les États membres et entre les régions au moyen de Fonds européens qui fonctionnent à partir de dispositions communes pour soutenir les objectifs stratégiques définis dans le cadre des programmations budgétaires.

3.1.1. Les Fonds relevant de la politique de cohésion

Trois Fonds sont dédiés à la politique de cohésion.

• *Le Fonds social européen plus (FSE+)*, créé par le traité de Rome, est spécialisé sur les politiques d'emploi et d'inclusion sociale. Depuis la mise en œuvre du traité d'Amsterdam en 1999, le FSE contribue à la *Stratégie européenne pour l'emploi*. Les financements du FSE+ sont ciblés, pour la programmation 2021-2027, sur quatre objectifs révisés afin qu'ils soutiennent des groupes de population particulièrement touchés par la crise socio-économique consécutive à l'épidémie de coronavirus :

22. *Recovery Assistance for Cohesion and the Territories of Europe.*

– investir dans les jeunes. Le FSE intervient tout particulièrement auprès des jeunes sans emploi, éducation ou formation âgés de 15 à 29 ans (les « *NEET*[23] ») pour lesquels il avait mis en place, en 2013, la « *Garantie jeunesse*[24] » (les fonds débloqués doivent représenter au moins 12,5 % des ressources du FSE+ dans les États membres dont le taux est supérieur à la moyenne européenne) ;

– soutenir les plus vulnérables qui subissent des pertes d'emploi et des réductions de revenus (au moins 25 % des ressources venant du FSE+) ;

– fournir une aide alimentaire et matérielle de base aux plus démunis. *Le Fonds européen d'aide aux plus démunis (FEAD)* qui avait pris la suite, le 1er janvier 2014, du *Programme européen d'aide aux plus démunis* (PEAD), créé en 1987, afin de distribuer les excédents alimentaires de la politique agricole commune par l'intermédiaire d'associations caritatives agréées, est intégré dans le FSE+ (au moins 3 % des ressources du FSE+) ;

– investir dans les enfants qui ont subi les effets de la crise (au moins 5 % des ressources du FSE+ dans les États membres dont le niveau de pauvreté des enfants est supérieur à la moyenne européenne).

• *Le Fonds européen de développement économique régional (FEDER)*, créé en 1975, est le pivot de la politique régionale européenne. S'il était, jusqu'à la fin 2013, très orienté vers les régions en retard de développement, il a élargi ses actions, lors de la programmation 2014-2020, à l'ensemble des régions. Ses financements doivent se concentrer sur plusieurs thèmes pour la programmation 2021-2027 afin de garantir une bonne efficacité de ses actions (*« concentration thématique »*) :

– l'innovation et la recherche ;

– la stratégie numérique avec des soutiens qui iront vers les régions en retard pour adopter ces technologies et accéder au haut débit, ce qui les rend peu attractives ;

– le soutien aux PME ;

– le développement urbain durable (au moins 8 % des ressources du FEDER) ;

– l'environnement et le climat avec l'objectif européen d'une économie neutre en carbone d'ici à 2050. Les financements du FEDER seront fléchés sur l'efficacité énergétique, les énergies renouvelables, la

---

23. Les NEET (*Neither in Employment, nor in Education or Training*) selon la terminologie de l'OCDE.

24. L'expression « *Garantie pour la jeunesse* » renvoie ici au fait que les jeunes se voient proposer une offre de bonne qualité portant sur un emploi, un complément de formation, un apprentissage ou un stage dans les quatre mois suivant la perte de leur emploi ou leur sortie de l'enseignement formel.

diversification énergétique des régions en retard sur ce plan et la promotion des véhicules propres (30 % de la dotation du FEDER).

- *Le Fonds de cohésion*, créé par le traité de Maastricht, en 1993, s'est substitué aux programmes intégrés méditerranéens qui fonctionnèrent de 1986 à 1992 et ont constitué la première politique régionale axée sur les spécificités des pays du Sud, après l'élargissement de la Communauté à l'Espagne et au Portugal. Le Fonds de cohésion n'est pas un Fonds structurel. Il se distingue du FSE et du FEDER parce qu'il ne traite pas des groupes sociaux fragilisés par leurs handicaps vis-à-vis du marché du travail, des poches de pauvreté ou des disparités régionales, mais des disparités entre les économies nationales. Il est réservé aux pays dont le PNB par habitant est inférieur à 90 % de la moyenne communautaire, ou pays dits *« de la cohésion »*. Les financements obtenus au titre de ce Fonds ont prolongé, chez les nouveaux États membres, les financements obtenus dans le cadre de l'Instrument structurel de préadhésion (ISPA). Le Fonds de cohésion soutient des projets qui concernent les réseaux de transport transeuropéens et l'environnement. Il finance également l'efficacité énergétique, l'utilisation des renouvelables et la mobilité urbaine durable. L'attribution des crédits doit être en bonne adéquation avec la capacité d'absorption de ces pays, soit un plafond de dotations de cohésion fixé à 2,5 % du PIB, des taux de cofinancement des actions qui dépendent du niveau de développement des régions (de 50 à 85 %) et des conditions visant à l'amélioration des capacités administratives.

3.1.2. Les principes d'intervention des Fonds

L'Acte unique et le traité de Maastricht ont constitué deux temps forts pour le redéploiement de la politique de développement régional vers une politique de cohésion, sous la pression des pays du Sud. La mission des Fonds structurels a été réformée, en 1988, à partir du nouveau titre consacré à la cohésion économique et sociale qui apparaît dans l'Acte unique. Le traité de Maastricht a fait, en 1993, de la cohésion l'un des piliers de la construction européenne avec le marché unique et l'union monétaire. Les Fonds sont devenus les vecteurs des stratégies de croissance successivement définies par l'UE aux horizons 2010, 2020 puis 2030 : stratégie de Lisbonne, stratégie Europe 2020 et Pacte vert pour l'Europe. Ils ont été progressivement intégrés dans le dispositif macroéconomique d'ensemble de l'UE. La programmation 2021-2027 met l'accent sur le renforcement du lien avec le Semestre européen. Les trois Fonds européens axés sur la cohésion sont régis par des dispositions communes propres à huit Fonds de l'Union qui fonctionnent en gestion partagée[25]. Ces dispositions reposent sur plusieurs principes.

• *Le partenariat* sous-entend une concertation entre la Commission et l'État membre concerné avec les autorités locales et régionales compétentes sur la préparation, le financement, le suivi et l'évaluation des actions engagées.

• *L'additionnalité* veut que l'action de l'UE intervienne toujours en complément des actions nationales. Ce cofinancement garantit l'implication des États membres et des collectivités territoriales dans les projets pour lesquels ils sollicitent un financement de l'UE. La variation des taux de cofinancement des régions en fonction de leur niveau de développement permet de mieux doter celles qui ont le retard le plus marqué.

• *La programmation pluriannuelle de l'aide* permet de passer d'interventions ponctuelles à des actions plus intégrées qui s'inscrivent dans une logique de développement durable.

• *La concentration des financements sur des objectifs thématiques préalablement définis* évite le saupoudrage des crédits sur des projets techniques trop nombreux et sans liens suffisants entre eux. Ces objectifs thématiques sont révisés lors des nouvelles programmations.

• *L'évaluation et le contrôle.* C'est là l'une des particularités de fonctionnement de l'UE par rapport aux États membres. Les mesures mises en œuvre font systématiquement l'objet d'une évaluation et d'un contrôle.

• *Le dégagement.* Les montants non utilisés dans les trois années qui suivent son engagement budgétaire sont dégagés.

Avec la succession des crises, de nouvelles missions de solidarité envers les populations qui connaissent des évolutions économiques défavorables sont venues s'ajouter aux objectifs traditionnels. La crise sanitaire de 2020-2021 a entraîné une évolution aux antipodes de ce qui avait été prescrit à la suite de la crise de 2011-2013. La *« conditionnalité macroéconomique »*, qui subordonnait, lors des années 2014-2020, le versement d'une partie des Fonds européens à la correction des déséquilibres budgétaires, macroéconomiques et à la réalisation des objectifs intermédiaires de la stratégie Europe 2020, a été abandonnée. Pour la programmation 2021-2027, c'est une *« flexibilité accrue »* qui est recherchée. Davantage de marges de manœuvre sont données aux États membres pour transférer des ressources entre les Fonds relevant de la

25. Outre le FSE+, le FEDER et le Fonds de cohésion, il s'agit du Fonds européen pour les affaires maritimes et la pêche (FEAMP), du Fonds pour une transition juste (FJT), du Fonds Asile, migration et intégration (FAMI), de l'Instrument relatif à la gestion des frontières et aux visas et du Fonds pour la sécurité intérieure.

politique de cohésion (jusqu'à 20 % pour le FEDER, le FC et le FSE+) et entre instruments. Un mécanisme de réaction aux crises futures est mis en place afin d'utiliser rapidement les Fonds en cas de circonstances exceptionnelles et inhabituelles.

3.1.3. Les deux objectifs de la politique de cohésion dans le CFP 2021-2027

La politique de cohésion est l'un des principaux supports du Pacte vert pour l'Europe et du Socle européen des droits sociaux. Au sein de la stratégie de croissance ainsi définie à l'horizon 2030, voire 2050 pour la neutralité carbone, la politique de cohésion doit apporter son concours au relèvement des défis climatiques, environnementaux dans le cadre d'une société inclusive à travers le prisme qui est le sien – les écarts entre régions et entre pays. Sur la programmation 2021-2027, elle représente une dotation globale de 330 milliards d'euros, aux prix de 2018 (Tableau 4), stable par rapport à son niveau de la programmation 2014-2020, où elle représentait 325 milliards d'euros. Les financements sont ciblés sur deux objectifs déjà présents lors de la programmation précédente :

- *L'objectif 1* concerne *l'investissement pour l'emploi et la croissance* (FEDER, FSE+, Fonds de cohésion). Les financements prévus au titre de cet objectif sont de 322 milliards d'euros, aux prix de 2018, soit 97,6 % de l'effort financier de l'UE au titre de la cohésion. Les ressources du FEDER et du FSE+, relevant de cet objectif, sont allouées à trois catégories de régions :

– les régions moins développées, dont le PIB par habitant est inférieur à 75 % de la moyenne européenne (63 % des financements) ;

– les régions en transition, dont le PIB par habitant est compris entre 75 % et 100 % du PIB moyen de l'UE (15 % des financements) ;

– les régions plus développées, dont le PIB par habitant est supérieur à 100 % du PIB moyen (8 % des financements).

Le Fonds de cohésion apporte son soutien aux États membres dont le RNB/habitant est inférieur à 90 % du RNB moyen par habitant de l'UE à 27 (13 % des financements).

- *L'objectif 2* de *coopération territoriale européenne* finance la coopération transfrontalière, transnationale, interrégionale et l'intégration des régions ultrapériphériques dans leur environnement voisin. C'est dans le cadre d'Interreg que les régions situées le long des frontières terrestres et maritimes, internes et externes, de l'UE sont soutenues pour mener des actions communes et renforcer le maillage du territoire européen. Les financements prévus au titre de cet objectif sont de 8 milliards d'euros, soit 2,4 % de l'effort financier de l'UE au titre de la cohésion.

Tableau 4

Répartition de l'effort financier de l'UE en faveur de la cohésion 2021-2027

Milliards d'euros, aux prix de 2018.

	Objectif 1 Investissement pour l'emploi et la croissance		Objectif 2 Coopération territoriale européenne Interreg	Total
	FEDER FSE+	Fonds de cohésion		
UE à 27	280	42	8	330
En %	84,9 %	12,7 %	2,4 %	100

Source : Conseil européen.

Les méthodes d'allocation des ressources entre régions et entre États membres favorisent une nette redistribution. Les taux de cofinancement de l'UE au titre de l'objectif 1 vont également dans ce sens : ils sont plafonnés à 85 % pour les régions les moins développées, à 60 % pour les régions en transition, mais à seulement 40 % pour les régions plus développées.

3.2. Les autres instruments financiers et Fonds à finalité sociale

L'UE dispose d'instruments financiers qui viennent compléter l'action du FSE+, du FEDER et du Fonds de cohésion afin de financer un certain nombre de projets ainsi que d'autres Fonds à finalité sociale qui soutiennent les transitions.

3.2.1. Les instruments financiers

Aucune initiative novatrice en matière de financement n'a été portée entre la création de la *Banque européenne d'investissement* par le traité de Rome et la création du *Fonds européen pour les investissements stratégiques* en 2015. C'est dans le cadre du Plan Juncker que ce Fonds de soutien aux entreprises et aux projets d'investissement a été activé. Cette initiative – qui a très bien fonctionné – a été prolongée de 2021 à 2027 dans le cadre du *Fonds InvestEU*. Il est abondé par le plan de relance NGEU, mis en place pour réparer les dommages causés par la pandémie, qui a dédié un instrument financier *REACT-EU* pour apporter là aussi un financement supplémentaire à la politique de cohésion.

• *La Banque européenne d'investissement (BEI)* est l'institution financière de l'UE. Elle a pour seuls actionnaires les États membres. Avec 555 milliards d'euros inscrits à son bilan au 31 décembre 2020, la BEI est la plus grande banque multilatérale au monde, devant la Banque mondiale. Sa mission est *« de contribuer au développement équilibré et sans heurt du marché intérieur »* (art. 309 du TFUE) au moyen de prêts et non par des subventions comme les Fonds. Les opérations de prêt de la BEI sont toutes financées sur ses ressources propres constituées par le produit des emprunts qu'elle lance sur les marchés internationaux des capitaux, à travers des émissions d'obligations. Sa notation *« AAA »* lui permet d'emprunter aux meilleurs taux et d'accorder sur cette base des prêts à des conditions avantageuses. Elle finance directement les investissements de grande dimension par des prêts qui ne doivent pas représenter plus de 50 % du coût d'un projet. Les investissements de petite ou moyenne dimension sont financés indirectement à partir de prêts accordés à des banques ou à des institutions financières opérant au niveau européen, national ou régional. La BEI a pour missions de renforcer par ses investissements le potentiel de l'UE en matière de croissance et d'emploi, de soutenir l'action afin d'atténuer les conséquences du changement climatique et de promouvoir l'action extérieure de l'UE. Elle participe au volet financier des politiques de coopération menées par l'Union à l'égard des pays tiers (pays en phase de préadhésion, pays signataires des accords de voisinage, pays ACP, pays d'Amérique latine et d'Asie signataires d'accords de coopération avec l'UE).

- *Le Fonds InvestEU*, lancé pour les années 2021-2027, se substitue au *Fonds européen pour les investissements stratégiques* (FEIS) du Plan Juncker et à différents instruments financiers de l'UE. Le FEIS avait été créé, au sein du groupe BEI, afin de remédier au retard d'investissement imputable à la crise financière de 2008-2009. Il a permis la mise en œuvre, de 2015 à 2020, de 514 milliards d'euros d'investissements, au-delà de ce qui avait été initialement escompté. Le *programme InvestEU* reprend le même cadre que le FEIS avec un *Fonds InvestEU* doté d'une garantie budgétaire qui permet de mobiliser jusqu'à 650 milliards d'euros sur sept ans. Il est adossé à une plateforme européenne de conseils en investissement et à un portail européen de projets d'investissement dans le dessein de donner davantage de visibilité aux projets et de permettre la rencontre entre leurs promoteurs et les investisseurs. Dans les quatre volets concernés figurent les infrastructures durables, la recherche, innovation et numérisation, les PME, mais aussi les investissements sociaux et compétences (micro-financement, entreprises de l'économie sociale, éducation, logement social, logement étudiant, soins de santé et de longue durée, inclusion et accessibilité, activités culturelles à visée sociale, intégration des personnes vulnérables, y compris les ressortissants de pays tiers).

- *REACT-EU*[26] (Soutien à la reprise en faveur de la cohésion et des territoires d'Europe) est l'instrument financier de portage d'une dotation de 47,5 milliards d'euros de fonds supplémentaires venant de

26. *Recovery Assistance for Cohesion and the Territories of Europe.*

NGEU à destination du FEDER, du FSE+ et du FEAD. Il abonde les sommes déjà prévues au titre du CFP 2021-2027 sur des mesures qui visent à consolider la reprise post-Covid. Ses soutiens vont aux mesures de maintien de l'emploi (chômage partiel, aide aux travailleurs indépendants, emploi des jeunes), aux secteurs économiques les plus impactés (systèmes de soins de santé, tourisme, culture) et aux fonds de roulement et aides à l'investissement des PME. La méthode d'allocation des ressources de REACT-EU diffère de celle retenue habituellement par la politique de cohésion. Elle privilégie l'incidence socio-économique de la crise au niveau des régions et non des États membres.

3.2.2. Les Fonds sociaux liés à la gestion des chocs économiques

Plusieurs autres Fonds de l'UE ont une finalité sociale. Ils ont été créés pour aider les populations à faire face à différents chocs économiques et à leurs répercussions sociales : l'ouverture aux échanges, les migrations et la transition vers une économie neutre pour le climat.

- *Le Fonds européen d'ajustement à la mondialisation (FEM)* témoignait, lors de sa création en 2007, d'un changement d'analyse et de comportement des Européens quant aux effets de la mondialisation sur l'emploi. La Commission européenne, qui avait jusqu'alors présenté la mondialisation comme une opportunité, concède qu'elle peut entraîner des pertes d'emploi, des reconversions et reconnaît une certaine responsabilité de l'UE dans ce processus dans la mesure où elle a la charge de la politique commerciale commune et pilote l'ouverture aux échanges. Dans ce contexte, le FEM a pour mission de fournir une aide à la reconversion professionnelle et à la recherche d'emploi aux travailleurs touchés par les restructurations liées au commerce international. Doté de 500 millions d'euros par an, il a été nettement sous-utilisé sur la période 2007-2009, en raison de critères d'engagement trop restrictifs. Ils ont été assouplis à plusieurs reprises tandis que son mandat était élargi, sur la période 2014-2020, aux travailleurs indépendants dont les agriculteurs. Ce sont 1,3 milliard d'euros qui ont été budgétés à destination du FEM de 2021 à 2027.

- *Le Fonds Asile, migration et intégration (FAMI)* soutient les États membres dans l'accueil des demandeurs d'asile et dans la mise en place des mesures d'intégration depuis sa création en 2014. Il contribue à la gestion des flux migratoires et à la mise en œuvre de la politique commune. Il participe à la gestion des retours et coopère à ce titre avec les pays tiers situés dans le voisinage de l'UE. Il fonctionne selon les règles communes propres aux Fonds à gestion partagée. Sa dotation pour 2021-2027 s'élève à 8,7 milliards d'euros avec une clé de répartition entre les États membres fondée sur des données objectives liées aux demandeurs d'asile, à l'intégration mais aussi à la lutte contre les migrations irrégulières.

- *Le Fonds pour une transition juste (FTJ)* est un nouveau Fonds, créé en 2020, qui s'inscrit dans le Pacte vert pour l'Europe de passage à la neutralité climatique à l'horizon 2050. Il vise à accompagner les régions et les industries les plus touchées par cette transition en soutenant leur diversification économique et la reconversion des salariés. Son budget global de 17,5 milliards d'euros provient du CFP (7,5 milliards) et de NGEU (10 milliards). C'est également un Fonds à gestion partagée. Le FEDER et le FSE+ peuvent venir compléter ses interventions qui sont cofinancées avec un taux plafond pour l'UE fonction du niveau de développement des territoires (de 85 % pour les régions les moins développés à 50 % pour les plus développés). Pour bénéficier du soutien du FJT, les États membres ont l'obligation de s'engager sur les objectifs de l'UE en matière de climat sauf à voir leur dotation réduite de 50 % par an.

Encadré 3

Le Comité des régions et l'européanisation des affaires régionales

Le Comité des régions est un organe à caractère consultatif représentant les collectivités régionales et locales, créé par le traité de Maastricht (art. 305 à 307 du TFUE). Il est composé de 329 membres, contingentés par nationalité et nommés pour un mandat de cinq ans (renouvelable) par le Conseil statuant à l'unanimité, à partir de listes présentées par chaque État membre. Ce sont les États qui décident de la répartition des délégués entre des représentants locaux (communes, départements ou autres) ou régionaux.

Son avis est sollicité à titre obligatoire ou facultatif par le Parlement européen, par le Conseil ou par la Commission. Le Comité des régions dispose également de la possibilité d'émettre un avis, de sa propre initiative, lorsqu'il estime que des intérêts régionaux spécifiques sont en jeu. Sa création va dans le sens d'un mouvement de reconnaissance d'organes démocratiques qui évoluent à un échelon inférieur à celui de l'État membre et d'une européanisation des affaires régionales par-delà les frontières dans les domaines de l'environnement, de l'aménagement du territoire et de l'emploi.

Parallèlement à cet organe institutionnel, de nombreuses régions de l'UE ont mis en place une représentation à Bruxelles pour faire du lobbying auprès des institutions communautaires et instaurer des coopérations directes entre régions européennes.

*

* *

La recherche par l'UE d'une cohésion économique et sociale est un objectif unique parmi tous les ensembles plus ou moins intégrés au niveau international. Les principes promus par l'Union dans le Socle européen des droits sociaux ont été un des éléments fondamentaux de la résilience des pays européens face aux crises mais aussi dans la relance qui a été engagée à sa sortie.

Les crises ont conduit l'UE à renforcer ses interventions sociales là où l'échelle européenne apporte une plus-value. La Commission a mis en place, par strates successives, de nombreux outils pour agir dans le domaine de l'emploi, de la santé et de la protection sociale. Elle privilégie la coordination, le soutien et l'orientation des politiques des États membres qui ont la compétence première pour agir sur ces questions.

Mais les interventions de l'UE tirent aussi leur légitimité des interactions qui existent entre le social et d'autres politiques européennes : politique commerciale lorsqu'il s'agit de conclure des accords de libre-échange incitatifs à une amélioration des conditions de travail et du développement durable dans le pays partenaire, politique fiscale qui est un élément clé de la justice sociale et du financement des interventions, politique monétaire et Semestre européen lorsqu'il s'agit d'intégrer les objectifs sociaux dans la coordination macroéconomique, politique climatique, quand l'accompagnement de la transition nécessite des actions spécifiques en direction de groupes et de régions défavorisés. La dimension sociale-écologique de l'UE s'est affirmée et fait de l'Union un ensemble à part au sein de la mondialisation.

Chronologie politique et économique de la construction européenne

18 avril 1951 – **Traité de Paris** instituant la Communauté européenne du charbon et de l'acier (CECA) entre six pays : Belgique, France, Italie, Luxembourg, Pays-Bas et RFA

30 août 1954 – Rejet par le Parlement français de la Communauté européenne de défense (CED)

25 mars 1957 – **Traités de Rome** instituant la Communauté économique européenne (CEE ou marché commun) et la Communauté européenne de l'énergie atomique (CEEA) entre six pays : Belgique, France, Italie, Luxembourg, Pays-Bas et RFA

14 janvier 1962 – Adoption des premiers règlements sur la politique agricole commune. Création du Fonds européen d'orientation et de garantie agricoles (FEOGA)

8 avril 1965 – Traité de fusion des exécutifs des trois Communautés (CECA, CEE, CEEA)

1er juillet 1968 – Réalisation de l'union douanière

1er janvier 1973 – Adhésion du Royaume-Uni, de l'Irlande et du Danemark à la Communauté. Le peuple norvégien a refusé par référendum cette adhésion le 26 septembre 1972 (CE à 9)

3 avril 1973 – Mise en place du Fonds de coopération monétaire (FECOM)

18 mars 1975 – Création du Fonds européen de développement régional (FEDER)

1er janvier 1979 – Instauration du Système monétaire européen (SME)

1er janvier 1981 – Adhésion de la Grèce à la Communauté (CE à 10)

1er janvier 1981 – L'écu remplace l'unité de compte européenne (utilisée depuis 1978) dans tous les actes officiels de la Communauté

1er janvier 1986 – Adhésion de l'Espagne et du Portugal à la Communauté (CE à 12)

17 et 28 février 1986 – Signature à Luxembourg et à La Haye par les Douze de l'**Acte unique européen** modifiant le traité de Rome et

prévoyant la réalisation du **marché intérieur unique** pour le 1er janvier 1993.

1er juillet 1987 – Entrée en vigueur de l'**Acte unique**

17 avril 1989 – Présentation du rapport du Comité Delors préconisant trois étapes pour parvenir à l'Union économique et monétaire (UEM)

1er juillet 1990 – Début de la *première étape* de l'UEM avec la libéralisation totale des flux de capitaux

3 octobre 1990 – Réunification de l'Allemagne

7 février 1992 – Signature du **traité de Maastricht** ou traité sur l'UE

1er janvier 1993 – Entrée en vigueur du **marché intérieur unique**

1er novembre 1993 – Entrée en vigueur du **traité de Maastricht** : la Communauté européenne devient l'**UE**

1er janvier 1994 – Début de la *deuxième étape* de l'UEM avec la création de l'Institut monétaire européen (IME)

1er janvier 1994 – Entrée en vigueur de l'**Espace économique européen** (EEE) qui regroupe l'UE et les pays membres de l'Association européenne de libre-échange (AELE), hormis la Suisse, c'est-à-dire l'Autriche, la Suède, la Finlande, la Norvège, l'Islande et le Liechtenstein

1er janvier 1995 – Adhésion de l'Autriche, de la Finlande et de la Suède à l'UE. Le peuple norvégien a refusé par référendum cette adhésion (UE à 15)

1er janvier 1995 – L'Organisation mondiale du commerce (OMC) remplace l'Accord général sur les tarifs douaniers et le commerce (GATT)

2 octobre 1997 – Signature du **traité d'Amsterdam**

2 et 3 mai 1998 – Désignation des onze pays participant à l'Union économique et monétaire (UEM) et préannonce de leurs parités bilatérales

1er juin 1998 – Liquidation de l'IME et création de la Banque centrale européenne (BCE)

1er janvier 1999 – Début de la *troisième étape* de l'UEM avec le passage à l'euro pour onze pays membres de l'UE. La BCE prend en charge la politique monétaire unique

1er mai 1999 – Entrée en vigueur du **traité d'Amsterdam**

7 décembre 2000 – Proclamation de la Charte des droits fondamentaux de l'UE

26 février 2001 – Signature du **traité de Nice**

15 décembre 2001 – Création, à l'issue du Conseil européen de Laeken, de la Convention sur l'avenir de l'Europe

1er janvier 2002 – Mise en circulation des pièces et billets en euros qui se sont substitués aux douze monnaies nationales le 28 février 2002 pour les dernières

1er février 2003 – Entrée en vigueur du **traité de Nice**

1er mai 2004 – Adhésion de dix nouveaux États membres : Chypre, l'Estonie, la Hongrie, la Lettonie, la Lituanie, Malte, la Pologne, la République tchèque, la Slovaquie et la Slovénie à l'UE (à 25)

29 mai 2005 et 1er juin 2005 – Rejet du **traité** établissant une **Constitution pour l'Europe** par la France et les Pays-Bas

1er janvier 2007 – Adhésion de la Bulgarie et de la Roumanie à l'UE (à 27)

13 décembre 2007 – Signature du **traité de Lisbonne**

1er décembre 2009 – Entrée en vigueur du **traité de Lisbonne**

10 mai 2010 – Création du Fonds européen pour la stabilité financière (FESF)

2 février 2012 – Signature du traité intergouvernemental instituant le Mécanisme européen de stabilité (MES)

2 mars 2012 – Signature du **traité sur la stabilité, la coordination et la gouvernance** (TSCG)

8 octobre 2012 – Entrée en vigueur du MES qui prend le relais du FESF

1er janvier 2013 – Entrée en vigueur du **TSCG**

1er juillet 2013 – Adhésion de la Croatie à l'UE (à 28)

23 juin 2016 – Les Britanniques choisissent par référendum le **Brexit**

17 novembre 2017 – Proclamation par le Parlement européen, le Conseil et la Commission du **Socle européen des droits sociaux**

31 janvier 2020 – Sortie politique du Royaume-Uni de l'UE (à 27)

30 décembre 2020 – Signature de **l'accord de commerce et de coopération** entre l'UE et le Royaume-Uni, entré provisoirement en vigueur le 1er janvier 2021

31 décembre 2020 – Sortie économique et juridique du Royaume-Uni de l'UE

24 février 2022 – Invasion de l'Ukraine par la Russie

Sites Internet conseillés

Contact auteur : marie-annick.barthe@u-paris.fr

https://europa.eu/european-union/index_fr

Le site web officiel de l'Union européenne.

http://ec.europa.eu/eurostat

Le site d'Eurostat. Les statistiques et bases de données européennes.

http://eur-lex.europa.eu/homepage.html?locale=fr

L'accès au droit de l'UE et à toutes les communications citées.

http://www.ecb.int/home/html/index.en.html et http://www.banque-france.fr/

Les sites de la Banque centrale européenne et de la Banque de France.

https://www.touteleurope.eu/

La principale source d'informations pédagogiques sur les grandes politiques européennes.

http://www.robert-schuman.eu/fr/

Le site de la Fondation Robert Schuman.

http://www.institutdelors.eu/

Le site de l'Institut Jacques Delors.

http://www.wto.org/indexfr.htm

Le site de l'Organisation mondiale du commerce.

Sigles et acronymes utilisés

Abréviations des États membres

BE	Belgique	LT	Lituanie
BG	Bulgarie	LU	Luxembourg
CZ	République tchèque	HU	Hongrie
DK	Danemark	MT	Malte
DE	Allemagne	NL	Pays-Bas
EE	Estonie	AT	Autriche
EL	Grèce	PL	Pologne
ES	Espagne	PT	Portugal
FR	France	RO	Roumanie
HR	Croatie	SI	Slovénie
IE	Irlande	SK	Slovaquie
IT	Italie	FI	Finlande
CY	Chypre	SE	Suède
LV	Lettonie	UK	Royaume-Uni

ABE	Association bancaire pour l'écu
ABE	Association bancaire européenne
ACER	Agence de coopération des régulateurs de l'énergie
ACEUM	Accord Canada, États-Unis, Mexique
ACP	Afrique, Caraïbes, Pacifique
ACPr	Accord commercial préférentiel
ACPR	Autorité de contrôle prudentiel et de résolution
ACR	Accord de commerce régional
ACREANZ	Accord commercial de rapprochement économique Australie Nouvelle-Zélande
ADPIC	Aspects des droits de la propriété intellectuelle qui touchent au commerce
AEAPP	Autorité européenne des assurances et des pensions professionnelles

AELE	Association européenne de libre-échange
AEMF	Autorité européenne des marchés financiers
AES	Autorité européenne de supervision
ALECE	Accord de libre-échange centre européen
ALENA	Accord de libre-échange nord-américain
AMF	Accord multifibres
AMI	Accord multilatéral sur l'investissement
APE	Accord de partenariat économique
APEC	Forum de coopération économique Asie-Pacifique
APP	*Asset purchase programme*
ARCEP	Autorité de régulation des communications électroniques et des postes
ART	Agence de régulation des télécommunications
ARYM	Ancienne république yougoslave de Macédoine
ASA	Accord de stabilisation et d'association
ASEAN	Association des nations de l'Asie du Sud-Est
ATT	*American telephone and telegraph*
ATV	Accord sur les textiles et les vêtements
BATX	*Baidu, Alibaba, Tencent, Xiaomi*
BCE	Banque centrale européenne
BCN	Banque centrale nationale
BEI	Banque européenne d'investissement
BENELUX	Union douanière Belgique, Pays-Bas et Luxembourg
BERD	Banque européenne pour la reconstruction et le développement
BRI	Banque des règlements internationaux
CAEM	Conseil d'assistance économique mutuelle ou COMECON
CARICOM	Communauté et Marché commun des Caraïbes
CBE	Comité budgétaire européen
CBPP	*Covered bonds purchase programme*
CCG	Conseil de coopération du Golfe
CCR	Centre commun de recherche
CDS	*Credit Default Swaps*
CE	Communauté européenne
CECA	Communauté européenne du charbon et de l'acier
CEDEAO	Communauté économique des États de l'Afrique de l'Ouest
CEE	Communauté économique européenne
CEEA	Communauté européenne de l'énergie atomique ou EURATOM
CEEAC	Communauté économique des États de l'Afrique centrale
CEEP	Centre européen des entreprises à participation publique et des entreprises d'intérêt économique général
CEER	Conseil des régulateurs européens de l'énergie
CEF	Comité économique et financier
CEI	Communauté des États indépendants

CEMAC	Communauté économique des États de l'Afrique centrale
CEN	Comité européen de normalisation
CENELEC	Comité européen de normalisation électrotechnique
CENT	Comité européen de normalisation pour les télécommunications
CERS	Comité européen du risque systémique
CES	Comité économique et social
CES	Confédération européenne des syndicats
CETA	Accord économique et commercial global
CIG	Conférence intergouvernementale
CJCE	Cour de justice des Communautés européennes
CJUE	Cour de justice de l'Union européenne
COMECON	*Council for Mutual Economic Assistance* ou CAEM
CPE	Comité de politique économique
CRE	Commission de régulation de l'électricité
CSPP	*Corporate sector purchase programme*
DG	Direction générale (de la Commission européenne)
DMA	*Digital markets act*
DSA	*Digital services act*
DTS	Droits de tirage spéciaux
ECA	*European Competition Authorities*
ECHO	Office humanitaire de la Communauté européenne
ECU	*European Currency Unit* ou écu
EDF	Électricité de France
EEC	Espace économique commun
EEE	Espace économique européen
EER	Espace européen de la recherche
ERGEG	Groupe des régulateurs européens de l'électricité et du gaz
ERPG	*European Regulators Group for Postal Services*
ESB	Encéphalite spongiforme bovine
ETSI	Institut européen de normalisation pour les télécommunications
FAMI	Fonds asile, migration et intégration
FATCA	*Foreign Account Tax Compliance Act*
FEAD	Fonds européen d'aide aux plus démunis
FECOM	Fonds européen de coopération monétaire
FED	Fonds européen de développement
FEDER	Fonds européen de développement régional
FEI	Fonds européen d'investissement
FEIS	Fonds européen pour les investissements stratégiques
FEM	Fonds européen d'ajustement à la mondialisation
FEOGA	Fonds européen d'orientation et de garantie agricole
FESF	Fonds européen pour la stabilité financière
FMI	Fonds monétaire international
FRR	Facilité pour la reprise et la résilience
FRU	Fonds de résolution unique

FSE	Fonds social européen
FTJ	Fonds pour une transition juste
GAFA	*Google, Apple, Facebook, Amazon*
GATS	*General Agreement on Trade in Services*
GATT	*General Agreement on Tariffs and Trade*
GIEC	Groupe d'experts intergouvernemental sur l'évolution du climat
GMES	*Global Monitoring for Environment and Security*
GOPE	Grandes orientations de politique économique
GREP	Groupe des régulateurs européens des services postaux
GSM	*Global System for Mobile*
HOS	Heckscher-Ohlin-Samuelson (théorème)
IAP	Instrument d'aide de préadhésion
IET	Institut européen d'innovation et de technologie
IEVP	Instrument européen de voisinage et de partenariat
IME	Institut monétaire européen
IPCH	Indice des prix à la consommation harmonisé
IS	Impôt sur les sociétés
ISPA	Instrument structurel de préadhésion
ITER	*International Thermonuclear Reactor*
IVCDCI	Instrument de voisinage, de coopération au développement et de coopération internationale
JUB	Juridiction unifiée des brevets
KFOR	*Kosovo Forces*
LDE	Lignes directrices pour l'emploi
LDI	Lignes directrices intégrées
LMD	Licence – Master – Doctorat
LTRO	*Longer-term refinancing operation*
MCAC	Marché commun d'Amérique centrale
MCE	Mécanisme de change européen
MCE II	Mécanisme de change européen II ou SME-bis
MCM	Montants compensatoires monétaires
MERCOSUR	Marché commun du Sud
MES	Mécanisme européen de stabilité
MESF	Mécanisme européen de stabilisation financière
MIE	Mécanisme pour l'interconnexion en Europe
MIF	Marchés d'instruments financiers
MINUK	Mission des Nations Unies pour le Kosovo
MOC	Méthode ouverte de coordination
MRU	Mécanisme de résolution unique
MSU	Mécanisme de supervision unique
NEET	*Neither in employment nor in education or training*
NEI	Nouveaux États indépendants
NGEU	*Next Generation European Union*
NPF	Nation la plus favorisée
NTM	*New Transatlantic Market*

OCDE	Organisation de coopération et de développement économiques
OCM	Organisation commune de marché
OCMB	Organisation commune du marché de la banane
OEACP	Organisation des États d'Afrique, des Caraïbes et du Pacifique
OEB	Office européen des brevets
OEPC	Organe d'examen des politiques commerciales
OFCE	Observatoire français de conjoncture économique
OGM	Organismes génétiquement modifiés
OHMI	Office de l'harmonisation dans le marché intérieur
OIC	Organisation internationale du commerce
OIT	Organisation internationale du travail
OMC	Organisation mondiale du commerce
OMT	*Outright Monetary Transactions*
OPR	Opération principale de refinancement
ORD	Organe de règlement des différends
ORECE	Organe des régulateurs européens des communications électroniques
OTC	Accord sur les obstacles techniques au commerce
PAC	Politique agricole commune
PAN	Plans d'action nationaux
PDE	Procédure de déficit excessif
PDM	Procédure des déséquilibres macroéconomiques
PEAD	Programme européen d'aide aux plus démunis
PECO	Pays d'Europe centrale et orientale
PEPP	*Pandemic purchase programme*
PEV	Politique européenne de voisinage
PIB	Produit intérieur brut
PIC	Programme d'initiative communautaire
PIIEC	Projet important d'intérêt européen commun
PMA	Pays les moins avancés
PME	Petites et moyennes entreprises
PNB	Produit national brut
PNR	Programme national de réforme
PPA	Parités de pouvoir d'achat
PSC	Pacte de stabilité et de croissance
PSN	Plan stratégique national
PSPP	*Public sector purchase programm*
REACT-EU	*Recovery assistance for cohesion and the territories of Europe*
REGRT	Réseau européen des gestionnaires de réseaux de transport
RGPD	Règlement général de protection des données
RNB	Revenu national brut
R&D	Recherche et développement
SEBC	Système européen de banques centrales

SEE	Stratégie européenne pour l'emploi
SEPA	Espace unique de paiement en euros
SEQE	Système d'échange de quotas d'émission
SGP	Système généralisé des préférences
SIEG	Service d'intérêt économique général
SIG	Service d'intérêt général
SME	Système monétaire européen
SME-bis	Système monétaire européen bis ou MCE II
SMI	Système monétaire international
SMP	*Securities market programme*
SNCF	Société nationale des chemins de fer français
SPA	Standard de pouvoir d'achat
SPS	Accord sur l'application des mesures sanitaires et phyto-sanitaires
SSIG	Services sociaux d'intérêt général
SURE	*Support to mitigate unemployment risks in an emergency*
TARGET	*Trans-European automated real-time gross settlement express transfer system*
TEP	*Transatlantic economic partnership*
TFUE	Traité sur le fonctionnement de l'Union européenne
TIC	Technologie de l'information et de la communication
TLTRO	*Targeted longer-term refinancing operation*
TPIY	Tribunal pénal international pour l'ex-Yougoslavie
TPP	Partenariat transPacifique
TSCG	Traité sur la stabilité, la coordination et la gouvernance
TTC	Toute taxe comprise
TTIP	Partenariat transatlantique pour le commerce et l'investissement
TUE	Traité sur l'Union européenne
TVA	Taxe à la valeur ajoutée
UCE	Unité de compte européenne
UEAPME	Union européenne de l'artisanat et des petites et moyennes entreprises
UEM	Union économique et monétaire
UEMOA	Union économique et monétaire de l'Afrique de l'Ouest
UMC	Union des marchés des capitaux
UNICE	Union des industries de la Communauté européenne
UpM	Union pour la Méditerranée
URSS	Union des Républiques socialistes soviétiques
ZLEM	Zone de libre-échange euro-méditerranéen
ZMO	Zone monétaire optimale

Index

B

C

U

V

W

Z

Table des matières